Human Resource Development

3판

인적자원개발
이론과 실천

장원섭 저

학지사

3판 머리말

덧칠하고 덧대면서 조금씩 나아가기

나는 2020년에 하늘을 나는 자동차가 도시를 가득 채운다고 하는 만화책을 본 기억이 생생하다. 진짜 그런 문명사적 대전환의 시기가 도래했다. 이전에는 경험하지 못했던 새로운 세상을 살아가야 한다. 인적자원개발도 새로운 변화의 물결 속에서 빠르게 변모하고 있다. 알파고로 유명해진 인공지능은 디지털시대로의 전환을 가속한다. '90년생'으로 대변되는 새로운 세대가 조직의 중추 세력으로 자리 잡고 있다. 이런 변화가 인적자원개발도 새로운 시대에 적응하도록 요청하는 충분조건을 형성했다. 더욱이, 전 세계를 큰 혼란 속으로 몰아넣은 코로나 19 바이러스 감염증의 확산은 이런 변화의 조건을 너무나 잔인하게, 그리고 가장 확실하게 실현하도록 만드는 필요충분조건이 됐다. 이번에 개정한 이 책의 3판은 이런 변화의 한가운데 있는 인적자원개발을 상정하면서 새로 쓰거나 보완하였다.

인적자원개발의 변화는 자명하다. 디지털 전환에 대응하는 조직의 작동방식과 요구되는 역량에 따라 새로운 세대 조직 구성원들에게 적합한 인적자원개발을 실천하는 방식들이다. 나는 그런 인적자원개발의 새로운 모습들을 이 책에 추가하였다. 단지 내용을 보완하는 정도를 넘어, 시대적 변화의 추세라는 새로운 색안경으로 인적자원의 현재와 미래를 바라보면서 기존의 내용도 덧칠하고자 했다.

그럼에도 불구하고, 변하는 것과 더불어 변하지 않는 것, 또는 변하지 말아야 할 것도 있다. 그런 점에서 3판은 2판보다는 더 새 책이지만 초판보다는 덜 새 책이다. 변하지 말아야 할 것 가운데 하나는 예나 지금이나 그리고 앞으로도 여전히 인간이 의미 있게 일해야 한다는 것이다. 사람들이 일다운 일을 하며 함께 살아가는 것은 더욱더 깊이 되새겨야 할 인간 본연의 가치가 되고 있다. 나는 이것을 '오래된 미래'라고 생각한다. 그 답을 꽤 오래전부터 '장인(匠人)'으로부터 찾아왔다. 이런 변하지 않은 의미와 가치를 이 책을 덧칠하는 또 하나의 색안경으로 삼았다.

　　10년 전에 이 책의 초판을 썼을 때 내가 가졌던 생각이 지금도 틀리다고 생각되지는 않지만 여전히 빈틈이 보인다는 것을 인정한다. 그걸 깨닫게 하고 가르쳐 준 수많은 스승, 동료, 제자들에게 깊이 감사한다. 그런 배움을 통해 이 책의 빈틈들에 덧댔다. 그런 덧대기를 통해 조금씩 나아가는 것이 아직도 내가 성장하는 증거이고, 이 책이 더 나아질 수 있는 길이다. 그 덧대기 가운데 하나가 인적자원개발에서 사회적 가치와 책임의 문제를 좀 더 구체적으로 다룬 것이다. 문화역사적 활동이론과 확장학습의 관점을 더했고, 일터학습 전이를 새로운 장으로 끼워 넣은 것 등도 또 다른 덧대기였다.

　　이 책은 어느 시대, 어느 사회에서나 통하는 보편타당한 해법을 제시하지는 않는다. 그런 정답은 존재하지도 않을 뿐만 아니라 그런 시도 자체가 바람직하지도 않다. 이 책은 인적자원개발에 대해 그동안 쌓아 온 나의, 더 정확히는 나와 같이 공부해 온 학문공동체의 색안경으로 바라본 하나의 대답일 뿐이다. 따라서 다른 색안경이 현상을 더 정확하게 보는 데 적합할 수 있다. 나는 그저 나의 색안경으로 바라본 인적자원개발에 공감하는 독자들이 많기를 바랄 뿐이다. 물론 이 책에서도 그런 서로 다른 색안경들을 다루기는 했다. 그렇지만 나는 그것들을 그저 나열만 하는 글을 쓰고 싶지는 않았다. 그건 나의 색은 전혀 없는 중립적이라는 이름의 무존재성만을 드러낼 뿐이기 때문이다.

어린 시절부터 그는 자신의 곁을 지나가는 사람들이 그를 전혀 의식하지 못하고 지나치는 것에 익숙해져 있었다. 한때 그가 생각했던 것처럼 그를 무시해서가 아니라 그의 존재를 알아차릴 수 없었기 때문이다. 그는 다른 사람들처럼 자기 주변에 냄새의 공간을 형성하지도, 파동을 일으키지도 못했다. 다시 말해 그는 다른 사람에게 아무런 그림자도 던질 수 없었던 것이다(파트리크 쥐스킨트, 『향수—어느 살인자의 이야기』, 열린 책들, 1985, 232쪽).

단지 독자의 머리를 채우는 책을 넘어 마음을 움직이는 책을 쓰고 싶었다. 그러려다 보니 3판은 초판과 2판에 비해서도 나의 학문적 색깔과 냄새가 더 많이 배어 있는 책이 된 것 같다. 그런 색과 향이 편협해지기보다는 농익어 가는, 부패가 아니라 발효가 되는 과정으로 여겨지기를 바랄 뿐이다. 그럼에도 불구하고, 나는 독자의 날 선 질책을 환영한다. 그래서 나도 이 책도, 그리고 인적자원개발 현장과 학문공동체도 끊임없이 선순환하면서 계속 성장해 나가기를 기대한다.

2020년 겨울
코로나 19 바이러스의 위협 속에서
장원섭

2판 머리말

　인적자원개발 현장은 하루가 다르게 변모한다. 어느 조직이든 극심한 경쟁 상황에 놓여 있고, 다양하고 변덕스러운 수요자들의 요구에 재빠르게 부응해야 한다. 그런 가운데 조직 구성원들은 필요한 역량을 끊임없이 개발해야 한다. 인적자원개발학도 이런 실천 현장의 움직임에 발맞추어 갈 수밖에 없다. 인적자원개발의 이론과 실천을 다룬 이 책의 초판을 출간한 지 불과 4년 만에 개정판을 내는 것도 이런 이유에서다. 개정판은 초판의 기본 틀을 유지하였지만, 크게 다음과 같은 세 가지 점을 수정하거나 보완했다.

　첫째, 인재개발협회(Association for Talent Development: ATD)의 변화다. 이 협회는 인적자원개발 전문가들의 모임으로서 인적자원개발 분야에서 전 세계적으로 가장 크고 강력한 영향을 미친다. ATD는 1944년에 미국훈련가협회(American Society of Training Directors)로 시작하여 1965년에 미국훈련개발협회(American Society for Training and Development)로 이름을 바꾸면서도 ASTD라는 약칭은 계속 유지하였다. 그러다가 드디어 2014년에 그 약칭을 ATD로 변경하였다. 널리 알려진 오랜 이름을 버리고 새로운 이름을 쓴다는 사실은 큰 의미를 갖는다. 그것은 그만큼 인적자원개발 현장이 크게 바뀌었다는 것을 상징적으로 보여 준다. 더불어 이에 따라 ATD가 또다시 인적자원개발의 새로운 패러다임을 지향한다는 것을 의미한다. 실제로 ATD는 이미 2013년에 인적자원개발 전문가들에게 필요한 역할과 역량을 제시한 새로운 모형을 발표한 바 있다. 이런 ATD의 변화들을 개정판에 반영하였다.

둘째, 인적자원개발 분야에서 근래 등장한 쟁점들을 담았다. 개정판에는 이런 새로운 화두들을 제13장에 하나의 절로 추가하였다. 초판에서 이미 다루었던 사회적 미디어에 기반을 둔 '새로운 사회적 학습'에 대한 내용은 새로운 절로 위치를 옮겼다. 이 절에서는 인적자원개발의 실천 또는 이론에서 새롭게 주요한 화두로 떠오른 '글로벌 인적자원개발', '창의적 인재 육성', '직업윤리와 일에 대한 문해력', 그리고 '일과 삶의 조화'의 문제를 새로 추가하여 논의하였다. 그밖에도 국가직무능력표준(NCS)정책, 개발지원관계망 등 인적자원개발 분야에서 새롭게 다루는 내용을 개정판의 이곳저곳에 담았다.

셋째, 건전한 인적자원개발 시장의 육성을 도모하고자 했다. 앞서 언급했듯이 인적자원개발은 극심한 시장경쟁 상황의 한가운데에 있다. 이에 따라 수요자를 만족시키는 교육으로 빠르게 변화하고 발전할 수 있다. 그러나 이와 동시에 비인격적이고 천박한 시장 논리가 교육의 본질과 가치를 훼손할 수도 있다. 이제는 인적자원개발 활동이 더욱 건전한 시장 속에서 이루어지도록 해야 한다. 이를 위해 나와 내 동료들은 인적자원개발 현장에서 교수자, 교육운영자, 학습자가 실천해야 할 '성인교육 윤리강령'을 제정하였고, 이것을 이 책의 부록으로 실었다. 이 윤리강령이 널리 활용되어 건전한 인적자원개발 시장을 육성하는 데 조금이나마 기여하기를 기대한다.

이 책의 초판을 출간한 지 4년 만에 개정판을 내놓는다. 앞으로 3판, 4판, 5판 등 계속해서 출판되기를 바란다. 그것이 인적자원개발의 이론과 실천이 끊임없이 진보해 가는 것을 보여 주는 증거이기 때문이다.

2015년 8월
새 교육과학관 연구실에서
장원섭

1판 머리말

인적자원개발의 정체성 탐색

"인적자원개발이란 도대체 무엇인가?" 내가 학생들에게 숙제로 내주었던 질문이다. 지난 10여 년 동안 나는 이 질문에 답하기 위해 애써 왔다. 이제 그 대답을 내놓아야 한다는 의무감이 이 책을 쓰게 했다. 그 질문에 대한 답을 함에 앞서 독자에게 미리 당부할 몇 가지가 있다.

무엇보다 먼저, 이 책에 제시한 나의 답은 잠정적일 뿐이라는 것이다. 세상이 변하듯이 인적자원개발의 개념과 이론, 실천도 변화하기 때문이다. 한마디로, 정답은 없다. 그렇다고 이 책이 이미 나와 있는 수많은 주장에 더한 또 하나의 덧없는 보탬이라고는 생각하지 않는다. 나는 그것들을 나름대로 널리 섭렵하고 지금 우리에게 적합하다는 판단하에 이 책을 썼다.

인적자원개발이 무엇인지에 대한 고민과 논쟁은 13, 14년 전으로 거슬러 올라간다. 한국직업능력개발원에서 일하던 당시 나는 비교적 분명해 보였던 인적자원개발의 개념이 다른 학문들에서는 서로 다르게 이해된다는 사실을 알게 되었다. 연구원에는 교육학뿐만 아니라 경제학, 경영학, 사회학, 행정학, 법학, 공학을 전공한 동료 학자들이 있었다. 이들과 함께 서로 다른 학문적 언어와 관점으로 논쟁을 벌이던 기억이 지금도 생생한데, 이때 나의 인적자원개발에 대한 이해의 폭은 더 넓어졌으나 개념의 혼동은 오히려 가중되었다.

인적자원개발에 대한 혼동이 더 커진 사건들이 지난 10여 년간 벌어졌다.

이 책의 제12장에서 다루었듯이 2000년에 국가인적자원개발이 도입되었다. 국가가 채택하고 지원한 인적자원개발은 정책적으로, 실천적으로 그리고 학문적으로 대단히 빠르게 확산되었다. 교육부를 교육인적자원부로 바꾸고, 사람 또는 교육 관련 정책을 인적자원개발이라는 틀 속에서 추진하였다. 그 이전부터 이미 활발하게 이루어졌던 민간 부문의 인적자원개발도 덩달아서 더욱더 탄력을 받았다.

10여 년 동안 빠르게 확산되던 인적자원개발은 오히려 근래 들어 큰 타격을 받았다. 2008년 새 정부가 들어서면서 인적자원개발이라는 용어를 인재개발로 변경하고 그동안 이루어졌던 정책 수단들을 폐기했다. 게다가 최근 세계 경제 위기가 몰아치면서 인적자원개발의 위기를 부채질하였다.

그렇다고 인적자원개발이 사라질까? 아니다. 그렇지 않다. 이명박 정부의 정책은 이전 정부들이 사용한 용어와 정책들을 새로운 용어와 정책 틀로 변경하였을 뿐이다. 여전히 사람은 우리나라가 가진 거의 유일한 자원이다. 우리는 그 중요성이 점점 더 강조될 수밖에 없는 시대를 살아가고 있다. 기업 등 민간 부문뿐만 아니라 공공기관 역시 사람을 통한 성장의 필수불가결성을 인식하고 있다. 따라서 인적자원개발이라는 용어가 변경되었다고 하더라도 그 활동의 본질은 여전히 남아 있다.

모든 인간은 언제나 혼자서는 존재하지 못한다. 어딘가에 속해서 다른 사람들과 함께 삶을 꾸려 나간다. 그런 가운데 개인적으로뿐만 아니라 여럿이 함께 배우고 성장한다. 우리가 속해 있는 많은 조직도 그러한 개인들의 성장을 바탕으로 발전한다. 인적자원개발은 바로 이런 인간 본연의 활동이다.

그럼에도 우리는 이런 역사적 사건들을 통해 인적자원개발 그 자체를 다시 한번 비판적으로 성찰해야 할 계기를 맞았다. 가장 단순한 문제제기는 인적자원개발의 용어에 대한 것이다. 새롭게 사용하는 인재개발이나, 아니면 이전부터 널리 쓰인 인력개발, 산업교육 등과 같은 개념은 어떻게 이해할 것인가? 이 문제에 대한 나의 대답은 이 책의 제목을 보면 짐작할 수 있을 것이다.

인적자원개발은 영어 'human resource development(HRD)'의 번역어다. 이 용어는 이미 세계적인 학술 용어로 통용되고 있다. 물론 HRD를 의역하여 다른 단어로 표현할 수는 있다. 그것이 인재개발, 인력개발, 산업교육 등이다. 실제로 그런 용어를 사용할 때도 그것을 영어로 번역할 때는 대체로 HRD라고 한다. 그렇다면 이제 HRD를 가장 적합하게 번역한 우리말은 무엇인가의 문제가 또다시 제기된다. 이 책의 제1장에서 각각의 개념을 다루겠지만, 나는 인적자원개발이라는 직역어가 오히려 HRD를 가장 적절하게 번역한 개념이라고 생각한다. 실제로 인재개발은 talent management와, 인력개발은 manpower development와, 그리고 산업교육은 industrial education과 각각 대응하기 때문이다. 그럴 경우, 용어에서 혼동을 초래한다.

게다가 근래 들어 국가 정책적으로 인적자원개발 대신 인재개발이라는 용어를 내세우는 것을 두고 학문 세계에서까지 부화뇌동할 필요는 없으며, 그래서도 안 된다. 실제로 이전 정부의 국가인적자원개발이나 현 정부의 인재개발은 단순히 정책의 이름일 뿐이다. 그것은 서로 다른 관점에서 접근한 인적자원개발의 표현 명칭에 지나지 않는다. 따라서 앞으로 또다시 어떻게 다른 용어들이 사용될지도 알 수 없다. 만약 이런 정책 명칭에 휘둘리게 된다면 학문으로서 인적자원개발은 정체성의 혼란마저 야기할 우려가 있다.

인적자원개발이라는 개념을 사용하는 것이 정당하다면, 이제 더 근본적인 두 번째 성찰적 질문을 하여야 한다. 왜 인적자원개발의 정체성에 위기의식을 갖는가 하는 문제다. 이런 문제제기는 비록 인적자원개발이 널리 통용되는 개념이기는 하지만 아직도 그 실천적·학문적 정체성을 확고하게 세우고 있지는 못하기 때문에 발생한다. 우리는 인적자원개발에 대한 다음과 같은 문제를 더 깊이 숙고해야 한다.

첫째, 실천적인 차원에서 인적자원개발은 별 유용성이 없다는 문제 인식이다. 인적자원개발은 단순히 복지 차원의 것이라는 생각이 이런 인식을 잘 보여 준다. 실제로 그동안 기업에서는 교육이 그저 좋은 것이기 때문에 무조건

많은 교육 프로그램을 제공할수록 좋다는 생각, 교육에 참여하는 것은 일터를 떠나 잠시 쉬러 가는 것이라는 생각, 성인의 교육은 어쨌든 재미있어야 한다는 생각, 그리고 교육의 결과로 학습자의 만족도만 높으면 된다는 생각 등이 지배적이었다(Gilley & Maycunich, 2000). 또한 인적자원개발을 교육만을 위한 교육이라고 여기는 사고방식이 팽배해 있었다. 제1장에서 언급하겠지만, 인적자원개발은 교육이라는 활동이 조직이라는 맥락 속에서 이루어지는 현상을 포착한 용어다. 그것은 조직 구성원으로서의 인간을 전제로 하고 그들의 학습과 성장, 그리고 이를 통한 조직의 발전을 지향하는 개념이다. 따라서 인적자원개발에서 개인과 조직의 성장은 상호 의존적인 관계를 맺어야 한다. 실제로 인적자원개발은 인간과 조직 사이의 딜레마를 해소하는 끝없는 여정이다. 인간 없는 조직은 공허하며, 조직 없는 인간은 파편적이기 때문이다. 이런 실천적 정체성을 확보해야만 인적자원개발이 조직 내에서 신뢰성과 책무성을 높일 수 있고, 존재 의의를 가질 수 있게 된다.

둘째, 인적자원개발의 학문적 정체성이 박약하고 이론적으로 빈곤하다는 문제제기다. 인적자원개발은 실천 영역에서 먼저 크게 확산되었다. 시장에서 인적자원개발 산업이 빠르게 성장하였다. 그렇지만 그것은 사람의 지식과 창의성이 중요한 경쟁력이 되고 있는 시류에 편승한 덕분이었다. 이런 가운데 인적자원개발은 지금까지 유행에 휩쓸려 왔다. 하루가 멀다 하고 새로운 기법들이, 때로는 이름과 겉치레만 바꾸어서 마구 생겨났다. 인적자원개발 실무자들은 중심을 잡지 못하고 그런 시장의 홍수 속에서 허우적댔다. 이러한 현장의 문제를 극복하기 위해서라도 인적자원개발은 그 학문적 토대가 탄탄해져야 한다. 앞서 언급했고 제3장에서도 다루었듯이, 인적자원개발은 다학문적인 뿌리를 가지고 있고 그 자체의 학문적 역사가 매우 짧다. 이제는 인적자원개발이 고유한 이론적 관점을 정립하고 실천의 안내를 위한 확고한 학문적 구심점을 확립해야 할 때가 되었다.

다시 말하지만, 나는 이 책을 인적자원개발의 정체성을 확인하고자 하는 의도에서 썼다. 정체성은 그 이름부터 시작하여 역사적 경험, 본질적 내용 그리고 미래 계획까지를 포함한다. 따라서 이 책에서는 인적자원개발의 전체 체계를 망라하여 다룬다. 인적자원개발의 이론과 실천의 줄기를 총체적으로 조망할 뿐만 아니라 그 가지까지 세세하게 살펴보고자 하였다.

제1부는 인적자원개발의 기초로서 개념, 역사 그리고 이론을 다룬다. 인적자원개발이 무엇이고, 어떠한 역사적 과정을 거쳐 지금에 이르렀으며, 어떤 이론적·학문적 관점을 가지고 접근할 것인지를 논의한다. 제2부는 인적자원개발 실천 활동을 정리한다. 인적자원개발의 체계를 수립하고, 교육 프로그램을 개발하며, 일터에서 학습하고, 이를 평가하는 과정을 살펴본다. 또 다른 인적자원개발의 주요 영역으로서 경력개발, 조직개발, 성과향상의 문제를 검토한다. 제3부에서는 인적자원개발의 발전을 위한 전망을 한다. 인적자원개발 담당자의 전문성을 살펴보고, 국가의 역할을 검토하며, 전략과 방향을 제시한다. 이 책은 인적자원개발에 처음 발을 들여놓는 학생이나 실천가들에게 기본 입문서 역할을 할 수 있을 것이다. 그러나 더 중요한 것은 이 책이 사람의 성장을 통해 그들이 속한 조직도 함께 성장하는 분야를 다루는 학문으로서 인적자원개발을 더 확고히 세우려는 시도라는 점이다.[1]

독자들에게 당부하고 싶은 또 다른 점은, 이 책에서 제시한 나의 답이 잠정적이듯이 이 책을 통해 독자들도 나름대로의 인적자원개발에 대한 또 다른 새로운 가능성을 찾아가기를 바란다는 것이다. 점점 더 인적자원개발의 중요성이 부각되는 시대에 이 책을 통해 새로운 관점과 많은 지식을 얻기를 기대한다. 이를 위해 나는 각각의 장에서 인적자원개발에 대한 기본적인 지식을 정리하였다. 그러나 이 책을 통해 단순한 교과서적 지식만을 습득하는 수준

---

1) 내가 2003년에 번역한 Gilley, Eggland와 Gilley(2002)의 『인적자원개발론』은 실무자를 위한 입문서의 성격이 강했던 반면, 이 책은 학문적 입문서로서의 성격을 더 강화하였다. 따라서 두 책은 서로 보완적이라고 할 수 있다.

을 넘어서기를 기대한다. 나는 각 장에서 인적자원개발 분야에서 주류의 방법이나 절차라고 여겨지는 활동들에 대한 대안적 접근법들도 함께 살펴보고자 하였다. 그럼으로써 기존의 인적자원개발에 대한 비판적 성찰 또는 새로운 사고방식을 제시하려고 시도하였다. 이를 통해 후학인 독자 여러분이 인적자원개발에 대한 또 다른 새로운 시각을 형성할 수 있기를 바란다. 결국 이 책 자체가 더 넓은 차원에서 인적자원개발의 새로운 실천적 시도인 것이다.

솔직히 고백하건대 이 책에 인적자원개발에 대한 더 많은 내용을 담고 싶었다. 그렇지만 욕심을 부리지 말아야 했다. 기본적이고 필수적인 내용만을 정선하는 것은 쉽지 않았다. 그것은 나의 학문적 미흡함 때문이기도 했다. 욕심을 부리느라 탈고가 자꾸 늦어졌기 때문이기도 했다. 그럼에도 앞서 말했듯이 이제는 나의 답을 세상에 내놓아야 한다는 강박관념도 작용했다. 더 중요하게는 인적자원개발의 후학들이 더 큰 성장을 이루고, 그것이 다시 나에게도 자극을 주어서 우리 모두가 인적자원개발 그 자체의 발전을 도모하는 데 기여할 수 있기 바랐다. 그렇게 하기 위해서는 내가 걸어 왔던 고민과 시행착오의 길을 후학들에게 하루빨리 알려 줄 의무가 있다고 생각했다.

나는 인적자원개발에 관한 생소한 내용을 독자가 가급적 쉽게 이해할 수 있게 글을 쓰려고 애썼다. 그러나 내가 얼마나 나의 학문적 경로를 '한 단계씩 잘 거슬러 올라가면서'[2] 이 책을 썼을지는 여전히 자신이 없다. 그럼에도 나는 교육이란 미래를 향해 열려 있는 활동이라고 믿는다. 이 책도 그런 교육적 활동의 하나가 되기를 기대하는 것으로 위안을 얻고자 한다. 다시 한번 강조하지만, 내가 이 책에 적어 놓은 많은 지식이 단순히 독자의 머릿속에 차곡

---

2) "남들에게 가르쳐 주는 글을 써야 할 때 공감하려고 애쓰는 작가는 그동안 반복을 통해 몸에 익은 지식을 거꾸로 한 단계 한 단계 거슬러 올라가야 한다. 그래야만 독자를 한 단계씩 앞으로 데려갈 수 있다. …… 초보자들이 겪을 난관을 자신의 지식을 바탕으로 예상해서 그들을 안내하는 게 전문가의 몫이다." −Sennett (2009), 『장인』 중에서.

차곡 쌓이기만 하는 것을 나는 결코 바라지 않는다. 비록 교과서적 서술을 하였지만 그것들이 절대적이거나 고정불변의 지식은 전혀 아니다. 독자 여러분은 이 책에 담긴 모든 내용을 새롭게 해석하고 다시 창조해야만 한다. 비판적 글 읽기를 하기 바란다. 그것이 의도적인 오독이어도 좋다. 그런 후학들이 많으면 많을수록 인적자원개발은 실천 분야에서, 그리고 학문적으로 더 발전할 수 있을 것이라고 믿는다.

독자에게 이해를 구하고 싶은 마지막 당부는 이 책이 나 혼자만의 것이 아니라는 점이다. 수많은 사람이 나에게 영감을 주었고, 정보를 제공했으며, 세세한 작업까지 도움을 주었다. 이런 점에서 어쩌면 나는 이 책의 대표 집필자인지도 모른다.

이 책을 쓰고 출간하는 과정에서 고마운 얼굴들이 떠오른다. 내가 속한 연세대학교는 이 책을 쓰면서 나의 성장과 조직의 발전을 동시에 도모할 수 있도록 도와주었다. 이 책은 연세대학교 학술연구비 지원을 받아 집필하였다. 교육학부의 모든 교수님은 학문적 동료로서 언제나 나를 지적으로 자극하였다. 특히, 한준상 교수님은 학생 시절부터 나를 인적자원개발의 학문 세계로 안내하고 성장하도록 도와준 나의 멘토다. 나의 똘똘한 대학원생들은 도제 관계조차도 일방적일 수만은 없다는 점을 일깨워 주었다. 공식적으로는 내가 그들을 가르치는 역할을 담당하고 있지만, 그들의 질문과 배움에의 열정은 언제나 내가 지적인 긴장감을 갖도록 한다. 나는 언제나 그래 왔듯이 그들과 함께 배우고 있다. 대학원 세미나 수업을 통해 이 책의 많은 내용을 채워 나가는 데 도움을 준 나의 제자들—장지현, 김영실, 이수용, 서영근, 박명식, 김민영, 노은지, 구유정, 장인온, 이은주, 이지현, 다와수롱, 기유리, 정윤경, 추현주, 윤태경, 이군, 이종원, 김재순, 심혜영, 강예지, 신춘화, 신지아—이 인적자원개발 분야에서 학문적으로 크게 성장하기를 기대한다. 항상 '애(?)제자'라고 표현하는 조교 윤태경과 언제나 즐거운 기유리, 똘망똘망한 신지아는 자료를 정리하고 원고를 교정하느라 수고가 많았다.

이 책은 지난 10년 동안 교육학부생과 교육대학원생에게 강의했던 인적자원개발 강의 노트에서 비롯된 것이다. 언제나 잠정적일 수밖에 없었던 나의 강의를 잘 들어 주었던 수백 명의 학생들이 있었다. 2011년 1학기 교육대학원 수강생들은 제대로 정리도 안 된 오자투성이 초고를 읽으며 교정을 도와주었다. 김성기, 김지명, 신민경, 우규휘, 유윤정, 이승복, 이영선, 이형석, 한미경, 허성, 이승우, 이준희, 권현주, 김수창, 노현구, 원용천, 유효진, 이소영, 이용섭, 이자연, 장성철, 장유진, 장현아, 정영희, 최은혜, 강현모, 윤신영, 이동연, 김동현, 이진석, 서인희, 박진주가 그들이다. 인적자원개발의 이론과 실천을 공유하는 'yHRD+' 공동체가 그렇듯이, 이 책도 나의 학생과 후학들이 그런 힘찬 어우러짐을 하는 데 도움이 되기를 기대한다.

끝으로 학지사의 김진환 사장님은 수년 전부터 이 책의 출판을 독려하였으며, 이하나 선생님은 꼼꼼히 편집해 주었다. 이 모든 분이 없었다면 이 책은 세상에 나오지 못했을 것이다. 모두에게 진심으로 감사한다.

이제 나는 또다시 새로운 학문적 출발을 하려 한다. 그것은 연구의 또 다른 주제뿐만 아니라 새로운 공간까지도 포함한다. 익숙하고 정들었던 것에서 떠나는 아쉬움도 크고 새로운 설렘도 있다. 그러나 나는 어디서나 지금처럼 읽고 쓸 것이다.

> 내 이 세상 도처에서 쉴 곳을 찾아보았으되, 마침내 찾아낸, 책이 있는
> 구석방보다 나은 곳은 없더라.
>
> —Eco (1980). 『장미의 이름』 중에서.

2011년 8월
정든 용재관 구석방에서
장원섭

차례

제1부

인적자원개발의 기초

제1장
인적자원개발의 개념

> 마르코 폴로가 돌 하나하나를 설명하며 다리를 묘사한다. "그런데 다리를 지탱해 주는 돌은 어떤 것인가?" 쿠빌라이 칸이 묻는다. "다리는 어떤 한 개의 돌이 아니라 그 돌들이 만들어 내는 아치의 선에 의해 지탱됩니다." 마르코가 대답한다. 쿠빌라이 칸은 말없이 생각에 잠긴다. 그러다가 이렇게 묻는다. "왜 내게 돌에 대해 말하는 건가? 내게 중요한 건 아치뿐이지 않은가?" 마르코 폴로가 대답한다. "돌이 없으면 아치도 없습니다."
>
> –Calvino (1972). 『보이지 않는 도시들』, p. 107.

인적자원개발은 '인적자원'이라는 단어와 '개발'이라는 단어가 더해진 합성
어다. 따라서 인적자원이 무엇이고 개발은 무슨 의미로 사용되는지를 먼저
살펴본 다음에 인적자원개발의 개념을 정의하는 것이 순서다. 또한 인적자
원개발의 의미를 더 분명하게 드러내기 위해서 인적자원개발과 유사한 용어
들과의 차이점도 검토할 필요가 있다.

1. 인적자원개발의 의미

1) 인적자원

사람은 사회 속에서 조직[1]을 형성하여 다른 사람들과 함께 살아간다. 누구
나 어떤 방식으로든 사회조직에 속해서 삶을 영위한다. 한 조직이 형성되고
발전하기 위해서는 여러 가지 형태의 자원(resources)이 필요하다. 그 조직을
운영하기 위해서는 현금, 주식 같은 재정적 자원과 시설, 설비, 기계 같은 물
적 자원도 중요하다. 그러나 조직 구성의 전제 조건인 동시에 조직 발전의 가
장 중요한 자원은 바로 사람이다. 사람이 없다면 조직 그 자체가 성립될 수
없다.

더군다나 산업사회에서 토지, 자본, 노동 같은 물적·양적 자원이 생산의

---

1) 조직은 짜거나 얽어서 이룬 하나의 체계이고, 그것은 사람들의 집단뿐만 아니라 세포, 천 등
   에 다양하게 적용할 수 있는 개념이다. 이 책에서 조직은 사람들로 구성된 체계인 사회조직
   을 의미한다. 즉, 조직(organization)은 공동의 목적을 달성하기 위해 체계적인 구조와 규율
   을 기반으로 구성된 사람들의 집합체를 말한다.

주요 요소였다면, 후기산업사회 또는 탈산업사회로 일컬어지는 지금은 지식과 창의력 같이 사람에게 체화된 질적 요소가 더 중요해졌다. 기술이 빠르게 발전하고 지구화된 무한 시장 경쟁체제 속에서 조직을 구성하는 사람의 지식과 기술력, 창의성 등은 그 조직의 생존과 번영을 결정짓는 더 핵심적인 요소가 되고 있다.

한마디로 인적자원(human resources)[2]은 조직의 구성과 발전을 위한 가장 핵심적인 자원으로서 사람을 의미한다. 즉, 조직의 구성원으로서 사람에 근거한 자원을 일컫는다. 따라서 인적자원은 조직인으로서의 인간을 전제로 하는 개념이다. 인적자원이 조직인으로서의 사람을 전제로 하고 인간의 자원적 측면을 일컫는다고 해서 사람을 조직을 위한 수단적·도구적 존재로만 사람을 간주한다거나 사람을 자원적인 측면으로만을 강조하여 인간 그 자체를 비인격화한다는 편견을 가지는 것은 곤란하다. 그 이유는 다음과 같다.

먼저, 인간에 대한 상반된 시각이 있다. 조직에서 개인은 관리 대상으로서 통제되고 수단화될 수 있다. 인간은 조직의 목표와 운영에 수동적으로 대응하기도 한다. 그러나 인간은 능동적이고 주도적인 존재다(McGregor, 1960; Pink, 2009). 조직 자체를 그 구성원인 사람들이 함께 만들어 가는 측면이 분명히 존재한다. 평생직장에 사라지고 가치가 다양화되는 현대사회에서 그런 경향성은 더욱 중요해진다. 따라서 조직을 개인과 대립시키고 사람을 조직을 위한 단순한 도구적 존재로만 간주하는 것은 과장된 주장이거나 오해일 수 있다.

---

2) 인적자원 대신 인간자원이나 인력자원이라는 용어를 쓰는 경우도 있다. 그러나 인간은 사람 그 자체를 표현하는 개념이라는 점에서, 그리고 인력은 (뒤에서 설명하겠지만) 인간의 양적인 힘을 표현하는 용어라는 점에서 다소 부적절하다. 인적자원은 조직에 속한 사람이 가지는 자원적 측면을 표현하는 추상적이고 총체적인 개념이다. 따라서 이 책에서는 인간자원이나 인력자원이라는 용어가 아니라 인적자원이라는 개념을 사용한다.

조직에 대한 관점 또는 실제 특성에 따라 사람의 존재성에 차이가 있을 수 있다. 실제로 조직은 매우 다양한 형태로 나타난다. 역할 구조와 위계질서가 매우 엄격하게 짜여진 관료적 조직이 있는가 하면, 상당히 느슨하게 구성된 관계망형 조직과 구성원의 자발성 및 열정을 공유하는 공동체적 조직도 있다. 특히, 단순히 직원으로서만이 아니라 건전한 시민으로서 갖는 정체성을 조화롭게 통합할 수 있는 조직에서 구성원들은 더 큰 자발성과 열의를 갖고 일한다(Lee, 2019). 결국 구성원들이 가진 자원적 요소들을 조직의 차원으로 발전시키는 여러 가지 양태만이 존재할 뿐이다. 그 가운데는 인적자원을 도구로 간주하는 경향이 더 큰 조직도 있을 수 있지만, 사람들의 자발적인 열정을 공유하는 조직도 있다(Brown & Duguid, 2000).

다른 한편으로 인적자원이 사람 그 자체를 자원으로 간주하는 비인격적인 개념이라는 편견으로부터도 벗어날 필요가 있다.[3] 현대사회에서 인간은 다양한 사회조직에 속해서 삶을 살아간다. 조직 구성원으로서 개인은 자신의 다양한 지식이나 기술, 능력 등을 통하여 자신이 속한 조직에 기여한다. 한 사람이 여러 조직에 소속되어 있을 때 한 조직에 기여하는 그의 능력은 또 다른 조직에 공헌하는 능력과 다를 수도 있다. 이런 점에서 인적자원은 인격적인 존재로서의 사람 그 자체를 가리키기보다는 개인이 특정 조직에서 가지게 되는 자원적 측면을 의미한다. 따라서 인적자원은 사람이 아니라 사람이 가진 특정 요소로서 지식이나 기술, 능력 또는 태도를 자원이라고 일컫는 개념이다.

---

3) 인간을 수단화하거나 성과를 위한 도구로 여기는 관점을 가진 인적자원개발 패러다임이 존재하기는 한다. 그러나 그런 경우조차 인적자원을 온전한 인격체로서 개인 그 자체가 아니라 그 사람이 갖는 자원적 요소의 개념이라고 보았을 때 오히려 인간에 대한 더 인격적인 접근이 가능할 수도 있다. 사람들은 필연적으로 여러 조직에 동시에 속해서 또는 일생에 걸쳐 다양한 조직을 이동하면서 삶을 살아갈 수밖에 없다. 이런 상황에서 개인이 온전히 어떤 한 조직만의 자원이 되는 것은 아니기 때문이다.

인적자원은 일반적으로 사람이 가지고 있는 비가시적이고 무형적인 속성을 말한다(Edvinsson & Malone, 1997). 물론 사람의 수 자체가 한 조직의 인적자원이라고 여겨지기도 한다. 어떤 경우에는 그것이 조직을 위해 상당히 중요하게 작용한다. 그러나 인간의 성장과 발달을 위한 활동인 인적자원개발 분야에서는 사람이 가진 무형적인 질적 특성들에 더 초점을 맞춘다. 이러한 특성에 따라서 인적자원은 관리와 통제가 상당히 어렵다. 개별적인 주체성과 존엄성을 가진 사람을 전적으로 조직의 차원에서만 움직이도록 하기는 불가능하다. 사람은 자유의지를 통해 한 조직에서 다른 조직으로 이동할 수 있다. 아무리 조직이 필요로 하는 사람이라도 강제로 그 조직에 머물러 있게 할 수는 없다.

　그럼에도 조직의 차원에서 인적자원의 중요성을 인정하지 않을 수 없다. 특히, 지식과 기술, 창의력 등에 기반한 경쟁이 가속화되는 현대사회에서 조직은 인적자원에 대한 투자를 게을리할 수 없다. 각각의 구성원이 자신의 발전 가능성과 일의 유의미성을 더욱더 강조하는 시대에(Pink, 2009) 조직은 구성원들의 성장을 위해 노력할 수밖에 없다. 조직의 지속적인 발전을 위해서는 단순히 인적자원을 관리하는 차원을 넘어서 개발하는 일이 필요하다.

　조직의 성과와 미래 가치를 창출하기 위한 기반으로서 인적자원의 의미는 두 가지 형태로 구분할 수 있다. 그 하나는 인적 자본이고, 또 다른 하나는 사회적 자본과 관련된다. 먼저, 인적 자본(human capital)은 개인에게 체화된 지식, 기술, 능력 등을 의미한다. 이것은 개인에 대한 교육 투자가 인적 자본을 증진시킴으로써 소득을 높일 수 있음을 설명하는 경제학적 개념이다(백일우, 2007). 조직 내에 존재하는 구성원 개개인의 인적 자본은 조직의 역량에 중요한 기반이 된다.

　사회적 자본(social capital)은 사람들 사이의 관계를 통해 형성되는 무형의 자본을 일컫는다(장원섭, 1997). 조직은 공통의 목적을 달성하기 위해 사람들이 협동해 나가는 체계다. 사람들은 조직에 속해서 역할을 분담하면서 함께 업무를 수행한다. 개인적으로 수행하는 것처럼 보이는 경우일지라도 일은 언제나 이미 사회적 관계 속에서 이루어진다. 근래에는 팀 단위의 조직체계가 부상하고 프로젝트 팀을 구성하여 과업을 수행하는 것이 더 중요해지고 있다. 따라서 개인적 능력으로서 인적 자본뿐만 아니라 신뢰, 협력, 규범 등과 같이 사람들 사이의 관계를 바탕으로 한 사회적 자본이 필수적이다.

결국 인적자원은 조직 구성원 개개인의 인적 자본과 그들의 관계를 통한 사회적 자본을 포함하는 개념이다. 한마디로, 인적자원은 조직을 구성하고 있는 사람과 관련한 모든 자원적 요소를 총칭한다.

2) 개발

인적자원을 개발한다는 것은 사람을 단순히 관리의 대상으로 보는 시각과는 구분된다. 조직은 새로운 구성원을 선발하고, 업무에 배치하며, 임금을 지급하고, 노사관계를 조정하는 등 구성원을 관리한다. 그러나 사람을 관리하는 활동을 넘어서, 구성원의 지식과 기술, 능력과 태도를 개발하는 활동을 하여야 한다.

개발(development)이란 성장과 발달을 도모하는 활동을 말한다. 조직 구성원은 교육 프로그램을 이수함으로써 지식과 기술을 체계적으로 획득하고 태도를 바꾸기도 한다. 자신의 업무를 수행하거나 다른 사람과 관계를 맺으면서도 배우고 성장한다. 즉, 인적자원의 개발이란 조직 구성원의 성장과 발달을 가져 오는 형식적 또는 무형식적 과정을 포함한 모든 형태의 학습을 의미한다.

그럼에도 불구하고, 개발은 다차원적인 개념으로서 다양한 의미를 갖는다. Lee(2014)는 인적자원개발에서 개발이라는 말이 성숙, 형성, 여정, 창발 같은 네 가지 측면에서 다르게 정의될 수 있다고 보았다. 성숙(maturation)은 선형적이고 필연적인 발달 단계를 전제로 하여 미리 정해진 다음 단계로 나아가는 것을 뜻한다. 형성(shaping)은 사람을 조직에 맞는 모양으로 만들어 가는 것이다. 그것은 의도와 계획을 기반으로 이루어진다. 여정(voyage)은 개인이 자신도 알지 못하는 내적 과정을 통해 자아를 찾아가는 경로다. 창발 (emergent)은 타자와의 상호작용을 통해 미지의 결과가 발생하는 것을 뜻한 다. 결국, 개발은 여러 측면에서 정의될 수 있고, 그 모든 의미를 포괄한다.

개발은 훈련, 교육 등의 개념과 혼용되기도 한다. 이러한 용어들은 의미가 중첩되거나 서로 포함 관계에 있는 것이 사실이다. 그러나 각각의 용어를 구 분하기 위한 시도가 있었다. 그중에서 Nadler의 개념화가 인적자원개발 분 야에서는 가장 널리 알려져 있다. 그는 훈련은 현재의 직무수행을 위해서, 교 육은 미래의 직무수행을 위해서, 그리고 개발은 직무에 초점을 두지 않고 개 인의 성장을 도모하기 위해서 이루어지는 학습 활동이라고 보았다(유승우, 2008). 그러나 이렇게 각각의 용어를 정의하는 것은 개념적으로 엄밀하지 않 은, 인위적이고 편의적인 사용일 뿐이다.

이 책에서는 그것들을 다음과 같이 구분한다. 먼저, 훈련은 더 세부적이고 구체적인 업무수행 기술을 반복적으로 숙달하여 일정한 기준점에 도달하도 록 하는 낮은 수준의 교육 활동이다(장원섭, 2006). 반면, 교육은 가르치고 배 우는 활동이라는 포괄적인 의미를 갖는다. 따라서 훈련을 포함하는 개념이 다. 그러나 교육에 대한 개념 정의는 학문적 관점에 따라 매우 다양하다. "인 간행동의 계획적 변화"(정범모, 1966)라는 행동주의적 정의뿐만 아니라 인간 의 성장과 발달을 돕는 활동이라는 포괄적인 개념화도 있다. 이렇게 교육이 란 가르치고 배워서 인간을 변화시키고 성장하도록 돕는 모든 활동을 말한 다. 이럴 경우 교육은 Nadler가 정의한 개발과 큰 차이가 없다고 볼 수도 있 다. 그러나 개발은 어떤 대상을 발달시켜 쓸모 있는 상태로 변화하게 하는 행 위를 일컫는다. 이것은 발달시킨다는 뜻뿐만 아니라 '활용(exploitation)'한다 는 의미를 강하게 내포하고 있다(March, 1991). 즉, 개발은 활용성을 강조하는 교육의 한 유형이라고 할 수 있다.[4], [5] 결국 개발은 교육이 조직이라는 특별한 맥락에 적용된 용어다. 인적자원이 조직 구성원으로서 사람이 조직에 기여하는 활용적 측면을 의미하는 개념이라는 점을 고려할 때 인적자원이라는 용어와 개발이라는 용어는 함께 사용하기에 가장 적합하다고 할 수 있다.

인적자원의 개발이 조직 구성원으로서 사람의 활용성을 강조하는 활동이라고 할지라도 조직이 자의적으로 인적자원을 개발할 수 있다고 생각해서는 곤란하다. 조직의 구성원인 사람이 자원적 속성을 가지고 있고, 그것의 개발이 조직에 기여하여야 하는 것은 분명하다. 그러나 앞에서도 언급했듯이 다른 자원들과는 달리 인적자원은 자유의지와 존엄성을 가진 개별적 주체로서의 사람을 전제로 하는 개념이다. 이러한 특성은 개인이 자신이 속한 조직의 구성원으로서 필요한 지식이나 기술, 태도, 능력을 개발하는 경우조차 그것에 동의하고 자발적으로 참여할 때 비로소 유의미한 활동이 될 수 있다. 즉, 조직의 목적과 방식이 개인의 신념과 취향, 정체성에 적절하게 부합될 때 인적자원의 개발 활동이 성립할 수 있다. 따라서 인적자원을 개발하는 일은 조직의 가치와 인간에 대한 이해가 어떠한가에 따라 상당히 다른 방식으로 나

---

4) 개발은 사람뿐만 아니라 자연이나 경제 등과 같은 비인격적 대상과 함께 사용하는 용어이기도 하다. 그러나 이 책의 주제는 인적자원의 개발이다. 따라서 사람에게 적용되는 상황만을 고려하여 개발의 의미를 파악한다.

5) 인적자원개발은 활용적 측면을 강조하는 교육 활동이고, 더군다나 조직의 가치를 높이기 위한 활동을 강조한다. 이런 점에서 인적자원개발 개념 그 자체를 인간을 사물화하고 비인간화하는 개념이라고 지적하기도 한다(한승희, 2009). 실제로 인적자원개발은 인간이 가진 지식과 기술을 신장시켜 이를 이용하려는 의미를 담고 있다. 그러나 그런 활용은 인간의 성장을 위해서도 필요하다고 할 수 있다. 자연을 개척하는 것이 수확체감적으로 나타나는 것과는 달리, 인간의 지식과 기술에는 수확체증의 법칙이 작동한다. 새롭고 높은 수준의 지식 창출은 더 새롭고 더 높은 수준의 지식을 창출하도록 만들어 가기 때문이다. 물론 그런 외적 요구가 너무 과도하거나 급할 때 표피적으로만 그럴듯한 지식이 만들어지거나 지식의 도용 같은 부정적인 결과를 초래할 수도 있다. 그럼에도 불구하고 이러한 부정적 측면은 정보가 투명해지고 수요자들의 권력이 강화된 현대사회에서 설 자리를 잃게 된다. 결국 지식과 기술의 활용적 강조는 조직의 성과뿐만 아니라 인간의 성장에도 기여한다.

타날 수밖에 없다.

3) 인적자원개발의 정의

인적자원개발은 조직 구성원의 성장과 발달을 돕는 모든 활동을 의미한다. 그것은 조직이 제공하는 공식적인 교육 프로그램을 통한 학습 활동과 조직 구성원들이 무형식적 또는 비공식적으로 이루어 가는 다양한 배움 및 성장의 과정을 포함한다. 즉, 인적자원개발은 조직이라는 맥락에서 이루어지는 교육 활동의 한 형태라고 할 수 있다. 다시 말해서 인적자원개발은 인간 성장을 위한 교육의 보편성이 조직이라는 특수성 속에서 행해지는 활동이다.

따라서 인적자원개발의 개념은 세 가지 핵심어를 전제로 한다. 조직, 사람 그리고 성장이다. 인적자원개발은 사람(들)의 성장을 기초로 하여 조직의 성장을 도모하는 활동이다. 이러한 세 가지 핵심어를 통해 인적자원개발 활동의 본질을 파악할 수 있다. 특히, 조직과 사람이라는 두 가지 중심축 가운데 어디에 우선성을 두느냐, 그리고 그 둘 사이의 관계를 어떻게 보느냐에 따라 서로 다른 관점으로 구분할 수 있다.[6]

인적자원개발의 개념 정의를 통해서 인적자원개발과 인적자원개발이 아닌 활동을 구분할 수도 있다. 예를 들어, 한 회사가 자사의 연수원에서 직원이 아닌 고객을 대상으로 수강료를 받거나 무료로 제공하는 교육 프로그램은 그 회사 입장에서는 인적자원개발이라고 보기 어렵다. 그 교육의 대상이

---

6) 인적자원개발은 학문적 관점에 따라 다양한 접근법을 가질 수 있다. 경영학적 인사관리 (HRM)의 차원에서는 조직의 관점이 더 강조되지만, 근래에는 일터에서의 학습이라는 교육학적 관점이 좀 더 강하게 대두되고 있다. 실제로, 인적자원개발은 인간과 조직을 포함하고, 이 가운데 어느 측면을 더 강조하는지에 따라, 그리고 인간과 조직에 대해 근본적으로 어떤 관점을 취하는지에 따라 다양한 패러다임으로 나타난다(장원섭, 2006).

조직에 고용된 사람들이 아니기 때문이다. 반면에 다른 예로, 기업이 필요로
하는 인재를 미리 육성하기 위한 대학의 계약학과 프로그램은 잠재적 인적
자원개발이라고 할 수 있다. 그 프로그램에 참여한 학생들이 아직은 그 기업
의 구성원이 아니지만 추후 그 회사에 입사할 가능성이 크기 때문이다. 초·
중등학교에서 학생을 대상으로 하는 교육은 학교라는 조직의 입장에서 볼
때 인적자원개발 활동이 아니다. 반면, 교사 연수는 인적자원개발이라고 할
수 있다.

다른 한편으로 인적자원개발 개념을 국가와 지역 차원으로까지 확대하여
적용하기도 한다. 인적자원개발은 원래 주로 기업조직에서 사용하는 개념이
었다. 그러나 그 개념을 더 넓게 확장하여 적용할 경우, 인적자원개발은 그것
의 핵심 개념인 인적자원을 사회조직의 어느 차원에서 보는가에 따라 기업이
나 공공기관 등에서뿐만 아니라 국가와 사회 또는 집단 차원에서도 접근할
수 있다. 예를 들어, 기업의 구성원으로서 직원들의 교육을 말할 수 있듯이
지역 차원에서 지역 주민의 학습을 도모하거나, 국가 차원에서 국가의 구성
원으로서 국민의 능력을 신장시키는 활동을 인적자원개발로 표현할 수도 있
다. 그러나 국가 또는 지역 차원의 인적자원개발에는 전통적인 인적자원개
발 개념과는 상당히 다른 내용과 맥락이 존재한다. 이에 대해서는 제13장에
서 더 구체적으로 살펴본다.

4) 인적자원개발의 목적

앞서 언급했듯이 인적자원개발의 개념은 조직, 사람 그리고 성장이라는 세
가지 전제를 갖는다. 그것으로부터 우리는 인적자원개발의 목적을 유추해
낼 수 있다. 인적자원개발은 조직에 속한 개인(들)의 성장을 바탕으로 조직도
발전하고자 하는 활동이다. 그러나 여기서 어떤 측면을 더 강조하느냐에 따
라 인적자원개발을 바라보는 관점과 목적이 달라질 수 있다. 예를 들어, 개인

의 성장 그 자체에 일차적인 관심을 갖는 관점과 개인의 성장은 궁극적으로 조직의 발전을 위한 수단이라는 관점은 인적자원개발의 목적을 매우 다르게 파악하게 한다(Kuchinke, 1999).

개인과 조직의 우선성은 인적자원개발의 끊임없는 논쟁거리이고 딜레마다. 따라서 서로 다른 인적자원개발의 패러다임들이 경쟁한다(장원섭, 2006). 그럼에도 인적자원개발에는 다차원적인 목적이 있다고 보아야 한다. 그것은 다음과 같이 정리할 수 있다.

우선 인적자원개발의 1차적 목적은 개인의 학습과 역량 증진에 있다. 그것은 인적자원개발의 내적 활동 과정이다. 이를 통해 인적자원개발이 의도하는 2차적 목적을 달성하고자 한다. 그것은 사람들이 더 효과적으로 또는 효율적으로 업무를 수행함(performing)으로써 그들의 업무 성과(performance)를 높이고자 하는 것이다. 또한 학습이 조직 차원에서 이루어진다면, 인적자원개발은 조직학습(organizational learning)으로 나타날 수 있다. 즉, 조직학습은 학습이 조직 차원으로 확대된, 인적자원개발의 또 다른 2차적 목적이 된다. 더 나아가 인적자원개발의 2차적 목적인 개인의 수행 또는 성과와 조직의 학습이 조직 차원의 성과로 이어진다면, 인적자원개발의 3차적 목적인 조직의 성과와 이익이 달성될 수 있다. 인적자원개발의 3차적 목적은 조직성과다. 그것이 개인의 성과이든 조직의 성과이든 상관없이, 성과는 효과적인 인적자원개발 활동이 외적으로 발현된 결과라고 할 수 있다. 다시 말해서, 인적자원개발 자체의 내적 과정으로서 학습 활동은 그것의 외적 기준 또는 결과로서의 성과와는 구분된다. 그럼에도 불구하고 인적자원개발의 목적은 이런 다양한 차원의 목적들을 모두 포함하고 있다고 보아야 할 것이다.

결국 인적자원개발의 목적은 내적인 학습과 외적인 성과로 구분할 수 있다. 이를 다시 개인과 조직의 수준으로 나눈다면, 다음과 같은 네 가지 목적이 도출된다. 그것들은 개인학습, 업무수행, 조직학습 그리고 조직성과다. 이를 시각적으로 표현하면 [그림 1-1]과 같다.

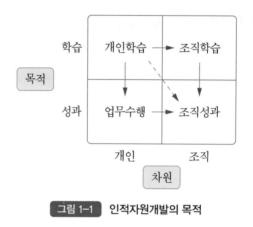

인적자원개발의 목적

　인적자원개발의 목적은 개인과 조직으로부터 한 차원 더 나아가서 고려할 수도 있는데, 그것은 사회적 차원이다. 개인과 그가 속한 조직은 또다시 사회 속에 존재하고 있기 때문이다. 조직의 구성원으로서의 사람과 관련한 활동인 인적자원개발은 사회 속에서 그 조직의 가치를 논의할 수밖에 없다. 단순히 가치 중립적 성과가 아니라 그 성과가 의미를 가질 수 있기 위해서는 사회적 사명과 공헌을 지향하는 것이어야 한다. 따라서 인적자원개발은 4차적 목적으로서 사회적 가치를 추구한다. 조직의 성과는 궁극적으로 사회적 가치의 창출로 이어진다. 즉, 인적자원개발은 조직이 사회적으로 기여함으로써 그 존재 의의를 실현하기 위한 주요한 기반이 된다(장원섭, 2006). 또한 그것은 사회적 가치 창출이라는 궁극적인 지향성을 갖는다.

　앞에서도 언급했듯이, 인적자원개발은 조직인으로서의 인간을 전제한다. 누구나 사회조직에 소속되어 삶을 살아가고 있다는 점에서 이런 인간관은 인간과 사회에 관한 매우 중요한 접근법을 제공한다. 이런 전제하에 인적자원개발은 개인과 조직이 조화를 이루어 함께 성장·발전하면서 사회에 기여하는 것을 목적으로 한다. 조직을 구성하는 개인이 성장함으로써 그 조직이 가진 사명을 달성하고 사회적으로 유의미한 가치를 실현 및 공헌할 수 있는 것이다. 실제로 조직 구성원들의 공동체적 관계 맺음과 성장을 통해 조직도 생명력을 가지고 발전할 수 있다.[7] 이렇게 사회적 가치의 실현을 추구하면서 개인과 조직의 성장을 동시에 지향하는 활동이 바로 인적자원개발이다. 이 때 조직의 생존 및 번영과는 동떨어진 개인학습만을 강조하거나 개인을 조직성과 달성의 수단으로만 간주함으로써 인간 소외를 낳는 것은 모두 편향되거나 왜곡된 인적자원개발 활동이라고 할 수 있다. 결국 개인과 조직 차원의 성장 목적을 어떻게 조화를 이루어 달성하는가가 인적자원개발의 가장 큰 과제인 동시에 가장 풀기 어려운 딜레마다.

5) 인적자원개발의 실천 영역

인적자원개발의 목적을 달성하기 위한 목표 또는 활동 영역을 살펴보는 것은 인적자원개발이 포함하는 실천 내용들을 이해함으로써 그 개념을 분명히 하는 데도 도움이 된다. 실제 현장에서 인적자원개발이 이루어지는 목표 영역은 그 개념이 포괄하는 범위에 해당하기 때문이다.

먼저, McLagan과 Suhadolnik은 '인적자원 수레바퀴(human resource wheel)' 모형을 통해 인적자원개발과 인적자원관리의 영역을 분명하게 구분하였다. 이 모형에 따르면 조직의 인적자원 활동은 크게 11개 영역으로 나뉜다. 그 가운데 인적자원관리는 조직과 업무설계, 인적자원계획, 작업수행관리체제, 선발과 배치, 보상과 혜택, 종업원 지원, 노사관계, 인적자원정보체제 등 8개 영역으로 구분된다. 반면, 인적자원개발 활동은 훈련과 개발, 조직개발, 경력

---

7) Capra(2002)는 조직에 대한 기계주의적 관점과 생명체로서의 관점을 구분한다. 기계주의적 조직 관점이 조직과 개인을 이분법적으로 분리하여 대립하는 관계로 설정하는 반면, 생명체로서의 관점은 조직이 사람들 사이의 관계망의 형태를 띤 유기체로서 생명력을 가지고 있다고 본다. 생명체로서 조직은 구성원들의 공동체적 관계맺음을 통해 끊임없는 자기 갱신의 과정을 거친다.

개발의 3개 영역을 포함한다(유승우, 2008).

이처럼 인적자원개발은 전통적으로 세 가지 영역으로 구성된다. 훈련과 개발 또는 개인개발(individual development)은 새로운 지식과 기술을 습득하고 행동이나 태도를 개선하는 활동을 의미한다. 경력개발(career development)은 여러 직무로 이동하기 위한 지식과 기술을 준비하는 더욱 장기적인 활동을 말한다. 조직개발(organization development)은 조직 차원의 변화를 꾀하는 다양한 활동을 일컫는다(Gilley, Eggland, & Gilley, 2002). 각각은 서로 다른 내용과 목적을 가지고 있는 인적자원개발의 실천 영역이다. 그럼에도 불구하고 그것들은 서로 분리된 활동들이라기보다는 상당 부분 중첩되어 있다. 따라서 [그림 1-2]와 같이 표현될 수 있다.

근래에는 이런 전통적인 인적자원개발 활동들에 대한 이견이 등장하고 있다. 예를 들어, Swanson과 Holton(2001)은 경력개발을 더 이상 인적자원개발의 주요한 활동 영역으로 보지 않는다. 단지 인적자원개발의 관련 분야로만 간주한다. 그들은 기본적으로 인적자원개발을 조직의 입장으로 접근한다. 그런데 경력개발은 더 이상 조직 차원에서 강조할 문제가 아니라고 주장한다. 그들은 현대사회에서 노동시장의 유연성이 크게 증가하여 개인의 조직 간 이동이 빈번해진 상황에서 과거와 같이 조직 내에서의 승진 등을 주요

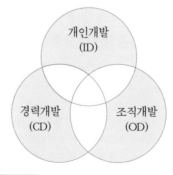

그림 1-2   인적자원개발의 전통적 세 영역

출처: Gilley & Eggland (1989). *Principles of human resource development*, p. 14.

한 내용으로 하는 경력개발은 유의미하지 않게 되었다고 본다. 경력개발은 개인의 문제이지 더 이상 조직에서 지원해야 할 필요가 없다는 것이다. 그러나 이들의 주장은 너무 단편적인 것만을 고려하고 있다. 비록 조직 차원의 전통적 경력개발 활동이 축소된 것은 사실이지만, 새로운 방식의 경력개발이 또다시 인적자원개발의 중요한 활동으로 등장하고 있기 때문이다. 예를 들어, 조직 내의 위계적인 승진 사다리 대신 핵심 인재를 중심으로 한 경력개발이 더 강하게 부각되고 있다. 전직지원(outplacement)은 조직에서 사람을 어떻게 잘 내보낼 것인가의 문제를 고려하는 중요한 경력개발 활동으로 등장하였다. 따라서 경력개발은 그 실천 방식이 변화하기는 하였지만 여전히 중요한 인적자원개발의 한 영역이라고 보아야 한다. 현대사회에서 경력개발의 새로운 변화의 양상에 대해서는 제9장에서 살펴볼 것이다.

성과향상(performance improvement)의 문제는 전통적인 세 영역에 덧붙여 인적자원개발의 새로운 영역으로 부상하였다. 극심한 경쟁 상황에서 조직들은 단기적인 성과를 창출하는 인적자원개발 활동을 중요하게 여기기 때문이다. 성과향상은 조직의 업무수행 활동 개선을 위한 체제적인 접근을 의미한다. 그것은 직무를 효과적·효율적으로 수행하여 성과를 내기 위해 기술, 동기 그리고 환경적 지원을 받을 수 있도록 하는 것을 목적으로 한다(Gilley, Eggland, & Gilley, 2002).

인적자원개발의 목표 영역은 개인개발, 경력개발, 조직개발 그리고 성과향상으로 구분할 수 있다. 그리고 그것들은 각각 초점을 개인에게 두는가 아니면 조직에 두는가에 따라, 또 그 활동의 결과가 단기간에 나타날 수 있는가 또는 장기간의 결과를 고려하는가에 따라 [그림 1-3]과 같이 배열할 수 있다. 개인개발은 개인에게 초점을 맞춘 단기간의 결과를 위한 활동인 반면, 경력개발은 개인의 장기적인 활동이다. 조직개발은 장기간에 걸쳐 결과가 나타날 수밖에 없는 조직 차원의 접근법이지만, 성과향상은 단기적인 결과를 지향하는 조직에 초점을 둔 활동이다.

그림 1-3   **인적자원개발의 목표 영역**

출처: Gilley & Eggland, & Gilley (2002). 인적자원개발론(장원섭 역, 2003), p. 22.

이렇게 인적자원개발은 개인개발, 경력개발, 조직개발 그리고 성과향상
을 구체적인 실천 내용으로 하는 활동이다. 각 영역에서의 목표를 달성하기
위한 다양한 인적자원개발의 방법들은 제2부에서 살펴본다. 다만 각 영역의
실천 목표들은 반드시 인적자원개발 활동들을 통해서만 달성할 수 있는 것
은 아니라는 점을 인식하여야 한다. 대부분의 경우 각 영역은 인적자원개발
을 통해서 달성이 가능하지만, 인적자원개발 이외의 다른 방법들을 통해서도
이루어질 수 있다. 예를 들어, 조직개발은 조직의 구조나 업무체제를 변경하
는 활동을 포함한다. 또한 성과향상은 코칭 등과 같이 인적자원개발 활동을
통해서도 이루어질 수 있으나, 그 밖에도 보상, 업무지원체제 등을 통해서 더
잘 달성될 수 있다. 결국 네 영역은 인적자원개발의 실천 활동이고 목표 영역
임에는 틀림없지만, 그것들이 인적자원개발의 범주에 완전히 포함되는 활동
들만으로 구성되는 것은 아니다.

다른 한편, 기술과 사회의 빠른 변화 속에서 인적자원개발의 실천 영역과
내용이 달라질 수 있다. 특히, 인공지능과 같이 인간의 지적 능력을 구현하는
기계가 빠르게 발전함에 따라 인적자원개발 활동의 변화가 예상된다. 예를
들어, 체계적으로 교육 프로그램을 개발하고 학습 성과를 분석하는 활동은

인공지능이 기존에 사람이 수행하던 일을 대체할 수도 있다. 반면 개인적 가치와 일의 의미, 그리고 사회적 · 정치적 관계에 관련한 활동들은 더욱 중요해질 수 있다. 이런 가운데 인적자원개발은 첨단 기술 발전에 어떻게 대응하는가에 따라 향후 역할과 위상이 달라질 것이다. 일과 일터의 변화 속에서 사람의 가치를 높이는 등의 새로운 역할과 의미를 찾고, 인공지능 같은 디지털 기술을 효과적으로 활용한다면 인적자원개발은 조직과 사회의 전면에 나설 수 있다. 그렇지 못하다면 다른 많은 기능들과 마찬가지로 쇠퇴하거나 사라질 가능성도 있다. 사람과 일, 그리고 배움의 본질을 잃지 않고 첨단 기술을 활용하는 올바른 균형점을 찾는 노력이 필요하다. 그럼으로써 인적자원개발 본래의 의미와 역할을 충실히 구현할 수 있는 방향을 모색해야 할 것이다(김혁, 장경진, 장원섭, 2018).

2. 인적자원개발의 유사 개념

앞서 인적자원개발의 개념을 정의하였지만, 그 의미는 유사 개념들과의 비교를 통해서 더욱 잘 드러날 수 있다. 대표적으로 인력개발, 산업교육, 기업교육, 직업훈련 그리고 일터학습은 인적자원개발과 혼용되는 용어들이다. 그럼에도 그것들은 엄밀히 말해 인적자원개발과는 개념적 차이를 가지고 있다.

먼저, 인력개발(manpower development)은 인적자원과 인력이라는 용어상의 차이가 있다. 인력은 주로 경제개발계획 시대에 사용되었던 양적 투입 개념이다. 그것은 경제발전을 위해 사람을 육성하는 국가적 차원에서 사용되는 경향이 있었다. 반면에 인적자원은 앞에서도 언급했듯이 현대사회에서 조직의 경쟁력이 사람의 지식이나 창의력 같은 질적 수준을 제고하는 것에 달려 있다는 인식에 기초하여 확산된 개념이다.

산업교육(industrial education)은 산업체에서 이루어지는 다양한 형태의 교육을 의미할 수 있다는 점에서 인적자원개발과 혼용되기도 한다. 그러나 우리나라에서 산업교육은 학교에서 이루어지는 직업교육을 의미한 적이 있었고, 미국에서도 산업교육은 19세기에서 20세기로 넘어가는 시기에 직업교육을 지칭하는 용어로 사용된 바 있다(장원섭, 2006). 지금은 우리나라와 미국에서 거의 사용조차 하지 않는 용어가 되었지만 그 개념이 가진 역사성 때문에 오히려 인적자원개발보다는 직업교육과 동일한 의미를 가진 것으로 혼동할 우려가 있다.

기업교육(corporate education)은 영리를 추구하는 기업에서 이루어지는 교육을 의미한다. 따라서 근래 들어 그 투자가 활발히 이루어지고 있는 공공기관 같은 비영리조직을 배제하는 용어일 수 있다. 이런 점에서 모든 조직을 포괄하는 용어인 인적자원개발과는 그 대상과 범위에서 차이를 갖는다.

직업훈련(job training)은 사전적으로는 특정한 직무를 위한 기능의 반복적 숙달을 의미하는 개념이다. 우리나라에서는 정부에서 근로자 또는 취업 의사를 가진 자에게 직무수행 능력을 향상하기 위해 제공되는 교육의 일종으로 사용하여 왔다(장원섭, 2006). 여기서 근로자는 인적자원을 대신하는 의미로 볼 수도 있지만, 앞서 살펴보았듯이 훈련은 낮은 수준의 숙달 반복적 교육을 의미한다는 점에서 개발과의 차이를 갖는다.

일터학습(workplace learning)은 근래 들어 인적자원개발에 가장 널리 통용되는 용어다. 이 개념은 주로 성인교육의 주요한 한 분야로서 사용된다. 장소로서 일터를 고려하고 그 안에서 이루어지는 개인의 모든 공식적 · 비공식적 배움을 강조한다. 반면에 인적자원개발은 조직을 전제로 하고 그 안에서 사람의 성장을 통한 조직의 발전을 지향한다. 따라서 인적자원개발은 성인학습의 하나의 장으로서 일터에서 이루어지는 개인의 학습 관점을 가지는 일터학습과는 관점상의 차이를 가진다고 주장되기도 한다(Rowden, 2007).

제2장

인적자원개발의 역사

"그럼 시간 도둑들이 사람들한테서 더 이상 시간을 훔쳐 가지 못하도록 조정하실 수는 없나요?" "그럴 순 없어. 자신의 시간을 가지고 무엇을 하느냐는 전적으로 스스로 결정해야 하는 문제니까. 또 자기 시간을 지키는 것도 사람들 몫이지. 나는 사람들에게 시간을 나누어 줄 뿐이야." 모모는 홀을 빙 둘러보고 물었다. "그래서 이렇게 많은 시계들을 갖고 계신 거예요? 한 사람마다 한 개씩요. 그렇죠?" "아니야, 모모. 이 시계들은 그저 취미로 모은 것들이야. 사람들이 저마다 가슴속에 갖고 있는 것을 엉성하게 모사한 것에 지나지 않아. 빛을 보기 위해 눈이 있고, 소리를 듣기 위해 귀가 있듯이, 너희들은 시간을 느끼기 위해 가슴을 갖고 있단다. 가슴으로 느끼지 않는 시간은 모두 없어져 버리지. 장님에게 무지개의 고운 빛깔이 보이지 않고, 귀머거리에게 아름다운 새의 노랫소리가 들리지 않는 것과 같지. 허나 슬프게도 이 세상에는 쿵쿵 뛰고 있는데도 아무것도 느끼지 못하는, 눈 멀고 귀 먹은 가슴들이 수두룩하단다."

-Ende (1973). 『모모』, p. 217.

이 장에서는 먼저 일과 교육의 시대적 변화라는 큰 흐름 속에서 인적자원
개발의 역사를 살펴본다. 이를 인적자원개발이 본격적으로 등장하기 시작한
산업사회와 새롭게 변모하는 새로운 산업사회에서의 인적자원개발로 구분
하여 검토한다. 그다음에는 우리나라에서의 인적자원개발의 역사를 직업훈
련과 기업교육의 시각에서 개관한다.[1]

1. 인적자원개발의 전개

인적자원개발을 일의 교육이라는 관점에서 살펴본다면, 그것은 인류의 역
사를 검토하는 것과 마찬가지로 방대한 작업이 될 수 있다. 일의 교육은 인류
와 함께 탄생했고, 글자로 쓰인 역사를 갖기 이전에도 언제나 이미 존재하였
다. 사람들은 삶을 위해 삶의 과정 속에서 무형식적이고 우발적인 형태로 어
른들의 일을 흉내 내면서 배웠다. 이러한 흉내 내기 학습은 일의 교육의 가장
원초적인 방식이라고 할 수 있다. 또한 수공업을 위한 일터에서 기술을 전수
받는 도제제도는 체계적인 일의 교육의 시초라고 할 수 있고, 이는 지금도 여
전히 여러 분야에서 유효한 인적자원개발의 방식이다. 그러나 인적자원개발
이 본격적으로 등장하기 시작한 것은 산업사회가 시작되면서부터다. 그리고
나서 후기산업사회라고 일컬어지는 지금에 이르기까지 양적으로뿐만 아니
라 질적으로도 크게 발전하였다. 이 절에서는 산업사회에서 인적자원개발의

---

1) 이 장의 내용은 대부분 『일의 교육학』(장원섭, 2006)의 '제3장 일의 교육사'를 인적자원개발
   에 초점을 맞추어 정리·보완한 것이다.

등장과 전개 과정을 살펴본 다음, 새로운 일의 세계에서 인적자원개발의 변화 양상을 검토한다.

1) 인적자원개발의 등장

근대 산업사회에서 일과 교육은 커다란 전환을 겪었다. 산업혁명 이후 농본적 삶은 도시에 위치한 거대한 제조공장 중심의 대량생산체제로 바뀌었다. 대량생산체제의 도입은 대규모 노동력에 대한 필요를 촉진시켰다. 이와 동시에, 테일러주의와 포드주의를 통해 일을 합리적으로 조직하였다. 효율적인 경영관리체제를 위해 직무설계, 과업관리, 과학적 선발과 훈련, 성과에 의한 보상, 감독 등을 체계화하였다. 업무가 표준화·세분화되었고, 근로자는 분업에 의한 반복 작업을 하였다. 그들의 작업은 위계적인 중앙의 관리와 통제를 받았다. 그럼으로써 가장 효율적인 대량생산체제를 형성하였다. 과학적이고 합리적인, 그래서 '최선의 생산체제(one best system)'를 지향하는 산업사회의 시대정신이 구현된 것이다.

대량생산체제가 등장하고 대규모 노동력 공급이 필요함에 따라 전통적인 도제제도는 생산체제로서 적합하지 못하였으며, 주요한 일의 교육의 형태로서도 더 이상 지탱할 수 없게 되었다. 산업화의 진전에 따라 미국에서는 도제제도를 대신할 근대적 인적자원개발체제들이 등장하기 시작하였다. 19세기 초에 발전한 직업훈련원은 기능공들에게 교육을 계속 제공하였다. 이 기관은 주로 상공인들의 협회가 구성원들의 직업적 요구에 부응하기 위해 설립한 것이었다. 교육 목적은 매우 광범위해서 기술자, 농민, 기계공들의 문화적 욕구도 충족시켜 주었다. 기술 훈련뿐만 아니라 영어, 읽기, 셈하기 등과 같은 교육도 실시하였다(Barlow, 1990; Swanson & Holton, 2001).

근대적 인적자원개발은 개별 기업들에 의해 더욱 활성화되었다. 기업학교 또는 공장학교는 기업들이 직접 운영하는 초기 인적자원개발 제도로서, 아직 공교육체제가 확립되어 있지 않은 상태에서 전통적인 도제제도를 대신하여 산업에서 요구하는 기술을 효율적으로 훈련시키기 위한 목적을 가지고 있었다. 이 제도는 19세기에서 20세기로 넘어가는 시점에 웨스팅하우스, 볼드윈 기관차, 제너럴 일렉트릭, 포드, 굿이어 등과 같은 기업들에서 다양하게 운영되었다(Swanson & Holton, 2001).

20세기에 접어들면서 기업의 인적자원개발은 더 발전하였다. 1913년 전국 기업학교협회가 설립되었고, 두 차례의 세계 대전을 거치면서 Allen과 Kane, Dooley는 기업교육을 더 체계화하였다. Allen과 Kane은 '보여 주고(show), 설명하고(tell), 실행하고(do), 점검하는(check)' 표준화된 4단계 훈련방법을 개발하였다. Dooley는 '산업체에서의 훈련(Training Within Industry: TWI)'을 통해 적은 비용으로 많은 사람에게 양질의 훈련을 시킬 수 있는 방안을 마련하였다. 그는 직무교수 훈련(Job Instruction Training), 직무방법 훈련(Job Methods Training), 직무관계 훈련(Job Relations Training), 직무안전 훈련(Job Safety Training) 그리고 프로그램 개발 방법(Program Development Methods) 등을 개발하였다. TWI는 훈련교사를 훈련시키는 프로그램을 강조하였는데, 이런 분위기 속에서 기업의 훈련 담당자들은 1944년에 미국훈련가협회(American Society of Training Directors: ASTD)를 결성하기도 하였다.[2]

테일러주의에 기초한 방위산업 중심의 효율적이고 체계적인 인적자원개발은 이후에도 계속 발전하였다. 교육을 위한 시청각 매체로서 녹음기, 비디오, 방송 등이 활용되기 시작하였고, 요구분석에 기초한 체계적인 교육 프로

---

2) ASTD는 1965년에 명칭을 미국훈련개발협회(American Society for Training and Development)로 변경하였고, 2014년에는 인재개발협회(Association for Talent Development: ATD)로 다시 바꾸었다. 실제로 ATD는 미국뿐만 아니라 전 세계에 회원을 둔, 인적자원개발 분야에서 가장 큰 규모의 모임으로 발전하였다. 또한 인적자원개발에서 훈련보다 높은 수준의 전문성 개발을 강조하는 트렌드를 그 명칭에 반영한 것이라고 할 수 있다.

그램 개발 기법이 등장하였으며, 행동주의에 의한 프로그램화 교수방법이 개발되었고, 4수준 평가 기법(Kirkpatrick, 1959)도 제시되었다. 1973년 미국 군대의 교수체제개발(Instructional System Development) 채택과 1992년 국제성과향상협회(International Society for Performance Improvement)의 인적성과공학(Human Performance Technology)모형 제시 등은 효율적 인적자원개발을 위한 체계적인 훈련 프로그램 개발과 성과 문제해결의 틀이 되었다(정재삼, 2000; Swanson & Holton, 2001).

다른 한편, 1930년대 초까지 이루어진 Mayo의 호손실험은 테일러주의와는 대비되는 인적자원개발의 전통을 형성하는 기틀이 되었다. 이 연구는 물리적 · 경제적 작업 조건보다 작업집단과 관련된 심리적 · 사회적 조건 같은 인간적 요소가 더 중요하다는 사실을 제시하였다. 그 이후 1940~1960년대를 거치면서 Rogers, Maslow 등의 인본주의 심리학과 인간관계운동은 사회적 관계와 조직문화의 중요성에 주목하도록 하였다. 특히, Lewin의 소집단 기법은 감수성 훈련 등을 통하여 조직 또는 집단에서의 인간관계 개선을 위한 조직개발 프로그램의 효시가 되었다. 비공식 집단과 인간관계의 중요성에 대한 인식은 조직개발을 인적자원개발의 주요한 영역으로 자리 잡게 하였고, 조직 내에서 다양한 구성원들의 관계 개선을 위한 프로그램을 활성화하도록 하였다.

실천 현장에서의 빠른 성장과 함께 인적자원개발 분야는 학문적으로도 태동하였다. Nadler가 1969년에 인적자원개발이라는 용어를 주창하였고, Knowles는 1970년에 안드라고지(andragogy) 개념을 통해 성인학습이론을 제시함으로써 인적자원개발의 학문적 기초를 마련하였다. 1970년대로 넘어오면서 미국의 몇몇 대학에 인적자원개발 전공이 개설되어 체계적인 연구와 교육이 이루어지기 시작하였다(Swanson & Holton, 2009).

2) 인적자원개발의 발전

정보통신기술의 빠른 발전과 그에 기반한 세계화 등의 요인은 새로운 산업 사회로의 전환을 촉진시켰다. 특히, 인공지능, 로봇, 사물인터넷 등에 의한 디지털 전환과 자동화로 전통적인 제조업 중심의 산업 생태계는 탈바꿈하고 있다(전재식 외, 2019). 새로운 일의 세계는 이전의 산업사회와는 달리 탈표준 화, 다양화, 개체화, 개별화라는 특징을 나타내었다. 이에 따라 개인의 다양 한 요구와 창의적 정신을 강조하는 서비스업 및 지식산업이 가장 주요한 산 업으로 발달하였다. 기업 조직도 위계적이고 관료주의적인 형태에서 유연 한 관계망형 조직으로 변모하는 경향을 보였다. 대량생산을 위한 기계적 노 동보다는 개인의 자율적이고 창의적인 활동이 더 강조되었다. 이에 따라 새 로운 일의 세계는 체계적으로 세분화되고 강하게 분리된 전문성보다는 빠 른 변화에 유연하게 대처할 수 있는 유연한 전문화를 요구하게 되었다. 지식 과 기술의 다양성, 지역성, 특수성과 우연성이 강조되었으며, 이런 것들이 서 로 연관되고 절충된 형태의 새로운 관계와 탈경계화 또는 통합이 부상하였다 (Federal Ministry of Education, Science, Research and Technology, 1998; Young, 1998).

이런 가운데 일에 대한 관점이 '효율'에서 '의미'로 변화하고 있다. 전통적 인 산업사회가 돈, 노동, 최적화, 안전성, 확정성, 결과 책임 등을 특징으로 하 였던 반면, 새로운 산업사회에서의 일은 열정, 자유, 창조성, 사회적 가치, 공 개성, 활동성 등의 중요성이 더욱 부상한다(Torvalds et al., 2002). 이제는 기 계가 대체할 수 없는 인간만의 고유한 지식과 기술, 창조력이 더욱 필요하다. 인간은 이제 복잡한 문제를 해결하고, 비판적으로 사고하며, 창조할 수 있는 역량을 갖출 것을 요구받고 있다. 다른 사람과 함께 협력하고, 감성적이며, 냉철하게 판단할 수 있는 능력도 있어야 한다(Gray, 2016).

새로운 산업사회로의 이행은 필연적으로 인적자원개발의 변화를 요청하였다. 대량생산체제에 적합한 대량의 인력을 효율적으로 양성하는 대신, 다품종 소량생산체제에 맞는 유연하고 창의적인 인재들을 필요로 하였다. 평생학습체제의 등장에 따라 개인, 직장 및 매체의 역할이 중요하게 부상하였다(Gilley & Eggland, 1989). 세계화의 급속한 진전에 따라 기업들은 더 심화된 경쟁체제에 들어갔다. 그리고 그 경쟁은 지식과 창의성을 바탕으로 하였기 때문에 우수한 인적자원을 확보하고 개발하는 일은 어느 때보다도 중요해졌다. 즉, '인재전쟁'이라는 표현이 등장할 정도로 치열한 경쟁체제 속에 놓이게 되었다(Michaels, Handfield-Jones, & Axelrod, 2001).

무한 경쟁 시대에 조직 구성원들의 인적자원의 질을 높이기 위한 다양한 방법이 강구되었다. 원격학습체제의 구축도 이를 위한 하나의 방법이었다. 1980년대 이후 컴퓨터 매체를 활용한 원격교육은 크게 성장하였다. 원격교육은 이전부터 통신교육이라는 이름으로 우편이나 방송 등을 통해 이루어져 왔다. 이제는 첨단 정보통신기술을 기반으로 학습자가 시간과 장소의 제한에서 벗어나 자신이 필요로 하는 다양한 교육 프로그램에 접근할 수 있다. 기업들은 사이버 교육 또는 이러닝(e-learning) 시스템을 구축하고 다양한 교육 프로그램들을 개발하였다(Rosenberg, 2001). 모바일 환경이 구축되어 이동형 학습(m-learning)이 주목받고 있다. 어디서나 실시간으로 소통할 수 있는 사회적 매체들을 통한 새로운 사회적 학습(new social learning)은 기존의 일방적인 정보전달식 교실 교육이나 이러닝을 넘어서고 있다(장원섭, 2010). 인적자원개발에 있어서의 디지털 전환은 필요한 핵심 지식을 즉각적으로 검색하여 학습하는 마이크로 러닝, 빅데이터를 기반으로 하는 맞춤형 학습 서비스 제공, 가상 또는 증강 현실을 이용한 시뮬레이션 학습 등을 가능하게 하였다. 이런 비대면 온라인 학습체제는 2020년 코로나 19 바이러스 감염증의 세계적 대유행으로 인해 폭발적으로 증가하였다.

새로운 산업사회에서 인적자원개발의 또 다른 중요한 전환은 일터에서의 학습을 통해 나타난다. 산업사회에서의 훈련 중심 교육과는 달리 기업에서는 실행공동체, 학습조직, 지식경영 등과 같은 방식을 통해 근로자의 일과 학습을 통합하고 조직의 총체적인 학습과 지식 공유를 촉진하고자 하였다(Lave & Wenger, 1991; Nonaka & Hirotaka, 1995; Senge, 1990).

다른 한편, 시장의 무한 경쟁은 성과 중심의 인적자원개발을 강조하게 하였다. 교육이 단순히 교육으로 그치는 것이 아니라 업무수행에 도움을 주고 기업성과 향상에 기여해야 했다. 총체적 품질관리와 교육에 대한 투자회수율, 인적성과공학 등은 인적자원개발의 성과를 강조하는 개념이자 활동이었다.

이제 개인은 지식과 기술의 빠른 변화에 대응하기 위해서 평생 끊임없이 자신의 능력을 신장시켜야 한다. 학교에서 배웠던 지식과 기술의 반감기가 짧아짐에 따라 학교를 마친 이후에도 성인의 지속적인 학습이 필수적이다. 노동시장이 유연화되어 직장 또는 직업 이동이 심화되면서 평생직장의 개념은 무너지고 개인은 자신의 경력을 끊임없이 개발해야 하는 과제를 안고 있다. 즉, 개인은 주체적으로 자신의 능력과 경력을 개발하기 위해 평생에 걸친 학습을 해야 한다. 강요에 의해 어쩔 수 없이 참여하는 페다고지적 교육으로부터 자발적이고 자기주도적인 안드라고지가 중요해졌다.

결국 인적자원개발은 조직 간의 인재 경쟁, 첨단 매체의 활용 그리고 개인의 주도적 학습을 강조하는 방향으로 전환하였다. 이것은 인적자원개발이 산업사회의 초기 형태와는 질적으로 다른 모습으로 발전하고 있음을 보여 주는 것이다.

인적자원개발 분야는 학문적으로도 크게 성장하였다. 일터 현장에서의 실천 활동이 발전하고 사례들이 축적되어 이를 일반화하면서 하나의 학문 영역을 구축하고 있다. 인적자원개발과 관련이 있는 다른 학문들과 교류하면서 이론적으로 더욱 체계화하고 있다(Chalofsky, 2014).

미국에서는 1990년부터 전문 학술지인 『Human Resource Development Quarterly』가 발간되어 인적자원개발의 학문적 토론의 장을 열었다. 1993년에는 학자들이 학술적인 교류를 위한 모임으로 인적자원개발학회(Academy of Human Resource Development: AHRD)를 창설하였다. AHRD는 『Human Resource Development Quarterly』뿐만 아니라 1998년에는 국제적인 학술 교류를 위해 『Human Resource Development International』을, 1999년에는 주제별 토의를 위한 『Advances in Developing Human Resources』를, 그리고 2002년에는 이론의 발전을 위한 『Human Resource Development Review』를 발간하기 시작했다. AHRD는 이러한 학술지 발간 이외에도 매년 학술대회를 개최하고 있다. 미국에서뿐만 아니라 유럽과 아시아에서도 국제학술대회를 열어 전 세계적으로 인적자원개발에 관한 학문적 교류를 시도하고 있다 (Swanson & Holton, 2009).

2. 우리나라 인적자원개발의 역사[3]

1) 직업훈련정책의 진화

우리나라에서 조직 구성원을 대상으로 하는 인적자원개발은 노동부의 관리 아래 직업훈련이라는 이름으로 행해져 왔다. 그것은 1967년 「직업훈련법」의 제정으로 체계화되기 시작하였다. 1960년대 경제개발계획에 따라 기능인력의 양성이 본격적으로 요구되었기 때문이었다. 법의 제정은 실업계 고등학교 등 학교교육만으로는 부족한 인력개발의 문제를 학교 밖의 직업훈련이라는 별도의 제도를 통해 적극적으로 보완하려는 시도였다(최규남, 2003).

---

3) 이 절에서는 인적자원개발의 역사로 직업훈련정책과 기업교육의 성장 과정을 살펴본다. 국가 인적자원개발정책도 우리나라의 인적자원개발에서 중요한 역사적 사건이기는 하지만, 그것은 다른 차원의 개념이고 접근법이므로 이 절에서는 다루지 않고, 국가 차원의 인적자원개발을 다룬 제13장에서 살펴본다.

「직업훈련법」에서는 직업훈련의 대상을 구직자를 포함한 '근로자'로 규정함으로써 훈련 과정에 따라서는 취업을 희망하는 비진학 청소년과 중고령자도 재직자와 같이 훈련 대상이 될 수 있도록 하였다(임세영, 1999). 직업훈련은 3~6개월의 단기 코스와 같은 짧은 기간에 인력수급에 대응할 수 있는 기동성이 있는 동시에 실습 위주의 훈련을 통해 현장에 직접 투입할 인력을 양성할 수 있는 인력양성제도였다(김동환, 2001). 「직업훈련법」 발효 이후 공공훈련을 중심으로 직업훈련은 빠르게 성장하였다. 그러나 교사, 교재, 시설의 부족과 같은 직업훈련의 준비 미흡은 제한된 성과를 거두는 데 그쳤다. 특히, 기업의 직업훈련 참여는 기대에 못 미쳤다. 실제로 직업훈련을 실시하는 사업체의 수는 극히 적었다(김동환, 2001).

1970년대의 빠른 경제성장은 심각한 기능인력 부족의 문제를 드러냈고, 공공직업훈련만으로는 다양한 산업 부문의 기능인력 수요를 충족할 수 없었다. 따라서 이 문제를 해결하는 수단으로 직업훈련의 강제적인 의무화가 도입되었다. 1974년에 제정된 「직업훈련에관한특별조치법」은 일정 규모 이상의 기업에 대해 직업훈련 실시를 의무화하였다. 그러나 기업이 형편상 훈련을 실시하지 못할 경우에 벌칙 조항 외에는 제재 조치가 없었으므로 사업주의 훈련이 본격적으로 시작되지는 않았다. 이에 따라 「직업훈련법」과 「직업훈련에관한특별조치법」을 통합하여 1976년에 「직업훈련기본법」과 「직업훈련촉진기금법」을 제정함으로써 사업주의 훈련의무 부과를 통한 산업인력 양성의 제도적 틀을 갖추었다.

「직업훈련기본법」에서는 훈련 주체 또는 기관의 형태에 따라 공공, 사업 내 그리고 인정 훈련을 구분하였다. 또한 훈련 대상자별로 직업훈련을 양성훈련, 향상훈련, 전직훈련 및 재훈련으로 나누었다. 양성훈련은 근로자에게 직업에 필요한 기초적인 직무수행 능력을 습득시키기 위하여 실시하는 훈련과정이다. 향상훈련은 양성훈련을 받은 사람이나 직업에 필요한 기초적 직무수행 능력을 가지고 있는 사람에게 더 높은 직무수행 능력을 습득시키기 위하여 실시하는 훈련 과정이다. 전직훈련은 근로자에게 종전의 직업과 유사하거나 새로운 직업에 필요한 직무수행 능력을 습득시키는 훈련 과정이고, 재훈련은 직업에 필요한 직무수행 능력의 부족을 보충하기 위한 훈련 과정을 말한다(나영선 외, 2000).

　기업체에 의무적으로 직업훈련을 실시하도록 강제함에 따라 양성되는 기능공의 수가 크게 증가하였다. 이 가운데 상당 부분을 사업 내 훈련이 차지하였다. 그러나 직접적인 훈련 대신 분담금을 납부하는 업체가 늘면서 훈련인원의 수와 전체 훈련에서 차지하는 비중이 지속적으로 감소하였다. 특히, 1980년대 오일쇼크와 함께 불어닥친 경기 침체에 따라 사업 내 직업훈련도 침체되는 양상을 보였다(임세영, 1999).

　1980년대 중반 이후의 경기 회복에도 불구하고 사업 내 훈련은 적은 인력만을 양성하였다(김동환, 2001; 임세영, 1999). 1990년대에 이르러 극심한 인력난이 가중되자 정부는 다시 직업훈련의 의무적인 실시를 늘리는 강력한 조치를 취하였다. 직업훈련 의무 비율을 높이는 대신, 기준을 완화하고 세제 혜택을 주는 등 사업 내 훈련의 활성화를 도모하였다. 그 결과로 사업 내 훈련이 다시 확대되었고 훈련 인원은 크게 증가하였다(김동환, 2001). 그러나 이런 변화는 시대의 변화에 따른 양성 중심의 훈련에서 향상훈련과 재훈련으로의 방향 전환과 맞물려 있었다(임세영, 1999). 즉, 급격한 산업사회의 변화에 부응하기 위하여 직업훈련의 중점이 기능인력의 양성, 공급에서 근로자의 평생에 걸친 직업능력의 개발, 향상으로 바뀌게 되었다.

　1990년대 중반 이후의 직업훈련은 그 방향을 크게 전환하였다. 이전까지 직업훈련은 기본적으로 「직업훈련기본법」에 따라 주로 비진학 청소년들을 대상으로 기능인력 양성을 주목적으로 하였다. 기업에게 직업훈련 의무를 부과하고 그 기준을 정부가 규제하는 등 정부 주도적으로 이끌어 왔다. 그러나 이러한 직업훈련체제는 새로운 훈련 수요에 부응하여 민간의 자율적인 훈련을 활성화하고 근로자에게 다양한 직업능력개발 기회를 제공하는 데 한계가 있었다. 공급자 중심의 직업훈련체제에서는 향상 훈련에 대한 수요가 급증하는 변화 추세에 제대로 대처하지 못하였으며, 또한 직업훈련 의무의 부과에 따라 기업 필요에 의한 훈련보다는 비용 소모적 훈련을 실시하는 낭비가 있었다(나영선 외, 2000). 이에 따라 직업훈련체제는 개편의 필요성을 강력하게 요청받았다. 양성훈련뿐만 아니라 재직 근로자 향상훈련, 재훈련 등의 중요성이 크게 부각되었다.

1995년 「고용보험법」에 의한 직업능력개발사업의 도입은 그러한 전환의 계기가 되었다. 고용보험제도의 3대 사업 중의 하나인 직업능력개발사업은 재직 근로자의 능력 향상을 위하여 실시되는 민간 주도적인 직업훈련이다. 직업훈련의무제하에서 기업은 가급적 훈련 실시를 회피하였고, 정부는 그것을 강행하도록 규제하고 감독하였다. 그러나 가입이 의무화되어 있는 고용보험은 피보험자가 보험 대상 지급 기준에 적합한 조건을 갖추면 실업급여, 직업알선, 능력개발 등을 위한 재정지원을 하도록 되어 있다. 이에 따라 기업과 근로자가 자발적으로 직업능력개발을 위한 직업훈련을 하고 그것을 통해 재정지원을 받는, 이전과는 전혀 다른 직업훈련체제가 도입된 것이다.

그러나 여전히 기업의 직업훈련 성과는 미미한 형편이었다. 또한 「고용보험법」상의 직업능력개발사업의 실시로 직업훈련체제는 「직업훈련기본법」상의 직업훈련과 이원화됨에 따라, 상이한 성격의 두 제도의 운영으로 정부 정책 집행 과정에서 혼란과 비효율을 초래하였다는 비판이 끊임없이 제기되었다. 그 밖에도 직업훈련 여건의 변화에 따른 다양한 직업능력개발을 추진하기 위해서 직업훈련체제 개편의 필요성이 강하게 대두되었다. 인구증가율의 둔화에 따른 청소년 인구의 감소와 인구의 고령화, 그리고 국민의 전반적인 고학력화 등으로 전통적인 직업훈련 대상자 규모가 크게 감소하였다. 또한 여성과 취약계층 등 잠재인력을 최대한 산업인력화하고 실업자의 재취업을 촉진하기 위한 직업훈련의 필요성이 크게 부각되었다. 노동력 수요 측면에서는 기술혁신과 정보화가 생산 부문뿐만 아니라 사무·서비스 부문까지 급속하게 진전되고 있는 가운데 새로운 직무나 기능·기술에 대응하는 폭넓은 지식과 기능이 요구되었다. 이러한 노동력 수요의 변화에 대응하여 근로자가 전 직업생활에 걸쳐 계속해서 배우지 않으면 도태될 수밖에 없는 상황이 도래함에 따라 지속적인 직업능력개발의 필요성이 증대하였다.

직업훈련의 여건 변화에 대응하고 기존 직업훈련체제의 문제점을 극복하기 위해 1997년 11월 「근로자직업훈련촉진법」이 제정되었고, 1999년 1월부터 시행되었다. 이에 따라 종래 직업훈련의 토대가 되어 온 「직업훈련기본법」이 폐지되고, 고용보험 직업능력개발사업으로 통합·일원화되었다. 즉, 종래의 직업훈련 의무를 졌던 사업주가 고용보험의 직업능력개발사업 대상 사업체로 전환하게 된 것이다.

이 법은 정부의 의무부과에 의한 훈련에서 기업의 필요에 의한 자발적 훈련을 촉진하는 것을 기본 철학으로 하고 있다. 이에 따라 직업훈련의무제 아래에서의 훈련 또는 분담금의 강제에서 고용보험 직업능력개발사업으로 전환하였다. 또한 훈련 기준, 교재, 교사, 명칭 등의 규제를 완화하여 유인을 통한 자발적 직업훈련을 목표로 하였다. 한마디로, 직업훈련은 민간의 자율성과 창의성을 강화하는 방향으로 정부가 촉진하고 유인하는 역할을 하게 되었다. 훈련의 대상과 영역도 크게 확대되었다. 직업훈련은 비진학 청소년 대상 기능인력 양성에서 모든 근로자의 평생직업능력개발로 전환하고자 하였다. 훈련 분야 역시 제조업, 생산직 중심에서 사무관리, 서비스직까지 확대하였다(한국직업능력개발원, 1999).

새로운 직업훈련체제는 이전의 직업훈련과 같은 공급자 중심의, 정부 주도의, 경직적, 비효율적, 생산직 중심의 훈련에서 벗어나고자 하였다. 열린, 수요자 중심의, 민간의 자율성과 창의성을 존중하고, 유연하고 효율적인, 전 직종, 전 생애에 걸친 훈련으로 패러다임을 변화시키고자 하였다. 한마디로, 시장경제의 원리가 작용되도록 시도하였다. 그러나 사업주의 직업훈련에 대한 투자와 참여는 여전히 부족하였고, 특히 1997년 말 IMF 외환 위기 이후 기업의 경영난과 대량 실업 사태에 따라 시장 지향적 직업훈련은 위축될 수밖에 없었다(임세영, 1999). 정부는 1998년 종전의 인력양성훈련에서 실업자의 재취업과 직업능력개발을 위한 직업훈련으로 직업훈련정책의 중점을 전환하기도 하였다. 그 이후 비록 경기가 회복되었으나 실업자 문제는 여전히 직업훈련의 주요한 부분을 차지하고 있다.

2000년대에 들어서도 직업능력개발 정책과 사업의 큰 틀은 계속 유지되었다. 지식과 기술의 빠른 변화로 근로자들의 지속적인 능력개발이 기업과 국가의 경쟁력을 좌우하는 핵심으로 대두하였고, 그럼으로써 국가 차원에서 근로자의 생애에 걸친 능력개발을 체계적으로 뒷받침할 수 있는 체제를 구축하고자 하였다. 이를 위해 2001년 '직업능력개발 3개년 계획'을 시행하였고, 2004년에는 「근로자직업훈련촉진법」을 전면 개정하여 「근로자직업능력개발법」을 공포하였다. 이 법은 노사가 함께 참여하는 직업훈련을 촉진하고, 중소기업과 비정규직 등 훈련 취약계층의 지원을 강화하며, 국가 경제의 기간이 되는 정보통신, 자동차 산업 등의 우선선정 직종에 대한 훈련 근거를 마련하는 것 등을 주요한 내용으로 하였다(정택수, 2008).

변화된 체제 속에서 직업능력개발사업은 전반적으로 지원사업장, 지원금액, 인원 면에서 점차 확대되어 가고 있고, 사업주의 자율적인 직업능력개발훈련도 지속적인 증가세를 보이고 있다. 직업능력개발사업은 실업급여와 고용안정사업이 연계되어 실시된다는 측면에서 적극적 노동정책의 핵심적 수단으로 자리 잡았다. 그러나 여전히 정부와 민간의 적절한 역할 분담의 문제와 새로운 산업사회에서의 창의적인 직업훈련의 문제 등은 해결해야 할 과제로 남아 있다(정택수, 2008).

특히, 2010년대 중반부터 본격적으로 추진된 국가직무능력표준(NCS)과 산업계의 의견을 반영하기 위해 도입한 지역별, 산업별 인적자원개발위원회(RSC, ISC)는 국가기술자격제도와 함께 우리나라 직업능력개발 정책의 기본 틀을 형성하고 있다. 이 제도들을 통해 산업계 수요에 맞춘 직업훈련을 실시하여 능력 중심 사회를 구현하려고 한다. 그럼에도 불구하고, 창의력이 더욱 중요해지고 지식과 기술이 빠르게 변화하는 이 시대에 산업 부문별, 수준별로 직무수행에 필요한 능력을 국가 차원에서 표준화하고 지역과 산업계의 참여를 국가정책을 통해 이끄는 방식이 얼마나 효과를 발휘할 수 있을지는 미지수다.

2) 기업교육의 성장

우리나라에서 기업교육은 직업훈련정책과 더불어 사업 내 훈련을 통해 이루어져 왔다. 그러나 인적자원개발의 개념에 부합하는 민간 주도의 기업교육은 근래 들어 크게 성장하기 시작하였다. 앞에서도 언급했듯이, 1990년대 중반 이후 정부가 강제하는 기능인력 양성 중심의 직업훈련에 기업이 주도하는 평생직업능력개발이 제도적으로 도입되면서 자율적이고 창의적인 현대적 의미의 기업교육이 이루어졌다고 할 수 있다. 그럼에도 불구하고 그러한 기업교육은 이미 오래전부터 태동하고 있었다.

우리나라의 기업교육이 체계를 갖추기 시작한 것은 정부 주도하에 기업과 기업교육을 지원하기 위한 공공기관들이 설립되면서부터였다. 1957년 한국생산성본부가 설립되었고, 1962년에는 한국공업표준협회(현재의 한국표준협회)와 한국능률협회가 각각 신설되었다. 이 기관들은 기업교육만을 목적으로 설립된 것은 아니다. 그러나 기업교육 강좌를 개설하고, 교육연수원을 운영하며 경영교육을 실시하는 등 기업의 교육을 지원하였다. 예를 들어, 한국생산성본부는 설립 초기부터 '경영자 아카데미'를 개설하고 대학교수를 강사로 하여 경영학을 전반적으로 강의하였다. 또한 이들 기관들을 중심으로 1960년대에는 품질관리와 세일즈맨교육 등 직능별 교육이 활성화되었다(우정현, 2005).

한국생산성본부, 한국표준협회, 한국능률협회 등 불특정 다수 기업과 그

사원들을 대상으로 교육을 실시하는 공공기관들은 지금까지도 기업교육에서 중요한 역할을 수행하고 있다. 즉, 이들 공공산업교육기관들은 다양한 프로그램을 개설하여 기업경영에 대한 컨설팅, 경영자, 중간관리자, 평사원 및 신입사원에 대한 직무교육과 일반교양교육을 실시하고 있다. 특히, 자체 연수원과 교육 프로그램을 소유하지 못한 중소기업 등을 위한 사원교육과 연수 기능을 수행한다.

1970년대의 경제 성장은 기업들로 하여금 신입사원을 계속 채용하게 하였고, 이들에 대한 좀 더 체계적인 교육을 실시할 유인을 제공하였다. 정부는 「조세특례제한법」(1974)에 의해 기술개발준비금손금산입제도(과세유예를 통한 간접적 지원)와 인력개발비에 대한 세액공제제도(과세부담 그 자체를 줄이는 지원) 등의 조세지원제도를 실시하여 기업의 교육을 유도하였다. 즉, 직업훈련사업 실시에 소요되는 비용 등 기술 및 인력개발비에 대한 조세감면(「조세감면규제법」에 의해 운영비에 해당하는 세액 공제와 용품구입비에 대한 관세 감면)을 실시하였다(최영호 외, 2000). 한편, 새마을운동은 조직개발과 목표관리(MBO) 제도를 도입하는 계기가 되었다(우정헌, 2005).

이 당시에는 미국 등으로부터 선진 기업교육 프로그램들을 활발히 도입하기도 하였다. 이 가운데 관리자 훈련 프로그램(Management Training Program: MTP)은 미 공군에서 개발되고 전후 일본 기업계에 도입되어 관리자 교육의 혁명을 이룩한 프로그램이었으며, 우리나라에서도 기업교육의 대표적인 프로그램이 되었다. 우리나라 최초의 MTP 교육은 1976년 동아일보사의 관리부 간부사원들을 대상으로 실시되었으며, 기업체 연수 담당자들을 대상으로 'MTP 파일럿 코스'가 공개강좌로 열렸다. 이 프로그램은 1980년대에도 국무총리가 의장인 생산성향상대책회의에서 국책교육과정으로 채택되었고 MTP 교수단이 본격적으로 양성될 정도로 활발하게 이루어졌다. 그 밖에도 산업내 훈련(Training Within Industry: TWI), 현장훈련(On-the-Job Training: OJT), 경영통신 교육과정, 창의력 개발 훈련, 감수성 훈련, 성취 동기 제고 프로그램 등이 도입되어 실시되었다(이명근, 2003).

1980년대에도 여전히 외국의 기업교육 프로그램들을 도입했지만, 기업교육에의 요구는 더 다양화되었다. 특히, 1980년대 중반 이후 경기가 회복되고 기업의 규모가 커지면서 기업교육의 전략적 중요성이 인식되기 시작했다. 이에 대기업들은 자체 연수원을 설립하면서 기업교육에 박차를 가했다. 대기업들을 중심으로 소속 직원의 자질과 직무능력을 향상시키고 조직문화를 개발하기 위해 자체적으로 교육기관을 설립하는 기업들이 나타나기 시작했다. 기관의 명칭은 연수원, 인력개발원, 인재개발원, 훈련원 등 다양했다. 자체 연수원을 소유하지 못한 중소기업은 공공산업교육기관의 연수원이나 타 기업체의 연수원, 연수 전용 시설, 리조트형 연수 시설 등을 활용하여 사원연수를 실시하기도 했다(교육부, 1998).

1990년대에 접어들면서 각 기업은 자사의 필요에 바탕을 둔 독자적인 교육을 실시하고자 했다. 기업들은 연수원을 통해 사원들에게 체계적인 교육 프로그램을 제공하였다. 특히, 1995년 WTO 체제가 본격적으로 가동되면서 세계는 무한 경쟁체제로 돌입하였고, 이와 더불어 정보통신기술의 급속한 발전은 정보화사회와 지식기반사회를 대두시켰다. 이러한 기업 환경의 변화 속에서 기업의 생산성과 성장은 기술의 진보와 지식의 축적 정도에 달려 있다는 인식이 그 어느 때보다 강하게 부각됐다. 이에 따라 인재 육성이라는 과제가 등장하였고, 기업들은 자사에 필요한 핵심 인재 양성방안을 모색하기 시작했다. 연수원은 이를 위한 기본적인 인프라로서 작동하였다. 연수원의 체계적인 기업교육 프로그램은 우리나라에서 기업교육이 한 단계 성장하는 데 기여했다. 그러나 이 당시의 연수원을 통한 기업교육은 천편일률적인 거대한 건물을 지어 놓고, 양적인 팽창을 위한 경쟁에 치중하였다고 평가받기도 한다. 또한 많은 경우, 서울 근교의 경관이 좋은 곳에 위치한 연수원에서 이루어지는 기업교육은 일터로부터 벗어나 잠시 쉬러 가는 것이라는 인식을 낳기도 했다.

1990년대 들어 기업교육에서 일어난 또 하나의 중요한 변화 가운데 하나는 기업 내에 대학제도가 도입된 것이다. 사내기술대학, 기술대학, 사내대학이 그것들이다. 이것은 모토로라의 모토로라대학, 맥도날드의 햄버거대학, 월트디즈니의 디즈니대학 같은 기업대학의 개념을 차용한 제도다. 우리나라에서 사내기술대학, 기술대학 그리고 사내대학은 전문학사와 학사학위 과정을 설치하여 기업체의 근로자가 현장을 떠나지 않으면서도 일하며 배우고, 학습 결과를 전문대학 또는 대학 졸업자와 동등한 학력·학위로 인정받을 수 있는 기회를 제공하고 있다. 즉, 산업체가 주도적으로 해당 사업장의 근로자들을 대상으로 고등교육 기회를 제공하는 것이다.

이처럼 우리나라의 기업교육은 지금도 다양한 방식으로 계속 진화하고 있다. 특히, 성장일로에 있던 기업교육은 1990년대 말 IMF 외환 위기를 맞았으나, 이를 극복하는 과정에서 더욱 끈질긴 생명력을 갖게 되었다. 즉, 자금난과 구조조정으로 많은 기업이 교육예산과 인력을 감축하고 연수원을 경제연구원 등과 통폐합하였지만, 위기는 또 다른 기회로 작용했다.

한편으로, 기업 구조조정과 노동시장 유연화 정책에 따라 정리해고와 계약제, 연봉제가 확산되면서 근로자들은 더 이상 연공서열과 평생직장의 개념에 안주할 수 없게 되었다. 그 대신 평생직업의 개념에 따라 끊임없이 자신의 직업능력을 개발해야 하는 평생학습의 시대가 되었다. 또한 경제위기를 벗어나면서 지식기반경제와 인재전쟁의 시대를 맞이하게 되자 기업도 인적자원의 중요성을 더 강하게 인식하기 시작하였다. 이에 따라 개인과 기업 차원에서의 교육은 그 중요성을 더해 가고 있다.

다른 한편, 이때부터 오히려 사회 곳곳에 소규모의 기업교육 전문회사와 컨설팅업체들이 확산되는 계기가 되었다. 특히, 경기가 회복되고 기업들이 교육도 외부조달(outsourcing)하는 경향이 증가하면서 2000년대 들어 기업교육산업은 비약적으로 성장하였다. 이들은 기업의 교육체계 구축, 이러닝 사업, 교육 프로그램 개발, 강의 등 다양한 방면으로 사업의 영역을 확장하고 있다. 이런 움직임이 기업교육시장을 형성하면서 고객 지향 또는 소비자 지향의 기업교육 방식이 활성화되고 있다. 또한 정부기관이나 지방자치단체, 공공기관 등 공공 부문의 인적자원개발도 크게 확산되고 있다. 이에 따라 인적자원개발은 기업의 범주를 넘어서고 있다. 현재는 인적자원개발을 위한 개인과 기업 등의 수요에 사회 전반으로 퍼진 인적자원개발 전문가들이 대응하면서 인적자원개발을 공급하는 거대한 교육시장이 형성되었다.

교육시장은 권위적이고 수직적인 전통적 교육 관계가 지니는 여러 가지 문제를 해소하였다. 교육공급자는 더 많은 수익을 창출하기 위해서라도 고객인 학습자를 만족시키는 프로그램을 제공했다. 그러나 교육을 수요와 공급이라는 시장논리로 접근함에 따라 교육의 본질과 가치가 훼손되기도 한다. 2014년 9월 26일에 교육담당자인 권문주 선생이 스스로 목숨을 끊는 사건이 발생했다. 주요 고객인 학습자들로부터 지속적인 성희롱과 성추행을 당한 것이 발단이었다. 교육시장에서는 우리의 오랜 통념과는 정반대로 교수자나 교육기관 같은 교육공급자가 오히려 교육수요자인 학습자에 비해 약자의 위치에 놓여 있다. 이런 점에서 이는 천박하고 불건전한 교육시장 속에서 나타나는 구조적 권력 관계의 문제가 드러난 사건이었다고 볼 수 있다. 이제는 교육시장의 방점을 시장에서 교육으로 옮겨 더욱 교육적인 시장이 되도록 해야 한다. 인격적인 관계 속에서 교육이 이루어지는 건전하고 윤리적인 시장이 형성되도록 노력해야 한다(장원섭, 2014). 이를 위해 2015년 2월 28일에 연세대학교 인적자원개발 전공 동문회에서는 교수자, 교육담당자, 학습자가 지켜야 할 실천 윤리강령을 제정하여 발표하였다.[4]

기업교육은 경제 상황에 많은 영향을 받을 수밖에 없다. 특히, 우리나라 기업은 세계 시장 동향에 민감하게 대응해야 하므로 기업교육은 항상 위기 상

---

4) 이 책의 부록에 그 내용을 제시하였다.

황에 놓여 있는 것처럼 행동하고 언제나 빠르게 변화를 추동해야 하는 과제를 안고 있다. 2007~2008년의 글로벌 금융위기와 2020년의 코로나 19 바이러스 감염증의 대유행은 세계 경기를 위축시켰고, 이에 따라 기업교육 역시 큰 타격을 받았다. 그럼에도 불구하고, 1997~1998년 IMF 외환 위기 때처럼, 우리나라 기업교육은 큰 위기를 극복하면서 더욱 강해졌다. 인공지능, 빅데이터, 사물인터넷 등을 기반으로 한 디지털 전환과 자동화의 시대가 오고 있다. 기업교육은 또다시 변화해야 하는 시기를 맞은 것이다.

우리나라의 인적자원개발은 유행처럼 확장되어 왔다. 많은 경우 남들이 하니까 우리도 한다는, 그리고 남들이 이렇게 하니까 우리도 그대로 하자는 식이었다. 그 주요한 이유는 인적자원개발에서 현장이 학문보다 더 빠르게 진화하였기 때문이다. 기업교육 현장은 학문적 뒷받침 없이 외국의 사례와 유행을 따라가기에 급급했다. 물론 인적자원개발은 1980년대 이래 학문적으로도 빠르게 성장하고 있다. 이미 연세대학교 교육대학원에서는 1979년부터 인적자원개발 전문가를 양성하는 석사학위 과정을 운영하기 시작하였다. 1989년에는 산학이 함께 모여 한국산업교육학회를 창립하였고, 1990년대 말과 2000년대에는 한국기업교육학회, 한국인력개발학회, 한국인적자원개발학회 등이 설립되어 학문적 논의의 장을 만들어 가고 있다. 그러나 여전히 외국의 인적자원개발 관련 개념과 이론을 소개하는 수준에 있으며, 아직 학문적인 정체성을 확립하지 못하고 있다.

인적자원개발은 아직 개척해야 할 여지가 무궁무진한 기회의 땅이다. 이제야 본격적으로 인적자원개발의 틀을 갖추어 가기 시작하는 현시점에서 우리에게 필요한 것은 우리나라의 인적자원개발 실천을 안내하고 탄탄히 할 한국적 인적자원개발의 정립과 학문적 체계화라고 하겠다.

한마디로, 더욱 담대한 도전이 절실히 요청된다. 더 이상 서구의 사례와 이론을 수입하여 활용하는 쉬운 길만 걷는 방식을 이제는 버려야 할 때가 됐다. 우리보다 먼저 발전했고 더 큰 시장을 가진 서구의 인적자원개발로부터 여전히 배울 게 많이 있다. 그럼에도 불구하고, 인적자원개발을 체계화하여 연구한 지 30년이 넘은 우리가 이제는 우리의 언어로 우리의 이론을 만들어 내야한다. 그래야만 학문적으로뿐만 아니라 우리나라의 인적자원개발 실천 현장도 한 단계 더 도약할 수 있을 것이다.

제3장

인적자원개발의 이론

존재하지 않는 것을 상상할 수 없다면 새로운 것을 만들어 낼 수 없으며, 자신만의 세계
를 창조해 내지 못하면 다른 사람이 묘사하고 있는 세계에 머무를 수밖에 없다. 그렇게 되
면 자기 자신의 눈이 아닌 다른 사람의 눈으로 실재를 보게 된다(Paul Hogan).

–Root-Bernstein & Root-Bernstein (1999). 『생각의 탄생』, p. 45.

인적자원개발이 실천 현장에서 크게 발전한 것에 비해 그 학문적 역사는 짧다. 따라서 현재 인적자원개발에 관한 이론적 토대가 탄탄하게 확립되어 있다고 보기는 어렵다. 인적자원개발에 대한 이론적 접근은 학문적 구축을 위해서뿐만 아니라 실천의 안내를 위해서도 매우 중요하다. 이 장에서는 인적자원개발의 이론적 관점들을 살펴보고 학문적 가능성을 논의한다.

1. 인적자원개발의 이론적 관점

이론적 관점의 차이는 인식과 관심의 상이함으로부터 온다. 자연과 인간, 사회, 역사를 바라보는 근본적인 시각의 차이는 서로 다른 이론적 관점을 형성한다. Habermas(1978)는 인간의 인식과 그 인식을 지배하는 관심을 기술적 관심, 실천적 관심 그리고 해방적 관심으로 구분하였다. 이런 인식 관심에 따라 인적자원개발의 이론과 모형들은 기능주의 관점, 해석적 관점 그리고 비판적 관점으로 구분할 수 있다(장원섭, 2006).[1] 각각의 관점은 인적자원개발의 핵심어인 조직, 사람, 성장에 대한 근본적인 가정과 시각의 차이를 가지고 있다. 이에 따라 인적자원개발에 관련한 문제제기의 방식이 다르고, 그에 대한 대답으로서 현상을 설명하고 제시하는 대안 역시 각기 다르다.

---

1) 근래 들어 인적자원개발의 새로운 이론적 관점으로 포스트모더니즘적 관점, 전체적 관점 (Holistic perspective) 등이 제시되고 있다(Han, Kuchinke, & Boulay, 2009; Lee, 2007). 그러나 인적자원개발 그 자체에 대한 적용은 아직 미미하여 이 책에서는 다루지 않는다.

1) 기능주의 관점

기능주의 인적자원개발은 기술적 인식 관심에 기초한다. 기술적 관심 (technical interest)은 자연과 사회 현실을 기술적으로 지배하기 위해 예측 가능한 경험적·분석적 지식을 찾는 데 학문적 노력을 기울인다. 또한 분석적·경험적 방법을 통해 자연과 사회적 관계의 법칙을 발견하고 그에 기초하여 실제를 만들어 내는 데 관심을 모은다.

(1) 기본 전제

기능주의(functionalism)는 인적자원개발과 관련한 여러 이론적 관점 가운데 가장 전통적이고 주류적인 관점이다. 기능주의적 인적자원개발은 조직과 인간 그리고 성장에 대해 다음과 같은 기본적인 전제를 가지고 있다.

첫째, 기능주의 관점은 유기체적 사회관에 기초하여 조직을 설명한다.[2] 조직은 유기체와 마찬가지로 각기 다른 여러 부분으로 구성되어 있으며, 각 부분은 전체의 존속을 위하여 필요한 고유의 기능을 수행한다. 조직의 각 부분은 상호 의존적이다. 조직은 항상 균형 상태를 유지하려는 속성을 지니고 있으며, 어떤 충격에 의해 안정이 깨지면 이를 회복하기 위한 노력을 기울인다. 따라서 인적자원개발을 비롯하여 영업, 회계, 기획, 인사 등 조직의 각 부문은 조직의 존속과 발전을 위해 맡은 사명을 성공적으로 수행해 내야 한다. 조직은 부문들의 고유한 역할과 책임, 조화와 상호 협력, 통합과 정렬을 지향한

---

2) 유기체적 관점은 다음과 같은 예로 설명할 수 있다. 유기체로서 인간은 눈, 코, 귀, 손, 발, 내장 등 여러 기관으로 구성되어 있고, 이들은 각기 고유하게 담당하는 기능이 있다. 각각의 기능을 순조롭게 수행함으로써 인체의 생존과 활동이 가능하다. 각 기관은 인체, 즉 전체로부터 떨어져서는 존재할 수 없으며, 어느 한 기관이라도 결핍되면 인체도 온전한 활동을 할 수 없다. 유기체는 항상 생존과 건강한 활동을 지향하며, 어떤 이유로 병을 얻어 부분 또는 전체의 기능이 약화되면 이를 회복하기 위해 노력한다.

다. 그럼으로써 모두가 이익을 얻는 전체적 가치를 얻을 수 있다.

둘째, 기능주의에서 인간은 외적 요구에 대응하는 존재로 가정된다. 인간의 욕구와 필요는 사회적·외적 환경에 의해 결정되는 경향이 있고, 인간은 그러한 외적 자극에 반응하며 살아간다. 기능주의에서 인간은 외부로부터 주어진 과제를 충실히 수행하는 존재가 된다. 유용성의 관점에서 인간은 조직에 기여하는 자와 그렇지 않은 자로 양분된다. 바람직한 인간은 조직 환경과 요구에 잘 적응하고, 성과를 내기 위해 업무를 잘 수행하며 경쟁력을 갖춘 자다.

셋째, 기능주의 관점에서는 조작(manipulation)을 통해 바람직한 변화를 만들어 내는 것이 가능하다는 믿음을 가지고 있다. 여기서는 외적 환경의 조작을 통해 인간을 원하는 대로 변화시킬 수 있다고 본다. 조직 내에서 인적자원개발은 그런 기능을 수행함으로써 조직 전체의 생존과 발전에 기여할 수 있다. 따라서 인적자원개발은 조직의 경쟁력과 성과를 높이기 위한 수단으로서 기능한다. 즉, 인적자원개발은 조직의 경쟁우위, 효과성, 성과, 이익을 높이기 위한 수단으로서 사람을 조직의 요구에 맞게 변화시키는 역할을 담당한다.

(2) 인적자원개발의 실제

기능주의 관점에서 볼 때 인적자원개발은 조직의 성과를 향상시키기 위한 주요한 수단이 된다. 조직은 더 체계적이고 효율적으로 인적자원개발 활동에 개입함으로써 구성원의 업무수행도를 제고할 수 있다. 구체적으로 살펴보면 기능주의적 인적자원개발은 다음과 같다.

먼저, 기능주의적 인적자원개발은 기본적으로 자본주의 체제하에서 이윤 창출 등의 조직의 기능적 목표 달성에 기여하도록 구성원의 효율성과 효과성을 극대화하는 것을 목표로 한다. 즉, 조직의 경제적 요구와 성과향상을 꾀한다(Swanson & Holton, 2009). 구체적으로 인적자원은 조직이 보유한 주요한 자원의 하나로서 잘 개발하고 활용함으로써 조직에 이익을 가져 온다. 인적자원을 개발하는 활동에 대한 합리적인 투자를 통해 조직 구성원은 더 유능한 직원이 될 수 있고, 따라서 조직은 더 높은 성과를 거둘 수 있다. 그러므로 기능주의 관점에서 인적자원개발의 주요한 관심은 더 효과적인 개인과 집단, 조직의 학습 활동이 조직의 목표 달성에 어떻게 기여할 수 있느냐에 대한 것이다(Hamlin, 2007). 즉, 인적자원개발은 궁극적으로 조직의 성과향상을 위한 수단적인 활동이다.

기능주의자들은 조직 내에서 사람을 통제 가능한 존재로 간주하고 체계적인 교육 프로그램과 개입을 통해 효율적으로 인적자원을 개발하고자 한다. 이를 위해 이들은 합리주의적 절차와 체계적인 방법을 인적자원개발에 적용한다. 산업화와 더불어 인적자원개발 활동은 이미 이런 기능주의적 방식으로 오랫동안 이루어져 왔다. 인적자원개발은 과학적이고 효율적인 경영관리체제, 전쟁과 군수산업 그리고 행동주의 등에 기초하여 발전하였다. 제2장에서 살펴보았듯이, 인적자원개발은 대량생산체제에 필요한 숙련된 대량의 노동력을 양성해 내는 효율적인 교육 프로그램과 기법을 발전시켰다. 기능주의자들은 효율적인 인적자원개발을 위해 체계적이고 순차적인 합리주의적 모형을 만들어 냈다. 그 대표적인 사례가 교수체제개발과 인적성과공학모형이다.

교수체제개발(Instructional System Development: ISD)은 업무수행의 목표를 효과적으로 달성하기 위하여 단계적인 분석 절차에 따라 교수방법과 수단을 선택하는 체계적인 일련의 과정이다. 그것은 선형적·시간적 흐름에 따라 이루어진다. 전통적인 ISD는 교수 설계자가 누구든 동일한 설계 결과를 가져올 수 있도록 과학적이고 표준화된 설계 과정을 따른다. 따라서 이 경우 ISD에 대한 평가는 효과성과 효율성을 중심으로 이루어진다.[3]

---

3) ISD에 관한 구체적인 내용은 제5장에서 살펴본다.

ISD는 '훈련(training)' 패러다임을 대표하는 인적자원개발 실행모형이다. 이 패러다임은 다음과 같은 주요한 특징들을 갖는다. 첫째, 인적자원개발의 훈련 패러다임은 결핍모형(deficit model)에 근거한다. 이 모형에서는 훈련을 통해 도달해야 할 목표를 설정하는 일이 중요하다. 이때 목표는 계량화할 수 있는 객관적인 것이어야 한다. 또한 목표는 구체적이고 세부적이며 단기적인 산출물을 지향한다. 목표를 설정한 다음에는 현 상태를 정확하게 파악하여야 한다. 여기서 현재 상태는 설정된 이상적 목표와는 거리가 있는, 무언가 부족한 상태로 가정된다. 따라서 훈련의 대상으로서 인간은 결핍된 존재로서 인식된다. 그리고 이 모형에서는 현 상태를 극복하고 효율적인 방법으로 설정된 목표를 달성하는 데 주안점을 둔다. 그것은 합리주의적 사고방식에 기초한 최선의 방법이어야 한다. 따라서 목표와 현 상태 사이의 간극인 결핍을 채움으로써 목표에 도달할 표준화되고 순차적인 절차를 강조한다.

　둘째, 훈련 패러다임은 인적자원개발을 조직의 목표를 효율적으로 달성할 수 있는 도구로 간주한다. 교육에 대한 도구주의 관점은 인간을 수동화하는 경향을 갖는다. 인적자원개발은 수동적 존재인 인간을 체계적으로 훈련하는 것일 뿐이다. 여기서 인간은 기계에 비유할 수 있는 '이름 없는 직무수행자'에 지나지 않는다. 인간은 조직을 잘 돌아가게 하기 위한 단순한 톱니바퀴에 불과하다. 이런 관점에서는 인간을 잘 훈련함으로써 조직과 직무가 요구하는 목표에 도달하도록 하는 것이 중요하다(Kuchinke, 1999; Marsick, 1988).

　셋째, 훈련의 효율성을 위해서 훈련 전문가의 통제와 관리 역할을 강조한다. 인적자원개발 담당자는 체계적이고 합리적인 절차를 통해 훈련 프로그램을 설계하거나, 그렇게 만들어진 프로그램에 따라 지식과 기술을 잘 전달하는 훈련가의 역할을 수행한다. 인적자원개발은 일방적이고 체계적으로 밀어 넣는(push) 방식의 프로그램을 갖는 경향이 있다. 지식과 기술, 태도의 효율적인 습득을 위해 현장과 분리된 상태에서의 교육을 강조한다(노용진 외, 2001).

인적성과공학(Human Performance Technology: HPT)모형은 훈련 패러다임을 넘어서 '성과(performance)' 패러다임을 주창하면서 등장하였다. HPT는 체계적인 과정인 동시에 새로운 시각에서 인간이 성과 증진에 기여한다는 사고방식을 보여 준다. ISD가 교육 프로그램에 초점을 맞추고 있는 반면, HPT는 조직의 경영성과를 향상시키는 것을 목표로 하고 있다. 따라서 경영성과에 기여할 수 있는 다양한 해결 방안이 만들어지게 된다(Rosenberg, 1996).[4] 이런 점에서 ISD와 HPT는 각각 목표와 범위 면에서 분명한 차이를 가지고 있다.

그럼에도 HPT 역시 ISD와 동일한 가정에 기초하여 유사한 절차와 과정을 거친다. ISD 모형과 유사하게 이 모형에는 수행분석, 원인분석, 해결책의 선정 및 설계, 실행과 변화 관리 그리고 결과 평가의 체계적인 과정이 포함된다(정재삼, 2000). HPT는 기본적으로 ISD에서 출발한 배경을 가지고 있기 때문에 체제 접근의 측면에서 동질성을 가지고 있다. 또한 HPT는 인적자원개발을 통해 성과를 향상시키는 것을 더욱더 강조한다. 업무수행과 수행 개선에 필요한 지식 및 기능의 습득을 위한 인적자원개발은 결과적으로 조직의 성과 향상에 이바지해야 한다. 이런 점에서 볼 때 ISD와 훈련 패러다임과 마찬가지로 HPT와 성과 패러다임은 여전히 기능주의적 인적자원개발의 관점 안에 있다고 볼 수 있다. 훈련과 성과의 패러다임을 대표하는 이 두 가지 모형은 모두 인적자원개발에서 기능주의 이론적 관점의 특징들을 공유하고 있다.

최근에 관심이 높아지고 있는 전략적 인적자원개발(Strategic Human Resource Development: SHRD)은 조직의 목표 달성을 위해 인적자원개발이 더욱 전략적으로 작동되어야 함을 강조한다(Garavan, 2007). SHRD는 응집력 있게 수직적으로 정렬되고 수평적으로 통합된 일련의 학습과 개발 활동을 말한다. 기

---

4) HPT에 대한 더 구체적인 내용은 제11장에서 살펴볼 것이다.

존 인적자원개발의 실패 요인 가운데 중요한 한 가지 이유는 현존하는 다른 프로세스와 부문들과의 상호작용, 조직의 전략적 목표와의 관련성을 고려하지 않은 채 교육 프로그램들을 기획하고 구성원들을 교육에 참여시키는 데 머물렀기 때문이다. SHRD는 조직 전체의 전략적 목표 달성을 위해 정렬되고 통합된 인적자원개발을 제시한다. 그럼으로써 인적자원개발이 조직 요구에 기여하는 전략적 동반자 역할을 수행하기를 기대한다. 즉, SHRD는 조직이 외부 환경과 내부 활동 간에 정렬을 이룸으로써 기능적으로 통합되는 것을 의미한다.[5]

기능주의 관점은 인적자원개발 활동이 궁극적으로 어떻게 조직성과에 기여할지에 관심을 갖는다. 이를 위해 체계적 · 효율적 · 통합적 인적자원개발 프로그램과 개입을 실행하는 특징을 갖는다.

(3) 기여와 한계

기능주의 관점은 인적자원개발 활동과 조직의 성과 달성 사이의 관계를 설명하는 데 기여한다. 또한 조직의 경영진에게 인적자원개발 활동이 조직성과에 미치는 긍정적인 영향을 강조할 수 있는 논리와 근거를 제공한다. 그럼으로써 조직 내에서 인적자원개발에 대한 더 많은 관심과 실질적인 지원을 이끌어 낼 수 있다는 점에서 긍정적 효과를 가질 수 있다.

그러나 인적자원개발에 관한 기능주의 관점은 다음의 측면에서 비판을 받을 수 있다. 첫째, 조직의 인적자원개발을 너무 단순한 과정으로 가정한다는 문제가 있다. 인적자원개발이 조직성과 향상으로 이어지는 순기능적인 측면과 당위성만을 주목하는 것은 천진난만할 뿐이다(Huysman, 1999). 조직의 인적자원개발 활동의 이면에는 숨겨진 다양한 불평등 현상과 권력 관계, 갈등

---

5) 전략적 인적자원개발에 대한 구체적인 내용은 제14장에서 살펴본다.

등의 부정적 측면들이 존재한다(Coopey & Burgoyne, 2000). 조직은 기능주의가 가정하는 것처럼 모두가 하나의 목표만을 추구하는 합의된 공간이 아닐 수 있기 때문이다. 실제로, 조직은 서로 다른 이해관계를 지닌 수많은 구성원이 대립하고 타협하면서 살아가는 복잡다단한 장이다. 모든 것이 그렇게 순조롭게 돌아가지만은 않는 것이다. 따라서 일터에서의 학습은 기능주의자들이 생각하는 것보다 훨씬 더 복잡하다. 인적자원개발이 일의 질이나 안전성을 개선하기보다는 자본의 이익을 위해 움직이는 관리 전략으로 인식될 수도 있다(Bratton, Mills, Pyrch, & Sawchuk, 2008). 학습을 둘러싼 집단들 사이에는 갈등과 모순이 존재하고, 조직 내의 모든 개인에게 학습의 기회가 평등하게 돌아가지도 않는다. 학습의 과정은 그리 순탄치 않으며 복잡한 정치경제적 맥락 속에서 이루어진다(Fenwick, 1998). 그 결과 역시 순기능적으로 긍정적인 것만 있는 것도 아니고, 교수자가 의도한 바와는 달리 예기치 않은 것일 수도 있다. 결국 기능주의 관점은 조화와 균형, 합의를 가정하기 때문에 인적자원개발에서 나타날 수 있는 이러한 갈등과 모순 현상들에 대해서는 간과하는 경향이 있다.

둘째, 기능주의적 인적자원개발은 인간을 단순히 자원으로만 간주하고 도구화한다고 비판받기도 한다. 기능주의자에게 인간은 조직의 목표를 달성하기 위한 업무수행자에 지나지 않고, 인적자원개발은 조직의 성과와 직무수행도를 높이기 위한 수단에 불과할 뿐이다. 따라서 기능주의에서는 존엄성을 가진 인격체로서의 인간 개념을 찾아보기 어렵고, 인간의 가치를 유용성에 따라 판단하고 도구적인 존재로 보아 인간의 존엄성을 해칠 가능성이 크다.

셋째, 기능주의에서는 훈련의 효율성을 위한 체계적이고 합리적인 접근법을 강조하지만, 그것이 오히려 업무수행도와 조직의 성과로 이어지지 못하는 한계를 낳기도 한다. 즉, 순차적 절차에 따른 프로그램 설계, 일터와는 분리된 교육장에서의 체계적인 지식 전달 그리고 훈련 전문가의 통제와 관리 등은 오히려 현장성을 결여한 교육이 되고 있다. 결국 인간의 자발적 교육 참여

와 훈련 전이의 문제를 극복하지 못함으로써 조직의 성과를 증진하는 데에도
실패하는 자승자박의 모순을 가진다(노용진 외, 2001).

　넷째, 기능주의적 인적자원개발은 조직의 생존과 발전을 위한 조직성과,
특히 경제적 이익이라는 한 가지 목표 달성을 위해 기능하는 수단이 된다.
여기서 조직성과와 개인 성장을 모두 추구해야 하는 인적자원개발의 존재
의의는 오직 조직의 차원에서만 강조될 뿐이다(Swanson & Holton, 2009). 개
인의 성장 역시 비판적 성찰과 자활력보다는 기능적 훈련에만 주목하므로
주체적 인간을 형성하기 위한 진정한 의미의 총체적 학습과 성장이라고 보
기 어렵다.

2) 해석적 관점

　인적자원개발에 대한 해석적 접근은 실천적 인식 관심(practical interest)에
근거한다. 그 초점은 전승되어 내려오는 실천적 삶의 내용의 의미를 이해하
는 데 있다. 그것은 사람들 사이의 상호 관계, 공동체성의 달성을 위하여 의
사소통의 깊이와 폭을 증대하는 지식과 행동에 대한 실제적 관심이다.

(1) 기본 전제

　해석적 관점(interpretive perspective)은 인적자원개발을 인간 공동체로서의
조직, 의미 이해의 주관성 그리고 되어 감의 원리를 기본 전제로 하여 바라
본다.

　첫째, 해석적 접근에서는 조직에 대한 공동체적 관점을 취한다. 조직을 사
회구조로서보다는 하나의 사회적 세계로 바라본다. 조직은 그 안에 있는 구
성원들을 통제하고 관리하는, 인간과는 동떨어진 객관적 실체가 아니다. 오
히려 모든 구성원이 만들어 가는 하나의 공동체다. 다시 말해서 조직은 이미
만들어진 고정된 실재가 아니라 사람들이 공통의 목적으로 모여서 이루어 나

가는 공동체적인 성격을 갖는다. 이때 공동체는 잘 정의되고 경계가 명확한 집단이 아니라 무엇을 하고 있는가, 그것의 의미가 무엇인가에 대한 공유된 이해를 가질 수 있는 활동 시스템이다(Lave & Wenger, 1991). 사회적 실재는 각 개인의 인식 영역에서 경험되어 창조되는 사회적 과정이기 때문이다.

둘째, 해석적 관점은 인간의 주관성과 자기주도성을 강조한다. 이 관점에서는 객관성보다는 상호 주관성에 의하여 사회과학적 인식이 가능하다고 믿는다. 따라서 객관적으로 존재하는 실체가 아니라 주관적으로 창조된 세계와 개개인이 부여하는 의미를 이해하는 것이 중요하다고 본다. 일상생활에서 우리 자신의 행위와 타인의 행위의 의미를 이해한다는 것은 나 혼자만의 의미 부여로 완성되는 것이 아니고, 다른 사람들에 의한 의미 부여를 함께 고려함으로써 이루어진다. 나도 주관적으로 이해하지만, 그것이 사적인 인식으로 끝나지 않는 것은 우리가 타협과 협상을 통하여 이해를 서로 공유할 수 있기 때문이다(Burrell & Morgan, 1979).

셋째, 성장이나 발전은 인간의 주관적인 의미 부여를 통해 이해될 수 있다. 그런 의미는 상황과 맥락에 따라 달리 이해될 수 있기 때문에 고정된 기준이나 목표 설정은 무의미하다. 해석적 접근에서 성장의 개념은 상대주의적인 시각에서 파악되는 경향이 있다. 실제로, 어떤 사람이나 조직에 유용한 현상이 다른 사람이나 조직에게는 바람직하지 않은 것일 수도 있다. 따라서 인적자원개발을 통한 성장은 사람과 조직마다, 그리고 상황과 맥락에 따라 서로 다른 의미를 가지기 때문에 달리 해석되어야 한다. 해석적 관점에서 인적자원개발은 보편타당한 목표나 정해진 기준을 향한 활동으로서라기보다는 항상 살아 움직이는 자연스러운 배움과 되어 감의 과정으로 이해된다.

(2) 인적자원개발의 실제

인적자원개발에 대한 해석적 관점은 일터에서 이루어지는 사람들의 무형식적이고 우발적인 학습 현상들에 주목한다. 이 관점은 그 과정에서 나타나는 개인의 참여적 실천을 강조한다. 체계적인 프로그램을 개발하고 교육을 세공하여 미리 정해진 목표를 달성할 수 있는 인간을 만들려는 통제와 관리 중심의 기능주의적 접근과는 달리, 자연발생적으로 이루어지는 개인들의 상호 유대와 협력을 통한 학습의 의미를 이해하려 한다. 조직과 조직 구성원이 가진 문제들을 조정하고 해결해 나가는 공동체적 인적자원개발이 지배적인 담론과 실천으로 나타난다.

무형식학습(informal learning)은 해석적 접근에서 주목하는 일터학습의 방식이다. 그것은 매일의 일상생활에 통합되어 있고, 내부적 · 외부적 충격에 의해 촉발되며, 매우 의식적이거나 계획적이지는 않고, 우연적이며, 반성과 행동의 귀납적 과정을 거치며, 타인의 학습과 연결되는 특징을 갖는다(Marsick & Volpe, 1999). 즉, 일터에서 무형식학습은 경험을 통해 배우고, 조직의 맥락을 중요시하며, 행동에 초점을 맞추고, 일상적인 활동을 비일상적인 것으로 인식할 때 발생한다. 따라서 지식의 암묵적인 측면이 강조된다. 성문화된 형식지의 습득을 넘어서, 구성원 간의 상호작용과 경험의 공유를 통해 개인적 경험에 기초하고 구체적인 상황에서 발생한 실용적인 암묵지의 습득을 가능하게 한다(Nonaka & Hirotaka, 1995). 결국 무형식학습은 경험학습과 상황학습이론의 관점에서 일터학습의 모습을 총체적으로 드러내고, 학습조직을 형성하는 데 기초 또는 뿌리의 역할을 하는 중요한 개념이자 실천 방식이다.

Senge(1990)는 조직에서 개인과 팀 그리고 조직 수준의 학습에 기반을 둔 이상적인 학습조직의 개념과 모형을 제시하였다. 그는 사람은 원래 배우려는 욕구가 있고, 따라서 배우는 조직도 가능하다고 주장하였다. 그리고 그것은 개인과 팀의 잠재력을 개발하고 '몰입의 공동체'를 구축함으로써 달성할 수 있다고 보았다(Kofman & Senge, 1993). 학습조직은 Buber의 만남의 철학을 조직 내에서 실현하고자 한다. 조직에서 사물화되어 있는 '나와 그것'의 인간관계를 전인격적인 '나와 너'의 관계로 회복하고자 한다. 그럼으로써 인본주

의적이고 이상적인 학습조직의 모습을 그린다. 따라서 그것은 이상을 지향
하면서 현실을 만들어 가는 하나의 과정이다. 이러한 조직의 학습화는 사람
들 사이의 관계를 통해서 다양한 방식으로 실현될 수 있다.

　상황학습이론(Situated Learning Theory)에 따르면, 학습은 개인 수준에서 일
어나는 것이라기보다는 공동의 참여 과정에서 이루어진다. 사람의 머릿속에
서만이 아니라 사회적 맥락과 관계 속에서 이루어진다. 학습은 내용의 습득
이라기보다는 맥락적이고 사회적인 참여의 결과다. Lave와 Wenger(1991)는
'합법적 주변 참여'라는 개념을 통해 학습을 이해하고자 하였다. 여기서 합법
성이란 실행공동체에 참여해도 좋다는 것을 인정받는 것을 의미한다. 합법
성은 소속감의 특징이며 학습의 조건이고 구성 요소다. 주변성은 공동체에
의 참여의 성격이 다중적이고 다양하며, 깊숙한 참여가 아닌 약간의 포괄적
인 참여로 이루어짐을 말한다. 주변은 정해진 위치의 개념이 아니다. 그것은
긍정적인 개념으로서 참여의 증가를 통하여 이해를 획득하는 열린 방법을 의
미한다. 따라서 합법적인 주변성은 실행공동체에 참여해도 좋다는 것을 인
정받았으나 아직 완전한 참여에 이르지 못한 상태를 일컫는다. 참여는 의미
에 대한 상황화된 협상과 재협상에 기초한다. 앎은 특정한 사회적 환경에서
특정한 사람들에 의한 활동의 결과로 완전한 참여에 이르러 완전한 구성원이
되는 것이다. 학습은 신참자에서 고참자로의 변화에 따른 정체성의 형성을
포함한다. 이렇게 합법적인 주변적 참여로서의 학습은 실행공동체에서 초보
자가 합법적인 주변적 참여로부터 공동체의 사회문화적 실행 속에서의 정체
성 확립을 통해 완전한 참여자로 나아가는 과정이다.

　Brown과 Duguid(2000)는 Lave와 Wenger가 제안한 실행공동체(Community
of Practice: CoP)를 일상적인 업무 활동 속에서 자연스럽게 이루어지는 집단
이라고 보았다. 이를 통해 모든 업무수행 방식이 생명력을 얻고 창조적인 생
산물이 탄생할 수 있다고 주장하였다. 그것은 익명이고 간접적인 관계망과
는 달리, 직접 얼굴을 마주 보며, 협상, 대화, 의견 조정 등의 긴밀한 상호작용

을 통해 고유한 업무 방식, 취향, 판단력, 내부 언어 등을 스스로 만들어 내고 공유히여 생산적이고 창의적인 공동작업을 전개한다. Brown과 Duguid는 조직은 바로 그런 공동체들의 공동체라고 보았다.

실제로, Orr(1996)는 제록스사의 복사기 수리기사들이 실행공동체를 형성하고 실용적인 지식과 기술을 학습하고 있다는 사실을 발견하였다. 그들은 고객의 문제를 해결하는 방법을 공식 지침보다는 동료 기사들과의 비공식적 유대관계를 통하여 학습하였다. 함께 식사하고 카드게임을 하며 대화를 하는 중에 노하우를 공유하고 문제를 해결하는 방법을 자연스럽게 배워 갔다. 개인이 일터에서 학습하고 적응할 수 있도록 정보와 심리적 지원을 제공하여 개인의 개발을 지원하고 돕는 대인적 자원으로서의 다양한 인간관계를 개발 지원관계라고 한다(Kram, 1985). 일터는 그런 개발지원관계의 공동체라고 할 수 있다.

인적자원개발은 규범적으로 체제적 사고의 틀에 따라서만 작동하지는 않는다. 일터에서 학습은 형식교육 프로그램이나 공식적인 문서나 안내서 같은 비대인적 자원뿐만 아니라 다른 사람들과의 관계 속에서 더 복잡하고 미묘하며 암묵적인 정보와 지식을 획득하면서 이루어지고 있다(Reichers, 1987). 그것은 언제나 이미 학습의 과정에 참여하고 있는 조직 구성원들 사이의 정보의 해석과 의미화 과정인 것이다(Daft & Huber, 1987; Elkjaer, 1999; Huber, 1991).

인적자원개발의 실천에서 '학습(learning)' 패러다임은 이상과 같은 해석적 접근에 기반하고 있다. 이 패러다임에서는 인적자원개발을 도구적 혹은 조작적으로 보지 않는다. 그 대신 자기주도적이고 능동적인 존재로서의 인간이 주체적으로 만들어 가는 현상으로 바라본다. 그것은 행동주의가 아니라 인본주의 심리학, 페다고지와 대조되는 안드라고지, 그리고 도구적 합리주의보다는 구성주의에 근거한다. 인적자원개발은 일과 일터 그리고 일하는 사람을 분리될 수 없는 하나의 실체로 간주하고, 일하는 과정에서 나타나는 맥락 의존적인 과정으로 바라본다(Sandberg, 2000). 따라서 앞에서 언급한 무형식 학습, 학습조직, 실행공동체 같은 일터학습의 자연스러운 방식이 강조된다. 이때 인적자원개발 실천가의 역할은 합리주의적 모형에 따라 프로그램을 설계하고, 그에 따라 일방적으로 훈련을 제공하는 기능을 넘어선다. 그들은 조직에서 이루어지는 구성원의 비형식적이고 우발적인 또는 자연 발생적인 학습 현상들에 주목하여야 한다. 그런 학습들을 찾아내서 인정하고 그것들을 지원하는 역할을 강조한다(Brown & Duguid, 2000). 이를 통해 조직 구성원들이 자발적으로 학습할 수 있도록 안내하고 촉진하여야 한다. 이런 학습 패러다임을 앞 절에서 살펴본 훈련 패러다임과 비교하면 〈표 3-1〉과 같다.

결국 인적자원개발에서 해석적 접근법은 조직이라는 공동체적 장에서 자연스럽게 일어나는 학습의 현상과 방식 그 자체를 강조한다(Elkjaer, 1999). 그럼으로써 학습이 관리될 수 있다는 믿음 대신, 사회적 참여의 과정으로서의 일터에서의 학습을 바라보고 의미를 발견하고자 한다.

〈표 3-1〉 인적자원개발의 훈련과 학습 패러다임 비교

비교 준거	훈련 패러다임	학습 패러다임
기본 관점	도구주의적, 엔지니어링 관점	구성주의적 관점
인간관	수동적 존재, 부속품으로서의 인간	자기주도적이고 능동적인 존재로서의 인간
이론적 배경	행동주의, 테일러주의, 인적자본론	인간관계론, 인본주의, 안드라고지
인적자원개발의 실제	텍스트 중심, 밀어 넣기 교육, 결핍모형	콘텍스트 중심, 이끌어 내기 교육, 무형식학습, 학습조직
인적자원개발 담당자의 역할	프로그램의 설계·개발·훈련	학습의 탐지·인정·촉진

(3) 기여와 한계

해석적 접근법은 인적자원개발에 새로운 관점을 제공하였다. 전통적인 기능주의 관점이 합리주의적이고, 체계적이며, 절차적이고, 결정론적이며, 제도화를 강조하였다면 해석적 관점은 구성주의적이고, 맥락적이며, 과정적이고, 상호 주관적인 이해와 의미의 공유에 주목한다. 이를 통해 조직에서의 학습은 일터의 상황과 맥락 속에서 구성원들의 주체적이고 참여적인 과정을 통해 공동체적으로 이루어진다는 점을 발견하였다. 실제로 일터에서의 학습은 형식교육 프로그램을 통해서가 아니라 일을 하는 과정 중에 이루어진다(Day, 1998). 업무에 필요한 지식이나 기술은 10%만이 형식교육을 통해서 습득될 뿐이고, 나머지 90%는 프로젝트 수행이나 멘토링 등과 같은 무형식학습을 통해서 이루어진다고 주장하기도 한다(Bingham, 2009).

그러나 인적자원개발에 대한 해석적 접근법은 다음과 같은 한계를 가진다. 첫째, 일터학습 현상의 이해를 위한 기술적(descriptive) 접근의 강조는 인적자원개발이 조직의 하위 체계라는 점을 잊게 할 우려가 있다. 조직은 추구하는 목표가 있고, 인적자원개발은 그런 목표를 달성하기 위한 수단적 성격을 갖는다. 그럼에도 일터에서 이루어지는 학습 그 자체만을 중시하면 그것이 어떠해야 하는지에 대한 당위성과 그 결과는 어떻게 나타나는지에 대한 책무성을 간과할 수 있다. 특히, 무한 경쟁 상황에서 조직의 생존을 위해 필수적인 단기 성과의 중요성을 놓칠 수 있다.

둘째, 해석적 접근에 기초한 이론들이 강조하는 인간관은 너무 이상적이어서 개인의 성과 동기를 무시할 수도 있다. 인간이 내재적인 동기와 주체적인 실천을 통해 학습한다는 전제는 타당할 수 있다. 그러나 현실적으로 모든 개인이 자기주도적 학습자나 협력자가 되지는 못하는 경우가 많은 것도 사실이다. 따라서 더 효과적인 인적자원개발이 되기 위해서는 적절한 수준의 외적 동기화와 통제도 필요하다.

셋째, 기능주의와 마찬가지로 인적자원개발에 대한 해석적 관점은 학습에서의 권력의 불평등 상황에 대해 순진하게 접근한다. 비록 사람들 사이의 관계와 상호 협상의 과정에 주목하기는 하지만, 그 과정을 너무 이상적으로 그리는 경향이 있다. 해석적 접근에서는 인간 행위를 응집적이고 질서 있고 통일된 것으로 전제하기 때문에 갈등, 억압, 모순 등의 요소는 주요한 연구 대상이 아니다(Burrell & Morgan, 1979). 그러나 유토피아적 학습의 개념은 조직 내의 불평등한 권력 관계와 그에 따른 정치적인 학습의 과정을 무시한 천진난만한 논의일 뿐이다. 실제로 조직 구성원들 사이의 관계는 힘의 불균형을 내재하므로 언제나 정치적일 수밖에 없다(Coopey, 1995; Coopey & Burgoyne, 2000). 그로 인해 조직 내의 일터에서의 학습이 기존의 불평등한 질서와 구조를 재생산하는 방향으로 나아가게 할 가능성이 있음에도 해석적 접근에서는 이에 대해 침묵한다(Fenwick, 1998; Mojab & Gorman, 2003). 학습공동체로서의 조직에서 단순히 업무수행과 문제해결을 위한 실행(practice)이 아니라 더 비판적인 성찰과 집단적인 행동을 강조하는 '실천공동체(community of praxis)' 개념이 제기되는 이유도 여기에 있다(Gregson, 1997).

3) 비판적 관점

인적자원개발에 대한 비판적 관점은 해방적 인식 관심(emancipatory interest)에 기초한다. 그것은 제반 억압으로부터의 인간 해방을 지향하며, 자기반성을 통한 인간의 자율성과 책임성의 회복을 강조한다. 해방적 관심에 기초한 학문은 단순히 법칙론적 지식의 생산이나 의미의 이해와 적용에만 만족하지 않는다. 이상적인 담화 상황을 왜곡하고 제한하는 폭력과 억압을 찾아내고 그것을 차단하고자 한다. 그럼으로써 자율과 책임을 향한 인류의 진화를 촉진하고자 한다.

(1) 기본 전제

인적자원개발에 대한 비판적 관점(critical perspective)은 불평등하고 갈등하는 이해관계들로 구조화된 조직, 비판하고 해방할 수 있는 힘을 가진 인간, 그리고 비판적 의식화와 자활력을 통한 인간 해방을 기본 전제로 한다.

첫째, 비판적 관점은 조직 내 구성원들이 서로 다른 이해관계를 가지고 갈등한다고 전제한다. 그러나 그들은 경제적으로뿐만 아니라 권력에서도 불평등하게 구조화된 상태에 놓여 있다. 비판적 관점에서는 조직의 경제적 필요와 권력의 불평등이 공정성, 환경, 민주적 측면에서 구성원들과 사회에 미치는 영향의 양상에 관심을 갖는다. 전통적 관점이 고용 관계에서 필연적으로 발생하는 갈등에 대해서 무시한다는 점을 지적하면서 일터에서 일어나는 집단 간의 정치적 활동이 가지는 강력한 힘에 주목한다.

둘째, 비판적 관점에서 개인은 일터에 숨겨진 권력 관계와 불평등한 구조를 간파하고, 적극적으로 일터의 민주화를 위해 노력해야 하는 존재로 인식된다. 인간은 기능주의 관점에서 가정하듯이 단순히 수동적이거나 도구적인 존재가 아니라, 훨씬 더 적극적으로 외적 환경을 변혁할 수 있는 힘을 가진 존재로 묘사된다. 그럼으로써 개인과 공동체의 이상적 상태와 발달을 방해하는 요소들을 제거하는 능동적인 운동의 주체가 된다.

셋째, 비판론자들에게 인간의 학습이란 단순히 업무를 잘 수행하기 위해 필요한 지식이나 기능을 습득하고, 효율성, 효과성, 수익성 같은 조직의 성과 목표를 달성하는 것과는 다른 시각에서 조명된다. 비판적 학습은 억압되고 주변화된 자들의 목소리를 드러내고, 숨겨진 가정과 가치, 권력과 통제의 문제, 불평등과 희생을 표면화시키는 것이다(Fenwick, 2004). 이를 통해 지금까지 당연시되어 온 구조와 관행에 의문을 제기하고, 권력 불균형에서 비롯되는 문제들을 부각시키며, 대립하는 담론과 그 속에 반영된 이해관계를 드러내고, 더 정의로운 일터를 만들고자 한다(Trehan, 2007). 비판적 관점은 기본적으로 불평등한 사회경제적 구조에서 일과 학습이 이루어지는 모든 과정에 대한 비판적 의식화와 자활력을 통한 인간 해방을 강조한다.

(2) 인적자원개발의 실제

비판적 관점에서 인적자원개발은 자본주의적 일터에서 노동이 비인간화되는 과정을 더욱더 부추기는 강화 기제로 간주된다. 인적자원개발을 통해 자본가는 더 큰 이익을 취하는 반면, 노동자의 삶과 일은 개선되지 않는다. 인적자원개발에 대한 비판적 관점을 정리하면 다음과 같다.

먼저, 비판론자들은 새로운 경영 환경에서 강조되는 인적자원개발이 노동의 비인간화를 극복하는 데는 역부족이라고 본다. 그 대신 기능주의적 패러다임 지배하의 일터에서 인간의 주체성과 자유의지는 지속적으로 제거되고 있다고 비판한다. 유연적 전문화, 위계의 축소, 총체적 품질관리 같은 새로운 경영기법들조차도 낡은 자본주의적 패러다임에 묶여 있기 때문이다(Heide, 2000). 비판론자들은 경제의 세계화, 탈규제화, 정보화가 진전하면서 조직에서 효율성을 위한 새로운 장치들이 등장하였고, 이런 가운데 더 효과적인 통제와 생산성 제고라는 목표를 위해 의도적이고 강제적으로 학습공동체, 학습조직 같은 개념들을 강조하게 되었다고 본다.

따라서 인적자원개발을 포함한 신경영 전략은 노동자의 주체성과 자율성을 높이는 것처럼 보이지만, 이는 사실 변화한 경제사회체제에 대응하여 더 효율적인 생산을 이룩하기 위한 고도의 전략일 뿐이다. 예를 들어, 팀 학습이나 자율관리팀 등이 팀 단위의 자율성 및 경영자와 근로자 공동의 이익을 지향하는 것처럼 보이지만, 이 역시도 구성원 상호 간 감시와 개인 스스로의 업무 압박을 높임으로써 결국은 경영자의 통제를 강화한다고 주장한다(Barker, 1993; Bratton et al., 2008). 인적자원개발은 겉으로는 근로자들의 능력을 개발하고 자율성을 증대하는 기능을 하는 것처럼 보이지만 과거의 단단한 제도나 도구들보다 훨씬 부드러운 방식으로 이루어지는 교묘한 통제의 수단일 뿐이다(Bratton et al., 2008).

인적자원개발에 대한 비판론자들은 일터에서 지식과 학습의 중요성을 강조하는 학습조직 역시 자본가의 이익을 위한 이데올로기일 뿐이라고 비판한다. 지식과 기술의 향상이 조직의 발전에 중요한 열쇠라는 생각의 확산은 인적자원개발을 정당화하고 학습조직 같은 유토피아적 담론을 이상적 모형으로 보도록 만들었다. 그러나 실제로는 고용주와 종업원의 이해관계는 상충한다. 노동자의 학습은 어떤 경우는 고용주에게, 어떤 경우는 노동자에게 이익을 줄 수 있다(Spencer, 2001). 그러나 대부분의 조직에서 고용주에 의한 권력 독점이 일어나고 있고, 실제 조직에서의 학습은 이러한 권력의 불균형 상황에서 발생한다(Coopey, 1995). 유토피아적으로 균형을 이루는 가운데 이상적으로 이루어지지 않는다면 학습조직이 신화이거나 속임수적인 담론에 그치게 된다(Dovey, 1997). 조직 내에서의 핵심적 위치를 점한 사람이 권력을 가지고 학습을 이용하는 경우에, 학습조직과 같은 개념은 오히려 그들을 위한 이데올로기적인 안전망이 될 수 있다. 학습조직이 모두에게 유익하다는 주장은 일터의 현실을 도외시한 이데올로기다. 그것은 경영자가 산업의 문제를 해결하기 위한 수단으로서 조작적으로 활용해 온 메타포의 최신판일 뿐이다(Coopey, 1995). 결국 인적자원개발은 '학습을 통한 성공'이라는 복음과 같은 미사여구이자 신화일 수 있다.

Mojab과 Gorman(2003)은 인적자원개발을 통해 누가 이익을 얻는지의 문제를 제기하였다. 그들은 기업들이 인적자원개발을 강조하지만, 실제로 학습의 기회는 차별적일 뿐이라고 하였다. 소위 '핵심 인재'는 기능적 유연성을 학습하는 반면, 주변 인력들은 단순히, 언제나 대체 가능한 존재로서의 숫자적 유연성을 요구받는다. 또한 조직의 위계 축소는 외부 조달의 결과일 뿐이고 해고와 실업은 학습과 기술의 문제가 아니라 자본주의 체제 그 자체의 문제다. 그럼에도 불구하고 개인은 인적자원개발이라는 명목하에 자신의 실수뿐만 아니라 경영자와 경제의 실수 및 불운에 대해서도 스스로 책임을 져야 한다. 개인은 그것을 개인적인 일로 받아들이고 스스로를 질책한다(Ciulla,

2000: 326). 즉, 구조적 문제의 책임을 사사화(私事化)한다.

또한 이들은 인적자원개발을 통해 노동자가 더 많이 학습하면 더 많은 이익이 있을 것으로 전제하도록 강요한다고 주장하였다. 그러나 이는 오히려 학습을 시장가치와 동일시하여 학습자를 학습으로부터 소외되게 만든다. 고용주는 노동자로 하여금 근무 외 시간에 학습하게 하고, 일에 관련한 학습을 통해 생산성을 늘려 절대적·상대적 잉여 가치를 추출하려 한다. 신뢰와 협력을 강조하는 우정 관계를 통한 학습조차 생산성과 경제적 이익을 위한 것이고 그 성과는 자본가가 전적으로 취한다. 이를 통해 노동자들 사이에는 오히려 다른 사람과의 소외가 발생한다.

Driver(2002)는 좀 더 미시적인 차원에서 구조적 권력 관계에 주목하였다. 그는 일터에서의 학습이 순응적인 노동력을 효율적으로 활용하기 위한 가림막의 구실을 한다고 보았다. 조직 구성원으로 하여금 생산성과 경쟁력의 문제를 자신의 부족 때문인 것으로 인식하게 하여 스스로를 비난하도록 만든다. 결국 인적자원개발은 권력자인 고용주의 지식과 담론이 반영된 기제다. 일터에서의 학습과 학습조직의 이상은 숨겨진 통제의 수단이고, 이데올로기적 함정이다. 이렇게 인적자원개발은 Foucault가 제시한 새로운 형태의 전체주의적 원형 감옥일 뿐이다.

Solomon(2001)은 문화공학(cultural technology)으로서 일터에서의 학습담론을 분석하였다. 문화는 특정한 상황에서 사람들을 연결시키는 공유된 목적, 신념체계, 가치 등을 의미한다. 사람들이 어떻게 집단을 이루고 스스로의 정체성을 찾는지를 말한다. 후기산업사회의 일터는 사람들의 공유된 경험에 초점을 맞춘다. 기능적 숙련과 함께 사회문화적 정체성을 형성하는 교육이 이루어진다. 그것이 종업원의 동기화, 공적 이미지, 조직 유효성을 위한 기초이기 때문이다. 학습은 일상적인 일의 과정이 되었고, 조직 내에서의 문화적 관행이 되었다. 일터에서 다름은 불가피하고 가치 있는 것이지만, 동일성의 관점에서는 그것을 결핍이라고 간주한다. 동일성 관점에서 훈련은 동질화 기능을 수행한다. 이런 점에서 인적자원개발은 노동자 간의 차이를 인정하지 않고 오히려 그것을 열등한 것으로 취급하며 강제로 동일하게 만들기 위한 시도인 것이다.

Bierema(2009), Bierema와 Cseh(2014)는 인적자원개발이 남성성에 의해 지배되면서 조직에서 성별 고정관념, 성차별, 가부장제와 유리 천장 문제가 흔하게 발생한다고 비판하였다. 인적자원개발에서 성차별적 억압의 관행을 변화시키기 위해서는 페미니스트적 전환이 필요하다고 주장한다. 이밖에도 비판적 인적자원개발은 장애, 인종과 민족, 성 정체성, 연령 등에 따른 차별과 사회적 억압의 문제를 제기한다. 인적자원개발은 사회 정의의 관점에서 모든 개인이 일터에서 공평하게 역량을 발휘할 수 있고 다른 사람과 민주적으로 상호작용할 수 있는 기회를 창출해야 한다고 주장한다(Byrd, 2014; Fenwick, 2014). 이를 위해 인적자원개발에서 지배적인 관점뿐만 아니라 소수의견을 배려하고 전체론적 관점을 담아내고자 한다. 기존에 담지 못했던 현상과 실천을 보여 줄 수 있는 대안적 방법론을 제시하기도 한다. 예를 들어, Q 방법론은 표준화와 일반화를 지향하기보다는 배제되거나 소거된 목소리도 동등하게 드러내고자 한다(백평구, 2017).

이렇게 인적자원개발에 대한 비판적 입장을 가진 학자들은 공통적으로 기존의 학습에 대한 논의가 천진난만하거나 무비판적이라고 주장하면서, 인적자원개발의 정치적 과정, 이데올로기적 성격, 그리고 소외와 착취의 측면들을 드러냈다. 그러나 많은 경우에 이 비판론자들은 그런 문제제기가 일터에서 학습의 약속을 파괴하기 위한 것이라기보다는 그 담론을 더 분명히 하기 위한 것이고, 해방적 관점에서 일터학습의 새로운 가능성을 찾기 위한 것이라고 본다(Fenwick, 1998). 이들은 다음과 같은 점에서 새로운 희망 찾기를 위한 대안을 제시한다.

Bratton 등(2008)은 인적자원개발에서 경영자적 관점과 비판적 관점을 구분한다. 경영자적 관점은 조직의 효율성과 효과성 측면에서 인적자원개발을 바라보는 관점이다. 반면에 비판적 관점은 조직의 경제적 필요와 권력의 불평등이 공정성, 민주성, 지속 가능성 등의 측면에서 구성원들과 사회에 어떤 영향을 미치는지에 관심을 갖는다. 비판적 입장에서 일터학습은 단지 일을 준비시키는 기능에만 그치는 것이 아니라, 조직 구성원들이 그들의 사회적 역할에 대해 비판적이고 주체적인 사고를 하도록 촉진시키는 데 그 목적이 있다. 인적자원개발은 개인과 조직에서의 여러 갈등적 요소와 그 안에 숨겨진 이면을 드러낼 뿐만 아니라, 조직의 윤리성, 노동자의 정서, 힘의 불균형과 남성성의 문제 그리고 사회적 책무성 등을 더 깊이 다루어야 한다(Bierema, 2009; Francis, 2007; Trehan, 2007). 이를 통해 인적자원개발은 복잡하고 역동적인 조직 현상에 대해 새롭게 해석하고 주류의 기능주의 관점에 도전하고자 한다.

비판론자들은 일터에서의 비판적 학습을 위한 구체적인 전략 가운데 하나로 노동조합의 역할을 강조한다(Bratton et al., 2008). 노동조합은 구성원 스스로의 경험에 기초하여 일터에 영향을 미치는 교육 프로그램들을 제공할 수 있다. 이를 통해 노동자의 입장을 반영한 일과 학습을 형성한다. 형식교육 프로그램 이외에 파업과 캠페인 활동 역시 이를 위한 무형식학습이 될 수 있다. 파업은 매우 강력한 학습의 한 형태다. 그것은 노동을 둘러싼 문제에 대한 행동과 성찰을 동시에 일으키는 비판적 실천(praxis) 활동이기 때문이다. 노동조합에서 벌이는 각종 캠페인도 노동자들에게 직간접적인 학습의 기회를 제공한다. 노동자의 삶을 반영한 문화예술행사와 같은 활동은 경제와 사회, 일과 조직을 이해할 수 있는 교육적 의미를 갖는다.

결국 인적자원개발에서 비판적 관점은 주어진 직무를 충실히 수행하기 위해 기술훈련을 통하여 경제적 능력을 개발하는 기능적 측면을 넘어서 민주화된 일터와 참여적 시민을 위한 비판적 의식화 및 자활력의 증대를 지향한다. 그것은 스스로 자신의 목소리를 냄으로써 산업 정의와 일터의 평등을 이루는 민주적 공동체를 형성할 수 있는 노동교육을 통해 가능하다. 일터에서의 비판적 교육은 노동자의 주체적 참여를 통한 생산 현장 속에서의 노동의 인간 화를 확대하기 위해 억압적 구조에 대한 비판적 성찰과 의식화, 변혁과 해방 을 위한 자활력을 제고하는 것이라고 할 수 있다.

(3) 기여와 한계

비판적 관점은 인적자원개발과 관련한 실천 담론의 이면에 감추어진 구조 적 모순의 실체를 밝혀냄으로써 새로운 통찰력을 제공하였다. 기존의 관점 에서 무시되었거나 간과되었던 힘의 불균형과 사회적 관계의 불평등 현상을 드러냄으로써 일터의 복잡성과 역동적인 현상을 설명하는 데 새로운 시각을 제시하였다. 기계와 기술에 종속되고, 조직과 성과에 함몰된 상황에서 인간 의 회복을 위한 인적자원개발 실천 전략으로서 비판적 의식화와 자활력을 제 시한 점도 높게 평가할 수 있다.

그러나 인적자원개발에 대한 비판적 관점은 다음과 같은 문제점을 갖는 다. 첫째, 인적자원개발의 본질적 목적이 민주화를 위한 것인가, 아니면 경제 적 요구를 충족하기 위한 것인가에 대한 논란의 여지가 있다(Dirkx, 1996). 인 적자원개발이 이루어지는 조직의 본래 목적은 무엇인가? 일반적으로 조직은 개인이 혼자서 이루기 어려운 일을 여러 사람이 모여 함께 이루어 내기 위해 만들어진 집합체라고 간주할 수 있다. 특히, 기업은 구성원들의 생계 문제를 해결하기 위해 구성된 경제 조직이라는 특성이 가장 먼저 고려될 수 있는 조 직이다. 일터에서의 민주주의는 반드시 필요하고, 조직이 개인의 자유나 인 권을 침해해서는 안 된다. 그러나 일터가 그런 이상적 가치를 실현하기 위한 장소만은 아니라고 할 수 있다. 따라서 기능적으로 볼 때 인적자원개발에서 의 우선순위는 비판의식보다는 업무수행을 위한 기술과 지식의 습득에 주어 져야 한다는 주장이 가능하다. 적어도 비판적 인적자원개발이 강조하는 노 동자의 자활력이 비판적 자활력에만 그쳐서는 곤란하고, 기능적 자활력이 동시 에 수반되어야 하는 것이다. 비판적 관점이 견지하는 계급 간 갈등이나 분배적 정의에만 치우친 사고, 그리고 그에 따라 인적자원개발을 민주화를 위한 사회운동의 일종으로 보는 시각은 기능적 발전이라는 인적자원개발 본연의 역할을 훼손할 가능성마저 있다.

둘째, 팀 학습이나 학습조직 등과 같은 인적자원개발의 이상과 실천이 자본가의 이익만을 위해 봉사한다는 주장은 과장된 것일 수 있다. 비판적 관점이 가지는 그런 이분법적인 사고방식은 다원화된 사회에 적합하지 않다. 설사 인적자원개발의 이상이 하나의 이데올로기로서 현 질서를 유지하는 데에 기여하는 측면이 있다고 하더라도, 이를 통해 조직 내에서 어떤 형태와 내용으로든 학습이 활성화된다면, 그것은 조직 구성원 개개인에게 도움이 되는 측면이 분명히 존재할 수 있다. 학습조직의 이상을 표방하고 구현하고자 하는 조직은 인적자원개발이 전혀 강조되지도 실제로 이루어지지도 않은 조직에 비해 더 낫다. 왜냐하면 인적자원개발은 경영진이 의도하든 의도하지 않든, 구성원들이 어떤 방식으로든 학습과 성장을 이룰 수 있게 할 가능성을 크게 하기 때문이다.

셋째, 비판적 관점의 인적자원개발은 이미 가지고 있는 정답을 향한 권위주의적인 교육이 될 가능성이 있다. 그럴 경우 개인을 계몽의 과정을 통해 해방시켜야 하는 객체로 바라보는 문제가 발생한다. 더군다나 그런 비판적 교육은 불평등한 현상을 해소하기 위해 실제로 현장에서 어떠한 실천을 할 수 있는가에 대해서는 상당히 무기력할 뿐이라고 간주되기도 한다. 비판적 인적자원개발의 이론적 당위성을 일터에서 어떻게 적용할 수 있을지에 대한 현실적이고 구체적인 방안이 요구된다(Sambrook, 2014). 노동조합을 통한 교육, 비판적 일터 교육, 해방적 참여학습 등이 실천 현장에서의 비판적 인적자원개발을 가능하게 하는 예로 볼 수 있다(Fenwick, 2004). 그러나 이를 통해 위계질서가 존재하는 조직 안에서 경영진과의 힘의 불균형을 과연 어떻게 극복해 나갈 수 있는지를 설명하는 데에는 한계가 있다. 특히, 무한 경쟁이 가열되면서 경영자의 주도권이 강해지고 과학기술의 지배력이 커지는 현실에서 그것은 노동자의 자활력에 기초한 그들의 목소리를 내는 것이라기보다는 오히려 매우 비현실적이거나 과장된 외침으로만 그칠 가능성마저 있다.

2. 인적자원개발의 학문적 가능성

1) 인적자원개발의 학문적 성격

인적자원개발은 실용적 분야로 출발하여 사회적 수요가 견인하면서 크게 확산되었다. 그러나 양적인 발전에 비해 질적으로는 여전히 미흡하다. 현장이 즉각적으로 필요로 하는, 주로 교육 기법과 관련한 수많은 용어와 방법이 난무할 뿐이다. 그것들은 급히 왔다가 쉽게 사라지곤 한다. 인적자원개발은 기업들이 처한 상황만큼이나 바쁘게 움직인다. 유행에 휩싸여 중심을 잃고 나아갈 방향을 찾지 못하는 모습까지 보이기도 한다(Gilley & Maycunich, 2000).

이런 현상은 인적자원개발 분야가 아직 학문적으로 튼튼하게 자리 잡고 있지 못하다는 사실을 반증한다. 이런 상태가 계속될 경우 인적자원개발은 반드시 있어야 할 활동이 아니라 '있으면 좋고 없어도 그만(nice to do)'인 것으로 취급될 우려마저 있다(Gilley et al., 2002). 인적자원개발이 실천 현장에서 전문성을 더 확실하게 인정받고 조직에 필수불가결한 부문으로 자리매김하기 위해서는 이를 탄탄하게 뒷받침할 수 있는 학문적 지원과 이론적 안내가 필요하다. 인적자원개발의 실제를 설명하는 이론과 현장의 실천을 이끌 수 있는 학문적 토대를 확립하여야 한다(Evarts, 1998; Watkins, 1991). 현장에서 단지 '어떻게' 효율적으로 행동할까를 위한 단편적 접근법을 넘어서 인적자원개발의 실천을 이론적으로 설명하고 학문적으로 뒷받침하는 '무엇을' '왜' 하는지에 대한 근본적인 이해와 관점이 필요하다(Chalofsky, 1996; Lynham, 2000).

인적자원개발은 실천 현장에서 크게 발전하는 동안 여러 학문 분야로부터 그 실천적 기초를 차용하여 왔다. 이런 현상은 인적자원개발이 다학문적 기초를 가지도록 만들었다(Chalofsky, 2014; Evarts, 1998; Kuchinke, 2007; Lynham, 2000; Swanson & Holton, 2009; Watkins, 1991). Chalofsky와 Lincoln(1983)은 인적자원개발이 심리학, 사회학, 인류학, 경제학, 상담이론, 교육학, 경영학 및 행동과학적 배경을 갖는다고 보았다. McLagan(1989)은 조직행동론, 산업심리학, 커뮤니케이션이론, 사회학, 일반시스템과학, 인문학적 기초를 제시하였다. Jacobs(1990)는 교육학, 시스템이론, 경제학, 심리학, 조직행동을 인적자원개발의 기반이 되는 학문으로 여겼다. Rowden(1996)은 인적자원개발이 인사관리(HRM), 성인교육, 직업교육 그리고 교육공학이 결합한 분야이지만, 그 이상의 고유한 영역으로 발전하였다고 주장하였다. 한국직업능력개발원(2001)은 인적자원개발에 대한 다학문적 접근을 시도하면서, 교육학, 경영학, 경제학, 과학기술학, 사회학 및 문화인류학의 관점에서 인적자원개발을 바라보았다. Swanson과 Holton(2009)은 시스템이론, 경제학 및 심리학이 인적자원개발의 기초 학문이라고 주장하였다. Kuchinke(2007)는 May(2007), Bowman(2007)과 함께 인적자원개발이 교육학과 경영학의 영역 가운데 어디에 속해야 하는지에 대해 논쟁을 벌이기도 하였다. Chalofsky(2014)는 사회학, 인류학, 심리학, 경영학, 교육학, 경제학, 자연과학, 철학 등이 인적자원개발 분야에 많은 영향을 주었고 이제는 서로 교류하는 관계라고 볼 수 있다고 하였다. Werner(2018)는 인적자원개발이 산업조직심리학과 유사하거나 동일한 연구 주제들을 다루면서도 서로 다른 궤도를 만들어 가고 있다고 하면서 '학문적 이기주의(academic silos)'의 경계를 허물어야 더욱 발전할 수 있다고 주장한다. 결국 McLean과 McLean(2001)이 주장한 것처럼, 우리가 상정할 수 있는 거의 모든 학문이 인적자원개발에 관련된다고 볼 수도 있다. 더욱이, 인적자원개발 연구에 있어서 관련 분야들을 잘 이해하고 여러 학문들과 적극적으로 소통한다면 학문적으로뿐만 아니라 실천적으로도 더욱 발전할 수 있을 것이다.

그렇지만 인적자원개발과 관련한 여러 학문은 서로 다른 가정과 관심을 가지고 있다(Kuchinke, 2007). 따라서 인적자원개발을 정의하는 데에서조차 서로 다른 강조점을 갖는다(Watkins, 1991). 경영학은 개인의 성장 그 자체보다는 인적자원관리의 관점하에 조직의 성과를 더 강조하는 경향이 있다. 경제학은 경제적 효율성과 인적 자본의 개발에 초점을 맞춘다. 교수공학은 엔지니어링의 관점에 따라 단순한 도구 제작의 측면에서 인적자원개발을 실행한다. 성인교육은 일터에서의 성인학습으로 인적자원개발을 본다. 산업조직심리학은 인적자원개발에 대한 측정평가의 관점을 갖는 경향이 있다. 조직행동이론은 조직 전체의 성장 관리를 위한 리더십과 변화 촉진에 관심을 갖는다. ATD의 관점은 협회의 멤버십 구성을 반영하여 능력 있는 실천가의 입장을 가지고 인적자원개발을 바라본다.

이렇게 여러 학문적 기초와 관점을 갖는 것은 인적자원개발을 다양한 측면에서 이해하는 데 도움이 된다. 이는 현장에서의 실천을 지원하기 위해서도 필요하다. 그러나 이런 주장은 일견 타당함에도 불구하고, 학문적으로 무책임한 것일 수 있다. 인적자원개발을 다학문적인 기초로만 접근한다면, 인적자원개발의 학문적 성숙은 요원하게 된다. 인적자원개발을 위한 공통의 접근법과 언어가 부재하기 때문이다. 그것은 학문적 탐구의 대상이 불분명함을 나타내고, 이에 따라 학문으로서의 정체성을 확립하기 위한 가장 중요한 조건을 갖추지 못하게 된다.[6]

6) 하나의 학문이 성립하기 위해서는 적어도 세 가지 조건이 충족되어야 한다. 첫째, 학문적 탐구의 대상이 분명하게 규정되는 것이다. 예를 들어, 교육학은 교육 현상을, 경영학은 경영 활동을 연구 대상으로 하고 있다. 둘째, 현상을 설명하기 위한 이론과 논리가 탄탄하게 정립되어야 한다. 물론 하나의 이론만이 존재할 필요도 없고, 그럴 수도 없다. 경쟁하는 패러다임이나 모형들이 그 학문 분야 내에서 고유한 설명력과 논리를 확립하여야 한다. 셋째, 연구 방법론이 필요하다. 인문사회과학의 경우, 통계적 연구 방법이나 질적 연구 방법들이 다양하게 활용(anything goes)될 수 있다(한준상, 1985). 따라서 세 번째 조건의 경우는 앞의 두 조건만큼 필수적이지는 않다고 볼 수도 있다.

인적자원개발에 대한 다학문적 접근의 고수는 인적자원개발을 학문화하지 못하게 만드는 길이 된다. 그럴 경우 인적자원개발은 다른 학문의 관점과 이론을 빌려 현상을 설명하는 학문적 식민성을 계속해서 가지게 될 것이다. 그로 인해 인적자원개발 고유의 학문적 영역과 논리를 갖지 못하고, 다른 학문들이 가진 관심과 이론들의 부분적 조합으로 짜여진 분야로서 존재할 것이다. 그것은 어쩌면 하나의 대상을 '깨진 거울로 보는 것'과 마찬가지다(Senge, 1990). 즉, 전체를 조망할 수 없게 된다.

　이런 문제를 극복하고 인적자원개발이 하나의 학문 분야로 성장하기 위해서는 인적자원개발의 고유한 현상을 찾아내고 그것에 대한 고유의 설명 방식을 가져야 한다. 인적자원개발이 현장에서 고유한 영역을 확보했듯이, 학문적으로도 인적자원개발 나름의 고유한 학문적 기초를 닦을 필요가 있다. 여러 학문의 조각난 부분의 합이 아닌 새로운 하나의 실체로서 인적자원개발학이 필요하다.

　학문으로서 첫 번째 조건에 해당하는 인적자원개발의 탐구 대상은 이미 제1장에서 언급하였다. 조직에 속한 사람이 학습하고 성장하는 현상이다.[7] 인적자원개발이 학문적으로 성숙하기 위해서는 논리를 가지고 이 현상을 이론적으로 설명할 수 있어야 한다. 인적자원개발의 관점으로 인적자원개발 현상을 해석하고, 설명하며, 예측하고, 대안을 제시할 수 있어야 한다. 이를 위해 이 장에서는 인적자원개발의 이론적 관점을 기능주의, 해석적 접근 그리고 비판적 관점으로 구분하여 살펴보았다. 이런 이론적 시도들은 인적자

---

7) 이런 점에서 나는 인적자원개발을 교육학의 하위 학문 분과로 여긴다. 그것은 내가 교육학자이기도 하지만 인적자원개발의 가장 본질적인 특성이 인간의 성장이라는 교육 현상에 있기 때문이다. 그것이 조직의 맥락에서 적용된 현상이 인적자원개발이기 때문이다. 실제로 우리나라뿐만 아니라 미국에서도 인적자원개발은 교육학 분야에서 가장 많이 가르쳐지고 있다(Kuchinke, 2002).

원개발의 학문적 논리를 구성하는 데 기여할 수 있을 것이다. 그러나 그것들은 인간과 사회현상에 대한 거대 담론에 기초한 것들이다. 이런 관점들 위에서 더 세밀하고 심층적인 인적자원개발 고유의 논리와 이론을 개발하려는 노력이 더욱 필요하다.

인적자원개발의 학문적 성격에 대한 이런 문제 인식은 10여 년 전에 이 책의 초판을 쓰면서 제기했던 가장 핵심적인 첫 질문이었다. '인적자원개발이란 도대체 무엇인가'에 대한 답은 지금도 확실하다고 말할 수는 없다. 미국 학자인 Chalofsky(2014)도 인적자원개발의 학문성을 탐구하면서 그 논의의 결론으로 "그래서 인적자원개발은 진짜 무엇인가(So What is HRD, Really?)"라는 똑같은 질문을 던졌다. 그는 우리가 아직도 널리 받아들여지는 인적자원개발에 대한 보편타당한 정의를 갖고 있지 못하다고 했다. 심지어, Lee(2014)는 다차원적이고 복잡한 인적자원개발을 한마디로 정의하는 것 자체를 거부해야 한다고 주장한다. 그 대신 인적자원개발을 다양한 패러다임, 관점, 실천 방식을 아우르는 집합 정도로 볼 필요가 있다고 하였다.

그럼에도 불구하고, 인적자원개발에 대한 독자적이고 체계적인 정의를 마련하지 못한다면 그 정체성을 확인할 수 없고, 이미 성립된 다른 학문들과 구분할 수 없으며 종국에는 인접 분야로 편입되는 현상이 발생하지 않으리라 장담할 수 없다. 그럴 경우에 인적자원개발의 독특한 실천 활동과 그에 따른 고유한 목소리를 내기 어려워진다. 예를 들어, 인적자원개발이 산업조직심리학이나 인적자원관리의 영역으로 흡수된다면 조직에서 학습과 성장의 가치와 중요성이 퇴색되는 결과를 가져 올 가능성이 농후해진다. 이런 점에서라도 인적자원개발은 학문적으로 단단한 기반과 고유한 정체성을 확보할 필요가 있다. 인적자원개발에 대한 다양한 학문적 논의들을 포괄적으로 포용하면서도 그 안에서 인적자원개발만의 독특한 체계를 만들어 가야 한다. 그래야만 학문적으로뿐만 아니라 궁극적으로 학문에 기반한 실천 영역에서도 인적자원개발은 더욱 발전할 수 있을 것이다.

변화하지 않는 학문은 없다. 예를 들어, 인공지능의 발달에 따라 인적자원
개발의 실천 영역과 역할도 달라질 것이다(김혁 외, 2018). 그런 변화에 능동
적으로 대응하기 위해서라도 인적자원개발의 고유한 정체성을 먼저 확인하
여야 한다. 다른 학문들과의 협업을 위해서라도 그들과 유사점과 차이점이
무엇이고 중첩되는 부분과 중첩되지 않는 부분은 무엇인지를 먼저 탐색하여
야 한다. 이러한 학문적 탐구를 통해 인적자원개발의 포괄성, 배타성, 차별
성, 명확성, 상호 대화 가능성, 일관성을 갖춘 정의를 만들어 가야 한다. 인적
자원개발의 인접 학문들을 포괄하면서도, 그 학문들의 단순한 총합이 아닌,
독자적으로 설 수 있는 인적자원개발의 정체성이 무엇인지에 대한 더 깊은 학
문적 고민과 성찰이 필요하다.

2) 인적자원개발의 이론과 실천

　이 장에서는 인적자원개발을 주로 개념적이고 이론적인 차원에서 논의하
였다. 또한 각각의 관점이 가진 특징을 더 선명하게 부각시키려고 시도하였
다. 이는 근본적인 인간관과 세계관의 차이에 의해 이론적으로 그 관점들은
절충이나 타협을 하지 않기 때문이었다. 이 장에서도 그랬듯이 오히려 서로
다른 관점들의 색깔을 분명하게 드러냄으로써 논쟁이 가능하고, 그를 통한
이론적 진보를 이룰 수 있기 때문이었다.

　이론은 이론 그 자체의 논리를 통해서 발전할 수 있으며, 그 이론이 현실
을 안내하는 경우를 상정할 수도 있다. 그러나 인적자원개발이 인간과 사회
의 현실 속에 존재하는 한, 이론만의 발전은 불가능하다. 현장에서 이루어지
는 실천적 측면을 고려하는 것이 필수적이다. 이 장에서 제시한 인적자원개
발의 이론적 관점도 결국은 인적자원개발의 현실에 토대를 둘 수밖에 없다.
실제로 그것은 현장에서 나타난 실천 방식이 이론적으로 전이한 것이기도 하
다. 인적자원개발은 실천이 앞서 나갔고, 이론과 학문은 그 뒤를 헉헉대며 좇

아가기에 바빴던 것이 사실이기도 하다. 오히려 현실이 그 자체적으로 발전하는 경향마저 보여 왔다.[8]

결국 인적자원개발에서 이론과 실천은 반드시 어떤 것이 다른 것에 앞서서 존재한다거나 그래야 한다고 볼 수는 없다. 이론과 실천은 언제나 이미 관계를 맺고 있다. 그 둘은 때로는 밀착되어 있기도 하지만, 긴장 관계에 있기도 하고, 어떤 경우에는 멀리 떨어져서 존재하기도 한다. 그러나 그것은 정도의 차이일 뿐이고, 실천과 이론은 항상 긴장과 역동적 관계 속에 놓여 있다. 인적자원개발의 현실과 이론 역시 변증법적으로 상호작용하며 인적자원개발의 실천과 이론을 발전시킨다. 또한 인적자원개발의 다양한 실천 방식과 이론적 관점들은 패러다임 경쟁을 일으키기도 한다. 그리고 그 경쟁이 인적자원개발을 이론적·학문적으로 성숙시키고, 그로 인해 현장이 더 발전하는 중요한 발판이 된다.

이렇게 실천과 이론 또는 현실과 학문적 관계 속에서 도출한 인적자원개발의 이론적 관점들은 우리에게 인적자원개발을 더 잘 볼 수 있게 하는 안목을 제공한다. 즉, 우리가 이미 보고 있지만 보지 못했던 현실을 새롭게 다시 볼 수 있게 하는 눈을 준다. 이론적 논의는 인적자원개발에 대한 우리의 이해와 학문적 지평을 넓히는 데 도움을 줄 것이다. 그뿐만 아니라 그러한 학문적 안목을 통해 인적자원개발 분야에서의 실천적 응용력을 높이는 데 기여할 수 있다. 또한 실천을 안내하고 지도하는 역할을 하며, 현실의 문제를 해결하는 방식을 제공한다.

---

8) 이론은 이론 그 자체의 논리로, 그리고 현장은 현장대로 발전할 수도 있다. 그러나 그것은 오래가지는 못한다. 왜냐하면 이론과 실천은 두 발로 걷는 것과 같기 때문이다. 한 발이 앞으로 나가기 위해 공중에 떠 있을 때 다른 한 발은 땅에 닿아 있어야 한다. 두 발이 모두 떠 버리면 곧바로 땅에 떨어질 수밖에 없다. 아무리 점프를 잘하더라도 오래 그리고 멀리 못 간다. 두 발은 함께 가야 한다.

종합하면, 이론적 관점 논의는 인적자원개발의 학문적 성장을 위해서뿐만 아니라 현실적 적용에서도 중요한 기초가 된다. 어쩌면 인적자원개발 현장에서는 다양한 관점과 방법의 창조적 짜맞추기 전략이 필요할지도 모른다. 다양한 형태의 중도와 혼합을 고려해야 할 수도 있다(Gilley & Maycunich, 2000). 서로 다른 다양한 실재가 혼재하고 매우 복잡한 요인들이 개입하기 때문에 각각의 조직과 인적자원개발이 처한 여건 및 상황에 따라 서로 다른 접근법과 전략이 필요할 것이다. 그러나 이 경우조차도 역시 관점의 차이는 언제나 이미 내재되어 있을 수밖에 없다. 동일한 기법이나 문제해결 수단처럼 보일지라도 그것이 근본적으로 상이한 관점하에 취해질 수 있고, 그럴 경우 그것들은 서로 다른 결과를 낳을 것이기 때문이다. 이런 과정을 거치면서 우리는 인적자원개발의 학문적 가능성을 찾아낼 수 있을 것이다.

제2부

인적자원개발의 실천

제4장

인적자원의 육성체계

미래는 한 사람의 비범한 천재가 수만 명을 부양하는 시대가 될 것이다.

　　　　　　　　　-이건희 전 삼성그룹 회장(동아일보, 1997년 4월 25일자)

잘 쓰면 모두가 인재요, 내치면 모두가 쌀 지게미다.

　　　　　　　　　　　　　　　-冷成金(2000). 『변경』, p. 68.

우수한 인적자원을 확보하는 일은 한 조직이 생존하고 번영하는 데 가장 중요한 기반이 된다. 이를 위해 조직은 외부에서 직원을 채용할 수도 있지만, 내부의 구성원들을 육성함으로써 경쟁력 있는 인재를 보유할 수 있다. 이 장에서는 먼저 인적자원의 채용과 육성 전략을 검토한다. 그러고 나서 현대사회에서 조직이 필요로 하는 인재상을 살펴보고, 그런 인적자원을 육성하는 체계와 전략을 개관한다.

1. 인적자원의 채용과 육성[1]

조직 내 인적자원과 관련한 가장 기본적인 의사결정의 문제 가운데 하나는, 유능한 직원을 새로 채용할 것인지 아니면 이미 보유하고 있는 구성원을 교육을 통해 우수한 인재로 육성할 것인지다. 한마디로, 인적자원의 '사오기(buy)와 만들기(make)'는 조직이 당면한 딜레마다(장원섭, 2006).

적절히 준비된 인재를 채용하면 조직에게는 이득이 된다. 그러한 사람들은 입사 즉시 업무를 잘 수행할 수 있고, 그들을 교육하는 데 들어가는 시간과 비용을 절약할 수 있기 때문이다. 이런 이유 때문에 많은 기업이 신입사원보다는 경력사원을 선호하기도 하며, 신입사원을 채용할 때에는 매우 엄격한 선발 방법을 적용한다. 채용이란 조직에 필수적인 인적자원을 획득하는 과정이다. 따라서 적절한 채용은 조직의 성과를 높이는 데 매우 중요하다.

효과적인 채용이 이루어진다면 조직에서 직원 교육은 줄어들 것이라고 생

---

1) 이 절은 장원섭(2006)의 『일의 교육학』 제17장을 발췌하여 정리하였다.

각할 수 있다. 외부 노동시장에서 잘 준비된 인재를 고용함으로써 그들을 육성하는 데 투자를 덜 해도 되기 때문이다. 즉, 채용이 육성을 대체하는 것이다. 조직 내에서 자원을 합리적으로 배분한다는 전제를 한다면, 인적자원을 획득하고 개발하는 것은 중요한 선택의 문제가 된다. 채용 단계에서 직원의 업무수행력을 파악하는 데 드는 비용을 교육을 통해 직원들의 역량을 높이는 데 드는 비용과 비교할 수 있다. 채용 비용보다 육성 비용이 더 크다면, 조직은 채용 전략을 채택할 것이다. 물론 반대의 경우도 있을 것이다. 결국 채용과 육성은 한정된 자원 내에서 서로 대체 가능한 전략이 된다(Knoke & Kalleberg, 1994). 실제로, Osterman(1995)은 많은 기업이 채용 단계에서 구체적인 기능과 지식을 강조함으로써 채용 후에는 직원들에게 교육을 덜 제공한다고 밝혔다. 그는 채용과 육성 사이에 확실한 선택이 존재한다고 주장하였다.

그렇지만 또 다른 연구에서는 채용과 육성 사이에 반드시 '대체(zero-sum)' 관계가 성립하는 것은 아니라는 결과를 보여 주었다. 더 많은 능력을 가진 직원이 채용된 경우에 조직은 그들에게 오히려 더 많은 교육을 제공하기도 하였다(Bills, 1998; Chang, 2003). 그들에게 더 높은 수준의 성과를 기대하기 때문이다. 이 경우 인적자원의 '채용 그리고 육성(buy and make)' 전략이 '채용 또는 육성(buy or make)'이라는 양자택일의 자원배분 전략보다 더 적절한 설명 방식이 된다. 이런 결과는 채용과 육성에 대한 의사결정이 더 크고 복잡한 맥락 속에서 이루어지고 있음을 시사한다(Knoke & Janowiec-Kurle, 1999).

이러한 대조적인 연구 결과는 조직이 원하는 역량의 내용 차이에서 기인할 수도 있다. Osterman이 밝혔듯이 기업이 특정 기술을 가진 사람을 채용하면 그만큼 교육이 덜 필요한 반면, 일반적인 기술을 가진 사람을 선발하면 특정 직무를 수행하기 위한 기술교육이 필요할 것이다. 확실히 채용과 육성은 다양한 측면에서 서로 복잡하게 얽혀 있다. 교육의 제공은 채용 단계에서부터 절차의 광범위성과 모집 경로들에 대한 신뢰 정도, 기업에서 강조하는 선발의 기준에 따라 달라진다. 게다가 채용과 육성은 모두 조직의 특성, 문화와 관행, 외부와 내부 노동시장의 여건 등에 의해 영향을 받기 때문에 그 관계는 더 복잡해진다(Frazis, Herz, & Horrigan, 1998; Knoke & Kalleberg, 1994; Osterman, 1995).

조직에서 채용과 육성의 문제는 인적자원과 관련한 딜레마에 중요한 함의들을 제공한다. 먼저, 채용과 육성은 단순하지 않으며, 매우 복잡하게 연관되어 있다. 조직이 제공하는 교육의 형태와 수준은 채용 행위와 관련되어 있다. 대부분의 채용 변수, 즉 어떠한 모집 방법이 사용되는지, 모인 잠재적 직원들을 어떻게 선별하는지, 어떠한 기준이 선발을 위해 사용되는지 등은 공식적인 교육의 제공 여부와 교육의 내용에 영향을 미친다. 이는 우리가 인적자원에 관한 문제들을 생각할 때 채용과 육성의 문제들을 함께 살펴보아야 함을 의미한다.

하지만 채용과 육성 사이의 관계가 뚜렷하다고만 결론지을 수는 없다. 앞에서 언급했듯이, 교육은 조직 내에서 채용이 강조되었을 때 최소화될 수 있다. 그러나 조직이 제공하는 교육이 직원 채용 시에 중점을 두는 요소들로 이루어지기도 한다. 특히, 교육 프로그램의 내용은 채용 시 사용된 선발 기준을 더 강화시킨다. 조직은 일반적으로 자신의 조직이 필요하다고 여기는 구성원의 자질을 보는 고유한 관점과 기준을 갖고 있다. 그것이 경영 전략 중 하나일 것이고, 채용과 육성은 이러한 목표를 달성하기 위해 실행된다. 따라서 직원을 선발하는 조직의 기준은 채용과 교육의 모든 단계에서 적용될 수 있다.

요약하면, 채용과 육성의 관계에서 단순 명료한 결론을 도출하기는 어렵다는 것이다. 채용과 육성의 관계에 복잡성이 존재한다고 볼 수밖에 없다. 그리고 이러한 복잡성은 채용과 육성을 둘러싼 폭넓은 조직 행동과 관련되어 있다. 각 조직에는 독특하고 복잡한 조직 구조와 문화 그리고 관행이 있고, 채용과 육성은 이러한 과정에 속하기 때문이다. 예를 들어, 어떤 경우는 채용이나 육성과 관련된 요인들에 대한 합리적인 고려 없이 직원들에게 교육을 제공하는 과거의 관행을 계속 유지하기도 하고, 어떤 경우는 특별히 우수한 신입사원들이 입사하였을 때 그들을 더 탁월한 핵심 인재로 만들기 위해 더 많은 교육 투자를 하기도 한다. 따라서 채용과 육성이라는 조직의 핵심적인 인적자원 활동은 시장 환경 및 조직 상황 등과 같은 더 큰 맥락 속에서 함께 고려하여야 한다.

2. 조직에서 요구하는 역량

1) 역량의 개념과 특징

조직에서 필요로 하는 지식과 기술, 태도는 일반적으로 역량이라는 개념으로 통칭한다. 역량(competence)이란 어떤 일을 감당할 수 있는 능력으로서 지식, 기술, 태도가 결합된 개인의 내적 특성을 의미한다. McCelland는 업무성과는 지능보다 역량 개념으로 더 잘 설명할 수 있다고 주장하였다. 그는 역량검사를 개발하여 개인이 수행하는 직무에서 실제로 나타나는 성과를 예측하고자 하였다. 이 검사는 높은 수준의 성취를 이룬 사람들이 공통적으로 나타내는 태도와 습관을 파악하였다. 또한 역량이 뛰어나다고 판단되는 다양한 구성원을 대상으로 집중적인 면접을 하여 몇 가지 성공 사례와 실패 사례를 찾아내고 분석하여 공통된 유형을 파악하였다. 조사 결과 드러난 역량은 표준화된 심리 및 지능검사로서는 파악할 수 없었던 것으로 업무 현장에서 필요한 실제적이고 개별화된 능력들이었다. 이에 따라 역량은 높은 성과를 창출한 고성과자에게서 일관되게 관찰되는 행동 특성을 의미하는 것으로 정의하게 되었다(이홍민, 김종인, 2003; Lucia & Lepsinger, 1999).

역량은 어떤 기준을 적용하여 분류하는가에 따라 다양하게 유형화할 수 있다. 역량을 가진 주체에 따라서 크게 개인 역량과 조직 역량으로 구분된다. 또한 역량의 적용 대상에 따라서 조직 공통의 기본 역량과 각 직무에서 요구되는 직무역량, 그리고 리더십 역량처럼 각 직위에서 요구되는 역량으로 구분하기도 한다. 또한 역량의 성격에 따라서 기본 공통역량과 핵심 역량으로 나누어질 수도 있다. 여기서 기본 역량은 조직 구성원 전체로부터 나타나는 행동을 말한다. 그것은 모든 조직 구성원에게 보편적으로 적용되는 특성, 즉 그 조직의 모든 구성원에게 기본적으로 요구되는 자질 요소를 말한다. 반면, 핵심 역량은 조직 내부의 구성원들이 보유한 총체적인 기술, 지식, 문화 등 조직의 핵심을 이루는 능력이다. 그것은 단순히 그 조직이 잘하는 활동을 의미하는 것이 아니라 경쟁 조직에 비하여 훨씬 우월한 능력, 그래서 경쟁 우위를 가져다주는 조직의 능력을 말한다. 예를 들어, 소니의 소형화 기술, 나이키의 제품 디자인과 마케팅, 월마트의 강력한 물류 시스템 등이 여기에 해당한다(박동건, 2001; Lucia & Lepsinger, 1999).

먼저, 폭넓은 지식을 가진 기초적인 능력을 살펴보자. 빠르게 변화하는 경제사회적 상황에서 직무 특수적인 전문 기술만으로는 유연하고 창의적인 업무수행을 하기 어렵다. 일터에서의 기초 능력은 정보와 지식의 홍수 속에서 나침반 또는 행동의 지침 역할을 한다. 이런 인식에 기초하여 ASTD는 개인이 갖추어야 할 '일터에서의 기초 능력(workplace basics)'으로 다음과 같은 일곱 가지 역량과 기술을 제안하였다. 기초 능력으로서 학습 능력, 읽기 · 쓰기 · 셈하기와 같은 기본적 능력, 말하기 · 듣기 등의 의사소통 능력, 문제해결과 창의적 사고 같은 적응 능력, 자기관리 · 경력개발 등의 개발 능력, 대인관계 · 협상 · 팀워크 등 다른 사람과 함께 일하면서 집단의 효과를 창출하는 기술, 조직 효과성 향상 · 리더십과 같은 영향력 기술 등이다(Carnevale, Gainer, & Meltzer, 1990).

미국의 노동성장관위원회인 SCANS(Secretary's Commission on Achieving Necessary Skills, 1992)는 '일터에서의 능력(Workplace Know-How)'으로서 세 가지 기초 기술과 다섯 가지 역량을 제시하였다. 먼저, 세 가지 기초 기술(foundations)은 읽기 · 쓰기 · 수리 · 듣기 · 말하기 등의 기본적 기술, 창의

〈표 4-1〉 A사의 직급별 필수 역량

구분	필수 역량
임원	부하육성, 조정·통솔력, 변화·다양성 관리, 방향·목표 제시
부장	부하육성, 열린 사고, 전략적 사고
차장	계획수립, 의사소통 능력, 문제해결력
과장, 대리	자기주도성, 열린 사고, 업무 네트워크
주임, 사원	공동체 의식, 열린 사고, 팀워크 능력

력·의사결정력·문제해결 능력·사물관찰 능력·학습 능력·합리적 사고력 같은 사고 능력, 책임감·자존감·사회성·자기관리 능력·성실성·정직성 등의 개인적 자질이다. 다섯 가지 역량은 자원 활용, 대인관계, 정보처리, 시스템, 기술 활용과 관련한 능력을 일컫는다.

직급에 따라 다른 역량이 필요로 되기도 한다. 예를 들어, A사는 〈표 4-1〉과 같이 직급별로 요구되는 필수 역량을 제시하고 있다. 각 직급으로 승진하기 위해서는 직급별 필수교육을 사전에 이수해야 하고 역량을 측정하는 시험을 쳐서 합격해야 한다.

역량은 다음과 같은 여섯 가지 특성을 가지고 있다(이홍민, 김종인, 2003). 첫째, 역량은 업무수행 과정에서 나타나는 구체적인 행동이다. 능력은 일반적으로 기술, 지식, 지능, 성격 특성 등으로 생각되지만, 역량은 직무수행에서 나타나는 행동을 중심으로 파악한다. 고성과를 얻기 위한 행동을 뒷받침하는 것이 전문지식과 기술이며, 역량은 그 사람의 의욕과 사고방식이 더해져 발휘된 구체적 행동을 의미한다. 둘째, 역량은 조직의 변화를 지원한다. 즉, 역량은 경영 환경의 변화에 따라 조직에서 최근 또는 미래에 필요로 하는 구체적인 행동을 밝혀내며, 중요성이 감소되는 기술을 규명하여 배제시킨다. 셋째, 역량은 상황 대응적이고 직무 특수적이다. 개인의 역량은 조직이 제시하는 업적 기준과 직무수행 환경에 따라 달라진다. 업적 기준에 의해 고성과자가 규정될 수 있고, 상사와의 관계, 권한 위임 정도, 팀 구성원의 협력과 정보 공유 정도 등 직무수행 환경에 따라 개인의 행동이 달라진다. 따라서 같은 조직 내에서도 역량 규명의 토대가 되는 행동은 당연히 다르게 인식되며, 동일한 명칭의 역량일지라도 직무마다 다르게 정의되고 발휘된다. 넷째, 역량은 성과에 초점을 맞춘다. 역량은 고성과자에게서 일관되게 관찰되는 핵심적인 성과 예측 요소로서 사업성과 증대에 강조점을 둔다. 다섯째, 역량은 개발 가능하다. 구체적으로 역량은 교육, 코칭, 도전적 직무, 높은 목표 설정, 유의미한 피드백 등을 통해 개발과 학습이 가능하다. 여섯째, 역량은 관찰 가능하고 객관적 측정이 가능하다. 역량은 행위동사로 기술되기 때문에 다른 사람들이 쉽게 평가하여 피드백을 제공하게 된다. 또한 수행 목표를 구체화하고 시간에 걸친 변화를 객관적으로 측정하는 데 도움을 주기 때문에 이를 토대로 행동에 대한 반성과 수정을 하기가 용이해진다.

경제사회적 변화와 그에 따른 산업 및 노동시장의 새로운 요구는 조직에서 구성원들이 고성과를 창출할 수 있기 위해서 특수한 기술뿐만 아니라 일반적이고 다기능적인 기술을 강조하도록 하였다. 산업구조의 고도화에 따라 기본적이고 통섭적인 능력을 더욱더 필요로 하고 있는 것이다. 그것은 인적자원개발에서 역량의 중요성을 더욱 부각시키고 있다.

2) 조직의 필요 역량과 인재상 변화

산업사회의 변화에 따라 조직에서 필요로 하는 역량은 달라진다. 따라서 조직이 원하는 인재상도 변화한다. 과거에는 일반관리자(generalist)나 전문가(specialist)가 각광을 받았다. 일반적인 관리 능력을 통해 성과 창출에 간접적으로 공헌하는 사람, 또는 자신만의 고유한 분야에서 전문적 능력을 소유한 사람이 필요하였다. 물론 지금도 이런 인재들은 중요하다. 조직에 따라서는 여전히 이런 인재상을 추구하기도 한다.

산업사회로부터 후기산업사회로의 이행은 일터에서 요구되는 능력에도 변화를 가져 왔다. 후기산업사회의 조직에서는 단순히 일반적인 관리만을 통하거나 세부적인 전문성만으로는 높은 성과를 창출하기가 어려워졌다. 모든 분야가 더 통섭적인 능력을 필요로 한다. 따라서 전문성을 지니고 있는 분야뿐만 아니라 유관 분야에 대한 폭넓은 안목과 식견을 갖춘 사람이 요구되었다. 그러므로 적어도 두 가지 이상의 복합적인 재능을 가진 인재상이 각광을 받고 있다. 고도의 전문적 문제해결 능력과 그에 수반되는 윤리관을 가지는 역량이 요청된다. 한마디로, 전문적 관리자(special generalist) 또는 범용적 전문가(general specialist)가 바람직한 인재상으로 등장하였다. 이에 기업들은 T자형 또는 Y자형 인재를 인재상으로 제시하기도 한다. 전통적인 '―'자형의 폭넓은 지식을 가진 인재와 'I'자형의 좁지만 깊은 전문성을 가진 인재를 결합하여, 한 분야에서 전문성을 가지는 동시에 폭넓은 지식도 갖춘 인재를 원한다(김홍국, 2000).

　이제는 '제4차 산업혁명' 시대라고 불릴 만큼 더욱 발전한 기계와 컴퓨터, 인공지능이 인간의 일자리를 빼앗아갈 위협에 처하기까지 됐다. 이에 따라 기계가 대체할 수 없는 인간만의 고유한 지식과 창조력이 필요하다. 인간은 이제 더욱 복잡한 문제를 해결하고, 비판적으로 사고하며, 창조적으로 일할 수 있는 역량을 갖출 것을 요구받는다. 다른 사람과 함께 협력하고, 감성적이며, 냉철하게 판단할 수 있는 능력도 있어야 한다(Gray, 2016).

　더 나아가 미래에 필요한 역량으로 디지털 역량과 휴먼 스킬뿐만 아니라 메타 역량이 필요하다. 메타 역량이란 역량에 대한 역량 또는 역량을 얻을 수 있는 역량을 뜻한다. 그것은 첫째, 불확실성에 대처하는 능력, 둘째, 학습과 성찰을 준비하는 능력, 셋째, 역량에 대해 고민하는 역량이다. 구체적으로, 적응력, 자기주도성, 리더십, 기업가 정신 등을 포함한다. 불확실성이 증대되는 일의 세계에서 개인은 자신의 주체적인 성장을 위해 더 큰 관심을 가져야 하는데, 이를 위해서는 단순한 지식이나 기술이 아니라 끊임없이 새로운 것을 배

메타 역량

유연성과 적응성	진취성과 자기주도성	리더십과 책임감
• 변화를 수용 • 유연하게 대응	• 목표와 시간 관리 • 독립적으로 업무수행 • 주도적으로 평생학습	• 변화를 창출 • 타인을 지도하고 이끎 • 타인에 대한 책임감

디지털 역량

디지털 역량의 수준	스킬의 예시
디지털 전문가	• IT 제품 및 서비스(프로그래밍, 애플리케이션 개발, 네트워크 관리 등)를 제작 • 검색 엔진 최적화(예: 마케터 등 직군)
디지털 능숙	• 온라인 공간과 온라인 서비스에 참여 • 여러 가지 프로그래밍 언어를 사용 • 디지털 기술을 활용해 거의 모든 문제해결 가능
디지털 활용	• 직업적 목적을 위해 디지털 기술을 사용 • 온라인으로 정보에 접근하거나 관련 소프트웨어를 이용
디지털 인지	• 파일 저장 및 보관 • 휴대전화로 의사소통 • 협업 도구에 대해 인지 • 보안 문제에 대해 인지

휴먼 스킬

창의성과 혁신	• 협업 시 창의적인 사고 및 업무수행 • 혁신을 실행
비판적 사고와 문제해결 능력	• 효과적으로 판단 • 시스템적 사고를 활용 • 판단과 결정을 내림 • 문제해결
사회적 기능	• 명확하게 소통 • 타인과 협력 • 공감하는 능력
생산성과 책무성	• 프로젝트 관리 • 결과물 산출

그림 4-1   미래 역량으로서 휴먼 스킬, 디지털 역량, 메타 역량

출처: Mckinsey & Company (2019). *The skilling challenge*.

울 수 있는 학습 능력과 지속적인 혁신 노력이 미래 인재의 핵심 역량이 된다.

결국, 변화무쌍한 현대사회의 일터에서 필요한 역량은 단순한 숙련성을 넘어선 것이다. 자신을 지속적으로 교육하여 성장시켜 나가며 일하는 삶의 방식이 필수적이다. 이런 자기 갱신성이야말로 연결과 자동화 시대에 기업가, 노동자, 그리고 새롭게 일을 구하는 젊은이 모두에게 필요한 요소라 할 수 있다(이준웅, 장원섭 외, 2019). 결국, 새로운 산업사회에서는 끊임없이 스스로를 성장시킬 수 있는 메타 역량을 가진 인재를 필요로 한다.

3) 일터 메타 역량으로서 장인성[2]

인간의 일은 삶의 기본적 활동이고 중심에 있다. 지금까지 그래 왔고, 소위 '4차 산업혁명'의 시대라고 불리는 새로운 산업사회에서도 그럴 것이다. 다만, 일의 개념과 세계는 그 양태가 달라져 왔고 미래에도 계속 달라질 것이다. 인공지능, 로봇 등을 기반으로 하는 자동화가 그 변화의 핵심이 될 것이다. 이제 정형화된 일은 인공지능과 로봇이 인간을 대신할 수 있다. 따라서 새로운 산업사회에서는 기계가 대체할 수 없는 인간만의 고유한 지식과 기술, 창조력이 필요하다.

이와 동시에, 일다운 일하기 또는 인간답게 일하기가 더욱 중요한 문제로 부상한다. 인간으로서 의미 있게 일하는 것(meaningful work)은 일을 하는 사람에게도, 일의 결과물을 소비하는 사람에게도 중요하다. 일하는 사람이 스스로 일의 재미와 가치를 발견하고, 자신이 주체적으로 일의 과정을 관리하고 통제하며, 자기 자신을 쏟아부으면서 열정적으로 일해야 한다. 그렇게 일

---

2) 이 절은 장원섭(2018b). '오래된 미래'를 향한 인재: 현대적 장인(匠人)으로부터 배우다. 자유학기제 웹진 꿈트리 vol.36.을 발췌하고 보완한 것임. http://dreamtree.or.kr/dtree3/program/newsletter/view.do?cid=19&sec1=res4&sec2=res19&nsIdx=659

할 때 비로소 기계가 하지 못하는 인간만의 고유하고 독특한 생산과 서비스가 만들어질 수 있게 된다. 아주 작은 일이라고 여겨질지라도 정성을 다하여 진심을 담아내고 스스로 의미와 가치를 찾으면서 다른 사람들에게도 인정받는 일하기가 필요하다.

이런 가운데 새로운 시대의 인재상으로서 '장인(匠人)'을 제시할 수 있다. 여기서 장인은 전통적 수공업자에 한정된 개념이 아니라 더욱 확장된 의미의 현대적 장인을 뜻한다. 독일, 일본 등과 같이 장인 전통이 이어져 온 국가들뿐만 아니라 우리나라의 최고 기업들도 장인을 강조한다. 아모레퍼시픽의 서경배 회장은 2016년부터 전문적이고 체계적인 교육 프로그램을 통해 '창의적 장인'을 육성할 것을 강조했다. 삼성그룹은 2017년 새해 화두로 '장인정신'을 채택하여 전 계열사에 이를 확산했다. LG전자의 전 CEO인 조성진 부회장은 40년간 '세탁기 외길'을 걸으며 세계 1위로 만든 '세탁기 장인'이라고 칭송받았다. 이밖에도 엑셈, 페이민트, 런던 소프트웨어 장인정신 커뮤니티 등 국내외의 최첨단 IT 산업 분야에서도 자기 일에서 장인이 될 것을 강조한다. 모든 포지션을 소화하는 프로 축구 선수가 없듯이, 고도로 전문화된 산업사회에서는 자신의 분야에서 새로운 지식과 기술을 만들어 내는 최고의 전문가로서 장인이 더욱 필요하다. 남들이 흉내 낼 수 없는 자신만의 고유한 지식과 기술이 있어야 그것을 다른 전문가들과 교류하고 공유하면서 더욱 발전시켜 나갈 수 있기 때문이다(장원섭, 2018a).

장원섭(2015; 2021)은 한복, 도자기, 녹차 같은 전통 분야와 보일러, 자동차, 양복, 제과, 전자제품 수리 등 기능 분야에서 일하는 사람들뿐만 아니라 변호사, 의사, IT 전문가, 비서, 영업사원, 창업가, 조각가, 배우 등을 포함한 현대적 장인들의 일하고 배우는 삶에 대해 연구했다. 이들이 하는 일의 내용과 직무를 수행하는 방법 등은 상당히 달랐지만, 자기 일을 대하는 태도와 일하며 살아가는 방식에 있어서는 매우 유사한 특성을 나타냈다. 그것을 장인성(匠人性)이라고 한다. 한마디로 장인성은 어떤 분야에서든 일터에서 본보기가 될 만큼 모범적으로 일하는 사람이 오랜 시간 동안 축적하여 몸에 밴 습성이다. 그렇게 일한 결과물로 장인은 최고의 제품과 서비스를 제공할 수 있다.

일터의 또는 일하는 사람의 전범(典範)인 장인이 된다는 것은 장인성을 몸에 배고 행동 습성으로 드러내는 것이다. 장인성은 일반적으로 떠올리는 장인정신과는 다르다. 그것은 장인정신을 포함할 수도 있으나 그보다는 더 물질성에 바탕을 둔 다른 차원의 개념이다. 장인은 정신세계가 아니라 현실 세계의 존재이고, 따라서 장인의 일은 머리로 아는 것이 중요한 게 아니라 실제로 훌륭한 제품과 서비스를 만들어 내는 것이기 때문이다.

장인성은 다음과 같은 여덟 가지 특성들로 이루어진다(장원섭, 2015).

첫째, 성장에의 의지다. 비록 우연한 계기로 자신의 일에 입문하게 되었을지라도 장인은 그 기회를 살려서 최고의 위치까지 이른다. 처음부터 그 일에 소명의식을 가졌다고 보기는 어렵다. 그럼에도 불구하고, 장인은 고된 과정일지라도 우연을 필연의 길로 만들어 낼 수 있는 열의와 힘을 가지고 있다.

둘째, 지독한 학습이다. 아무것도 모르는 상태에서 일을 시작했을지라도 장인은 그 일에서 성장하기 위해 하나하나 배워 나간다. 이는 혹독한 숙련의 과정이다.

셋째, 일의 해방이다. 장인은 일을 회피하거나 도망가려 하지 않고 오히려 일 자체에서 재미와 보람을 느끼고 일 그 자체에서 성장한다. 일의 참된 본질을 발견하고 그 일의 리듬을 자신의 리듬으로 만들어 행함으로써 일 그 자체를 해방시킨다.

넷째, 창조적 일하기다. 장인은 기존의 일하는 방식을 고수하고 전승하기보다는 오히려 자신의 일에 있어서 새로운 전통을 창조하고 확장한다. 새로운 일을 찾기보다는 자신의 일에서 새로움을 만들어 낸다. 그럼으로써 일의 지평을 넓히고 새롭게 창조하는 힘을 발휘한다.

다섯째, 배움의 넓힘이다. 최고의 숙련과 전문성을 가지고 있음에도 불구하고 장인은 끊임없이 배운다. 장인에게 있어서는 일 자체가 성장의 주요한 발판이 되고 느슨하지만 열린 관계 맺음을 하면서 배운다. 그럼으로써 틀을 바꾸어 나간다. 일의 확장과 창조는 이런 배움을 통해 가능하다.

여섯째, 배움의 베풂이다. 장인은 평생에 걸쳐 힘겹게 얻은 배움을 공동체와 후속 세대를 위해 기꺼이 내놓는다. 자신의 기술과 노하우를 나누고 남김으로써 일의 세계를 돌본다.

일곱째, 정상 경험이다. 장인은 자신의 분야에서 가장 높은 수준의 숙련도와 전문성을 가진다. 그 결과는 일에 있어서 큰 성과와 최고의 지위로 나타난다. 장인은 그 정상의 기쁨과 희열을 경험한다. 한마디로, '워커즈 하이(worker's high)'를 느낀다.

여덟째, 고원에의 거주다. 장인은 정상의 맛을 잊지 못하고 계속 그 맛을 보기 위해서 정상 주변의 높은 지대에 머무른다. 거기서 언제든 정상에 오를 준비를 하고 있어야 한다. 자기와의 경쟁 같은 고원에서의 고통이 있을지라도 그런 힘겨운 삶을 기꺼이 감내하고 즐긴다.

장인성의 여덟 가지 요소는 서로가 서로에게 영향을 주면서 긍정적 순환의 과정을 통해 장인으로의 성장과 장인성 형성을 북돋는다. 일과 배움의 긍정

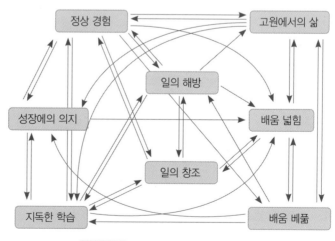

그림 4-2 장인 성장의 긍정적 순환모형

출처: 장원섭(2015; 2018a).

적 순환 작용을 통해 조직의 구성원들은 장인으로 조금씩 성장해 나가는 삶을 살아갈 수 있다. 조직에서 이런 긍정적 순환모형을 만들어 낼 수 있는 구조와 문화를 형성하고 구성원이 그 속에서 장인성의 여러 요소들을 경험하면서 장인은 육성될 수 있다.

장인성은 어떤 일을 하든 '누구나' 형성할 수 있다. 그렇지만 혹독한 숙련과 지난한 일의 과정을 견뎌내야만 한다는 점에서 '아무나' 장인이 될 수 있는 것은 아니다. 이런 점에서 장인성은, 천재성과는 달리, 타고난 것이라기보다는 만들어져 가는 것이다. 오랜 시간의 축적과 넓은 공간의 확장이라는 지난한 과정을 거쳐 비로소 형성되어 간다. 그럼으로써 단지 머리로만 아는 것을 넘어서 행동습관으로서 몸에 배태된다. 이미 세상에 태어나서 살아가는 우리에게 더 중요한 것은 자신의 길을 최고의 수준으로까지 이끌어 올릴 수 있는 힘에 관한 것이다. 이런 의미에서 장인성은 인적자원개발에 주는 시사점이 매우 크다.

장인은 넓고 일반적인 역량을 갖기보다는 좁고 특수한 분야에서 고도로 숙련된 사람들이다. 깊은 숙련의 끝에서 창조적으로 일한다. 문제해결력, 대인관계 능력, 의사소통 능력, 창조력 같은 일반적 기초 역량의 형성도 일의 맥락과 관련되고 맥락 속에서 의미를 가진다. 그것은 깊은 숙련 속에서 맥락적으로 더 적절하게 형성될 수 있다. 최고의 숙련 또는 전문성의 형성은 맥락화의 지속적인 재맥락화를 통해 가능하다. 장인은 자신의 분야에서 깊이 숙련된 다음에 그 안에서 또 다른 인접 분야들을 접목시킴으로써 자신의 일의 범위를 넓히고 재맥락화한다. 재맥락화를 통한 창조적 일하기는 온 몸과 마음을 합쳤을 때 일어난다. 온몸과 마음을 자신의 일에 깊이 담아낸 결과로 숙련도 창조도 이루어진다.

결국, 장인성은 메타 역량을 일터의 맥락에서 더욱 구체화하고 일하는 삶의 영역으로까지 확장한 개념이라고 볼 수 있다. 앞서 살펴봤듯이, 그것은 불확실성에 대처하는 능력으로서 계속적인 학습과 성찰에 관련한다. 장인은 배움과 성장에의 강한 의지를 바탕으로 깊은 숙련의 과정을 거쳐서 최고의 경지에 오른 자다. 산업사회의 빠른 변화와 시장의 불확실성에 적절히 대응하기 위해서는 어떤 분야에서든 자신이 하는 일에서 장인으로 성장하려는 의지를 가질 필요가 있다. 이와 동시에, 자발적으로 배움에의 길을 걷도록 북돋우고 스스로 성장하는 길을 만들어 갈 수 있는 일터 여건을 조성하여야 한다.

'앞으로 나아가는 가장 좋은 방법은 때때로는 뒤로 돌아가는 것'이다. 세계에서 가장 뛰어난 바둑 기사인 이세돌과 커제마저도 이미 인공지능 알파고에게 졌다. 오래전에 인간의 육체적 힘을 초월한 기계가 이제는 인간의 지력을 넘어선 것이다. 수 싸움을 하는 방식으로 일해서는 인간의 일의 미래가 어둡다. 그렇다고 절망할 필요는 없다. 인간의 일과 배움에서 새로운 길은 여전히 열려 있다. 장인처럼 일하고 배워서 성장하는 것이 바로 그것이다. 이런 '오래된 미래'를 찾아 나가야 한다. 우리는 그것을 현대적 장인으로부터 배울 수 있다. 인적자원개발은 본래 '성과'나 '성공'이 아니라 '성장'에 관한 이야기다. 인공지능 기계와의 수 싸움이나 경쟁이 아니라 사람이 가진 고유한 열정과 진정성을 담아 일하며 성장할 수 있는 인재를 육성해야 한다.

3. 인적자원 육성체계

조직에서는 체계적이고 효율적인 인적자원개발을 위해 전사적인 교육체계를 수립하여 운영한다. 이를 위해 가장 널리 활용되는 방법이 역량모형개발을 통한 교육체계 수립이다.

역량모형개발(competency modeling)이란 직무에 요구되는 역량을 모형화하고 정형화하여 업무에서 고성과를 이루게 하기 위해 직무나 개인이 가진 역량 특성을 파악하고, 업무수행에 필요한 핵심 능력을 규명하며, 조직의 목적 달성에 필요한 기술과 행동 등을 정의하는 체계적 과정을 말한다. 역량모형을 개발하기 위해서는 먼저 해당 조직의 업무상 고성과자와 평균적 성과자 등을 대상으로 한 광범위한 자료 조사가 필요하다. 이를 위해 주로 면접과 초점집단면접, 설문조사, 기존 역량모형 자료 활용 등의 방법을 사용한다(Spencer & Spencer, 1993). 또한 개발한 역량모형의 타당성을 검증하는 단계에서는 규명된 모형이 현업 수행자들에게서 타당성(안면타당도)을 인정받는지와 우수성과 예측 지표로서의 타당성(예언타당도)을 지니는지를 검증받아야 한다. 타당성 검토의 방법으로는 설문, 집단 모임 등을 통해 역량의 중요성, 현업에서의 적합성 등을 확인하는 방법이 있다. 또는 360도 피드백 설문조사로서 대상자와 관련된 동료, 부하, 상사, 외부 고객들에게 역량 행동을 제시하여 평가하도록 한다(Spencer & Spencer, 1993).

직무분석은 여전히 역량모형개발을 위한 중요한 기초가 된다. 그러나 역량분석은 다음과 같은 점에서 직무분석과 차이가 있다. 역량분석은 조직을 구성하는 사람들의 행동 특성에 더 큰 관심을 가진다. 즉, 직무분석이 업무 절차나 단계 및 그 구성 요소 등과 같은 직무·과업 중심인 것에 비해, 역량분석은 직무와 연계된 사람의 능력 및 태도에 초점을 맞춘다(박동건, 2001). 또한 역할, 위계, 전략 등 개인과 조직의 다양한 특성들과 개별 직무뿐만 아니라 공통 직군 또는 개별 직군도 고려한다. 직무수행에 필요한 최소 요건보다는 고성과자의 특성을 분석함으로써 최상의 성과를 지향한다. 직무분석이 경직되고 구조화된 조직의 체제를 가정하기 때문에 빠른 변화에 대응하기가 어려운 반면, 역량분석은 환경 변화에 유연하고 조직의 상황과 업무 맥락을 고려한다. 직무분석이 현재에 초점을 맞춘다면, 역량분석은 미래를 더 지향한다.

역량모형은 업무를 수행하기 위해 어떤 기술이나 지식, 특성이 필요한지, 업무의 수행에 가장 직접적으로 영향을 주는 행동이 무엇인지에 대한 해답을 제공함으로써 채용에서 교육, 경력개발, 성과관리에 이르는 인적자원과 관련한 전 과정을 일관성 있게 연결하는 기본 틀로 활용될 수 있다(이홍민, 김종인, 2003; Lucia & Lepsinger, 1999). 채용과 배치 부문에서는 역량 중심의 적합한 인재 채용, 역량 중심의 배치, 사업 전략과 연계된 인력 수급 계획, 질 중심의 인력 확보가 가능하다. 교육에서는 역량 중심의 교육체계 개발, 역량 중심의 교육 요구 조사와 과정 설계, 교육 프로그램 효과성 측정, 조직문화와 경영 리더십 개발을 할 수 있다. 육성과 경력개발 부문에서는 직무 프로그램 중심의 육성 계획, 사업과 연계된 역량 및 경력개발, 인재 관리, 자율적 후계자 계획 수립, 역량 향상 중심의 경력개발을 위해 활용할 수 있다. 또한 성과관리와 보상을 위해서는 연공서열이 아닌 능력과 성과 중심의 평가, 목표관리(MBO)와 연계한 역량 중심의 성과관리, 역량 중심의 보상을 시행하기 위한 기초가 된다.

실제로 많은 조직이 역량모형개발을 통해 교육체계를 수립하고 있다. 조직의 교육체계는 일반적으로 리더십 역량을 육성하기 위한 계층별 교육, 직무에 따른 전문적 역량을 신장하기 위한 전문교육, 그리고 핵심 가치와 공동역량 기본 소양 교육, 그리고 법정 의무교육 프로그램들로 구성되어 있다.

이에 더해 새로운 산업사회에 필요한 메타 역량으로서 장인성을 형성하기 위한 일의 교육이 또 다른 한 축으로 자리 잡을 필요가 있다. 그것은 기존의 직급별 교육과 직무별 교육 일부를 확장하여 통합하는 방식으로 구성될 수 있다. 구체적으로, 직급과 경력 단계에 맞는 일의 의미와 가치를 성찰하는 학습과 직무 또는 직군별로 장인성을 형성하는 맞춤형 교육 프로그램을 실시할 수 있다. 이와 같은 교육을 체계적이고 지속적으로 실시함으로써 의미 있게 일하는 삶의 모습과 그 중요성을 인식하고 되새기면서 스스로 성장할 수 있는 의지와 힘을 북돋울 수 있다(장원섭, 2018a).

이런 특성과 유용성에 따라 조직에서 역량분석과 역량모형개발의 중요성이 크게 부각하였다. 특히, 급변하는 환경에서 기업과 개인 경쟁력의 기초로서 역량 개념은 매우 중요하게 간주되고 있다.

그러나 역량분석과 역량모형개발의 접근법은 역량의 개념을 합리주의적

그림 4-3 역량 형성을 위한 기업교육체계 예시

패러다임 속에서 파악함으로써 한계를 보이고 있다(Sandberg, 2000). 어느 조직, 어느 업무에서나 일관성 있게 나타나는 공통된 역량이 존재한다는 믿음을 가지고, 역량을 미리 정해진 속성으로 파악한다. 성과가 우수한 사람이 그런 속성을 많이 소유한 것이라고 당연시한다. 그러나 이런 가정은 일과 일터, 그리고 일하는 사람을 분리하는 이원론적 세계관에 기초한 것이다. 이와 대조적으로 해석적 접근에서는 그것들이 분리될 수 없는 하나의 실체라고 가정하기 때문에 성과와 역량이 상황과 맥락에 따라 달리 나타날 수밖에 없다고 본다. 이 접근에서는 똑같은 역량을 소유하고 있다고 가정되는 두 사람일지라도 특정 상황에서 서로 다른 업무수행도를 보일 수 있다고 주장한다. 결국 합리주의적 관점에서 역량을 분석하고 모형을 개발하는 방법은 본래의 역량 개념이 가진 맥락 의존성과 잠재된 측면을 무시하고 추상화·단순화하는 오류를 범하게 만든다고 비판받는다.

핵심 인재 선발	핵심 인재 육성	핵심 인재 평가/사후관리

자기계발계획 수립	육성 방법 실행

부문장 후보 ─ 핵심 직위 후보	후보군	교육적 접근		학습적 접근			
	단기 후보 2년 개발 계획	리더십 및 경영 능력 개발 과정 선정 후 6개월간	직무전문 과정 개발 2년 중	내부 코칭 (6~12개월/년)	직무 전환 계획 실행	직무경험 확대를 위한 프로젝트 리더 활동 승인
	장기 후보 3년 개발 계획	경영 리더 개발프로그램 (6개월)	사/내외 전문 과정 참석			
팀장 후보	3년 개발 계획	전문 부서 리더개발 프로그램 (6개월)	핵심 직무는 전문 능력 개발에 집중	내부 멘토링 (3~6개월/년)		개별 개선 프로젝트 추진
관리 주체	경영회의	러닝 가이드를 참고하여 계획 수립		경영회의에 의한 핵심 인재 관리 카드 관리		

그림 4-4 B사의 핵심 인재 육성을 위한 교육체계

이런 점을 어느 정도 고려한 인적자원 육성체계도 가능하다. 예를 들어, [그림 4-4]에 나타난 B사의 교육체계는 공식적인 교육 프로그램들을 통한 육성뿐만 아니라 일터에서의 경험과 학습을 통한 육성을 하나의 축으로 제시하였다. 실제로, 일 경험을 통한 무형식학습은 인적자원 육성의 중요한 축이 될 수 있다.

교육체계는 한 조직의 전체적인 인적자원 육성 전략을 보여 준다. 그것은 인적자원 전략에 따라 여러 가지 방식으로 수립될 수 있다. 그러나 그것은 대부분 리더십 역량을 향상시키는 직급별/계층별 교육, 직무능력을 제고하기 위한 전문교육, 조직의 가치와 문화를 공유하기 위한 공통 교육, 전산, 어학 등 기본 역량 교육, 차세대 리더를 육성하기 위한 핵심 인재 교육, 그리고 일과 삶의 균형을 위한 여가와 문화 교육 등을 포함한다. 여기에 더해 일의 의미와 가치 형성을 위한 교육도 필요하다.

제5장

교육 프로그램의 개발

여기서 '정치적'이라는 말은 가장 광범위한 의미로 사용되었다. 이 동기는 세상을 특정 방향으로 밀고 가려는, 어떤 사회를 지향하며 분투해야 하는지에 대한 남들의 생각을 바꾸려는 욕구를 말한다. 다시 말하지만, 어떤 책이든 정치적 편향으로부터 진정으로 자유로울 수 없다. 예술은 정치와 무관해야 한다는 의견 자체가 정치적인 태도인 것이다.

-Orwell (1946). 『나는 왜 쓰는가』, p. 294.

조직의 전체 교육체계는 수많은 개별 교육 프로그램을 포함한다. 각각의
교육 프로그램은 체계적인 절차를 거쳐 개발되는 경우가 대부분이다. 이 장
에서는 일반적인 교육 프로그램 개발 절차를 살펴본다. 그러고 나서 교육 프
로그램 개발에 대한 대안적인 접근법을 논의한다.

1. 교수체제개발모형

교육 프로그램의 개발은 다양한 모형이 제시한 절차를 따라서 이루어진
다. 가장 널리 알려진 모형은 교수체제개발(Instructional Systems Development:
ISD)모형이다. ISD 모형은 1973년 미국 군대에 의해 공식적으로 채택된 이래,
효과적인 교육 프로그램을 개발하기 위한 대표적 모형이 되어 왔다. ISD 모
형은 교육 프로그램을 개발하기 위한 분석, 설계, 개발, 실행 및 평가의 체계
적인 절차를 제시한다([그림 5-1] 참조). 이 모형은 각 활동의 앞 글자를 따서
ADDIE 모형이라고 부르기도 한다.

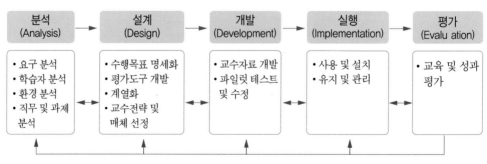

그림 5-1   ISD의 기본 모형(ADDIE)

출처: 정재삼(2000). 수행공학의 이해.

일반적으로 ISD 모형은 시간의 흐름에 따라 순차적으로 이루어진다. ISD 모형은 목표를 효과적으로 달성하기 위하여 단계적인 순서에 따라 교육 프로그램을 개발하는 체계적인 절차다. 전통적으로 ISD는 교수 설계자가 누구든 동일한 설계 결과를 가져 올 수 있도록 과학적이고 표준화된 과정을 따른다. 그리고 그에 대한 평가는 효과성과 효율성을 중심으로 이루어진다.

　기본적인 ISD 모형을 변형하거나 수정·보완한 교육 프로그램 개발 모형들도 있다. 예를 들어, [그림 5-2]의 ADImE 모형은 사정(Assessment), 설계(Design), 실행(Implementation) 및 평가(Evaluation)의 단계를 설정한다(Werner & DeSimone, 2006). 여기서 사정은 요구사정과 우선순위 결정을 말한다. 설계는 목적을 규명하고, 학습 계획서를 작성하며, 자료를 개발하고, 훈련가를 선정하며, 교수방법을 선택하고, 프로그램 일정을 정하는 활동이다. 그다음 단계는 프로그램을 실행하는 활동이다. 마지막 평가 단계에서는 평가 준거

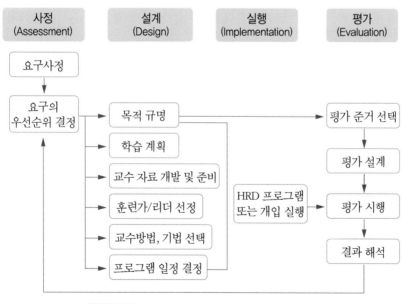

그림 5-2　교육 프로그램 개발을 위한 ADImE 모형

출처: Werner & DeSimone (2006). *Human resource development* (4th ed.).

를 설정하고, 평가 설계를 하며, 평가를 시행하고, 그 결과를 해석하게 된다.
결국 ADImE 모형은 ISD 모형의 일반적인 절차 가운데 설계와 개발을 통합
한 것에 지나지 않는다.

   Gilley, Eggland와 Gilley(2002)는 7단계의 프로그램 개발 모형을 제시하였
다([그림 5-3] 참조). 그것은 철학, 분석, 피드백, 설계, 개발, 평가 그리고 책무
성의 단계로 이루어진다. 이 모형은 기존의 ISD 기본 모형에서 실행을 생략
한 대신, 철학, 피드백 및 책무성을 추가한 것이다. 그럼으로써 교육에 대한
전반적인 철학적 방향 속에서 프로그램이 개발되어야 함을 강조하였을 뿐만
아니라, 수시로 이루어지는 평가를 피드백이라고 명명하여 더욱 두드러지게
하였으며, 단순히 교육만을 위한 교육이 되어서는 안 되고, 조직에 대한 책무
성의 관점에서 프로그램이 개발되어야 함을 제시하였다.

   그 밖에 많은 모형이 있지만, ISD 모형이 제시한 기본적인 절차를 따르며 이
를 다소 변형한 경우가 대부분이다. 다음 절부터는 ADDIE 절차에 따라 각 단
계에 대해 더 구체적으로 살펴본다. 다만 실행은 제6장, 평가는 제8장에서 별
도로 다루기 때문에 여기서는 분석, 설계, 개발의 과정에 대해서만 살펴본다.

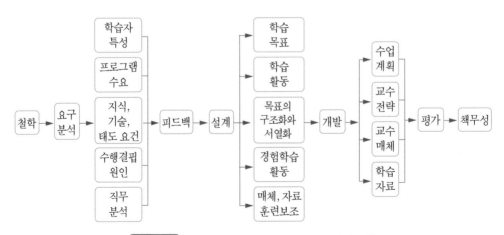

그림 5-3 Gilley 등의 7단계 교육 프로그램 개발 모형

출처: Gilley, Eggland, & Gilley (2002). 인적자원개발론(장원섭 역, 2003), p. 321.

2. 분석

분석은 일반적으로 교육 프로그램 개발을 위해 가장 먼저 이루어지는 활동이다. 분석은 프로그램 개발의 방향을 설정하기 위해 필요한 정보를 수집하는 절차다. 따라서 프로그램 개발의 전단분석(front-end analysis) 또는 요구분석(need analysis)이라고 하기도 한다. 인적자원개발을 위한 교육 프로그램을 개발하려면 학습자분석, 조직분석, 직무분석, 비용분석 등을 필요로 한다.

그러나 성공적인 분석을 위해서는 무엇보다 먼저 조직 구성원들이 분석 공포증을 극복하도록 하고 분석에 대한 지원을 받게 하는 일이 필요하다. 분석 공포증이란 조직의 경영자나 관리자 또는 구성원들이 분석을 받음으로써 자신들의 부족함과 무능력이 드러나게 될지도 모른다는 두려움을 갖는 현상을 말한다. 분석 공포증을 극복하기 위해서 분석가는, 첫째, 분석 활동을 주도면밀하게 계획하고, 분석 대상자의 두려움과 공포를 이해하여야 한다. 둘째, 분석을 통해서 유용한 정보를 발견하고 조직을 발전시킨다는 점을 지속적으로 상기하게 한다. 셋째, 인적자원개발 전문가가 조직의 성과분석을 이해하고 있고, 그러한 분석을 계속해서 장려하고 있다는 것을 보여 주어야 한다. 이렇게 분석에 대한 부정적인 태도를 불식시키는 동시에 분석의 필요성을 인식하게 함으로써 분석을 위한 협조적인 분위기와 실질적인 지원을 창출하여야 한다(Gilley et al., 2002).

본격적인 분석 활동은 교육 프로그램에 대한 요구분석부터 시작한다. 여기서 요구(need)란 원하는 이상적인 상태와 현재 상태의 차이를 의미한다. 따라서 무언가 결핍되어 있거나 필요한 것이 존재한다는 것을 확인하는 절차가 요구분석이다. 그리고 그러한 요구를 극복하는 해결책이 교육 프로그램이된다. 즉, 요구분석은 요구를 구체화함으로써 문제를 확인하는 것을 목표로 한다.

　요구분석의 첫 단계는 요구가 존재하는지를 찾는 일이 된다. 조직 구성원이 현재 업무수행에서 원하는 만큼 적절히 수행하고 있는지, 혹은 그렇지 못한지를 확인하여야 한다. 이것을 차이분석이라고 한다. 만약 그 차이가 존재한다면 그것이 지식이나 기술, 능력의 부족 때문에 발생하는 것인지를 검토한다. 이것을 원인분석이라고 한다. 원인분석을 통해 교육이 그런 차이를 극복할 최선의 방법인지가 결정된다. 만약 지식, 기술이나 능력이 문제라면 그것은 교육을 통해 해결하는 것이 바람직하다. 그러나 또 다른 원인이 작용하는 것이라면 교육이 타당한 해결책이 아닐 수도 있다. 교육이 만병통치약은 아니기 때문이다. 예를 들어, 동기화에 문제가 있다면 동기체제의 재조정을 통해서 문제를 해소해야 하고, 환경 여건이 문제라면 작업 여건을 개선해야 할 것이다. 결국 요구분석은 교육적으로 과업수행의 불일치 문제를 해결하는 것이 타당한지를 검토하는 과정이라고 할 수 있다. 요약하면, 인적자원개발을 위한 요구분석은 업무수행 과정에서 나타나는 문제의 징후와 특성을 파악하고 그 문제를 낳은 원인을 찾아내는 절차다.

　요구분석은 크게 두 가지 유형으로 구분된다. 먼저, 대응적 분석은 과업수행의 결함이 감지되었을 때 이루어진다. 반면, 선수적 분석은 현재 수행도가 미래의 기준에 부합하지 못한다고 판단되었을 때 이루어지는 예방적이고 발전적인 목적의 요구분석이다.

　요구분석을 위한 대표적인 방법은 다음과 같다(최정임, 2002). 첫째, 설문조사는 질문지를 만들어 잠재적 교육 대상자들을 조사함으로써 특정한 주제에 대해 광범위한 정보를 얻기 위한 방법이다. 둘째, 초점집단면접(Focus Group Interview: FGI)은 작은 토의 집단을 구성하여 하나의 주제를 집중적으로 다루고, 그 주제에 관한 집단의 심도 있는 의견과 관점을 얻기 위한 방법이다. 셋째, 개별 면접은 직원, 관리자, 경영진과의 일대일 면접을 말한다. 이는 조직 또는 수행에서 특정한 문제에 정통한 사람의 전문적 의견을 구하려 할 때 유용한 방법이다. 넷째, 관찰은 분석가가 문제를 파악하기 위해 업무 현장을 직접 살펴보는 방법이다. 다섯째, 현존자료분석은 조직 내에서 보관하고 있는 기록이나 업무 자료들을 통하여 직무수행과 성취 결과를 검토하는 것이다.

　교육 프로그램 개발을 위한 분석의 대상으로는 학습자와 조직을 들 수 있다. 먼저, 학습자분석에서 그들의 구체적인 교육적 요구를 파악하게 된다. 효과적인 교육 프로그램을 개발하기 위해서는 교육에 참여하는 학습자가 가진 특성을 정확하게 진단하여야 한다. 개인의 교육적 배경, 이전의 교육 경력, 현재의 지식과 기술 정도, 능력, 동기, 나이, 성별, 신체적 결함 등을 구체적으로 검토하여야 한다. 이와 동시에 그들이 업무수행과 경력개발을 위해 바라는 지식이나 기술의 내용과 수준이 어떠한지를 살펴보아야 한다. 이를 통해 학습자의 현재 수준과 원하는 수준 사이의 차이, 즉 교육적 요구를 파악할 수 있게 된다(최정임, 2002).

　조직의 비전과 사명, 그리고 경영과 인적자원 전략은 교육 프로그램 개발을 위한 방향을 제시한다. 실제로, 조직 내 교육 프로그램이 경영상의 요구와 동떨어져(independent) 있는 것은 바람직하지 못하다. 조직의 전략 목표와 분리된 교육은 조직 내에서 존재 의의를 갖기 어렵다. 따라서 조직의 비전과 사명 그리고 전략을 구체화하는 방식으로 조직의 요구를 분석하고, 그런 요구를 적절하게 반영하여 교육 프로그램 개발이 이루어져야 한다. 교육 프로그램이 조직의 전략과 요구를 반영하여야 한다는 말을 교육이 경영에 종속되어(dependent) 있다는 것으로 오해해서는 안 된다. 조직 내 인적자원의 역량에 대한 정확한 분석은 오히려 경영 전략을 수립하는 데에 중요한 기초가 된다. 이를 통해 다른 조직과는 차별화된 고유한 지식과 기술을 기르는 핵심 역량개발이 가능하다. 조직의 경영 전략은 인적자원 전략과 상호 의존적인(interdependent) 관계에 있다(Walton, 1999). 만약 교육이 전략적으로 계획되고 체계화되지 못한다면, 그것은 오히려 방향성을 결여하고, 자칫 경영자의 즉흥적인 지시에 따라 움직일 가능성마저 있다.

　조직에서 이루어지는 교육은 업무수행과 직접적으로 관련된 경우가 많다.

따라서 조직에서 수행되는 직무들을 정확하게 파악하는 것도 교육 프로그램을 개발하기 위한 중요한 선행 조건이 된다. 한국표준직업분류에 따르면, 직무란 '생산 활동에 종사하는 개별 종사자에 의하여 계속적으로 수행되었거나 또는 수행되도록 설정된 업무'를 말한다. 즉, 어떤 조직 내의 특정한 위치 또는 개인의 경제활동 그 자체를 의미한다. 조직 구성원들은 그에 따른 의무와 책임을 수반한다. 현재 일하고 있는 직업상의 임무를 잘 수행하기 위해서는 직무와 관련한 교육을 받을 필요가 있다. 따라서 조직 내에서 직무와 관련된 교육 프로그램을 개발할 경우에는 반드시 직무분석을 할 필요가 있다. 그럼으로써 해당 업무 분야에 요구되는 지식과 기술 등을 파악할 수 있다(Hartley, 1999).

교육 프로그램 개발을 위해 역량분석을 실시할 수도 있다. 그것은 업무를 수행하기 위해 어떤 기술이나 지식, 특성이 필요한지, 업무의 수행에 가장 직접적으로 영향을 주는 행동이 무엇인지에 대한 해답을 제공한다. 특히, 우수 성과자의 역량을 기준으로 개인의 현재 역량을 진단하여 역량모형을 개발하고 교육 프로그램을 설계하는 데 활용할 수 있다(제4장 참조).

마지막으로, 비용분석이 필요하다. 모든 조직이 한정된 재정적 자원을 가지고 있기 때문에 교육 프로그램을 개발하고 운영하는 데 드는 비용은 중요한 고려 사항이 된다. 교육은 여전히 투자라기보다는 비용이라고 간주되는 경우가 많다. 또한 투자라고 여기는 경우에도 교육에 든 비용에 대비하여 교육의 효과가 얼마나 되는지를 고려하게 된다. 따라서 최소한의 비용으로 최대한의 효과를 낼 수 있도록 교육의 비용을 면밀히 분석하여야 한다. 교육 프로그램과 관련하여 산정할 수 있는 비용으로는 프로그램 개발에 드는 비용, 교육 운영에 드는 비용 그리고 교육 참가에 따른 기회비용 등이 있다(한준상, 장원섭 외, 2004).

3. 설계

요구가 분석되면 그에 기초하여 교육 프로그램을 설계한다. 설계는 교육 자료와 전략, 계획을 만들어 내는 지침을 제공하기 위한 활동이다. 이 단계에서는 교육 프로그램의 목표를 설정하고, 학습할 내용을 추출하며, 그것들을 조직화하고, 교수학습의 방법을 설정하며, 평가 계획을 수립한다.

먼저, 교육 프로그램의 목표를 설정한다. 목표는 교육이 의도한 결과라고 할 수 있다. 조직의 전략 목표에 따라 프로그램 시행 후 프로그램 평가와 학습 성과를 나타내기 위한 준거로서 역할을 한다. 따라서 목표는 구체적이고 세부적으로 설정하는 것이 바람직한 경우가 많다. 행동적 목표 설정의 방법은 학습 후에 실제 행동으로 관찰될 수 있는 행위동사를 사용하여 목표를 설정하는 것이다. 그것은 목표 행동이 일어날 수 있는 조건, 행동의 성공 여부를 판단할 수 있는 기준, 그리고 실제 수행 행동을 모두 포함하는 것이 적절한 목표 설정의 방식이라고 제시한다. 예를 들어, "교육이 끝난 후에 적절한 장비가 주어지면(조건), 학습자는 A와 B를 98% 이상(기준) 구분할 수 있다(수행)." 라고 목표를 설정한다.

그다음은 설정된 목표에 따라 학습내용을 추출하는 단계다. Bloom에 따르면, 교육목표는 세 가지 유형으로 분류되고, 각각의 유형마다 세부적인 수준인 인지 · 정의 · 심리운동 영역이 있다. 인지 영역에서는 지식, 이해, 적용, 분석, 종합 및 평가 수준의 교육내용이 다루어질 수 있다(〈표 5-1〉 참조). 정의 영역은 수용, 반응, 가치화, 조직화, 인격화로, 그리고 심리운동 영역은 반사운동, 초보적 기초운동, 지각 능력, 신체적 능력, 숙련된 운동기능 및 동작적 의사소통으로 학습목표 영역이 구분된다.

교육목표가 수립되고 교육내용이 정해지면, 그 내용들이 효과적으로 학습될 수 있도록 조직하여야 한다. 교육내용을 조직하는 원리는 수직적인 차원

📊 〈표 5-1〉 인지 영역의 교육 수준과 행위동사

1. 지식 수준		
세다	열거하다	기억해 내다
정의하다	예를 들다	인정하다
끌어내다	지적하다	기록하다
동일시하다	인용하다	반복하다
가리키다	읽다	진술하다
표로 나타내다	추적하다	쓰다
2. 이해 수준		
합하다	비교하다	계산하다
대조하다	묘사하다	차이를 드러내다
구별하다	평가하다	결과를 추정하다
해석하다	분류하다	
3. 적용 수준		
적용하다	계산하다	해결하다
묘사하다	연습하다	사용하다
이용하다	완성하다	보여 주다
검사하다	명령하다	
4. 분석 수준		
집단화하다	관계를 짓다	변형하다
요약하다	구성하다	발견하다
분석하다	추론하다	분류하다
설명하다	조사하다	나누다
5. 종합 수준		
배열하다	합하다	만들어 내다
설계하다	개발하다	형식화하다
일반화하다	구성하다	통합하다
조직화하다	계획하다	준비하다
규정하다	생산하다	제안하다

6. 평가 수준		
평가하다	사정하다	비평하다
결정하다	추천하다	등급을 매기다
판단하다	측정하다	순위를 매기다
검사하다	선별하다	명기하다

출처: Gilley, Eggland, & Gilley (2002). 인적자원개발론(장원섭 역, 2003), pp. 324-325.

과 수평적인 차원으로 구분할 수 있다. 수직적인 차원에서는 계열성과 계속성의 원리를, 수평적인 차원에서는 범위와 통합성의 원리를 적용할 수 있다. 그리고 각각의 원리는 교육의 목표와 내용, 학습자의 특성, 그 밖의 다른 여건들을 고려하면서 균형 있게 적용되어야 한다(이성호, 2009).

수직적인 차원에서 계열성의 원리는 교육내용을 제시하는 순서에 관한 것으로, 단순-복잡, 친숙-미친숙, 부분-전체, 구체-추상, 역사 발생 등의 순서 또는 그 역순서를 의미한다. 계속성의 원리는 같은 내용을 얼마나 계속 학습하도록 할 것인지의 문제를 말한다. 수평적인 차원에서 범위의 원리는 제한된 시간과 공간 속에서의 폭과 깊이의 딜레마를 의미한다. 통합성의 원리는 백과사전식 단편적 지식의 나열이 아니라 모든 학습내용이 학습자의 경험 속에 의미 있게 통합되어야 한다는 점을 강조한다. 마지막으로, 균형성의 원리는 다양한 수준과 범위, 즉 교육내용의 종횡이 균형 있게 제시되어야 한다는 원리다.

프로그램을 설계할 때는 교육의 내용뿐만 아니라 학습의 형태 또는 교수학습 방법을 결정해야 한다. 교수학습 활동에는 강의뿐만 아니라 토론, 발표, 게임, 집단 프로젝트, 패널 토의, 독서, 보고서와 논문 그리고 직무 관찰 또는 업무수행 등 다양한 방법이 있다. 인적자원개발에서 이러한 방법들은 크게 세 가지 유형으로 구분된다. 집합교육, 현직교육, 자기개발이다.[1]

---

1) 교수학습 방법에 대해서는 제6장에서 구체적으로 살펴본다.

각각의 활동은 교육의 내용과 학습자 특성, 시설, 비용 등을 고려하여 선택
되어야 한다. 교수학습은 과학이 아니라 예술이기 때문에 최선의 전략이 아
니라 최적의 전략만이 있을 뿐이라는 점을 고려하여야 한다(이성호, 2009).

또한 학습 활동에 사용할 도구들, 즉 교재, 컴퓨터, 빔프로젝터, 칠판 등이
선정되어야 한다. 자료는 교육내용을 포함하고, 매체는 내용을 전달한다. 보
조물은 교수자를 보조하기 위한 도구다. 설계 단계에서는 교육목표를 달성
하는 데 가장 적절한 매체, 자료, 보조물을 설정한다.

평가 방법과 시기도 설계 단계에서 미리 결정하여야 한다. 평가의 수준을
학습자 만족도로 할 것인지, 학업성취 정도를 시험을 통해 확인할 것인지, 더

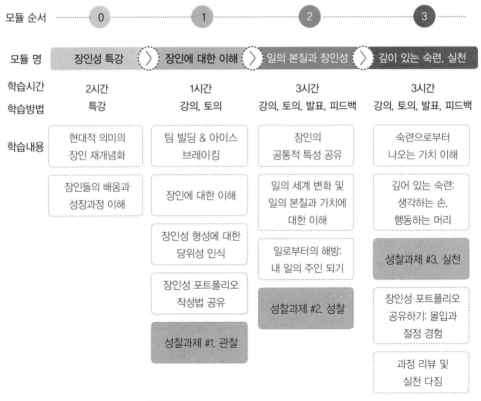

그림 5-4 교육 프로그램 설계안 예시

출처: 장인성연구네트워크(www.jrn.kr) 장인성 형성 3급 프로그램 ⓒ 장인성연구네트워크.

나아가 현업에 적용한 정도나 조직에 기여한 정도까지 측정할 것인지를 정해야 한다. 그래야 평가의 방법도 결정될 수 있다. 또한 프로그램을 종료한 후에만 평가할 것인지, 아니면 과정 시작 전이나 중간에도 평가를 할 것인지에 대한 의사결정도 필요하다.[2]

[그림 5-4]는 기업교육 프로그램 설계안을 예시한 것이다. 이 프로그램은 장인성 형성을 위한 총 9시간 과정으로 4개의 모듈로 구성된다. 각 모듈별 학습 소요 시간, 학습 방법과 도구, 그리고 학습내용을 한 장의 그림으로 간략하게 제시하였다. 이 설계안을 구체화한 상세 내용을 따로 준비하고, 그에 따라 교육에 활용할 각종 자료를 개발하게 된다.

4. 개발

개발 단계에서는 설계한 내용을 실제 교육에서 사용할 자료로 만들어 낸다. 구체적으로, 학습자용 교재, 교수자용 매뉴얼과 보조 자료 그리고 수업 계획서, 평가 도구 등을 개발한다.

먼저, 교재는 학습자들이 학습하는 데 필요한 정보를 담고 있는 교육 자료다. 가장 일반적인 형태의 교재는 인쇄된 책이다. 학습자용 교재는 수업 목표, 연습문제, 참고 자료, 개요, 표와 그림, 기본적 내용 등과 같이 학습자에게 필요한 중요한 정보를 담고 있다. 수업은 수행 목표에 기초하여 이루어지기 때문에, 학습자가 목표를 알 수 있도록 하여 수업에서 무엇이 기대되고 학습자가 어떻게 평가될지를 분명하게 밝히는 것이 중요하다. 연습문제는 학습자에게 필요한 기술과 지식을 심화하는 데 활용된다. 참고 자료는 학습자

---

2) 평가에 대해서는 제8장에서 구체적으로 살펴본다.

들로 하여금 앞으로 더 공부할 수 있게 한다. 또한 그것은 자기주도적 학습과 개별 연구의 기회를 제공한다. 개요는 중요한 정보를 구조화하여 제시한다. 개요가 제시되어 있기 때문에 학습자는 수업 중에 자료를 정리하지 않아도 된다. 학습자는 수업을 들으면서 간단히 노트하고 질문할 수 있기 때문에 수업 중 토론이 활발해질 수 있다. 또한 개요는 교수자가 지엽적인 문제가 아니라 중요한 아이디어, 사실, 개념과 과제에 초점을 맞출 수 있게 한다. 마지막으로, 표와 그림은 많은 정보를 간결하게 표현할 필요가 있거나 시각화하여 제시하여야 할 때 사용할 수 있다. 시각적 학습을 선호하는 사람들은 이런 방식의 발표를 통해서 정보와 개념을 더 잘 이해할 수 있다(Gilley, Eggland, & Gilley, 2002).

교수자를 위한 자료로는 매뉴얼, 보조 자료, 파워포인트 자료, 동영상 자료 등이 있다. 매뉴얼은 교수자뿐만 아니라 교육 진행자를 위해 개발한다. 여기에는 교육 프로그램 전체 설계에 대한 정보가 담겨 있고, 교육목표 · 내용 · 방법 · 평가 등에 대한 내용을 포함한다. 더불어 진행자와 강의자가 교육을 효과적이고 효율적으로 시행하는 데 필요한 정보들을 매우 구체적으로 제시한다. 예를 들어, 강의장 책상 배치도도 포함한다. 또한 순차적으로 프로그램 진행의 흐름을 제시하여 매뉴얼만 따라서 하면 누구나 성공적인 교육을 할 수 있도록 한다. 보조 자료, 파워포인트 자료, 동영상 자료 등은 교수자가 더 효과적인 교육을 하기 위해 사용하는 보조물이다.

수업 계획서는 전체적인 교육 일정 중 매 시간마다 이루어지는 수업에 대한 계획이다. 수업 계획은 청중(누가), 내용(무엇을), 장소(어디서), 시간(언제), 목표(왜)를 규정하는 문서다(Donaldson & Scannell, 1999; Gilley et al., 2002에서 재인용). 수업 계획서는 다음 사항을 포함한다. 수업 내용 개요, 활동의 순서, 사용할 교육 매체, 각 활동의 시기와 방법, 사용할 교수방법, 평가 방법 등이다.

마지막으로, 평가 도구를 개발하여야 한다. 반응평가 설문지, 시험지 등이 대표적인 평가 도구다. 그 밖에 현업적용도 평가지, 비용-편익 평가지, 진단 평가지 등도 개발할 수 있다.

5. 대안적 접근법

　지금까지 ISD에 기초한 프로그램 개발 단계에 따른 내용을 살펴보았다. ISD에 기초한 프로그램의 개발 단계는 순차적으로 이루어지지만, 실제로 학습이 이루어지는 상황에는 통제가 어려운 다양한 변수가 복잡하게 얽혀 있다. 따라서 전통적인 ISD 모형이 설명하는 과학적이고 객관적인 설계 과정을 적용하는 데에는 상당한 어려움이 따른다. 게다가 ISD는 체계적인 절차모형을 고집함에 따라 이론과 실천의 괴리를 발생하게 했다는 비판을 받는다. 이에 따라 최근에는 ISD와 같은 합리주의적인 전통에 대한 대안적 관점이 교육 프로그램 개발 분야에서 확산되고 있다.

　맥락적 상호작용이론은 프로그램 개발 과정에 개입하는 다양한 요소의 유동적 상호작용을 강조한다. 이 이론에 따르면, 프로그램 개발은 프로그램 개발자가 표준화된 절차와 단계에 따라 수행해 나가는 것이 아니라, 프로그램 개발의 상황과 관련된 여러 요소를 고려하여 순환적인 원리를 따르게 된다. 이런 이론에 근거한 Walker의 자연주의적 교육 프로그램 개발 모형은, ISD와 같은 합리성 이론과 달리 프로그램 개발에 참여한 모든 사람의 숙의와 실제적 합리성의 역동적 상호작용을 강조한다. 구체적으로 이 접근법은 강령, 숙의 및 설계로 구성된다. 강령(platform)은 교육 프로그램 개발자가 갖고 있는 신념과 가치체계를 말한다. 숙의(deliberation)는 설계를 결정하기 위해 신념과 정보가 사용되는 과정이다. 설계(design)는 숙의의 과정을 거쳐 얻게 된 개발 과정의 산출물을 일컫는다. 이 과정은 순환적으로 이루어진다. 따라서 목표에 따라 수단이 결정된다기보다는 목표와 수단이 상호 결정하는 것으로 간주한다(김진화, 2001).

　　Cervero와 Wilson(1996)의 정치적 이론은 교육 프로그램을 설계하고 개발하는 일이 기본적으로 사람이 하는 일이고, 그렇기 때문에 필연적으로 정치적일 수밖에 없다고 전제하였다. 다시 말해, 교육 프로그램 개발은 관련자들의 이해와 권력 관계에 따른 협상의 과정이라는 것이다. 실제로 교육 프로그램 개발은 교수설계 전문가에 의해 합리적인 절차에 따라 가장 효율적인 방식으로 이루기 어렵다. 조직의 경영자와 관리자, 구성원이 서로의 관심에 따라 프로그램 개발에 관여한다. 그에 따라 타협의 과정이 있게 되고, 극단적인 경우에는 본래의 의도와는 다른 왜곡된 교육 프로그램이 개발되기도 한다. 교육 전문가가 전문성에 기초하여 프로그램을 개발하는 경우에조차 그가 가진 책무성과 윤리성의 정도가 영향을 미칠 수밖에 없다. 따라서 이들은 ISD와 같은 합리적 절차에 대한 가정 자체가 문제시된다고 본다. 이들은 오히려 교육 프로그램 개발이 정치적인 과정이라는 점을 인정하는 것이 현실적이라고 주장하였다. 따라서 교육 프로그램 개발에 교육 전문가, 조직 경영자, 관리자, 학습자 등이 함께 참여하여 대화하고 협상하는 과정 속에서 프로그램 개발이 이루어지는 것이 바람직하다고 보았다.

　　비판적 실천이론은 프로그램 개발을 제삼자에 의해 규정되는 것이 아니라 교육자와 학습자가 학습 상황에서 만들어 가는 비판적 실천 과정으로 본다. '대화모형(dialogical model)'은 교육자와 학습자 사이의 대화의 과정에 초점을 맞춘다. 그럼으로써 프로그램 개발에서 민주적 원리를 강조하며 교육자와 학습자가 함께 프로그램 내용을 구성하고 비판적으로 반성하는 통합적 과정 자체를 교수학습 과정으로 간주한다. 이에 따라 학습 과정과 프로그램 개발이 별개로 구분되지 않는다(김진화, 2001).

　　또한 형식화된 교육 프로그램만을 상정할 필요도 없다. 무형식적인 학습의 과정을 인식하고, 이를 촉진할 수 있는 전략적인 접근법도 필요하다. 그것은 학습 현상이 먼저 일어난다고 보고 그에 대한 즉각적이고 대응적인 조치를 취하는 접근법이다. 총체적인 학습체제를 구축하고, 학습을 위한 시스템을 개발하며, 학습의 분위기와 문화를 조성하는 학습조직 접근법이다. 결국 형식화된 좋은 프로그램이 필요하겠지만, 구조화된 것뿐만 아니라 무형식적이고 비공식적인 학습 모임, 분위기 조성을 통한 정보 공유, 상호 학습 등을 위한 현장의 총체적 학습체제 또는 학습조직을 구축하는 것이 더 중요하다.

교육 프로그램 개발은 순차적이고 단계적인 절차에 따라 합리적으로만 이루어지는 것은 아니다. 그것은 특별한 상황과 맥락 속에서 다양한 이해관계자가 개입하여 복잡한 관계 속에서 이루어지는 활동이다.

제6장

일터에서의 성인학습

인간에게 있어서 학습은 생물학적인 본능인 동시에 문화적이다. 기초적인 생존을 위해 동원되는 학습본능을 생물학적인 본능이라고 한다면, 그것이 다양한 형태로 개조된 문화적인 확장을 학습력이라고 부를 수 있다. 인간은 그의 생존을 위해 죽는 그 순간까지 환경에 적응하며 개조해 나가는 존재이기에 인간을 배우는 동물, 학습인간인 호모 에루디티오(Homo Eruditio)라고 부르는 것이다.

-한준상(2001). 『학습학』, pp. 19-20.

나는 가르치는 것이 아니라, 단지 가리킬 뿐이다.

-Buber (1947). 『인간의 문제』, p. 40.

좋은 교육 프로그램이 개발되었다고 하더라도 실제로 학습이 이루어지지 않으면 아무런 소용이 없다. 특히 가르치고 배우는 것과 현장에서의 업무수행 사이의 간극을 줄이려면 원래 의도했던 교육을 잘 실시하는 것이 중요하다. 이 장에서는 일터에서 이루어지는 학습에 대해 살펴본다. 먼저, 성인의 특성을 살펴보고 성인학습의 시사점을 찾는다. 그리고 나서 성인학습이론을 개관하고, 교육 방법의 유형을 검토한다. 마지막으로는 조직학습에 대해 논의한다.

1. 성인의 특성

일터에서의 학습은 성인을 대상으로 한다. 따라서 성인의 독특한 특성을 반영한 학습이 이루어져야 한다. 성인교육의 대상으로서 성인은 아동이나 청소년과는 다른 특성을 가지고 있다.

1) 성인의 개념

성인이란 성숙한 자를 의미한다. 그리고 성숙이란 완전하게 발달한 상태를 말한다. 이런 식의 사전적 정의는 간결하고 명료하게 성인의 개념을 알려준다. 그러나 이 정의만으로 성인교육의 대상으로서 성인의 개념을 파악하기에는 불충분하다. 그럼에도 분명한 것은 성인의 개념이 인간의 삶에서 시간의 흐름과 연관되어 있다는 사실이다. 개인의 생애와 관련하여 시간의 경과를 나타내는 가장 대표적인 개념은 나이다. 성인기라고 불리는 인생의 한 단계 역시 나이의 개념을 사용하여 규정할 수 있다. 비록 나이는 우리가 일상적으로 사용하는 개념이기는 하지만 나이라는 개념 역시 일상적인 용어 이상의 다양한 측면과 여러 가지 다른 의미를 가지고 있다. 따라서 성인의 개념과 범위는 다음과 같은 다양한 나이의 개념을 기준으로 여러 측면에서 규정될 수 있다(윤진, 1985; Tight, 1996).

우리가 일반적으로 사용하는 나이는 자연적 · 물리적 나이다. 자연적 나이는 어떤 사람이 태어난 후 지구가 태양을 몇 바퀴 돌았는지의 횟수를 헤아린 것이다. 신체적 나이는 생물학 또는 의학적인 관점에서 인간의 신체적인 건강과 생리적인 성숙의 정도에 따라 결정된다. 그리고 삶의 주기는 개인의 심리적 발달 단계에 따라 구분되기도 한다. 신체적인 상태와는 다른 측면에서 정신적인 발달과 성숙의 정도에 따라 심리적 나이가 정해질 수 있다. 성인이라는 기준은 사회적 나이를 기초로 하여 규정될 수도 있다. 사회적 나이란 사회적 규범에 기초한 개인의 발달 정도를 의미한다. 성인의 기준은 경제적인 측면에서도 파악될 수 있다. 예를 들어, 경제적 나이에 기초한 '생산가능인구'는 15세 이상으로 규정된다. 법률에서는 나이에 관해 앞에서 살펴본 다양한 측면을 고려하여 성년과 미성년자 또는 성인과 청소년을 명확하게 구분한다. 그리고 그런 규정들은 개인의 정치, 경제, 교육, 문화 활동 등을 포함한 일상생활 전반에 걸쳐 거의 모든 사회적 행위에 대한 현실적인 강제력을 가진다. 또한 개인은 주관적인 나이의 개념도 가지고 있다. 주관적 나이는 개인 스스로 자신이 어느 정도의 나이인지를 느끼는 극히 감정적인 특성을 가진다.

이러한 나이 개념은 나름대로 성인을 구분하는 기준을 제공하고, 성인교육에 대한 시사점을 제공한다. 그러나 성인교육의 대상으로서 성인은 교육적인 측면에서의 나이 개념과 더 깊이 관련된다. 실제로 교육제도는 현대인의 삶에서 중요한 위치를 차지한다. 현대는 학교화된 사회이기 때문이다. 학교화된 현대사회에서 누가 어린아이이고, 언제부터 성인이 되는지를 결정하는 기준 가운데 하나가 교육제도에 의해 제공된다.

전통적인 교육학적 관점에서 성인이란 삶을 위한 준비를 마친 사람을 의미한다고 볼 수 있다. 왜냐하면 전통적으로 교육이란 아동기와 청소년기에 실시되는 것이며, 그 목표는 성인기를 준비하기 위한 것으로 파악되었기 때문이다. 실제로, 청년기 이후에는 더 이상 배우는 것이 불가능하다고 인식되기까지 하였다. 그러나 현대사회에서 평생교육의 개념이 도입되었고, 교육은 성인기에도 계속되어야 한다는 생각이 널리 퍼지게 되었다.

그럼에도 불구하고 학교교육제도는 성인교육의 대상으로서 성인의 개념과 범위를 규정하는 중요한 준거가 된다. 평생교육적 관점에서 성인의 범위는 대략 정규 학교교육을 마친 사람으로 한정될 수 있기 때문이다. 교육을 시간의 경과에 따라 살펴보면 유아교육, 학교교육 그리고 성인교육으로 구분된다. 따라서 성인교육의 대상인 성인은 유아교육과 공식적으로 정규 학교교육을 모두 마친 사람을 일컫는다. 학교교육을 마친 사람을 성인이라고 규정하는 이유는 현대사회에서 학교교육이 삶의 주기와 밀접한 관련을 맺고 있기 때문이다. 학교제도는 학령(school age)이라는 새로운 나이의 개념을 도입하였다. 학교 나이는 앞에서 살펴본 신체적 · 심리적 · 사회적 나이 등과 교육적 발달 등의 다양한 개념에 기초하여 자연적 나이를 기준으로 법에 의해 정해진다. 학령은 초등학교에 입학하는 나이인 만 6세부터 시작된다. 그 이후 만 12세에는 중학교, 만 15세는 고등학교 그리고 만 18세 이후에는 대학에 입학하는 것이 정상적인 학교교육의 경로가 되어 왔다. 그리고 일반적으로 우리 사회에서 고등학교를 졸업한 이후에 성인으로 취급하는 경향이 강하다.

그러나 성인교육적인 입장에서 이런 식의 성인 개념의 규정은 너무나 단순할 뿐이다. 고등학교를 졸업하고 생활 전선에 뛰어든 사람이 성인으로 간주될 수 있다는 점에서는 앞의 규정과 일관된 반면, 같은 나이의 대학생은 성인교육의 대상자인 성인이라고 보기 어렵기 때문이다. 대학생들은 대부분 여전히 생활로부터 유예된 삶을 살아가면서 부모로부터 부양을 받는다. 예를 들어, 18세에 고등학교를 졸업한 후 직장에서 일하면서 계속 교육을 받기 위해 시간제로 대학에 등록하거나 방송통신대학에 다니는 20세의 청년은 성인

교육의 대상이라고 볼 수 있다. 반면, 고교 졸업 후 대학에 다니다가 군복무를 마치고 복학하여 전일제로 대학에 다니는 26세의 학생은 성인교육을 받고 있다고 보기 어렵다. 결국 평생교육적 관점에서 바라본 성인교육의 대상으로서의 성인은 종래에 일반적이라고 간주해 온 과정을 통해 고등학교 또는 대학이라는 공식적인 학교교육을 마친 자로 규정할 수 있다.

현실적으로 성인교육의 대상을 어디까지로 확정하느냐의 문제를 명쾌하게 해결하기는 어렵다. 개개인의 삶의 경로와 사정이 모두 다르기 때문이다. 즉, 성인기의 범위는 개인적 또는 교육적 상황과 조건에 따라 가변적이다. 또한 성인의 범위를 규정하는 각각의 개념적 접근은 매우 중복적인 경향을 가지고 있다. 어쩌면 그것들은 유사한 실체의 다양한 측면을 여러 각도에서 접근하고 있을 뿐일지도 모른다. 따라서 성인의 개념은 다양한 접근법을 통해 종합적이고 융통성 있게 파악되어야 한다.

2) 성인의 발달적 특성

전통적 발달이론에서는 인간이 어머니의 몸속에서 하나의 생명체로 생겨나고 출생하면서부터 자라나는 시기까지만 발달한다고 여겼다. 따라서 영유아기, 아동기 그리고 청소년기가 인간 발달에 관한 학문적인 관심의 대상 영역이었다. 1950년대에 이르러서야 비로소 학자들은 인간의 발달을 청소년기까지만으로 한정하던 전통적인 입장에서 벗어나기 시작하였다. 그리고 인간은 평생 발달한다는 생각이 빠르게 퍼져 나갔다(윤진, 1985). 그러면서 청소년기를 지난 성인의 발달적 특성이 새로운 관심사로 등장하였다. 그렇다면 인간은 청소년기를 지나면서 어떻게 발달하고 변화해 가는가? 성인기의 인간은 어떤 신체적 · 정신적 특성을 가지는가?

발달 단계상 성인기가 이전 시기와 가장 크게 구분되는 점은 신체적인 특성에 있다. 신체적으로 성인기는 하강곡선을 그리는 시기다. 청소년기까지 계속 상승곡선을 그리며 성장하던 인간의 육체는 일반적으로 20대를 고비로 퇴화하기 시작한다. 구체적으로 살펴보면 다음과 같다.

성인기에 접어들면서 인간의 감각기능은 퇴화한다. 60세 이전까지 미각이나 후각은 크게 변화하지 않으나 시각, 청각 등은 큰 변화를 겪는다(김수일, 1995). 먼저, 시력은 40~50세에는 크게 변화하지 않는다. 그러나 그 이후에 빠른 속도로 퇴화한다. 명암 적응력은 20세부터 60세까지 연령에 비례하여 감소한다. 따라서 조명의 변화에 따른 적응에 더 많은 시간이 필요하다. 색조 판별력 또한 연령 증가와 함께 퇴화한다. 청색, 초록색, 자주색에 대한 판별력의 퇴화가 첫 번째로 나타난다. 그러나 빨강, 노랑, 오렌지색에 대한 판별력은 연령에 따라 차이가 없다. 원근조절력은 6세부터 60세까지 퇴화하고, 그 이후에는 정지한다.

청력 발달의 최고 정점은 15세 이전이다. 20세 이후에는 청력에 관계되는 신경세포가 퇴화한다. 특히, 고음에 대한 예민도가 낮아진다. 노년기에 이르면 초당 1만 주파수 이상의 고음과 초당 125주파수 이하의 저음에 대한 청력의 예민도가 낮아진다. 특히, 여자는 저음에, 남자는 고음에 대한 예민도가 낮아진다. 난청은 55세 무렵에 시작된다. 60세까지는 절반 정도만이 정상 청력을 가지고 있을 뿐이다. 그러나 청력은 소음의 생활환경과 깊은 관계를 가지고 있다. 조용한 농촌 지역에 거주하는 70~80세의 노인은 예민한 청력을 가지고 있는 경우가 많다.

성인기의 운동기능 역시 크고 작은 변화를 나타낸다. 일반적으로 체력의 절대치는 20대를 고비로 하여 감소하는 경향이 있다. 성인의 체력은 차츰 저하하기 시작하다가 노년기에 접어들면서 그 속도가 빨라진다. 신체적 퇴화는 신경조직의 반응 속도와 강도 그리고 지속력에서 나타난다. 물론 성인의 반응 속도에는 개인차가 많다. 그러나 과거의 습관과는 다른 반응을 요구할 경우라든지, 반응의 수나 복잡성, 곤란도가 증가할수록 반응 속도는 느려진다. 하지만 끊임없는 연습과 훈련을 통해 반응 속도는 빨라질 수 있다.

나이가 듦에 따라 근육의 근력도 퇴화한다. 60대의 근력은 30대의 절반에 불과하다. 심장의 크기와 무게는 증가하지만 집중적인 육체노동 이후 심장 고동의 강도와 비율은 60세 이후에 급강하게 된다. 연령이 증가함에 따라 뼈가 딱딱해지고 유연성이 감소하여 골절이 발생하기 쉽다. 성인기, 노인기로 들어감에 따라 세포 조직도 변화한다. 피부가 건조해지고 성장이 느려진다. 피부의 유연성이 사라지며 손상에 대한 재생이 느려진다. 예를 들어, 청소년에 비해 노인의 상처 회복 시간이 훨씬 오래 걸린다. 동맥의 신축성도 저하되고 경화된다. 온냉, 과식, 건조 및 소금기 부족으로 스트레스에 대한 인내력이 약해진다. 성기능 또한 퇴화한다. 이런 신체적 변화는 노인에게 우울증과 불안을 동반하기도 한다(김수일, 1995).

　성인과 노인의 감각운동기능은 크게 퇴화되지만 정신능력은 그리 많은 변화를 나타내지 않는다. 성인은 정신적으로 오히려 더 원숙해지고, 지적인 능력에서 더 발달하기도 한다.

　첫째, 성인의 기억력은 일반적으로 감퇴하게 된다. 특히, 시각적 기억력은 60세 이후에 현저하게 감퇴한다. 그러나 성인의 기억력 문제를 다룰 때 주의해야 할 점이 있다. 자라나는 세대의 기억력과 성인의 기억력은 그 구조가 근본적으로 다르다는 점이다. 기억을 방해하는 방식은 크게 두 가지로 구분된다(김수일, 1995). 즉, 순행적 억압과 역행적 억압으로 나뉜다. 순행적 억압(proactive inhibition)이란 이전에 습득한 지식이나 정보가 새로운 학습을 방해하는 것을 의미한다. 반면, 역행적 억압(retroactive inhibition)은 새로운 정보가 이전의 지식을 대치하거나 없애 버리는 경우를 의미한다. 자라나는 세대의 기억력은 역행적 억압의 개념으로 설명할 수 있다. 그러나 성인기의 기억력 감퇴는 이전에 배운 것이 후속하는 학습을 방해하기 때문에 발생하는 경우가 많다. 즉, 성인의 머릿속은 온갖 지식과 수많은 경험으로 가득 차 있기 때문에 새로운 정보를 제대로 받아들이지 못할 가능성이 크다. 따라서 아동이나 청소년에 비해 새로 학습한 것을 기억하지 못하는 경우가 많다. 결국 성인의 학습에는 백지 상태에 그림을 그려 채우는 것이 아니라 기존의 생각이나 지식을 재편성하고 재구조화하는 것이 더 효과적인 전략이 된다. 성인의 기억력 감퇴에는 연령 이외에도 신체, 환경, 동기 등의 개인적 조건들이 크게 작용한다. 따라서 적절한 자극과 연습, 학습 방법을 통해 성인과 노인의 기억력 감퇴는 감소될 수 있다.

둘째, IQ 검사의 점수로 본 인간의 지능은 20~25세에 절정을 이루고 이 시기 이후에는 감소하여 연령과 지능은 반비례 관계에 있다고 알려져 왔다. 그러나 이런 결과는 주로 횡단적 연구로부터 나왔다. 예를 들어, 60대와 30대 집단의 지능검사 점수를 비교한 경우에 60대의 IQ 점수는 30대의 점수에 비해 현저한 차이를 나타낼 수밖에 없다. 왜냐하면 그들 사이의 출생 시기가 다르며, 따라서 역사적 체험이나 자라 온 사회적 환경의 차이가 있어 동일한 IQ 검사에서 차이를 가져 올 가능성이 크기 때문이다. 따라서 종단적 연구의 결과는 이전의 주장이 잘못되었다는 사실을 밝혀 준다. 개인의 삶을 추적하여 연구한 결과에 따르면, 연령 증가에 따라 지능의 감퇴가 일어난다고 결론 내리기는 어려웠다. 다만 검사의 내용과 영역에 따라 변화의 정도에서 차이가 드러났을 뿐이었다(한준상, 1988).

실제로, 동작성 지능검사와 속도제한검사에서 청년기 이후의 점수는 급격히 하락한다. 신체적인 퇴화에 따라 성인과 노인의 반응 속도가 느려지기 때문이다. 그러나 이전부터 해 오던 일과 유사한 운동기능을 요구하는 경우에는 심신 능력의 저하에도 불구하고 오랜 경험이 완충작용을 하여 실제 수행능력은 떨어지지 않는다. 반면, 언어성 검사 점수는 60세까지 거의 쇠퇴하지 않거나 오히려 증가한다. 언어성 지능은 교육을 통하여 학습되고 축적되는 것이기 때문이다(윤진, 1985; 한준상, 1988). 결국 성인과 노인의 지적 능력은 연령이 증가함에 따라 감퇴한다는 주장은 잘못되었거나 부분적으로만 맞을 뿐이다.

성인과 노인기에 어휘력은 더욱 증가한다. 어휘력은 개념 형성능력과 비례 관계에 있으며, 이를 통해 인간의 사고력이 증진된다. 또한 어휘의 풍부함은 인문학 분야에서 창의성을 발휘하는 데에도 영향을 준다. 연구 결과에 따르면, 가장 창의적인 업적을 내는 시기는 40대이며 인문학 분야에서는 70세까지도 큰 변화가 없었다. 사고력, 문제해결력, 창의력 등은 연령보다는 교육, 지능, 경험에 의해 더 큰 영향을 받으며, 오히려 성인기에 더 풍부해진다(한준상, 1988).

결국 성인기 이후에 인간은 신체적으로 힘든 일이나 빠른 동작을 요구하는 학습 능력은 저하되지만, 안락하고 편안한 환경 속에서 시간이 충분히 주어졌을 때, 그리고 언어와 경험의 측면에서의 학습 능력은 오히려 증가한다. 따라서 적절한 방식으로 학습을 유도할 경우에 성인과 노인의 학습과 능력개발은 증진될 수 있다.

3) 성인의 사회적 특성

이전 시기와는 달리 성인은 일반적으로 크게 두 가지 정도의 사회적 과업을 수행하게 된다. 가정을 형성하여 관리하는 것과 일을 통해 직간접적으로 사회경제적인 활동을 하는 것이 성인의 중요한 과제다. 그리고 이를 통해 성인은 새로운 사회적 특성들을 형성하게 된다.

먼저, 많은 성인이 가정을 이루고 관리하게 된다. 생물학적인 관점에서 볼때 성인은 이미 성적으로 성숙한 사람이다. 성인에게는 다른 이성과 사랑하고 결혼하는 것이 허용되며, 그것은 그들이 수행하여야 할 하나의 사회적 과제다. 또한 성인은 아이를 낳아 키운다.

전통적으로 가정은 사회적으로 매우 중요한 의미를 지녀 왔다. 첫째, 사회가 계속 유지되기 위해서는 끊임없이 사회 구성원들이 충원되어야 하는데, 가정은 사회 구성원을 생산해 내는 공인된 장소다. 둘째, 가정에서는 성인 세대와 자라는 세대 간의 상호작용이 일어난다. 그런 상호작용을 통하여 성인은 자녀를 교육하고 사회화시킨다. 셋째, 가정은 가족 구성원들이 사회에서 활동하면서 쌓였던 심신의 피로를 풀고 새로운 기운을 회복시켜 주는 정서적 안정 기능을 수행한다. 넷째, 가정은 사회적 보장의 역할을 수행한다. 성인 초기와 중년기ㆍ장년기에는 미성년자인 자녀와 노년기의 부모를 사회경제적으로 부양하게 된다.

가정의 이런 전통적인 기능은 가정 내에서 성인의 역할을 매우 고정시키는 효과를 가져 왔다. 가장인 남편은 전통적으로 가족을 부양하는 책임을 가졌다. 아내의 주요한 임무는 자식을 출산하여 양육하고 가사를 돌보는 것이었다. 부모는 자녀를 부양하고 교육시키는 역할을 수행하여야 했다. 그러다가 나이가 들어서 자녀가 성장하면 자식의 봉양을 받으며 노후생활을 보냈다. 이런 전통적인 가족 내에서 성인의 정형화된 역할은 대부분 저항 없이 받아들여져 왔다.

현대사회에서 가족의 형태와 기능은 크게 변화하였다. 결혼을 하지 않고 혼자 사는 독신자의 수가 크게 증가했으며, 전통적인 가족의 형태로서 대가족제도는 핵가족 형태로 바뀌었다. 그에 따라 전통적으로 고정화되었던 성인의 가정 내 역할을 바꾸어 놓았다. 특히, 집에서 부모의 시중을 들고 자식을 양육하던 여성이 활발한 사회 활동을 하게 되었다. 고학력화, 자아실현의 욕구, 자녀양육의 경제적 부담, 만혼과 비혼 그리고 이혼의 증가 역시 여성의 전통적인 사회경제 활동의 모습을 탈바꿈하고 있다(Santi, 1988). 이처럼 전통적인 형태의 가정이 사라지고 있는 가운데 전통적인 남편 또는 아내의 역할 역시 무의미해지고 있다. 현대사회에서는 누구나 경제적으로 스스로를 부양하며 살아갈 수 있는 생활능력을 가지고 있어야 하고, 모두가 가사노동을 분담해야 한다.

가정의 교육과 사회화 기능 역시 점차 약화되고 있다. 영유아교육의 발달에 따라 영유아 교육기관이 가정의 사회화 기능의 많은 부분을 대행한다. 영유아교육 수혜율은 크게 증가했고, 더 어린 나이부터 교육을 받고 있다. 노인에 대한 봉양 또한 가정의 기능으로부터 개인 또는 사회의 책임으로 바뀌고 있다. 사회보장제도의 발달로 점차 국가가 가정의 노인 부양 기능을 대신하고 있다. 더군다나 건강 상태의 증진으로 노인은 자식의 부양을 받기만 하는 수동적 존재가 아니라 경제적으로 자신을 책임질 수 있는 능동적 존재로 변하고 있다.

이처럼 가정은 새로운 모습으로 변화해 가고 있다. 그런 가운데 성인은 새로운 역할을 수행하게 된다. 전통적인 가장의 의무, 주부의 역할, 노년의 생활은 고정되어 있지 않다. 과거와 같은 모습은 더 이상 자연스럽지도 바람직하지도 않다. 성인은 모두 각자 경제적 능력, 즉 자기 생활능력을 갖출 필요가 있다. 그것은 곧바로 성인교육의 요구와 연결된다.

다른 한편, 성인의 사회경제적 경험과 기성세대화는 성인교육에 중요한 함의를 갖는다. 성인기는 부모나 친권자의 보호로부터 벗어나 자유와 책임을 가지게 되는 시기다. 성인이 되면 미성년자였기 때문에 할 수 없던 여러 가지 활동도 자유롭게 할 수 있게 된다. 부모의 동의 없이도 결혼할 수 있고, 투표권도 가지게 된다. 학교교육을 받는 동안 겪어 보지 못했거나 간접적으로만 경험했던 많은 일을 삶 속에서 직접 경험한다.

그러나 동시에 성인은 자신의 행위에 대한 책임을 져야 한다. 자유로움의 대가는 책임으로 나타난다. 더 이상 부모나 사회가 그들을 특별히 보호해 주지 않는다. 온실 속에서 보살핌을 받던 유예된 시기에서 벗어나 현실 세계의 쓰라린 고통과 아픔을 경험한다. 보다 중요한 것은 성인은 경제적으로 독립하여 살아 나갈 수 있어야 한다는 것이다.

가정의 형성과 함께 성인기의 또 다른 중요한 과제는 사회경제적인 생활능력을 갖추어 자립하는 일이다. 성인기는 부모 또는 친권자의 보살핌으로부터 벗어나 스스로 자기 자신을 돌보는 시기다. 이를 위해서는 경제적으로 자립할 수 있어야 한다. 현실에서는 이것이 주로 직업을 가지는 것으로 나타난다. 대부분의 성인은 일을 하면서 현실적인 삶을 살아가게 된다. 좁은 울타리 속에서 자기중심적인 생활을 하던 것에서 벗어나 스스로의 인생을 적극적으로 개척해 나가야 하는 사회인으로서의 삶을 살아야 한다.

직업을 가지거나 사회 활동을 한다는 것은 경제적인 가치 이상의 의미를 갖는다. 조직에 속해 있든 그렇지 않든 일을 한다는 것은 다양한 경험을 하고 각양각색의 수많은 사람을 접한다는 것을 의미한다. 일을 함으로써 인간은 자기 자신을 실현할 수 있다. 또는 일을 통하여 사회적 성취를 이룰 수도 있다. 그러나 실패를 맛보기도 한다. 자신뿐만 아니라 가족을 책임져야 하는 위치에 있기 때문에 더 아픈 시련과 좌절을 겪기도 한다. 한마디로, 성인의 삶은 그야말로 냉엄한 현실이며 그런 현실 속에서 수많은 일을 경험하게 된다.

삶의 현실과 끊임없이 부딪히는 과정에서 성인은 점차 기성세대가 되어 간다. 기성세대라는 말은 사전적으로 이미 완성된 사람들이라는 의미만을 갖는다. 그러나 동시에 그것은 성인을 부정적인 시각에서 파악하는 하나의 사회적 낙인이다. 기성세대란 세상과 타협하는 위선자이며 새로운 시도를 두려워하는 고집불통이고 현상만을 유지하려는 비겁한 세대를 의미하기도 한다.

성인 또는 기성세대가 이렇게 부정적으로 인식되는 이유는 적어도 다음과 같은 네 가지 측면에서 설명할 수 있다.

첫째, 성인은 자신이 오랫동안 또는 일생을 통해 이루어 놓은 것에 대한 애착을 가지고 있다. 객관적으로 평가하여 그것이 좋은 것인가 그렇지 못한가는 큰 상관이 없다. 자신의 눈에는 좋아 보이기 때문이다. 적어도 그것이 익숙하고 편하기 때문이다. 평생을 소중히 간직해 온 가치관과 편안한 기존의 사고방식을 버릴 수도 바꿀 수도 없다. 그럴 필요조차 느끼지 못하기도 한다. 따라서 성인은 기존의 것에 대해 아직 아무것도 이루어 놓은 것이 없는 자라나는 세대와는 근본적으로 다른 보수적인 시각을 가지는 경향이 있다. 자신이 이루어 놓은 것, 그래서 애착을 느끼는 것을 허물거나 파괴하고 싶지 않은 것은 인간의 본능이다.

둘째, 기성세대가 보수적인 이유는 성인이 겪은 다양한 경험과 관련된다. 성인은 삶의 경험을 통하여 상대방의 사정과 처지를 이해하고 인정하는 방법, 그리고 때로는 생존을 위해서 현실적인 상황과 타협하여야 한다는 사실을 경험한다. 또한 그들은 기존의 질서가 언제나 그 나름대로의 존재 이유가 있다는 생각을 가지게 된다. 이들은 자신의 것을 버리지 않으려는 고집과 함께 다른 사람이 이루어 놓은 것에 대해서도 인정할 줄 아는 상대주의적 관점을 가지는 경향이 있다. 그러나 이것은 자라나는 세대의 눈에는 성인이 모순되고 위선적인 존재로 비치는 큰 이유가 된다.

셋째, 성인은 기존의 체제와 구조를 허무는 것이 얼마나 어려운 일인지를 경험을 통해 안다. 또한 기성의 질서가 무너졌을 때의 혼란한 상황을 이미 겪어서 알고 있는 경우가 많다. 따라서 그들은 기존 질서에 도전하는 것 자체에 두려움을 가지게 된다. 기성의 것이 무너졌을 때의 혼란과 공포, 그리고 새로운 질서를 만들어 나가는 과정의 힘겨움이 기성세대로 하여금 새로운 변화를 시도하지 못하게 하는 요인으로 작용한다.

넷째, 성인이 새로운 시도를 꺼리고 변화에 적응하지 못하는 또 다른 큰 이유는 그들의 시간 개념과 관련된다. 나이가 들어갈수록 성인은 앞으로 살아갈 날들에 대한 푸른 꿈보다는 이미 살아온 날들을 회고하고 남아 있는 인생을 슬기롭게 정리하려 한다. 그들은 자신의 삶에서 새로운 것을 추구할 만큼 오랜 시간이 남아 있지 않다고 자각한다. 따라서 새롭게 일을 시작하기보다는 이미 벌어진 일들을 마무리하고자 한다.

이렇게 성인 세대는 기존의 것에 대한 애착과 고집, 인정과 타협, 도전과 새로운 시도에 대한 두려움, 그리고 인생을 마무리하고자 하는 욕구 등과 같은 이유들 때문에 자라나는 세대와는 달리 진보적이기보다는 보수화되고 새로움을 추구하기보다는 기존의 방식을 고집하는 기성세대가 되는 것이다. 그리고 이 모든 것은 그들이 살아가는 동안에 겪은 수많은 경험과 깊은 관련이 있다.

4) 성인교육에의 시사점

지금까지 논의한 성인기의 특성들이 성인교육에 주는 시사점을 정리하면 다음과 같다. 첫째, 성인은 점차 신체적으로 퇴화한다. 따라서 성인학습을 위해서는 그들의 신체적 조건에 맞는 환경의 마련이 매우 중요하다. 그러나 둘째, 성인기와 노인기에도 대부분의 정신적 능력은 오히려 증가하거나 유지된다. 따라서 성인의 학습 가능성은 충분하다고 할 수 있다. 셋째, 가정과 사회에서 성인의 전통적인 역할이 바뀌고 있다. 새로운 시대에 맞는 새로운 역할을 적절히 수행하기 위해서 성인은 자신의 능력을 끊임없이 개발하여야 한다. 넷째, 성인은 다양하고 풍부한 경험을 가진다. 그것은 중요한 성인학습의 자원이 될 수 있다. 그러나 그것은 동시에 기성세대를 보수화하고 새로운 시도를 두려워하게 만드는 요인으로 작용한다. 이것이 성인의 새로운 학습 참가를 저해하는 요인으로 작용한다. 따라서 성인학습을 촉진하기 위해서는 성인학습의 모든 저해 요인을 극복할 수 있는 전략이 필요하다.

2. 성인학습이론

성인교육이 발달하면서 성인의 학습을 설명하는 여러 이론이 등장하였다. 그 이론들은 행동주의, 인지주의, 인본주의, 구성주의 등과 같은 일반적 학습이론에 기초하고 있지만 동시에 성인의 특수성을 반영한 학습이론들이다. 이 절에서는 먼저 일반 학습이론들을 간단히 살펴본 후에 주요 성인학습이론을 중심으로 그 구체적인 내용을 검토한다.[1]

[1) 이 절에서 다룬 성인학습이론 외에도 여러 성인학습이론이 있다. 예를 들어, 여성성인학습자의 특수성을 강조하는 여성학습이론(Hayes, 2001), 구체적인 사회적 맥락과 의미에 주목하는 맥락기반학습이론(Hansman, 2001), 지식과 권력의 연계에 주목하는 비판적 또는 포스트모던 성인학습이론(Kilgore, 2001)이 있다. 또한 합리성에 대비되는 감성과 통찰력(Dirkx, 2001), 뇌의 기능과 구조(Hill, 2001), 몸, 이야기(Clark, 2001) 등 전통적으로 간과되었던 부분들에 주목하는 새로운 성인학습이론이 계속 발전하고 있다(Merriam, 2001).

1) 일반 학습이론

행동주의(behaviorism)는 자극과 반응으로 학습 현상을 설명한다. 학습자는 외부로부터 주어지는 자극에 따라 반응한다. 이때 반응은 관찰 가능한 행동이다. 따라서 학습은 행동의 변화를 의미하고, 교육은 인간 행동을 계획적으로 변화시키는 활동이 된다(정범모, 1966). 이 이론은 인간 행동을 매우 효과적으로 변화시킬 수 있는 수단을 제공한다. 그러나 인간을 수동적인 존재로 가정하고, 학습을 단지 겉으로 드러난 행동을 통해서 다룬다는 점에서 한계를 갖는다.

인지주의(cognitivism)는 학습을 두뇌의 정보처리 작용으로 간주한다. 이 이론은 인간의 내적 정신 과정에 초점을 맞춘다. 부분이 아닌 전체적 변화, 그리고 단편적 사건이 아니라 구조적 유형의 변화를 강조한다. 따라서 학습은 원초적 구조 및 환경과의 능동적 상호작용을 통한 인지구조 또는 인지지도의 변경 · 정교화를 뜻한다.

인본주의(humanism)에서 학습이란 인간 본성의 발현을 의미한다. 이 이론은 인간의 성장과 발달에 대한 무한한 가능성을 전제한다. 이때 인간은 성숙하는 방향으로 변화하고자 하는 타고난 경향이 있다고 본다. 따라서 인본주의이론은 자아실현의 과정으로서 학습을 강조한다. 또한 도덕과 정서 등의 정의적 측면의 학습에 주목하면서 전인교육을 주장한다.

구성주의(constructivism)는 지식의 형성과 습득에 관한 상대주의적 인식론에 기초한다. 고정불변의 절대적인 지식은 존재하지 않기 때문에 모든 것은 인간이 만들어 가는 과정일 뿐이라고 전제한다. '알기' '알아가기' 또는 '의미 만들기'의 과정으로서 학습을 설명한다. 따라서 체험학습, 자기성찰, 협동학습, 과제 중심 학습, 학습자 중심 교육을 강조한다. 이는 이미 존재하는 지식을 효율적으로 주입하는 객관주의적 시각과는 대조적인 관점이다.

이와 같은 학습이론은 다음에 살펴볼 성인학습이론이 기반을 두고 있는 이론이라고 할 수 있다. 그것들은 성인학습을 위한 기본적 관점을 제공한다. 그러나 각각의 이론은 성인학습의 독특한 맥락 속에서 변형되거나 조합되어 나타난다. 다음에서는 구체적인 성인학습이론들을 검토한다.

2) 안드라고지와 자기주도학습이론

성인학습에서 가장 기본적이고 전통적인 이론은 안드라고지와 자기주도학습이론이다. 이 이론들은 이미 1960년대부터 발달하기 시작하였다(Merriam, 2001).

성인학습은 성인이 학습할 수 있는지에 대한 논쟁으로부터 시작되었다. 전통적으로 교육은 자라나는 시기에만 이루어지는 활동이라고 인식되었고, 성인은 학습하기에 부적합한 존재라는 편견이 있었다. 앞서 살펴보았듯이, 성인은 신체적으로 퇴화하고 정신적으로 변화를 겪는다. 그러나 이런 발달상의 특성이 성인의 학습 가능성을 차단하는 것은 아니다. 적절한 내용과 방법을 통해 성인학습은 이루어질 수 있는데, 그것은 아동학습에 대비되는 성인학습이론을 만들어 내도록 하였다.

1968년 Knowles와 동료들은 「페다고지가 아닌 안드라고지(Andragogy, Not Pedagogy)」라는 논문을 썼다(Knowles, Holton, & Swanson, 2005). Knowles가 제안한 안드라고지는 전통적인 아동 중심의 교육 개념인 페다고지와의 차이를 보여 주기 위해 사용한 용어였다. 안드라고지는 성인 또는 인간을 의미하는 '안드로스(andros)'와 지도한다는 의미의 '아고구스(agogus)'를 합성한 용어다. 이것은 아동을 의미하는 그리스 단어 '파이드(paid)'를 어원으로 하는 페다고지와 대비되는 개념이다.

Knowles는 안드라고지모형이 페다고지모형과는 대조적인 학습자에 대한 가정을 가지고 있음을 제시하였다(Knowles et al., 2005).[2] 첫째, 학습의 필요성에서, 페다고지에서는 학습자가 교사가 가르친 것만 알면 되고, 배운 것을 어떻게 삶에 적용할 것인가에 대해서는 알 필요가 없다고 전제한다. 그러나 안드라고지에서는 성인이 무엇인가를 학습하기 이전에 왜 그것을 배워야 하는지를 알아야 한다고 본다. 둘째, 학습자의 자아개념에서, 아동은 의존적 존재이지만 성인은 자기결정과 삶에 대한 책임을 지니는 자아개념을 갖는다. 셋째, 경험의 역할에서, 페다고지모형은 학습자의 경험이 학습 자원으로서 거의 가치가 없지만, 성인은 아동보다 양적으로 더 많고 질적으로도 다른 경험을 가지고 교육에 참여한다. 넷째, 학습 준비도에서는 아동이 시험에 통과하고 진급하려면 교사가 학습해야 한다고 하는 것들을 학습할 준비가 되어 있어야 한다. 반면, 성인은 자기 삶의 상황에 더 효과적으로 대응하기 위해 자신이 할 수 있는, 그리고 알아야 할 필요가 있는 것을 학습할 준비가 되어 있다. 다섯째, 학습에의 지향성에서, 페다고지가 과목 중심의 지향성을 갖는 것과는 대조적으로 성인학습은 다분히 생활 중심, 과업 중심 또는 문제 중심이다. 마지막으로 여섯째, 동기에 있어서, 아동학습자는 성적, 교사의 인정, 부모의 압력 등과 같은 외적 동기 요인에 의해 동기 부여된다. 성인들에게도

〈표 6-1〉 페다고지모형과 안드라고지모형의 학습자에 대한 가정

비교 준거	페다고지모형	안드라고지모형
학습의 필요성	삶에의 적용 필요 없음	왜 배워야 하는지 알아야 함
학습자의 자아개념	의존적 존재	자기 결정과 책임을 가진 존재
경험의 역할	학습 자원으로 가치 없음	경험에 기초하여 학습
학습 준비도	교사가 제시하는 것에 대한 준비	삶에 대응할 학습에 대한 준비
학습에의 지향성	과목 중심	생활 · 과업 · 문제 중심
학습 동기	외적 동기 요인	내적 동기 요인

출처: Knowles, Holton, & Swanson (2005). *The Adult Learner* (6th ed.). 재구성.

---

2) 처음에는 두 번째부터 다섯 번째까지의 네 가지 과정을 제시하였으나 여러 해에 걸쳐 여섯 가지로 증가하여 제시하였다(Knowles et al., 2005).

더 좋은 직업, 승진, 더 많은 급여 등과 같은 외적 동기가 있지만, 더 강력한 동기유발 요소는 더 높은 직업만족도, 자부심, 삶의 질 등과 같은 내적인 욕구다.

안드라고지의 개념과 전제는 1970년대와 1980년대에 학문적 논쟁을 불러일으켰다. 페다고지와 대립되는 안드라고지의 전제는 대조적인 특징이라기보다는 연속선상에 있고 둘 사이의 적절한 균형이 필요한 것으로 수정되었다. 또한 안드라고지는 성인학습의 하나의 이론은 아니고, 그 개념이 나라마다 다르게 사용되기 때문에 상황과 맥락에 따라 다르게 이해되어야 한다(Merriam, 2001). 더욱이 학교교육에서도 '열린 교육', '자기주도학습' 등과 같이 안드라고지적 전제들에 기초한 교육이 확산되는 점을 고려했을 때, 안드라고지는 성인에게만 적용되는 교육 원리라기보다는 전통적인 교육학에 대한 대안적 또는 개혁적 교육학으로 보는 것이 타당하다.

안드라고지에서도 제시했듯이 자기주도학습이론(self directed learning theory)은 학습자의 자기주도성에 초점을 맞춘 이론이다. 이 이론은 기본적으로 선의와 책임감을 가지는 인간의 본성을 전제로 한다. 즉, 자기주도학습은 기본적으로 인본주의 학습이론에 근거하고 있다. 그러나 다른 학습이론의 적용 가능성도 있다. 예를 들어, 행동 목표를 설정하고 달리기 훈련을 해야 효과적인 자기주도학습이 될 수도 있다. 실제로 모든 성인에게 모든 성인학습 환경에서 자기주도학습이 가장 적합한 것은 아니다. 이런 여러 가지 상황은 자기주도학습이론에 대해 향후에도 계속하여 새롭게 탐구해야 할 더 많은 질문을 제기하고 있다(Merriam, 2001).

3) 경험학습이론

경험학습이론(experiential learning theory)은 경험의 교육적 의미를 강조한다. 경험이란 삶의 과정에서 실제로 보고 듣고 겪는 모든 일을 일컫는다. 그

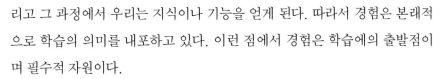

리고 그 과정에서 우리는 지식이나 기능을 얻게 된다. 따라서 경험은 본래적으로 학습의 의미를 내포하고 있다. 이런 점에서 경험은 학습에의 출발점이며 필수적 자원이다.

교육에서 경험의 중요성에 대한 인식은 John Dewey로부터 왔다. 그는 교육을 경험의 계속적인 성장 또는 재구성 과정으로 개념화하였다. 학습은 이미 가지고 있는 다양한 경험을 새로운 정보의 습득으로 결합시키는 역동적 과정이다. 즉, 개인과 환경의 상호작용으로서 경험이 교육의 중심이다. 진정한 교육은 경험으로부터 온다. 교육은 경험의, 경험에 의한, 그리고 경험을 위한 것이다(Dewey, 1938).

물론 모든 경험이 그 자체로 교육적이지는 않다. 경험은 학습을 위한 재료이고, 학습의 장에서 끊임없이 읽히고 해석되어야 할 무엇이다. 따라서 학습은 단순히 경험으로부터 오는 것이 아니며, 경험과 학습은 역동적인 상호작용의 과정 속에서 존재한다. 경험의 교육적 가치는 그것이 어디로 향해 나가는지에 의해서 판단될 수 있다. 그리고 경험을 교육적인 방향으로 나아가게 하기 위해서는 반성적 사고가 필요하다. 경험과 실천이라는 활동적인 면이 반성과 개념화라는 이론적인 면과 결합되었을 때 비로소 유의미한 학습이 된다(Merriam & Caffarella, 1999). 요약하면 모든 경험이 교육적인 것은 아니지만, 진정한 교육은 경험으로부터 온다는 것이다.

성인학습은 성인이 이미 가지고 있는 다양한 경험을 새로운 지식과 결합시키는 과정이다. 이를 잘 보여 주는 가장 대표적인 경험학습모형은 Kolb(2000)의 학습 유형 또는 경험학습의 네 단계다. 그는 경험을 통한 학습의 과정을 하나의 모형으로 구조화하였다. 즉, 경험학습은 구체적 경험 → 반성적 관찰 → 추상적 개념화 → 활동적 실행의 순환적 과정이다. 여기서 구체적 경험은 새롭고 구체적인 경험을 하는 단계다. 반성적 관찰은 경험을 해석하고 반추하는 단계이고, 추상적 개념화는 논리적 통합을 위한 아이디어와 개념을 창출하는 단계다. 마지막으로, 활동적 실행은 학습을 활용하는 단계다. 일터에

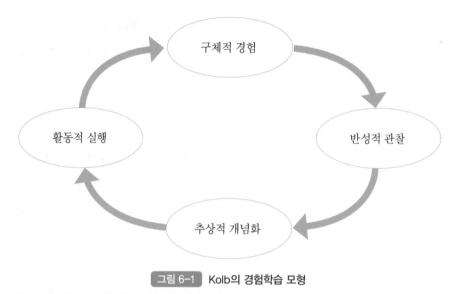

그림 6-1 Kolb의 경험학습 모형

출처: Kolb, D. A. (1984). *Experiential learning: Experience as the source of learning and development.*
Englewood Cliffs, NJ: Prentice Hall, p. 42.

서 과업을 성취할 때는 이 네 단계 모두를 통해 움직여야 한다. 여기서 교육
자는 전통적으로 부여받아 온 가르치는 역할에만 머물러서는 곤란하다. 그
뿐만 아니라 친구이자, 공동학습자이며, 촉진자로서의 역할을 통해 학습자와
함께 관계를 형성하는 것이 중요하다. 즉, 다른 사람들의 경험에 학습 생명력
을 불어넣는 기능을 수행해야 한다(Miller & Boud, 1996).

경험학습이론은 현장 체험을 통한 학습을 위해 매우 유용한 기초가 되었
다. 특히, 형식적인 프로그램 학습과 대비되는 일터에서의 직접적 경험이 효
과적인 학습으로 이어질 수 있다는 점을 드러냄으로써 그 교육적 의의가 크
다고 할 수 있다.

4) 전환학습이론

전환학습이론(transformational learning theory)은 성인의 학습이 단순히 지

식을 축적하는 양적인 변화의 방식이 아니라고 전제한다. 오히려 이전까지의 삶을 반성하고 새로운 관점을 가지는 질적인 변화의 과정이라고 주장한다. 전환학습은 '어떻게 아는가'를 변화시키는 학습이라는 점에서 '무엇을 아는가'를 변화시키는 정보학습(informational learning)과는 대조되는 학습을 의미한다(Baumgartner, 2001).

전환학습이론의 기초는 이미 1970년대 브라질의 교육학자이자 실천가인 Paulo Freire에 의해 이루어졌다. 그는 브라질의 민중이 글자를 읽고 쓰지 못함으로 인해 초래되는 불이익과 사회적 불평등의 문제를 인식하였다. 그리고 성인을 대상으로 한 문해교육이 비판적 의식화로 이어지도록 하는 해방적 교육을 실천하였다. 민중이 가진 '침묵의 문화'와 전통적인 '은행 저축식 교육'을 타파하고자 하였다. 그는 '문제제기식 교육'을 제안하였다. 그것은 행동과 성찰을 변증법적으로 결합한 실천(praxis)과 대화식 교육을 통한 비판적 의식화와 민중해방을 지향하였다(Freire, 1973). Freire는 사회정의를 지향하는 해방적이고 정치적인 교육이론을 통한 전환학습이론을 발전시켰다.

성인교육에서 전환학습이론을 체계화한 가장 대표적인 이론가는 Mezirow다. Mezirow는 합리적 사고와 성찰을 통한 관점의 전환을 강조하는 인지-합리주의적 접근을 취하였다. 그는 관점 전환을 "새로운 행동지침을 형성하는 의미구조의 근본적 변화"라고 규정하였다. Mezirow(1978)에 따르면 위기나 변화 상황 때문에 기존에 가지고 있던 방식으로는 해결되지 않는 딜레마 상황에 놓일 때 전환학습이 시작된다. 이런 혼란스러운 딜레마 상황에 이성적이고 논리적으로 접근하여 문제의 내용, 문제해결의 과정, 그리고 문제가 가진 전제에 대해 성찰한다. 이 가운데 문제의 전제에 대한 성찰을 하면 의미구조의 전환이 이루어진다. 그러한 학습은 자기성찰을 통해 가능하며, 그 구체적인 방법 가운데 하나가 일지 쓰기다.

한마디로, 전환학습은 인생에서 딜레마와 같은 사건에 직면한 개인이 이성적 담론과 비판적 성찰의 단계를 거쳐 그가 가지고 있던 기본적인 가정과

〈표 6-2〉 Mezirow의 전환학습 10단계

전환학습 단계	내용
1단계	혼란스러운 딜레마
2단계	두려움, 분노, 수치심의 감정에 대한 자기 평가
3단계	자신의 가정에 대한 비판적 성찰
4단계	불만족과 전환 과정의 공유
5단계	새로운 역할, 관계, 행동 대안의 탐색
6단계	새로운 행동과정 계획
7단계	새로운 행동을 실천하기 위한 기술과 지식의 습득
8단계	새로운 역할을 시험적으로 시도
9단계	새로운 역할과 관계를 위한 기능과 자신감의 구축
10단계	새롭게 형성된 관점으로 재통합

출처: Mezirow, J. (2000). *Learning as Transformation: Critical Perspectives on a Theory in Progress*. San Francisco: Jossey-Bass, p. 22.

신념, 전제들이 학습을 통해 변화하는 과정을 뜻한다. Mezirow(2000)는 이러한 전환학습의 과정을 〈표 6-2〉와 같이 10단계로 구체화했다.

Mezirow의 전환학습 10단계 과정은 경험을 통해 새로운 의미구조 형성 단계를 구조화했다는 점에서 시사하는 바가 크다. 그러나 Mezirow의 전환학습 이론은 성찰을 통한 인간의 인지적 활동에 지나치게 주목한 점에서 여러 학자들의 비판과 대안적 연구가 이루어졌고, 이성과 논리에 치우친 전환이 아닌 심리, 정서, 영적 영역 등 주관적인 요인에 의해서도 전환이 일어나고 있음이 밝혀지고 있다(박경호, 2009; 리상섭, 2007).

Mezirow는 이후에 전환의 과정을 단선적이기보다는 유동적이고 회귀적이며 복합적인 과정으로 보았고, 일회적이고 극적인 사건이기보다는 장기적이고 누적적인 과정으로 이해하였다. 또한 합리주의적일 뿐만 아니라 관계적이고 상호 의존적이며, 맥락적이고, 문화 의존적인 과정이 고려되는 방향으로 발전시켰다(Baumgartner, 2001). 실제로, 전환학습은 탈권위적이고 감성적인 접근을 필요로 한다. 전환의 윤리적 고려도 중요한 문제다. 이런 점에서 전환학습이론은 기본적으로 인본주의적이다. 다만 그 과정은 인지주의적인 접근법을 취하기도 한다.

5) 무형식학습이론

많은 학자가 형식 프로그램에 의한 훈련의 한계를 지적하면서, 실제 업무 상황에서 이루어지는 학습의 중요성을 강조한다. 일터가 곧 학습의 장소일 때 업무 관련성이 높은 학습이 이루어질 수 있기 때문이다. 또한 실제로 대부분의 학습은 공식적 교육의 장이 아니라 일터에서 일을 하면서 이루어진다(Day, 1998). 이렇게 일터에서 일상적으로 자연스럽게 이루어지는 경험적 또는 실행적 학습을 무형식학습(informal learning)[3]이라고 개념화할 수 있다.

Watkins와 Marsick(1992)은 일터에서의 학습을 형식학습, 무형식학습 그리고 우발적 학습으로 구분하였다. 형식학습(formal learning)은 공식적으로 구조화되어 있고, 기관에 의해 지원되며, 강의실에서 이루어지는 학습 형태를 지닌다. 반면, 무형식학습은 조직에서 일어나는 의식된 학습이지만 교실 중심적이거나 구조화되어 있지 않고 학습의 통제가 학습자에 의해 일어난다. 구체적으로 자기주도학습, 관계 형성, 코칭, 멘토링 등이 여기에 포함된다. 또한

---

3) informal learning은 무형식학습 또는 비공식학습으로 번역된다. 형식/무형식학습이 학습의 구조화 정도에 따라 분류한 것이라면, 공식/비공식학습은 조직의 개입 여부에 따른 구분이다. 예를 들어, 멘토링과 실행공동체는 업무 현장에서 일상적으로 이루어지는 자연스러운 학습 현상이기 때문에 학습 방식의 관점에서 볼 때 무형식학습이다. 그리고 그것들은 원래 제도화되어 있지 않은 비공식적 학습 경험이었다. 그러나 근래 들어 조직 차원에서 이를 제도적으로 공식화하여 운영하는 경우가 많은데, 이 경우에 멘토링과 실행공동체는 학습 방식에서는 여전히 무형식학습이라고 할 수 있지만, 제도적 측면에서는 공식적 학습이 된다. 즉, 공식화된 무형식학습이라고 할 수 있다.

〈표 6-3〉 학습의 유형 구분

행동 \ 의도	유	무
유	무형식학습	우발적 학습
무	형식학습	무학습

출처: Watkins & Marsick (1992), p. 290.

우발적 학습(incidental learning)은 어떤 행동에 의해 부수적으로 발생하는 비의도적 학습을 일컫는다. 실수를 통한 학습, 시행착오 등이 그것이다.

우발적 학습을 포함하는 무형식학습은 형식학습과 대비되는 특징을 갖는다.[4] 무형식학습은 매일의 일상생활에 통합되어 있고, 내부적·외부적 충격에 의해 촉발되며, 매우 의식적이거나 계획적이지는 않고, 우연적이며, 반성과 행동의 귀납적 과정을 거치고, 타인의 학습과 연결되는 특징을 갖는다(Marsick & Volpe, 1999). 다시 말해서, 무형식학습은 경험으로부터 배우고, 조직의 맥락이 중요하며, 행동에 초점을 맞추고, 일상적인 활동을 비일상적인 것으로 인식할 때 발생한다. 따라서 지식의 암묵적인 측면이 강조된다. Marsick과 Watkins(2001)는 이런 무형식학습을 성인학습의 핵심이라고 보았다. 실제로 사람들은 일상 경험을 통해 언제나 배우고 있다.

무형식학습의 이런 특징은 상황적이고, 실제적이며, 특수하고, 사회적인 일터학습과 잘 맞아떨어진다. 실제로, 업무에 필요한 지식이나 기술은 10%만이 형식교육을 통해서 습득할 뿐이고, 나머지 90%는 프로젝트 수행이나 멘토링 등과 같은 무형식학습을 통해서 이루어진다고 주장되기도 한다

---

4) 형식학습과 무형식학습은 서로를 대체하는 관계라기보다는 상호 보완적이라고 할 수 있다. Bell(1977)은 형식학습과 무형식학습의 관계를 벽돌과 시멘트의 관계로 비유하였다. 벽돌은 건물이 튼튼하게 유지되도록 하는 기본적인 재료다. 시멘트는 벽돌 사이의 틈새를 메우고 더 단단하게 굳히는 역할을 한다. 따라서 그 둘은 서로 시너지 효과를 낸다.

(Bingham, 2009). 이를 70:20:10 모형으로 구체화하기도 한다(Arets, Jennings, & Heijnen, 2016). 이 모형에 따르면, 학습의 70%는 일을 통한 실험, 경험, 성찰에서 비롯된다. 혁신, 도전적 과제, 문제해결, 역할 및 책임 부여의 과정을 통해 무형식적으로 학습이 이루어진다. 20%도 다른 사람들과의 협업을 통해 이루어진다. 코칭, 멘토링, 피드백, 실행학습 등을 통한 학습이 여기에 해당한다. 나머지 10%만이 교육과정, 워크숍, 세미나 등과 같은 형식적이고 계획된 프로그램으로 학습이 발생한다.

이처럼 무형식학습은 일터에서 업무에 필요한 지식이나 기술을 획득하는 주요한 방법이라고 할 수 있다. 일터에서 무형식학습의 중요성은 인적자원개발 분야에서 널리 받아들여져 왔다. 그럼에도 불구하고, 연구 근거가 모호한 70:20:10 같은 단순한 공식이 무분별하게 사용될 경우 일터 현장의 학습을 왜곡하거나 오도할 우려마저 있다(Clardy, 2018).

실제로 무형식학습은 일터와 업무가 갖고 있는 독특한 상황뿐만 아니라 학습자의 개별 특성과 역량에 의해 그 방식과 효과가 달라지는 경향이 있다. 따라서 무형식학습을 촉진하기 위해서는 선행 학습을 활용한 비판적 성찰과 창의성의 촉진이 필요하다(Watkins & Marsick, 1992).

6) 상황학습이론

상황학습이론(situated learning theory)은 모든 학습을 맥락적이고 사회적인 참여의 결과로 본다. 이 이론은 학습이 사람의 머릿속에서만이 아니라 사회적 맥락과 관계 속에서 이루어진다고 본다. 또한 경험이 구조에 선행한다는 강한 신념을 가진다. 따라서 이 이론에서는 학습의 과정을 학습이 발전하고 활용되는 활동, 맥락, 문화의 산물로 파악한다. 상황화되지 않은 행동이란 없으며, 학습에서는 세계에 대한 사실적 지식의 단순한 수용보다는 전인격적이고 포괄적인 이해가 강조된다. 일반적 지식마저도 특수한 상황에서만 일반성을 획득할 수 있는 것이다(Lave & Wenger, 1991). 상황학습이론가들은 학습이 단순히 정보 획득 이상의 개념이라고 본다. 학습은 공동체 구성원의 성향, 행동양식, 견해 등을 파악해 나가는 과정을 필요로 한다(Brown & Duguid, 2000). 이를 통해 인간의 사회적 활동과 참여로써 만들어지는 공동체적 학습 현상의 모습을 잘 보여 준다.

Lave와 Wenger(1991)가 도제 학습을 연구하여 제안한 '합법적 주변 참여(legitimate peripheral participation)' 개념은 학습자가 '실행공동체'에서 학습해 나가는 모습을 잘 보여 준다. 학습은 초보자가 합법적 주변 참여를 통해 공동체의 사회문화적 실행 속에서 완전한 참여로 나아가는 과정이다. 여기서 합법성이란 공동체에 참여해도 좋다는 것을 인정받은 것을 의미한다. 주변성이란 공동체에 깊이 관여하는 참여가 아닌 약간 발만 담그는 정도의 참여를 의미한다. 신참자들은 비록 주변적일지라도 그들 공동체에 합법적 참여자로 들어간다. 그들은 실행공동체에서 점차적으로 중심으로 이동하여 완전한 참여자가 되어 간다. 현장 경험은 학습자들이 합법적인 주변적 참여를 통해 상황학습을 할 수 있게 한다는 점에서 매우 중요하다. 학습 현상은 바로 이러한 인간의 사회적 활동과 참여를 통해서 만들어지기 때문이다.

다른 한편, 그들의 연구는 '실행공동체(Community of Practice: CoP)'라는 영향력 있는 개념을 제시하였다. Wenger, McDermott와 Synder(2002)는 실행공동체를 "동일한 관심사와 일련의 문제, 특정한 주제에 대한 열정을 공유하고 있으면서, 지속적으로 상호작용하는 과정을 통하여 이 분야에 대한 지식과 전문성을 보다 깊이 있는 것으로 만들어 가는 사람들의 집단"이라고 정의하였다. Brown과 Duguid(2000)는 실행공동체를 일상적인 업무 활동 속에서 자연스럽게 이루어지는 집단이라고 보았다. 이를 통해 모든 업무수행 방식이 생명력을 얻고 창조적인 생산물이 탄생할 수 있다고 주장하였다. 그것은 익명적이고 간접적인 관계망과는 달리, 직접 얼굴을 마주 보며 협상, 대화, 의견 조정 등 긴밀한 상호작용을 함으로써 고유한 업무 방식, 취향, 판단력,

내부 언어 등을 스스로 만들어 내고 공유하여 생산적이고 창의적인 공동작업을 전개한다. 제3장에서도 언급했듯이, Orr(1996)는 제록스사의 복사기 수리 기사들이 실행공동체를 형성하고 실용적인 지식과 기술을 학습하고 있다는 사실을 발견하였다. 그들은 고객의 문제를 해결하는 데 필요한 지식과 노하우를 공식 지침서보다는 동료 기사들과의 비공식적 유대관계를 통하여 학습하였다. 즉, 함께 식사하고 카드게임을 하며 대화를 하는 중에 노하우를 공유하고 문제를 해결하는 방법을 배워 갔다.

실행공동체는 전문적 지식을 학습하고 창출하는 데 목적을 둔 자발적 모임이라는 점에서 업무나 과업을 수행하기 위한 공식 부서나 프로젝트 팀과는 다르다. 정보를 수집하거나 친교를 위한 사내 동아리와 비공식 네트워크 등과도 차이가 있다(Wenger et al., 2002).

실행공동체는 지식의 분야, 그 분야에 관심을 가진 사람들의 공동체, 그리고 그들이 공유하는 실행을 주요한 구성 요소로 이루어진다(Wenger et al., 2002). 첫째, 실행공동체의 분야는 공통의 이해 기반과 정체성을 만드는 것이다. 실행공동체가 관심을 가지는 분야가 무엇인가를 잘 정의하여야 실행공동체의 구성원과 이해관계자들에게 실행공동체의 목적과 가치를 확인시켜 합법적인 지위를 획득하도록 할 수 있다. 구성원의 학습을 촉진하고 그들의 활동에 의미를 부여하며 실행공동체에 참여하도록 하는 것이 바로 그들이 관심을 가진 분야다. 둘째, 공동체는 학습이 일어나는 사회적 관계를 창조한다. 신뢰에 바탕을 둔 상호작용과 관계하에서 구성원들은 자신들이 모르는 것이 무엇인지 드러내어 질문하고, 아이디어를 공유할 수 있다. 학습이라는 지적인 과정에는 소속감이 중요하게 작용하기 때문에 공동체가 중요하다. 셋째, 실행이란 공동체 구성원들이 지식을 개발하고 공유하며 유지하는 구체적인 활동이다. 여기서 지식이란 공유하는 생각의 틀, 아이디어, 도구, 정보, 양식, 언어, 이야기, 문서들의 집합이다(장주희, 2015).

일터에서의 상황학습이론은 합리주의적이고 인지주의적인 전통을 가진

경험학습에 비해 더욱 강하게 실행의 상황성을 강조한다. 학습에서 내용이
나 교과(text)가 아니라 맥락(context)의 중요성을 더 크게 부각시킨다. 반성적
실천이 경험을 학습의 촉매로 보면서 그것을 학습의 과정과 분리시키는 반
면, 상황적 인지는 학습의 과정을 학습이 일어나는 물리적·사회적 상황과
분리할 수 없다고 본다. 예를 들어, Argyris와 Schön(1978)이 행동과 성찰을
분리하여 합리주의적이고 일방적인 경험학습이론을 주장한 것은 경험과 지
식이 상호작용하여 서로를 결정한다는 점을 간과하고, 일터에서 몸으로 경험
하고 직관적으로 배우는 학습을 훼손한다고 지적하였다. 그들은 학습은 개
인이 참여한 상황에 근거하는 것이지, 반성에 의해 생성된 지적 개념으로서
그 개인의 머리로부터 나오는 것이 아니라고 강하게 주장하였다. 상황학습
이론은 기억이나 정보처리보다는 학습이 일어나는 상황의 우선성을 강조하
고, 학습을 문화적 현상으로 가정함에 따라 정치적·사회적 맥락 속에서 지
식과 권력의 문제를 함께 다룰 수 있는 가능성을 열었다.

7) 확장학습이론[5]

모든 학습이 확장학습(expansive learning)은 아니다. 그러나 학습은 본래
확장적이다. 삶은 확장의 연속이고 그것이 곧 학습의 과정이기 때문이다. 그
런 학습의 과정 속에서 새로운 지식은 창출한다.

확장학습은 제3세대 문화역사적 활동이론에 기반을 둔다. 문화역사적 활동이
론(Cultural Historical Activity Theory: CHAT)은 학습에 대한 사회문화적이고 역
사적인 접근법을 취한다.

---

[5] 이 절은 장원섭(2014). '역자해설-문화역사적 활동이론과 확장학습, 그 창조력: 팀의 해체
와 놋워킹의 출현'(위리외 엥게스트룀 저, 장원섭, 구유정 역, 『팀의 해체와 놋워킹』, 학이시
습) 중 일부를 수정·보완한 것이다.

제1세대 활동이론을 태동시킨 Vygotsky는 인간 활동을 단순한 자극과 반응 사이의 관계로만 파악하지 않았다. 그 대신, 주제와 객체 사이를 매개하는 사회문화적 중재의 역할을 강조했다. 그는 물리적 도구나 신호와 같은 '매개체'라는 개념을 통해 개인과 사회가 분리되어 존재할 수 없다는 것을 설명하였다. 또한, '근접발달영역(Zone of Proximal Development)'을 제시함으로써 개인의 인지발달 단계가 아니라 구체적인 사회적 상황 속에서 개인들 사이의 협력적 관계를 통해 학습 활동이 이루어진다고 강조했다(Moll, 1990). 그러나 제1세대 활동이론은 기본적으로 개인을 분석의 단위로 삼았다는 한계를 갖는다(Engeström, 2001).

Leont'ev에 의해 발전된 제2세대 활동이론은 개인 차원의 활동체계를 집단 활동체계로 확장한다. 그는 학습을 포함한 개인의 행위가 집단 활동의 맥락에서 의미를 가질 수 있다고 보았다. 따라서 인간 의식과 그것의 발달에 대한 총체적 특성을 밝혀내기 위한 분석 단위로서 개인이 아닌 '사회적 활동'을 제시했다. 또한, 그런 활동을 설명하기 위해 분업, 규칙과 공동체의 개념도 제시하였다. 즉, 하나의 활동체계는 주체와 객체, 이들을 매개하는 매개체, 그리고 규칙과 공동체, 분업으로 구성된다. 활동체계의 구성 요소 중 주체는 활동체계의 참여자로 개인 또는 집단이다. 객체는 활동의 대상 또는 목표로 실행의 도구가 되는 매개체를 통해서 결과물로 변환된다. 활동의 과정에는 지켜야 할 규칙이 있으며, 활동 주체가 속한 상위 집단으로서 공동체가 존재한다. 또한 사람들은 분업을 통해 목표를 달성하기 위한 역할 분담을 한다. 이런 요소들에 기초하여 인간 활동의 전 과정이 활동체계를 통해 설명된다. 또한, 제2세대 활동이론은 인간 활동체계의 구조를 체계화하고 지속적인 변화와 발전의 동력으로서 각 구성 요소들 사이의 모순 개념을 제시하였다. 그럼에도 불구하고, 서로 다른 전통이나 관점들 사이의 다양성과 대화의 문제를 인식하는 데는 미흡하였고 지적된다(Engeström, 2001).

Engeström의 제3세대 활동이론은 모순의 개념을 하나의 활동에 국한시키

지 않고 다른 관련 활동들과의 관계로까지 확장한 활동체계들의 관계망을 제
시한다. 그것은 활동체계들 사이의 상호작용과 대화, 경계 가로지르기, 다양
한 관점의 이해를 가능하게 한다. 실제로, 인간이 살아가는 환경에는 여러 가
지 활동체계가 있고, 각 활동체계는 역사적·사회적으로 서로 영향을 주고받
으며 인간의 삶을 발전시킨다. 따라서 활동체계들의 관계망은 서로 다른 활
동체계들 사이의 상호작용에서 생겨나는 갈등과 강화 관계를 통해 인간 행동
과 삶의 발전적인 측면까지 다룰 수 있다. 구체적으로, 객체는 최초의 원재료
상태인 '객체 1'에서 활동체계에 의해 집단적으로 의미를 가지는 '객체 2'로
이동하고, 결국은 다른 활동체계의 객체와 상호작용하여 공유되거나 합의하
여 도출된 '객체 3'을 형성한다([그림 6-2]).

하나의 활동체계 내의 구성 요소들 또는 여러 활동체계들 사이의 상호작용
의 과정은 곧 '확장학습(expansive learning)'의 가능성으로 이어진다. 모순과
갈등은 활동에서 불가피한 요소로서 발달과 변형의 근원으로 작용한다. 따
라서 활동체계 내에서 또는 활동체계 간에서 발생하는 모순이나 갈등의 과정
중에서 학습이 일어난다. 이러한 모순 또는 갈등은 더 적합한 매개체를 형성
하여 문제해결의 방향으로 움직이게 한다. 이에 따라 활동은 일련의 확장적
순환 과정 내에서 질적으로 새로운 국면으로 전환한다.

이 과정은 확장학습 순환(expansive learning cycle)으로 설명할 수 있다. 질

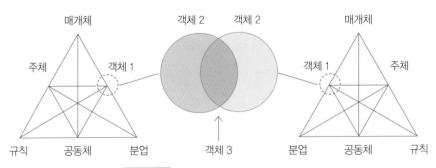

그림 6-2 상호작용하는 두 개의 활동체계

문하기, 분석하기, 새로운 해결책 모형화하기, 새로운 모형 검증하기, 새로운 모형 도입하기, 프로세스 성찰하기 및 새로운 절차로 안정화하기의 과정이 그것이다. '질문하기'는 개별적인 주체가 기존에 존재하는 관행적인 것을 질문하고 비평하고 거부하는 단계다. '분석하기'에서는 내부적인 요인의 관련성을 통해 상황을 분석한다. '새로운 해결안 모형화하기'에서는 분석 결과에 대한 해결책을 제시하며, 아이디어를 간결화한 모형을 구성한다. '새로운 모형 검증하기'에서는 새로운 모형의 역동성과 한계를 진단한다. '새로운 모형 도입하기'에서는 실제적 적용 가능성을 파악하며 모형을 구체화한다. 여섯 번째와 일곱 번째 단계에서는 프로세스를 고찰하고 평가하면서 결과를 새로운 관행으로 굳힌다(Engeström, 2008).

Engeström은 확장학습을 역사적으로 축적된 모순에 직면하여 이를 해결

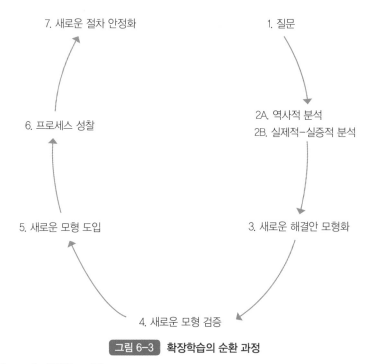

그림 6-3 확장학습의 순환 과정

출처: Engeström (2008), p. 198.

해 나가는 제3수준의 학습이라고 하였다. 학습은 과제의 타당성이나 문제가 발생한 상황과 맥락에 의문을 제기하고 맥락 그 자체를 변형하는 것으로부터 시작한다. 이런 점에서 흉내 내기와 조건화 같은 제1수준의 학습이나 시행착오와 탐구학습 같은 제2수준의 학습과는 차이가 있다고 보았다(Engeström, 1994). 따라서 확장학습은 맥락적이고 역사적이며, 개인이라기보다는 활동체계들의 관계와 다중의 목소리에 관련되고, 모순과 갈등이 학습과 발전으로 이어지는 변혁적이고 전환적인 학습으로서 특징지을 수 있다.

결국, 확장학습이론은 능동적이고 적극적인 주체로서 학습자를 상정하면서, 주체와 객체 사이에 매개체를 통해 상호작용하면서 활동체계를 구축하고, 그 과정에서 발생하는 모순이나 갈등이 기존의 테두리에서는 해결하기 어려웠던 문제들을 극복하면서 확장적으로 배워 나가는 공동체적 과정인, 사회적이고 창조적인 학습을 이해하기 위한 틀을 제공한다.

3. 교육 방법의 유형

일터에서의 학습이론은 구체적인 교육의 방법으로 발현된다. 인적자원개발에서 교육을 실행하는 방법은 크게 집합교육, 현직교육, 자기개발 등으로 구분된다.

1) 집합교육

집합교육(off the Job Training: off-JT)은 학습자들이 교육을 목적으로 설립한 별도의 장소에 모여서 집단적으로 받는 교육을 말한다. 주요한 방법으로는 강의, 토의, 브레인스토밍, 모의실험, 연극기법 그리고 T집단훈련 등이 있다.

강의는 교수자가 다수의 학습자에게 특정 주제에 관한 사실과 지식을 전달하는 가장 전형적인 교육 방법이다. 이 방법을 사용하면 짧은 시간 안에 많은 정보를 체계적으로 다룰 수 있기 때문에 매우 효율적인 교육이 될 수 있다. 그러나 교수자의 일방적인 지식 전달은 학습자의 참여와 창의적인 문제해결을 제한할 수도 있다.

토의는 교수자와 학습자, 그리고 학습자들 사이의 쌍방향적인 의사소통을 통한 교수학습이 이루어지는 과정을 말한다. 교수자와 학습자들 간의 질의와 응답, 그리고 의견 교환을 통해 참여적이고 역동적인 수업이 이루어질 수 있다. 학습자의 수가 적은 경우에 더 효과적인 교육 방법이 될 수 있지만, 그렇지 않은 경우에도 다양한 형태의 토의법을 사용할 수 있다. 소수의 전문가가 발표하고 청중의 질의에 응답하는 심포지엄, 서로 다른 의견을 가진 사람들로 패널을 구성하여 청중 앞에서 토론하는 패널토의, 대집단을 여러 소집단으로 나누어 토의하고 전체 토론으로 종합하는 버즈토의 등이 그 대표적인 예다.

브레인스토밍은 문제해결을 위해 창의적 사고를 도출하려는 토의법의 일종이다. 참여자들은 제기된 문제에 관계된 어떠한 아이디어라도 생각나는 대로 자유롭게 발표하고 진행자가 그것들을 기록한 후에 이를 종합 정리하는 과정을 거친다. 그러면서 새로운 문제해결 방법을 창출해 낸다. 이 방법은 참여자 간의 상호 자극과 창의성 신장의 기회를 극대화할 수 있다. 다만 자유롭고 허용적인 분위기 속에서 이루어지지 않는다면 새로운 아이디어들이 제시되지 못하거나 무안을 당하는 등의 실망스러운 경험을 할 수도 있다.

모의실험(simulation)은 실제 사건이나 과정을 시험적으로 재연하는 것을 의미한다. 이 방법은 학습자의 다양한 시험적인 시도를 가능하게 하며, 특히 실제 상황에서는 위험하거나 비용이 많이 드는 경우에 유용하다. 근래에는 컴퓨터 게임이나 가상현실(virtual reality), 증강현실(augmented reality) 등 첨단 매체를 활용한 모의실험이 활발하게 도입되어 활용되고 있다.

연극기법은 학습자들이 연극에 참여함으로써 새로운 관점이나 사고를 얻는 방법이다. 역할극(role play)은 참여자들에게 서로 다른 역할을 주고 특정한 가상적인 상황에서 연기를 하도록 함으로써 다른 사람들의 역할이나 입장을 이해하고 관계를 개선하도록 돕는 연극기법이다. 즉흥극(improvisation)은 대본뿐만 아니라 극중 역할과 같은 연기에 대한 최소한의 사전 준비도 없이 관객 등의 지시들에 맞춰 상황을 변화시키면서 연기하는 연극기법이다. 이를 통해 참여자들은 상황에 빠르게 대응할 수 있는 민첩성과 창조력을 기를 수 있다.

T집단훈련은 10~15명의 사람이 훈련 집단을 형성하여 인간관계를 개선하기 위해 학습하는 방법을 말한다. 그 대표적인 예로, 감수성 훈련은 구성원들이 자유로운 분위기 속에서 그들 스스로 행동을 반성하고 자신의 태도가 타인에게 어떤 영향을 미치는지 이해하도록 함으로써 대인관계에 따른 감수성 및 사회적 감수성을 높이고 집단의 효과성을 높이려는 교육 전략이다.

이와 같은 집합교육은 체계적인 정보 획득을 위한 학습, 교수자와 학습자들 간의 상호 동기유발과 의사소통, 사람들 사이의 관계와 집단적 역학 과정을 통한 사회적 태도의 형성 등의 측면에서 개인적으로 학습하는 경우에 비해 효과적이다. 특히, 인적자원개발에서 집합교육은 주로 연수원 등과 같이 교육을 위한 별도의 시설에서 이루어짐에 따라 업무의 압박감으로부터 벗어나 학습에만 집중할 수 있다는 장점을 갖는다. 그러나 업무 현장에서 분리된 상태에서 이루어지는 교육은 추상적이고, 일반적이며, 비현실적이 될 가능성이 커진다. 또한 교육 프로그램 개발 비용, 교재비, 강사료, 강의실 사용료 등 많은 교육비용이 발생할 뿐만 아니라 교육받는 동안 업무를 중단해야 하기 때문에 그에 따른 기회비용도 크다.

집합교육은 참가 인원수, 시간과 공간의 문제, 학습자의 요구·능력·수준에 따라 가장 적합한 교육 방법을 찾아서 활용해야 한다. 인적자원개발은 실제 업무를 수행하는 성인을 대상으로 교육하는 활동이기 때문에 정보를 제공하고 그것을 학습자의 머릿속에 차곡차곡 채우도록 하는 것도 필요하지만

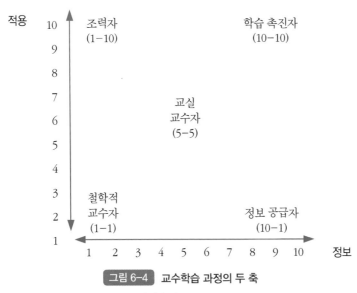

그림 6-4 교수학습 과정의 두 축

출처: Gilley et al. (2002). 인적자원개발론(장원섭 역, 2003), p. 342.

그들의 여러 경험을 효과적으로 이끌어 내어 더 발전적인 학습으로 이어지도록 돕는 것이 중요하다.

　Gilley 등(2002)은 정보 채우기와 적용 이끌기를 어떻게 조화시킬 것인지를 [그림 6-4]와 같이 제시하였다. 이 그림으로부터 다섯 가지 주요한 교수 방식을 발견할 수 있다. 첫째, 철학적 교수 방식은 내적인 지적 만족에 가치를 부여한다. 지적인 교류를 통해서 만족을 얻기는 하지만, 새로운 생각이나 사실을 제시하는 경우는 드물다. 이러한 방식의 교육이 효과를 얻기 위해서는 지적으로 뛰어난 학습자와 교수자가 필요하다. 둘째, 정보 공급 방식은 학습을 기본적으로 정보를 공급하고 기억하게 하는 과정이라고 전제한다. 강의 등을 통해 학습자는 사실, 개념 및 이론을 수용하도록 하고 시험을 통해서 이해한 것을 증명할 것을 요청받는다. 셋째, 교실 교수 방식은 정보와 적용을 통합하려는 시도다. 그러나 교육은 삶과 유리된 안전한 환경에서 이루어지는 경향이 있다. 또한 전달되는 정보가 그리 복잡하지 않을 뿐만 아니라 적용도 역할극이나 모의실험에 국한된다. 결과적으로 학습이 많이 이루어지지 않고 업무로 돌아가면 쉽게 잊혀진다. 이러한 어중간한 접근법은 정보와 적용의 수준이 너무 낮다고 비판받는다. 이 방식에서는 학습자 모두에게 공통되는 최저 수준에서 학습이 이루어지고, 심화된 교육은 일어나지 않는 경향이 있다. 넷째, 조력 방식을 통해서 학습자는 경험을 자기 것으로 만들 수 있다. 새로운 생각, 사실, 개념 및 이론의 전달은 강조되지 않는다. 그 대신 학습자는 스스로 적절하게 이해하고 적합하게 적용함으로써 유의미한 인식을 갖게 된다. 이러한 접근법은 학습자가 이미 가지고 있는 지식을 심화하고 경험을 구체화한다. 그렇게 될 때 학습자의 경험은 지식의 원천이 되고 심화의 기준이 된다. 교실은 활력이 넘치고 흥미로우며, 기본적인 지식을 바탕으로 더욱 효과를 높이게 된다. 다섯째, 학습촉진 방식은 학습 과정에서 정보와 적용을 동등한 협력 요소로 본다. 이 방식은 정보와 적용을 똑같이 중요하게 여기지만 이것들을 가장 높은 수준에서 강조한다는 점에서 교실 교수와는 다르다. 학습촉진자는 여러 가지 교수법에 능숙하고, 가르치는 분야에 정통하여야 한다. 이들은 정보와 적용을 동시에 강조함으로써 학습을 통합할 수 있고, 학습자와 학습 자료에 대한 이해 및 그 둘 사이의 관계도 증진할 수 있다.

　교육 방법에서 최선의 것은 없다. 최적의 방법만이 있을 뿐이다. 학습자, 내용, 교수자 및 학습 환경에 따라 다양한 방법의 선택이 필요하다. 이런 측면에서 교육 방법은 과학이라기보다는 예술이라고 할 수 있다(이성호, 2009). 따라서 [그림 6-4]의 모형은 인적자원개발에서 적합한 교육 방법을 선택하기 위한 기본적인 틀을 제공할 뿐이다.

2) 현직교육

　현직교육 또는 현장훈련(On-the-Job-Training: OJT)은 업무수행 중에 이루어지는 교육의 과정을 말한다. 이것은 직무와 관련한 지식이나 기술을 습득하는 가장 주요한 방법이다. 현직교육은 주로 상사나 동료에 의해 이루어진다. 그들의 업무수행 시범을 보면서, 또는 업무 중에 질문하고 대답을 들으면서 교육이 이루어진다.

도제제도는 일터에서 업무를 수행하면서 가르치고 배우는 일의 교육 방법의 전형이었다. 오늘날에도 그런 전통은 여전히 남아 있다. 의료 분야의 수련의 제도, 미용 분야, 맞춤양복 분야 등에서 도제제도는 주요한 교육 방식으로 작동하고 있다.

많은 기업이 현직교육의 방법으로 직무순환, 멘토링과 코칭, 지식경영과 같은 새로운 방법을 개발하여 활용하고 있다. 무형식학습의 방식으로 이루어졌던 이 방법들은 조직 차원에서 공식적인 방법으로 제도화되는 경향이 있다.

직무순환(job rotation)은 조직 내의 업무들에 일정 기간 순환하여 근무함으로써 다양한 경험을 통해 학습하는 방법이다. 그럼으로써 다양한 직무의 수행 능력을 신장하고 조직 전체의 업무체계에 대한 지식을 획득할 수 있다. 특히, 구성원이 조직에 새로 들어와서 능력을 발휘할 수 있는 업무를 미처 파악하지 못했을 때 유용한 방법이다. 그들은 직무순환을 통해 자신이 가장 역량을 발휘할 수 있는 업무를 알게 된다. 또한 조직 전체의 업무를 파악함으로써 개별 업무의 효과성을 높이고, 관리자로서의 역량도 가질 수 있다.

멘토링은 멘토가 멘티에게 조직의 공식적/비공식적 활동에 적응하도록 도와주는 관계로 정의될 수 있다(Noe, 1988). 주로 선배사원인 멘토는 조직에서 후배인 멘티에게 개인의 경력을 증진시킬 수 있는 조언을 하고, 심리적 지원과 역할모델로서의 역할도 한다. 이를 통해 멘티가 기업 문화 및 업무 절차에 적응하고, 인간관계를 형성하는 데 도움을 주게 된다. 멘토 관계는 대부분 비공식적인 수준에서 자연스럽게 발생되기도 하지만, 최근 이를 공식화하여 제도로 활용하는 기업이 늘고 있다(장원섭, 김선희, 민선향, 김성길, 2002).

코칭은 직원들이 그들 자신의 수행에 책임감을 갖도록 격려하고, 우수한 성과를 달성하고 유지할 수 있도록 하며, 동반자로서 조직 목표와 효과성을 향해 일하도록 돕는 과정을 말한다. 관리자나 상사는 부하직원이 업무를 수행하는 과정에서 지도를 한다. 그러나 코칭은 단순한 기술 이상의 것으로 일상적인 접근을 통해 성과를 관리하는 것이다. 직원의 수행과 성과를 효과적으로 관리하기 위해서 관리자는 통제자가 아닌 코치가 되어야 할 책임을 갖는다(Werner & DeSimone, 2006).

실행학습(action learning)은 소규모 집단이 현장에서 문제를 해결하고 업무를 수행하는 과정을 통해 배우는 활동이다. 여기서 '학습(L)=프로그램화된 지식(P)+질의(Q)+성찰(R)+실행(I)'으로 등식화된다. 그것은 일과 학습, 그리고 이론과 실제를 통합하려는 의도를 갖는다. 그럼으로써 효과적으로 학습을 하는 동시에 실제 업무 상황의 문제들을 처리하게 한다(Marquardt, 1999).

지식경영(knowledge management)은 구성원들이 가진 지식과 정보를 축적하고 공유하는 체계화된 체제나 관행을 의미한다. 예를 들어, 조직들은 정보 기술을 활용하여 사내 지식 공유와 관리를 위한 인트라넷을 구축하기도 한다. Nonaka와 Hirotaka(1995)는 조직에서 명시지와 암묵지가 전달되는 순환적 과정을 제시하였다. 명시지는 객관적으로 측정할 수 있고 관찰이 가능한 지식을 말하는 반면, 암묵지는 주관적 경험으로 구성된 지식이다. 사회화는 암묵지를 직접 암묵지로 전수하는 방법이다. 표출화는 암묵지를 명시지로 전환하여 조직 전체에 전파하는 방법이다. 연결화는 명시지와 명시지가 결합하는 방식이다. 마지막으로, 내재화는 표출화되어 공유된 명시지를 개개인이 내면화하는 것이다. 조직의 경쟁력은 조직 내부 개개인의 암묵적 지식과 전문성을 어떻게 공유하느냐에 달려 있다. 이 과정에서 사회화는 지식 전수의 가장 확실한 방법이다. 이런 의미에서 사회화를 핵심으로 하는 현직교육은 가장 강력한 교육의 방법이 될 수 있다.

구조화된 현직교육(Structured OJT: S-OJT)은 전통적인 현직교육의 문제를 개선하기 위해 개발되었다. 현직교육은 스승과 제자 또는 상사와 부하 간의 신뢰 관계에 기초하고, 현장 상황에 적합한 교육을 실행함으로써 지식과 기술을 전수하는 매우 효과적인 방법이다. 조직에서 사람들은 대부분 무형식적인 과정을 통해 학습한다. 그럼에도 현직교육은 비체계적인 교육 방식으로서 시간과 비용 면에서 비효율적이고 비경제적인 방법일 수 있다. 반면, S-OJT는 미리 계획하는 체계화된 현직교육의 방법이다. 그것은 "숙련된 직원이 초보 직원에게 업무 단위에 관한 역량개발을 위해 근무 현장 또는 이와 유사한 장소에서 교육을 시키는 계획된 과정"이라고 정의된다. 이는 교육 목적을 쉽게 예측할 수 있고, 특정한 업무를 수행하기 위한 능력을 전파하려는 목표를 위해 사용되며, 일대일의 교육을 바탕으로 하고, 실제 업무 현장이나 업무 현장과 동일한 조건과 요구를 제공하는 대안적인 환경에서 이루어질 수 있다(Jacobs, 2003).

3) 자기개발

자기개발(Self-Development: SD)은 스스로 학습하고 성장하는 방법이다. 자기주도학습이론은 일터에서 성인의 자기개발을 위한 주요한 근거가 된다. 또한 근래에 빠르게 발달하는 첨단 매체를 활용한 교육 역시 자기개발의 중요한 수단이 되고 있다. 실제로, 자기개발은 독서부터 첨단 기술을 활용한 방법까지 다양하다.

전통적인 형태의 자기개발은 도서관, 박물관, 전람회 등과 같은 교육 시설을 이용하여 스스로 학습하는 것이다. 조직에서 학습해야 할 과제를 부여하거나 읽어야 할 도서 목록을 주는 경우도 있지만, 개인이 스스로 학습의 목표를 세우고 자신의 방법과 진도를 정하여 학습하기도 한다. 성공적인 자기주도학습을 위해서 학습자는 배움을 향한 강한 동기부여가 되어 있어야 하고, 학습하는 방법에 대해서 알고 있어야 하며, 학습 태도도 형성하고 있어야 한다. 또한 학습을 위한 여건과 기회도 충분하게 확보되어 있어야 한다.

근래에는 정보통신 기술의 발달로 자기개발을 위한 환경이 크게 개선되었다. 인쇄매체나 방송매체 이외에도 컴퓨터와 인터넷, 모바일 환경을 이용한 학습이 폭발적으로 증가하고 있다. 언제, 어디서나, 원하면 학습할 수 있는 여건이 갖추어진 것이다.

원격교육은 정보통신기술과 다양한 매체를 활용하여 어떤 학습자든지 시공간의 제약 없이 원하는 교육 서비스에 편리하게 접근하고 교수자와 동료 학습자와의 상호작용을 통해 자기주도적이며 협동적인 학습을 가능하게 하는 교육 방법을 말한다. 그것은 학습의 과정에서 교수자와 학습자가 물리적으로 구분되어 있고, 개인적 차원의 공부나 독학과 달리 학습 자료를 기획 · 준비하고, 학습자 지원 서비스를 제공하는 과정에서 교육조직이 관여한다. 교수자와 학습자를 연결하고 수업 내용을 전달하는 데는 인쇄물, 오디오, 비디오, 컴퓨터, 모바일 기기 등 공학 매체를 활용한다. 학습자들이 대화를 통하여 배우거나 대화를 스스로 시작할 수 있도록 하는 쌍방향 커뮤니케이션을 제공한다. 그러나 학습자들은 대부분 개별적으로 학습한다.

원격교육은 통신기술의 발달에 따라 우편통신을 통한 통신교육과 방송을 중심으로 대중 전파매체를 이용한 교육으로부터 첨단 정보통신기술과 멀티미디어를 기반으로 한 상호작용적 교육으로 발전하였다. 특히, 최근에는 인터넷을 이용한 '이러닝(e-learning)'뿐만 아니라 스마트폰 등과 같은 모바일 기기를 활용한 '엠러닝(m-learning)'으로 빠르게 발전하고 있다. 모바일 학습은 휴대용 도구를 이용하여 언제, 어디서나 학습함으로써 기존의 이러닝보다 시간, 장소, 장치 등의 측면에서 학습 자료에 접근할 수 있는 가능성을 높인다(Wasserman & Fisher, 2018).

원격교육을 통한 자기개발은 다음과 같은 특성을 지닌다. 첫째, 어떤 학습자든 특정 교육 서비스에 시공간의 제약 없이 접근이 가능한 접근의 용이성이 있다. 둘째, 학습자 주도의 자율적 학습과 개별화 학습이다. 셋째, 정보통신매체를 통한 정보의 교환과 대화 기능, 학습자-내용, 학습자-교수자, 학습자-학습자 간의 상호작용적 학습이다. 넷째, 전통적인 강의실 중심 교육보다 순교육비와 기회비용의 측면에서 경제적인 비용효과성을 갖는다. 이에 따라 인적자원개발 분야에서는 일터에 머물거나 이동하면서 자기주도적인 학습이 가능하기 때문에 각광받고 있으며, 전통적 강의실 교육을 대체하기도 한다. 앞으로 첨단 정보통신기술은 더 발달할 것이고, 이것이 자기개발에 중요한 기반이 될 것은 틀림없다. 한편, 첨단기술이 증가할수록 학습에서 직접적인 접촉 및 따뜻한 만남과 같은 전통적이고 인간적인 측면의 중요성도 동시에 더욱더 강조될 것이다.

4. 조직학습

조직학습(organizational learning)은 학습을 조직 수준에 적용한 개념이다(Cross & Israelit, 2000). 그것은 조직과 그 구성원들이 자신들의 경험을 인지하고, 해석하고, 관리하는 제도화된 과정이라고 정의할 수 있다(Lundberg, 1993). 조직은 두뇌를 가지고 있지는 않지만 인지체계와 기억력을 가질 수 있다. 시간이 지남에 따라 개인이 인성, 습관 및 신념을 형성하듯이, 조직은 세계관과 이데올로기를 발전시킨다. 구성원들이 오고 가고 리더십이 변화해도 조직의 기억은 특정한 행태, 인지체계, 규범 및 가치를 유지한다(Hedberg, 1981).

조직이 하나의 유기체처럼 학습할 수 있는가 하는 의인화의 문제를 제기할 수도 있지만(Walsh & Ungson, 1991), 조직학습은 구성원 개인들의 학습의 합 이상이고, 집단을 통해서만 달성할 수 있는 집합적 지식과 노하우가 있다고 전제할 때 성립할 수 있는 개념이다. 오케스트라 연주나 농구팀의 팀워크가 그런 예가 될 수 있다. 그리고 그것은 집단의 공유된 이해에 내재되어 있다(Argote, 2006; Dixon, 1992; Easterby-Smith, Crossan, & Nicolini, 2000; Fiol

& Lyles, 1985; Lundberg, 1993). 따라서 조직학습은 하나의 산출물이나 결과의 개념이라기보다는 과정의 의미를 갖는다(Huysman, 1999; Levitt & March, 1988).

과정으로서 조직학습은 다음과 같은 다섯 가지 주요 영역으로 구분하여 생각할 수 있다(Huber, 1991). 그것은 정보 습득, 분배와 해석, 의미화, 저장 및 인출이다. 이 요소들은 순차적이거나 독립적이라기보다는 계속적이고 상호작용적인 관계를 갖는다.

첫째, 정보 습득은 조직 외부로부터의 획득과 내부로부터의 창출로 이루어진다. 외부의 정보원은 차용, 탐색, 이식 그리고 협력을 통해서 가능하다. 내부 창출은 실험, 경험, 지속적 개선, 비판적 성찰 등으로부터 온다. 정보 습득의 과정은 일방향적인 것은 아니고, 언제나 의도적인 것만도 아니다.

둘째, 정보의 분배와 해석은 두 가지 접근법으로 나뉜다. 정보를 일종의 메시지로 간주하여 광범위하게 전달하고 분배하며 의도적이고 일방향적인 방식을 강조하는 체제 구조적 관점과, 정보의 애매모호성을 강조하여 정보의 수집과 축적보다는 견해의 교환과 이를 통한 모호성의 축소가 조직학습의 핵심이라고 보는 해석적 접근법이 있다(Daft & Huber, 1987). 조직학습은 이 두 방식을 모두 포함한다. 즉, 메일, 보고서, 규정 등은 명료한 정보를 효과적으로 다룰 수 있는 일방향적 수단들이다. 반면, 해석이 필요한 정보를 다루는 데는 면대면 의사소통 과정이 더 효과적이다. 다시 말해서, 정보 물류체제를 통한 정보의 양적 확산과 모호한 정보의 해석에 도달하기 위한 해석체제 모두가 필요하다(Daft & Huber, 1987).

셋째, 의미화다. 체제 구조적 관점에서는 정보를 합리적으로 분석하고 문제를 해결하는 공식적인 과정과 도구를 강조한다. 개인 신념, 개인 행위, 조직 행위, 환경적 반응으로 이어지는 과정에서 어디가 잘못되었는지 분석한다(March & Olsen, 1976). 반면, 해석적 접근은 정보 해석에 초점을 맞추어 대화와 비판적 성찰 등을 강조한다. 학습이 관리될 수 있다는 관점 대신, 학습은 장기간의 참여 과정으로서 실행과 사고의 통합적 접근을 통해 이루어지는 사회적 과정이라고 본다. 그리고 이 과정에서 공동체 구성원들이 이해와 협상을 통해 만들어 가는 의미의 도출과 공유를 강조한다.

넷째, 조직기억은 현재의 결정을 낳을 수 있는, 조직의 역사로부터 저장된 정보를 의미한다. 경험의 교훈은 구성원이 바뀌고 시간이 흘러도 조직의 일상 속에서 유지되고 축적된다. 구체적으로 조직기억의 저장소로는 개인, 문화, 업무 과정, 과업과 관리 구조, 조직 환경의 물리적 구조가 있다(Argote, 2006; Walsh & Ungson, 1991). 또는 개인, 관계(망), 정보저장체계, 업무 과정과 지원체제, 생산물이나 서비스도 조직기억의 저장소가 될 수 있다(Cross & Israelit, 2000). 조직기억은 새로운 상황에서 과거 지식을 인출하여 검증된 해결책을 제시할 수 있는 긍정적 효과를 갖는다. 그러나 경험의 반영, 역사의 혼동 그리고 해석의 여지 문제가 남아 있다(Walsh & Ungson, 1991). 특히, 빠르게 변화하는 환경에 맞추어 유연하게 변화하지 못하게 하는 함정이 될 수도 있다. 따라서 낡고 잘못된 정보를 의도적으로 버리는 탈학습이 중요하다. 탈학습(unlearning)은 새로운 반응과 인지체제를 형성하기 위해 기존의 지식을 버리는 과정을 의미한다. 학습 능력과 학습폐기 능력 사이의 균형이 조직의 장기적인 생존에 필수적이다. 특히, 탈학습 능력은 조직의 기억에 대한 더 적절한 해석 틀과 대응을 위한 여지를 만들기 위해 필요하다(Walsh & Ungson, 1991). 따라서 이것은 조직학습의 필수불가결한 요소다(Hedberg, 1981).

다섯째, 정보의 인출은 통제 가능한 인출과 무의식적이고 자동적인 인출로 구분할 수 있다. 통제 가능한 인출은 조직 내에서 개인이나 개인들이 의도적으로 과거의 기억을 끄집어내는 활동을 말한다. 반면에 무의식적이고 자동적인 인출은 조직의 문화, 생태, 구조, 암묵지 등을 의미한다. 저장된 정보, 즉 기억은 모든 상황에 그대로 적용될 수 있는 것이 아니다. 따라서 과거의 상황을 추적하여 살펴보고, 현재 상황에 맞게 해석하고 새롭게 적용하여야 한다. 경험 인출의 유용성은 사용 빈도, 시간적 근접, 유사성에 따라 증가한

다. 또한 저장된 기억을 찾아내고 사용하는 데 드는 비용의 문제도 고려해야
한다(Walsh & Ungson, 1991).

결국 조직학습은 이러한 과정을 거치는 조직 수준의 학습이라고 할 수 있
다. 구체적으로 조직은 일종의 집합적 지성이고 학습 능력은 체제 속에 배태
되어 있다(Huysman, 1999). 그럼에도 조직학습을 사람과 상관없이 개념화하
여서는 안 된다. 예를 들어, 사람이 오고 가도 조직에는 남는 지식의 관리를
강조하는 것은 조직만 우선시하고 사람은 경시하는 문제를 낳는다. 조직은
특정 개인과는 독립적으로 학습할 수 있지만 모든 개인과 독립적일 수는 없
다(Kim, 1993).

조직은 사람의 공동체이고, 사람들이 서로 배우는 것이 조직학습이다. 그
것은 매우 인간적인 현상이다. 다만 오랜 시간이 지나면서 새로운 사람들이
참여하는 공동체로서의 조직은 이전 사람들이 참여한 공동체의 가치와 비전,
학습을 계승, 발전하고 재창조한다. 사람이 없는 조직은 무인간적인 공허와
빈껍데기이거나 비인간적으로 사람을 옭아맬 뿐이다. 반면, 조직이나 공동
체가 전제되지 않을 때 사람은 파편적이고 원자론적이다. 학습은 개인의 머
리나 조직의 체제와 구조에서만 일어나는 것이 아니다. 사람들 사이의 대화
와 상호작용에서 학습이 일어나고 지식이 창출된다(Easterby-Smith, Crossan,
& Nicolini, 2000). 이런 점들이 올바로 인식되어야 비로소 개인의 성장과 조직
의 발전 사이에 학습적 관계가 만들어질 수 있다.

5. 일터의 학습조직화

인적자원개발은 조직에서 이루어지는 일터학습 활동이다. 일터학습은 성
인을 대상으로 한다. 따라서 아동이나 청소년과는 다른 성인의 독특한 특성
을 반영한 학습이 이루어져야만 한다. 일터학습을 위한 교육 방식은 성인에

게 적합한 것이어야 한다. 다른 한편으로, 일터학습은 조직이라는 일터에 스며드는 방식으로 이루어져야 한다. 따라서 조직 차원에서 이루어지는 일터학습으로서 조직학습은 개인학습과 함께 또 다른 중요한 의미를 갖는다.

인적자원개발을 위한 학습의 책임은 조직의 인적자원개발 담당자, 현장 관리자 그리고 구성원 개인이 공유한다. 조직의 인적자원개발 부서나 담당자는 체계적으로 지식과 기술을 제공함으로써 조직 전체의 인적자원 역량을 향상시킬 책무를 가진다. 현장 관리자는 담당 부서원들의 업무수행도를 높여야 하는데, 이를 위해 그들이 능력을 더 발휘하도록 지도하여야 한다. 개인은 스스로 끊임없이 지식과 기술을 신장시키고 이를 바탕으로 업무 성과를 내고, 자신의 장기적인 성장도 도모하여야 한다. 결국 이들은 일터학습의 세 주체로서 협력적으로 노력하는 학습 동반자 관계를 형성하여야 한다(Gilley et al., 2002).

이렇게 조직 구성원 모두의 학습 참여와 협력을 통해 일터를 학습조직화해야 한다.[6] 이는 체계적인 교육 프로그램 개발에 의한 형식교육만으로는 부족하다. 단순히 학습자의 결핍과 취약점을 고치는 것이 그들의 능력을 향상시키고 업무수행도와 생산성을 높일 것이라고 보는 시각은 과장된 것일 수 있다. 오히려 구성원 개개인의 강점을 규명하고 이를 강화하는 방식의 학습이 더 필요하다. 학습자들이 내적 열망을 가지고, 높은 만족도를 보이며, 스스로 학습하고, 이를 업무수행으로 연결할 수 있어야 한다. 이를 위해 관리자들의 학습과 수행을 위한 조언, 격려와 칭찬이 필요하다. 그럼으로써 약점을 최소화하는 관리와 강점을 극대화하는 일터의 학습조직화 전략이 가능하다

---

6) 조직학습(organizational learning)과 학습조직(learning organization)은 조직 수준에서 학습을 논의하는 개념이다. 그러나 조직학습이 조직의 학습 과정에 대한 기술적(descriptive) 개념이라면, 학습조직은 그것을 기초로 한 처방적(prescriptive) 개념이다(Easterby-Smith, Crossan, & Nicolini, 2000).

(Gilley et al., 2002).

물론 학습조직을 위한 단기적이고 즉각적인 교육적 처방은 없다. 탐구와 경험의 개념을 통해 구성원들이 학습조직의 이상을 실현하도록 하는 데는 기나긴 길만이 있을 뿐이다(Elkjaer, 2001). 조직의 구성원들이 일상에서 직면하는 불확실성을 감지하고 탐구하는 것을 가로막는 치밀한 통제는 버려야 한다. 오히려 조직의 구성원 모두가 학습이라는 거대한 물결에 빠져들 수 있도록 해야 한다.

제**7**장

일터학습의 전이

칭찬은 고래도 춤추게 한다.

-Blanchard et al. (2002).

강의실에서든 일터에서든 배운 것은 실제 업무를 수행하면서 활용해야만 비로소 의의가 있다. 제1장에서도 언급했듯이, 인적자원개발은 학습의 활용성을 강조하는 실천 활동이기 때문에 더욱더 그렇다. 그럼에도 불구하고, 학습한 것이 일터에서 업무를 수행하는데 전이되는 비율은 매우 낮다고 보고된다. 그럴 경우에 학습자는 배운 것을 점차 잊게 되고 업무 개선이 이루어지지 않아 조직도 성과를 내기 어렵다.

이 장에서는 먼저 일터학습 전이의 의미를 살펴본다. 그러고 나서 학습 전이에 영향을 미치는 요인과 저해하는 다양한 요인에 대해 검토한다. 이와 동시에 학습 전이를 촉진할 수 있는 방안을 살펴본다. 끝으로, 발전적 학습 전이 전략을 제시한다.

1. 학습 전이의 의미

학습 전이(learning transfer)란 교육에 참여한 학습자가 자신이 배우고 익힌 지식과 기술, 태도 등을 실제 일터 현장에서 업무에 적용하는 것으로 이어지는 학습의 결과를 지칭한다. 개인이 학습한 것을 단순히 배우는 데만 그치고 만족하기보다는 업무를 수행하면서 실제로 활용할 때 학습은 더욱 가치를 더할 수 있다. 이런 점에서 인적자원개발에서 학습 전이는 학습의 유용성과 활용성을 높이는 핵심적인 활동이라고 할 수 있다.

학습 전이는 제8장에서 살펴볼 Kirkpatrick의 4수준 교육평가 모형에서 3수준의 행동평가와 직접적으로 관련된다. 1수준인 교육 만족도와 2수준인 학업 성취도가 아무리 높아도 배운 대로 행동하지 않는다면 아무런 소용이 없다고 여겨질 수 있다. 따라서 교육 참여자가 학습한 내용을 실제로 적용하고 업무에 활용하여 행동의 변화로 옮기는 정도를 평가하는 것은 교육의 효과를 파악하기 위해 중요한 의미를 갖는다.

그럼에도 불구하고, 인적자원개발 프로그램을 통해 학습한 것을 실제로 업무에 적용하는 일은 쉽지 않다. 배운 대로 업무수행을 하면서 행동을 변화시키는 경우는 10% 미만일 뿐이라고 보고되기도 한다(Baldwin & Ford, 1988). 조직에서 교육 프로그램을 시행하는 이유는 구성원의 업무수행도를 높이기 위해서다. 교육에 투자한 것에 비해 실제 업무수행 향상으로 이어지는 경우가 너무 적다면 큰 문제라고 할 수 있다. 어떤 이유에서든 배운 것을 활용하지 못하게 되면 학습자의 학습 의욕은 점차 떨어질 우려가 있다. 또한 조직의 업무 개선과 성과도 이룰 수 없다.

한마디로, 학습 전이는 인적자원개발의 존재 이유라고 해도 과언이 아니다. 인적자원개발이 비록 인간의 잠재적 속성과 관련된 장기적인 활동이기는 하지만, 학습 전이는 가시적인 행동으로 나타나 교육의 결과를 확인할 수 있는 활동이므로 큰 관심거리가 된다. 그럼에도 불구하고, 학습 전이가 교육을 마친 이후의 시간과 공간 속에서 이루어지고, 그에 따라 다양하고 복잡한 요인들이 개입하기 때문에 여전히 충분하게 다뤄지지 못하고 있다.

학습 전이에 대한 우려를 불식하고 이를 촉진하기 위해서는 먼저 학습 전이에 영향을 미치는 요인들에 대해 파악하고 이를 저해하는 이유를 규명해야 한다. 그리고 나서 학습 전이를 증진하기 위한 전략을 강구해야 한다.

2. 학습 전이 영향 요인

학습 전이에 영향을 미치는 요인들은 매우 다양하다. Baldwin과 Ford (1988)는 이를 학습자의 특성, 교육 프로그램의 전이 설계, 그리고 업무 환경 요인으로 구분하였다. 이들의 학습 전이 과정 모형에 따르면, 이 세 가지 요인

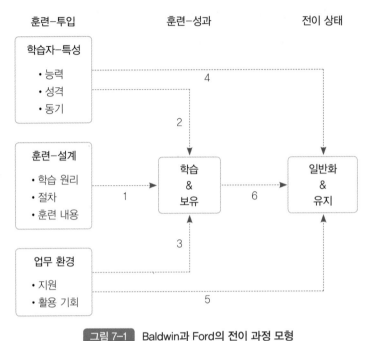

그림 7-1 Baldwin과 Ford의 전이 과정 모형

출처: Baldwin & Ford (1988).

들이 교육의 투입 요인을 구성한다. 학습자의 특성은 능력, 성격, 동기를 포함한다. 학습 전이 설계는 학습 원리, 절차, 훈련 내용 등으로 이루어진다. 업무 환경은 같은 조직의 상사나 동료의 지원적 분위기 및 학습을 업무로 수행할 기회를 제공한다. 교육 투입은 교육 성과 산출과 전이 상태로 이어진다. 교육의 성과는 교육을 통해 이루어진 학습의 양과 교육 후 학습한 내용을 보유한 정도를 뜻한다. 이러한 교육 산출 이후에 학습한 것을 여러 업무에 일반화하고 계속 유지하는 전이 상태가 이어진다.

Holton, Bates, Seyler, 그리고 Carvalho(1997)는 '학습 전이 체제 목록(Learning Transfer System Inventory: LTSI)'을 개발하였다. 여기서 학습 전이에 영향을 미치는 다음과 같은 16가지 요인들을 제시하였다(Gilley, Eggland, & Gilley, 2002에서 재인용).

- 학습자의 준비도: 개인이 교육에 참여하기 위해서 준비된 정도
- 전이 동기: 배운 기술과 지식을 업무에 활용하려는 경향, 노력의 강도와 지속성
- 긍정적 개인 성과: 교육을 업무에 적용하는 것이 개인에게 긍정적인 성과를 낳는 정도
- 부정적 개인 성과: 교육에서 학습한 기술과 지식을 적용하지 않아서 개인의 성과에 부정적일 것이라고 믿는 정도
- 전이를 위한 개인의 역량: 학습을 업무에 전이하는 데 필요한 변화를 위해서 개인이 가지고 있는 시간, 정력, 정신적 여유의 정도
- 동료의 지원: 학습을 업무에 활용하는 것을 동료가 강화하고 지원하는 정도
- 관리자의 지원: 학습한 것을 업무에 활용하는 것을 관리자와 경영진이 강화하고 지원하는 정도
- 관리자의 제재: 교육에서 배운 기술을 적용할 때, 관리자와 경영진이 부정적인 반응을 보이는 것을 개인이 인식하는 정도
- 인지된 내용 타당성: 교육내용이 직무요건을 정확하게 반영하는지를 학습자가 판단하는 정도
- 전이 설계: 교육이 학습자에게 학습의 업무 전이 능력을 부여하고, 직무요건과 합치되도록 설계되고 실시된 정도
- 활용 기회: 학습자가 교육을 업무에 적용할 수 있도록 업무에서 자원과 과업을 제공받거나 획득하는 정도
- 전이 노력-수행 기대: 학습 전이를 위한 노력이 업무수행의 변화를 가져 올 것이라는 기대
- 수행-성과 기대: 업무수행의 변화가 가치 있는 성과를 가져 올 것이라는 기대
- 변화에 대한 저항: 교육에서 습득한 기술과 지식의 사용을 방해하거나

가로막는 집단의 규범을 개인이 인식하는 정도
- 수행에 대한 자기효능감: 자신이 원할 때 자신의 업무수행을 변화시킬 수 있다는 개인의 믿음
- 수행 지도: 개인의 업무수행에 관한 조직의 공식적, 비공식적 지침들

그밖에도 다양한 학습 전이 모형과 실증연구들이 있지만, 학습 전이에 영향을 미치는 요인들은 일반적으로 크게 세 가지 범주로 구분하여 정리할 수 있다. 학습자 특성 요인, 교육 프로그램 요인, 조직 환경 요인이 그것들이다.

첫째, 학습자의 개인 특성은 교육 후에 배운 것을 업무에 적용하는 데 영향을 미칠 수 있다. Noe와 Schmitt(1986)는 학습 전이에 영향을 미치는 교육 참가자의 특성과 동기 요인들을 밝히고 이 요인들과 전이 간의 관계를 설명하였다. 그들은 개인이 가지고 있는 교육에 대한 기대, 피드백에 대한 반응, 경력 및 직무 태도가 학습 동기와 학습에 영향을 미치고, 전이 동기가 학습한 것을 행동 변화로 이어지게 하는 데 영향을 미치는 요인으로 작용한다고 보았다. 여기서 전이 동기는, 학습하고자 하는 열망인 학습 동기와는 달리, 학습자가 교육 프로그램에서 습득한 지식과 기술 등을 업무에 활용하고자 하는 기대를 의미한다.

Bates, Cannonnier 그리고 Hatala(2014)는 성공적인 학습 전이에는 학습자의 적극적이고 능동적인 지향성이 필요하다고 보았다. 학습 전이는 학습 동기로부터 시작하여 실행 의도와 개인의 주도성으로 설명할 때 더 잘 이해할 수 있다. 학습자의 전이 동기는 실행 의도에 긍정적인 영향을 미치고, 그것이 일터에서 학습 전이로 이어지는 데는 개인의 주도성이 조절 기제로 작용한다. 따라서 학습자는 성공적인 학습 전이를 위한 주체로서의 주도적인 역할을 한다.

실제로 학습 및 전이 동기, 자기효능감, 수행 및 성과 기대, 성취 욕구, 개인역량, 학습자 준비도, 경력계획 등 학습자 개인의 다양한 특성들이 학습 전이

에 큰 영향을 미칠 수 있다. 한마디로, 학습자의 태도와 동기가 학습 전이에 영향을 미치는 핵심적인 요인이기 때문에 학습 전이를 증진하기 위해서는 학습자 개인의 특성을 잘 파악할 필요가 있다.

그렇지만 개인의 특성 요인만이 학습 전이 정도를 좌우하지만은 않는다. 다음에 살펴볼 교육 프로그램과 업무 환경 같은 개인 외적인 요인들이 개인의 학습 전이 동기와 노력에 영향을 준다.

둘째, 학습 전이에 영향을 미치는 교육 프로그램 요인으로는 교육내용 및 방법, 전이 설계, 환경 유사성, 강사 역량 등이 있다. 교육 프로그램에서 다루는 내용이 실제 업무와 연관되어 있어서 업무수행에 도움을 준다면 학습 전이도는 높아질 가능성이 크다. 또한, 학습자가 교육받은 것을 업무에 적용할 능력을 가지도록 교육 프로그램을 설계할 필요도 있다. 교육 프로그램을 준비하고 실행하는 강사의 능력 또한 학습 전이에 영향을 미칠 수 있다.

학습 전이를 증진하기 위해서는 교육 프로그램 설계자, 운영자, 강사 등 교육 담당자들이 모두 학습 전이에 대한 관심과 전문성을 갖고 이를 교육의 전 과정에 반영하여야 한다. 교육 프로그램 요인은 앞서 살펴본 학습자 특성 요인과 다음에 살펴볼 조직 환경 요인과는 달리 교육 담당자들이 통제하고 관리할 수 있는 요인이다. 따라서 인적자원개발 담당자가 더욱 주목해야 한다. 이와 관련해서는 다음 절에서 좀 더 상세하게 다룰 것이다.

셋째, 학습 전이에 영향을 미치는 조직 환경 요인으로는 동료 및 상사의 지원, 조직문화, 업무 환경, 조직지원 및 기술 지원, 변화 가능성, 학습내용 활용 기회 등이 있다. 학습자가 학습한 것을 동료나 상사가 업무에 적용할 수 있도록 북돋아 준다면 학습 전이가 촉진될 것임에 틀림없다. 특히, 새로운 지식과 기술을 업무 상황에 활용하는 것에 대한 허용적인 조직 분위기가 형성되어 있다면 학습 전이에 긍정적인 영향을 미칠 것이다.

새로운 시도에 대해 조직 차원에서 지원하고 보상한다면 시행착오나 실수에 대한 두려움 없이 학습한 것을 적용하려고 할 것이다. 상사가 단지 통제자나 지시자가 아니라 새롭게 학습한 것을 적용하는 데 조언하고 지원하는 학습 전이 강화자의 역할을 할 수 있다. 새로 배운 지식과 기술에 대해 높이 평가하고 업무에 활용할 기회를 제공하며, 업무에 도움이 된 부분을 칭찬하는 긍정적 피드백을 한다면 학습 전이를 촉진하는 데 결정적으로 중요한 영향을 미칠 수 있다. 상사가 스스로 새로운 시도를 솔선수범하는 모범을 모인다면 더욱 바람직하겠다.

결국, 학습 전이는 학습자, 교육담당자, 그리고 조직이 공동의 책무성을 갖는 활동이라고 할 수 있다. Tews와 Burke-Smalley(2018)는 학습 전이에 대해 일터 상황에 적합한 총체적 책무성을 강조했다. 그것은 교육-전이와 교육-개인, 개인-전이 사이의 연결을 강화하는 세 가지 맥락에서 살펴볼 수 있다.

교육-전이(Prescription-Event) 연결은 학습의 목표와 전이의 과정을 분명히 하여 새로 습득한 지식과 기술이 일터에서 적용되는 과정을 강화하는 것이다. 이를 위해서는 학습 전이에 대한 기대치를 명시적으로 전달하고, 보상을 통해 학습 전이에 대한 기대를 촉진하며, 업무에 대한 책무성을 제고할 필요가 있다. 구체적으로, 닫힌 기술을 제공하는 학습에서는 보다 직접적이고 구체적인 대화 방식을 취할 수 있으며, 열린 기술의 경우에는 학습자가 스스로 기대 내용을 정리하도록 하되 그 내용을 교정해 주거나 보완해 주는 방식을 취할 수 있을 것이다.

교육-개인(Prescription-Identity) 연결은 학습 전이에 대한 학습자의 책임감을 제고하는 과정이다. 이 연결을 강화하기 위해서 학습 설계자는 학습의 내용이 닫힌 정도 등을 고려하여 학습자를 선발할 수 있다. 또한 닫힌 기술을 가르치는 프로그램에서는 규칙과 절차를 따르는 태도를 강화하여야 하고, 열린 기술을 교육하는 경우에는 학습자의 창의성, 문제해결력 등이 증진될 것을 기대해야 한다. 교육에서 제시하는 학습 방향이 개인의 업무 전반과 합치하지 않을 경우에 전이 효과가 떨어질 수 있다. 따라서 교육 설계를 할 때 개인의 업무와 훈련하고자 하는 내용이 지향하는 방향성에 모순이 있는가에 대해 고민함으로써 이러한 충돌을 예방해야 한다.

개인-전이(Identity-Event) 연결은 학습 전이에 대한 학습자의 통제력을 강화하는 데 초점을 둔다. 이 연결을 강화하여 학습 전이의 효과를 높이기 위해서는 자기효능감과 자기통제력을 적절하게 갖춘 학습자를 교육 프로그램에 참여시킬 필요가 있다. 또한, 교육 설계자는 프로그램 종료 후에도 각종 지원을 통하여 학습자가 훈련받은 내용을 실제로 행동에 옮길 수 있도록 지지하는 환경과 기회를 만들어 주어야 한다. 닫힌 기술이 더 직접적이고 단시간에 적용하기 용이한 반면 열린 기술은 그렇지 않다는 점을 고려하여 학습자가 배운 내용을 업무에 활용하는 것에 대해 현실적인 기대를 할 수 있도록 지원하는 것도 필요하다. 학습자가 단기간에 적용하기 어려운 열린 기술을 학습할 경우에 조급하게 그것을 업무에 직접 활용하려는 기대를 부여하거나 스스로 그러한 기대를 가지고 있게 한다면 오히려 학습에 대한 효능감과 효과성이 떨어질 수 있다.

이렇게 세 가지 차원의 연결을 강화함으로써 구체적 맥락 속에서 학습 전

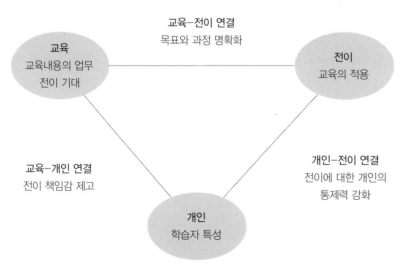

그림 7-2 학습 전이를 촉진하기 위한 책무성 연계의 세 축

출처: Tews & Burke-Smalley (2018).

이 효과를 기대할 수 있다. 인적자원개발이 조직 내에서 존재 의의를 확보하기 위해서는 모두의 공동 책임 아래 학습 전이를 촉진할 수 있어야 할 것이다.

3. 학습 전이 저해 요인[1)]

일터에서 학습 전이를 촉진하기 위해서는 앞서 살펴본 영향 요인들을 적절하게 고려하여 실행할 필요가 있다. 그렇지만 그것은 그리 단순하지 않고 실제로는 매우 어렵다. 학습 전이를 방해하는 요인들이 상존하기 때문이다.

Gilley, Eggland 그리고 Gilley(2002)는 학습 전이의 저해 요인을 네 가지로 구분하였다. 학습자, 관리자, 조직, 그리고 인적자원개발 담당자가 각각 학습 전이를 가로막는 요인으로 작용할 수 있다고 보았다. 그리고 각 저해 요인들을 극복할 수 있는 방안을 제시하였다.

첫째, 학습자 저해 요인이다. 학습자들 가운데는 새로운 시도를 할 만한 동기가 충분하지 않거나 자신감이 부족한 사람도 있다. 이들은 변화를 두려워하기 때문에 업무를 더 잘 수행할 수 있는 방법이 있다 하더라도 현재의 업무 수행 방식을 버리고 싶어 하지 않는다. 변화에 대한 저항과 불안을 불식시키기 위해서는 학습자들이 업무 환경에서 실패나 비판을 두려워하지 않고 자신의 능력에 대해 자신감을 가질 수 있도록 격려하고 지원해야 한다.

인적자원개발 담당자와 관리자는 일반적으로 학습자가 새로운 지식과 기술을 습득하면 이를 활용할 것이라고 가정한다. 그러나 현실은 이와 다른 경우가 많다. 그 이유는 매우 다양하다. 새로운 지식이나 기술이 주는 효과를

---

1) 이 절은 Gilley, Eggland & Gilley(2002)의 『인적자원개발론』(장원섭 역, 학지사) 중 일부(pp. 54-64, pp. 385-392)의 내용을 수정 · 보완한 것이다.

모르는 경우도 있다. 그걸 알더라도 어떤 학습자는 새로 배운 것을 자신의 업무에 접목할 능력을 가지고 있지 못하다. 이런 경우에는 업무에 적용할 내용을 교육 중에 매우 구체적으로 가르치고 그 중요성을 충분히 인지시키며 교육이 끝난 이후에도 지속적으로 점검할 필요가 있다.

교육이 끝나고 나서 너무 오랜 시간이 지난 후에 적용을 시도하기 때문에 학습 전이에 실패하기도 한다. 학습자는 배운 것을 적용할 적절한 기회를 갖지 못한 채 너무 오랜 시간이 지나면 지식과 기술을 잊는다. 이런 문제를 해소하기 위해서는 교육하는 동안과 교육 이후에 즉각적으로 업무에 적용하도록 하는 것이 바람직하다. 만약 즉각적인 전이를 할 수 없을 경우라면 교육 이후에 주기적인 피드백을 제공하여야 한다.

둘째, 관리자 저해 요인이다. 학습 전이를 가로막는 가장 주요한 원인은 관리자의 지원과 참여가 부족하기 때문이다. 어떤 관리자는 구성원들을 적절하게 지도하지 않고 행동 변화를 강화하지 못한다. 모든 조직 구성원은 각자 맡은 역할과 책무가 있는데, 이를 충분히 인식시키지 못하고 업무수행에 있어서 낮은 기대 수준을 갖도록 만들기도 한다. 학습 전이를 촉진하기 위해서 관리자는 구성원의 수행 기대 수준을 명확히 설정하고 그것을 판단하는 측정기준을 분명히 제시하여 주기적으로 점검해야 한다.

관리자가 학습한 구성원을 적절하게 강화하지 않아서 전이에 실패하는 경우도 있다. 교육이 시간과 금전의 낭비가 되지 않도록 하기 위해서는 구성원이 배운 것을 제대로 적용하여 업무를 수행하도록 북돋아야 한다. 다른 한편, 새로운 지식과 기술을 업무에 적절하게 활용하고 있는지를 점검하고 평가할 필요도 있다. 그럼으로써 학습 전이를 장려하는 업무 환경을 조성하여야 한다.

관리자 자신이 스스로 긍정적인 역할모델이 되지 못하는 경우도 있다. 관리자가 기존의 업무 관행만을 따르고 전혀 새로운 시도를 하지 않는다면 구성원들도 마찬가지 행동을 보일 것이다. 관리자는 끊임없이 새로운 시도를 하여 성공적으로 업무 성과를 높이는 모습을 보여 주어야 한다. 그럼으로써 구성원들의 존경과 신뢰를 받고, 구성원들에게 자신감을 심어 주며, 학습과 학습 전이의 중요성을 인식시킬 수 있다. 또한 변화의 어려움을 솔직하게 알리는 동시에 새로운 지식과 기술을 적용하는 걸 기꺼이 도와줄 용의가 있음을 밝혀야 한다. 그럴 때 학습을 장려하고 학습 전이를 촉진하는 업무 환경을 조성할 수 있게 된다.

셋째, 조직 차원의 저해 요인이다. 조직의 문화와 경영 관행, 업무 환경 등은 구성원의 행동에 큰 영향을 미친다. 학습자가 교육을 통해 배운 것을 업무에 적용하려고 해도 조직의 체제나 분위기가 이를 뒷받침하지 않으면 학습 전이는 이뤄지지 않을 가능성이 크다.

조직 차원의 방해 요인으로는 적절한 보상의 결여가 있다. 학습자들이 새로운 지식과 기술을 업무에 활용하는 것이 조직으로부터 인정받고 그에 따른 보상이 제공되어야 한다. 모든 구성원들은 업무수행을 개선한 데 대해 보상받기를 원한다. 따라서 새로운 업무수행과 조직의 보상을 연결하는 것은 교육을 통해 조직의 성과를 높이기 위한 중요한 발판이 된다.

이와는 반대로, 새로운 도전의 실패에 대한 처벌 또는 이를 강화하는 조직 분위기도 학습 전이를 방해하는 요인으로 작용한다. 지식과 기술을 새로 배워서 이를 업무에 적용하는 것은 일종의 모험일 수 있다. 실패할지도 모르는 도전으로 인해 징계와 비난이 이루어진다면 누구도 위험을 감수해야 하는 학습 전이 활동을 하려고 하지 않을 것이다. 조직은 구성원들이 새로운 지식과 기술을 적극적으로 업무에 활용하도록 장려하고 격려해야 한다. 조직이 수행 개선에 대해 보상하는 동시에 실패도 허용하는 제도와 문화를 만들지 않는다면, 학습 전이는 잘 이루어지지 않을 것이다. 그 결과로 조직은 교육의 효과를 얻지 못하게 된다.

인적자원개발 담당자도 학습 전이의 저해 요인이 될 수 있다. 교육을 위한 교육은 학습 전이를 방해하는 주요한 요인이 된다. 아무리 좋은 내용의 교육이라도 조직의 전략적 사업 목표나 업무수행 개선에 적합하지 못하다면 학습 전이와는 무관한 교육이 될 것이다. 따라서 인적자원개발 담당자는 조직의 요구에 부응하는 교육 프로그램을 개발하여 활용도가 높은 학습이 이루어질 수 있도록 해야 한다.

인적자원개발 담당자가 흔히 범하기 쉬운 또 다른 오류로 과잉 훈련이 있다. 너무 많은 지식을 제공하는 경우에 학습자들은 압도되고 혼란스러워한다. 과중한 교육으로 인해 학습 중에 자신의 업무 환경과 연결시킬 수 있는 기회를 놓치고 교육 후에는 혼동을 겪게 될 수 있다. 따라서 인적자원개발 담당자가 교육에 너무 욕심을 부려서는 곤란하다. 그 대신에 교육 시간에 적절하게 교육내용을 배분하고 학습자가 배우고 있는 내용을 업무에 적용할 수 있도록 생각하고 미리 적용해 보는 활동으로 구성된 교육설계를 할 필요가 있다.

그럼에도 불구하고, 인적자원개발 담당자는 학습 전이가 전적으로 자기 책임이라는 생각을 가질 필요는 없다. 오히려 업무수행 개선은 조직의 모든 구성원의 책임이라는 것을 깨달아야 한다. 특히, 현장 관리자의 역할이 중요하다는 점을 인정해야 한다. 그렇지 못할 경우에 학습 전이 활동의 책임을 그들에게 위임하지 못하게 된다. 그런 학습 전이 책임의 공유를 통해 학습과 학습 전이 과정에 주요한 이해관계자들을 참여시킬 수 있는 가능성을 높일 수 있다. 인적자원개발 담당자는 학습 전이에 있어서 관리자 및 구성원들과 함께 동반자 관계를 형성할 수 있어야 한다. 구체적으로, 관리자를 학습촉진자로 만들기 위한 교육, 실제 변화를 가져 올 수 있는 수행 개선과 변화촉진 프로그램의 설계와 개발, 관리자의 전문적 학습 과정에의 참여, 수행 개선과 변화촉진 프로그램을 실제 수행 문제에 연결시키는 것이 그것들이다.

학습 전이를 촉진하기 위해서 인적자원개발 담당자는 교육 전과 중, 그리고 후에 적합한 전략을 세워 실행해야 한다. 교육을 시작하기 전에는 참여자들에게 학습이 업무 개선에 있어서 얼마나 중요한지를 인식시켜서 학습 동기와 준비도를 높여야 한다. 그럼으로써 스스로 학습을 계획하고 학습 전이를 구상하는 적극적이고 주도적인 학습참여자가 되도록 할 필요가 있다.

교육 중에는 실제 적용 가능한 지식과 기술을 학습자의 눈높이에서 업무 환경을 충분히 고려하여 구체적으로 가르쳐야 한다. 일반적인 원리를 인지하거나 개념을 형성하는 이론 교육도 필요하지만 실제 문제를 중심으로 실습이나 프로젝트식 학습을 하도록 한다면 더욱 유의미한 교육이 될 수 있다. 한마디로, 실제적이면 실제적일수록 더 효과적이다. 또한, 강의실을 떠나기 전에 배운 것을 업무와 연계하여 평가하고 업무 적용 계획을 세우도록 하고, 이에 대해 교수자뿐만 아니라 학습자 간에 피드백을 하는 시간을 갖는 것도 좋다.

교육 후에는 현장 관리자와의 협력 관계를 형성하여 학습한 것을 적절히 활용하고 있는지를 지속적으로 점검하고 피드백을 제공해야 한다. 현장 관리자들로 하여금 학습자의 업무 개선에 대한 평가와 긍정적 강화를 지속적으로 하도록 한다. 학습자들과도 주기적으로 상호작용하면서 그들이 새로운 지식과 기술을 업무에 적용한 결과를 검토할 필요가 있다. 그 과정에서 조직 내부의 장애 요소들을 파악하고 이에 어떻게 대처하여 성공적인 학습 전이를 이룰 수 있을지를 함께 성찰하고 논의해야 한다.

결국, 학습자, 관리자, 조직, 인적자원개발 담당자 모두가 학습 전이를 촉진하는 데 저해 요인으로 작용할 수 있다. 반면, 이들이 학습을 적용하고 활용하는 데 적극적으로 참여하여 협력체제를 형성하는 주체가 될 때 비로소 학습 전이는 증진될 수 있다.

학습 전이는 쉽게 이루어지지 않는다. 그 과정에는 많은 요인이 개입한다. 면밀하게 만들어진 절차와 활동들을 통해서 학습 전이가 이루어지지 않는다면, 그 과정의 어디에서든 학습이 사라져 버릴 수 있다. 결론적으로, HRD 전문가, 관리자, 직원들은 많은 시간과 노력을 할애하여 학습을 촉진·강화하고, 전이를 보장할 수 있도록 해야 한다.

4. 발전적 학습 전이

교육의 장과 업무의 장은 서로 다른 두 개의 체계다. 특히, 형식 교육 프로그램은 일터와 분리되어 있다. 업무를 수행하는 중에 이루어지는 무형식 학습이라 하더라도 그 당시에 학습한 지식과 기술이 이후의 업무에까지 적용되리라고 보장할 수는 없다. 따라서 교육과 일이라는 두 개의 활동체계를 어떻게 긴밀하게 연계할지는 인적자원개발에서 언제나 이미 중요한 문제로 대두한다.

학습 전이에 대한 기존의 접근법은 학습자가 교육 프로그램에서 습득한 지식이나 기술을 업무에 얼마나 잘 적용하느냐에 관한 것이었다. 이에 따라 개인과 과업 중심으로 학습 전이에 대해 논의하였다(Tuomi-Gröhn & Engeström, 2003). 인적자원개발 분야에서 이루어진 학습 전이에 대한 대부분의 연구들이 이런 접근법을 취했다(Baldwin & Ford, 1988; Noe & Schmitt, 1986).

과업 중심의 접근법에서는 학습내용이 업무 상황을 그대로 반영하면 할수록 학습 전이가 증진될 수 있다고 본다. 그런데 교육의 장을 일터와 유사하게 만들 수는 있지만, 실제로 똑같이 재현하는 것은 불가능하다. 따라서 교육에서는 향후 수행하게 될 업무에 관한 일반적인 원리를 가르치는 것이 더 나을 수도 있다. 여기서 학습과 업무의 불일치가 나타날 수밖에 없게 된다. 학습과 실행의 분리를 기본적인 전제로 삼고 있기 때문이다. 더군다나, 아무리 과업을 중심으로 교육내용이 구성된다고 하더라도 학습자가 어떤 특성을 갖느냐에 따라 학습 전이의 가능성은 달라질 수밖에 없다.

이에 따라 개인을 중심으로 학습 전이를 높이려는 접근법이 제시된다. 이 관점에서는 학습자가 지식과 기술을 업무 상황에 적용할 수 있는 능력과 동기 수준을 높이도록 시도한다. 개인이 학습 전이력을 갖추게 된다면 무엇을 학습하든지 스스로 배운 것을 활용하려고 할 것이기 때문이다. 성공적인 학습 전이를 위해서는 학습자들의 능동적이고 주도적인 지향성이 필요하므로 전이 동기, 실행 의지, 개인 주도성 같은 변수들을 중요하게 고려한다(Bates, Cannonnier, & Hatala, 2014).

개인 중심의 접근법은 학습자의 전이에 대한 주체성을 강조한다는 점에서 의의를 갖는다. 그렇지만 이런 개인의 학습 전이 능력과 기질을 어떻게 형성할 수 있을지에 대한 답을 찾는 일은 쉽지 않다. 개인의 속성으로 학습 전이를 설명하기 때문에 더욱 그렇다. 더군다나 이 접근법에서는 학습 전이의 책임을 기본적으로 개인에게 있다고 간주한다. 그럼으로써 학습 전이에 실제로 큰 영향을 미치는 다양한 상황적 · 환경적 요인들에 대해서는 무관심할 수 있게 된다.

따라서 맥락을 중심으로 학습 전이를 접근하는 이론들에 주목할 필요가 있다(Tuomi-Gröhn & Engeström, 2003). 일터에서 실행공동체를 강조하는 상황학습이론, 일과 학습 등 다양한 활동체계들 사이의 모순과 갈등을 기본적으로 전제하는 문화역사적 활동이론과 확장학습의 과정이 그것들이다.

맥락 중심의 접근법에서는 학습 전이가 개인의 문제라기보다는 변화하는 공동체에 관한 것이라고 본다. 또한, 학습은 정답을 찾는 일이고 학습 전이는 그 정답을 업무에 적용하는 객관적으로 분리된 두 가지 행위가 아니라, 교육의 장과 일터가 중복되고 상호 의존적이어서 계속 학습하면서 적용하고 적용하면서 학습하는 공동의 상호 구성 과정만이 있을 뿐이라고 전제한다. 실제로 교육에서 일터로 혹은 일터에서 교육으로의 일방향적인 지식과 기술 등의 이동만으로 학습 전이를 한정할 필요는 없다. 특히, 현대 일터는 다면적으로 업무 활동의 범위가 넓어지고 있기 때문에 배움과 일 사이의 구분이 모호해지고 있다. 일하고 배우는 삶이 살아가는 전 과정과 시기에 스며들어 있다. 재택근무가 일상화된다든지, 일과 학업을 병행하는 직장인이 늘어나는 것 등이 그런 좋은 사례가 될 수 있다.

이런 상황에서 발전적 전이(developmental transfer)의 개념은 학습 전이에 대한 새로운 관점을 제공한다.[2] 발전적 전이는 교육과 일을 포함한 삶에서의 모든 활동들을 동시에 확장하고 그럼으로써 새로운 지식을 창조해 내는 것이다. 개인이 하나의 활동체계에서 다른 하나의 활동체계로 일방적으로 지식을 전달하고 적용하는 것으로부터 두 개 이상의 활동체계들이 서로가 서로를 변화시킬 수 있는 지점을 찾아서 함께 발전해 나가는 것을 지향한다(Tuomi-Gröhn & Engeström, 2003).

발전적 전이가 기존의 학습 전이에 대한 접근법과 다른 가장 중요한 차이점은 개인의 행위에서 집단적 활동으로 전이를 바라본다는 것이다. 즉, 집단 과정으로서 학습 전이를 개념화하여 전체 활동체계들을 고려한다. 그럼으로써 발전적 전이는 이전의 학습 전이에 대한 접근법이 그 대상을 개인으로 한정한 것을 극복하고자 한다. Engeström(2008)은 인간의 활동은 언제나 이미 집단적 활동이고 그것은 사회문화적 맥락 속에서 이루어지는 과정이라고 보았다. 일터 활동에서 학습은 서로 뒤얽혀 있다. 개인적 학습 또는 학습 전이라고 보이는 현상일지라도 그건 항상 그 사람이 속한 공동체 안에서 다양한 규칙과 업무분담에 기초하여 이루어지는 집단적 활동일 뿐이다. 그건 여러 매개 수단을 동원하여 목표한 바를 달성하기 위해 이루어진다. 게다가 이런 과정이 원활하게 이루어진다는 보장은 전혀 없다. 오히려 학습한 것을 적용하려는 새로운 시도는 언제나 이미 형성되어 있는 기존의 여러 요소들에 의해 방해받는 것이 일반적이다. 그건 학습자가 속한 활동체계 안에서뿐만 아니라 또 다른 활동체계들과의 충돌이 이루어지면서 불거지기도 한다. 이처럼 학습 전이는 늘 모순과 갈등이 전제되어 있는 활동이다.

이런 가운데 학습 전이라는 활동은 활동체계 전체가 학습하는 방식으로 나

---

2) 발전적 전이의 관점은 제6장에서 살펴본 문화역사적 활동이론과 확장학습에 기반을 두고 있다.

타난다. 이러한 관점에서 발전적 전이는 협력적 활동체계들 사이에서의 상호작용을 통해서 발생한다(Konkola et al., 2007; Tuomi-Gröhn, 2007). 따라서 발전적 전이는 개인 차원에서 지식이 전이되는 것으로부터 조직에 집단적 영향을 미치는 새로운 지식과 실제를 창조하기 위한 변화를 강조한다(Konkola et al., 2007). 개인의 변화보다는 공동체를 변화시키는 것에 초점을 맞춘다. 발전적 전이는 오직 배운 지식의 적용과 전환만을 기반으로 하는 것이 아니다. 그것은 학습 전이 과정에서 새로운 이론적 개념을 만들어 내고 이미 만들어진 해결책에서 나타나는 결함들을 통해 또 다른 문제를 해결한다. 이러한 학습과 업무의 쌍방향적인 전이의 과정은 상호 호혜적인 결과로 귀결된다(Tuomi-Gröhn, 2007).

　결국, 발전적 전이는 학습 전이를 협력적인 개념으로 전환할 것을 강조한다. 발전적 전이의 목표는 새로운 지식을 창조해 내는 것이고, 학습과 일터뿐만 아니라 삶 전체에서의 활동들을 확장하는 것이다. 한마디로, 발전적 전이는 배움과 일의 경계 넘나들기의 방식을 취한다. 그럼으로써 교육과 일의 다양한 현장들이 삶의 과정에서 계속적으로 쌍방향적인 상호작용을 이루어 나가는 것이다. 따라서 발전적 학습 전이는 교육을 통해 업무 현장이 개선되는 것뿐만 아니라 업무 현장이 학습 공동체로 형성되도록 요구한다. 결국, 인적자원개발 활동은 교육과 일의 장이 상호작용하는 접점에 놓여 있게 된다. 그런 가운데 발전적 학습 전이 전략은 교육과 일이 어떻게 연속성을 유지할지에 대한 새로운 시각을 제시한다.

제8장

교육 프로그램의 평가

대나무는 씨앗을 심은 후 처음 4년 동안은 하나의 죽순 빼고는 아무것도 보이지 않는다. 그 4년 동안 대나무의 모든 성장은 땅속에서 이루어진다. 그 시간 동안 섬유질의 뿌리 구조가 형성되어 땅속으로 깊고 넓게 퍼져 나간다. 그러고 나서 5년째 되는 해, 대나무는 25미터 높이로 자란다.

－조영탁(2005). 『조영탁의 행복한 경영 이야기 2』, p. 120.

조직에서 이루어지는 교육은 구성원 개인의 성장과 조직의 성과에 기여할 수 있어야 한다. 즉, 가르치고 배우는 활동이 개인과 조직 차원에서 모두 효과적이어야 한다. 이러한 교육의 효과성을 확인하는 과정이 평가다. 이 장에서는 평가가 무엇이고 무슨 의미를 가지는지, 교육 프로그램의 평가가 어떻게 이루어지는지를 살펴본다. 또한 인적자원개발의 책무성을 높이기 위한 평가의 방향을 제시한다.

1. 교육 프로그램 평가의 의의

1) 교육 프로그램 평가의 개념

　　평가는 다양한 방식으로 정의된다. 학문 분야와 학자마다 각기 다르게 그 의미를 규정하기도 한다. 인적자원개발 분야에서 Russ-Eft와 Preskill(2001)은 평가를 "의사결정을 내릴 목적으로 가치와 장점을 조사, 활용하는 체계적 과정과 활동"이라고 정의하였다. 따라서 교육 프로그램 평가는 프로그램의 가치나 유용성을 확인하기 위한 활동이라고 할 수 있다. 이러한 정의에는 다음과 같은 몇 가지 주요한 평가의 요소가 포함되어 있다.

　　첫째, 평가는 평가 대상의 가치에 대해 검토하는 활동이다. 평가에 해당하는 영어 단어는 'evaluation'이다. 이는 가치(value)의 문제를 담고 있다. 가치를 판단하기 위한 절차로서 평가는 탈가치적 활동이 아니다. 교육 프로그램 평가에는 다양한 이해관계자가 관여한다. 그들은 교수자와 학습자, 프로그램 개발자, 운영자, 관리자와 경영진, 학습자의 동료 등을 포함한다. 조직의 내부자뿐만 아니라 외부 평가자가 참여할 수도 있다. 또한 평가는 교육과 평가가 이루어지는 현실적인 여건이나 맥락과 무관할 수 없다. 이렇게 평가는 실제적인 평가의 과정 속에서 이해관계자들의 가치가 타협되고 창출되는 활동이다. 그런 가운데 교육의 가치와 장점을 발견하게 된다.

둘째, 평가는 의사결정을 목적으로 한다. 평가는 그 결과를 어떻게 사용할지에 대한 의도를 가지고 실시된다. 따라서 평가는 교육의 가치를 다른 지식에 기초하여 프로그램에 대한 의사결정을 하기 위한 과정이다. 이런 점에서 평가는 측정과 구분된다. 측정(measurement)은 사물을 구분하기 위해 규칙에 따라 수치를 부여하는 활동으로서, 주로 양적으로 서술된다. 반면에 평가는 어떤 대상의 질이나 가치를 판단하는 활동이다. 측정은 평가에서의 의사결정을 위한 근거 자료가 될 수 있다. 즉, 평가는 가치 중립적 또는 객관적 측정과는 구분되는 개념이다. 그것은 가치 내재적이고 맥락적인 활동으로서 교육에 대한 유의미화와 의사결정의 과정이다.

셋째, 평가는 대부분 체계적인 과정이고 계획적인 활동이다(Russ-Eft & Preskill, 2001). 평가가 체계적이고 계획적으로 이루어질 때, 평가 대상에 대한 지식을 더 효율적이고 효과적으로 획득할 수 있을 것이다. 그러나 평가가 반드시 체계적이고 계획적으로만 진행되는 것은 아니다. 일상적인 활동에서 무형식적이고 우연하게 평가 대상에 대한 정보를 얻는 경우가 상당히 많다. 그렇게 획득한 정보가 오히려 더 정확한 경우도 있다. 실제로 무형식적인 평가는 일상 속에서 언제나 이미 이루어지고 있기도 하다. 특히, 개발적 또는 형성적 평가는 교육 프로그램이 진행되는 과정에서 일상적이다.

넷째, 평가는 자료를 수집하고 분석하는 활동을 포함한다. 교육 프로그램에 대한 올바른 의사결정은 타당하고 신뢰할 만한 자료에 근거하여야 한다. 따라서 평가의 과정에서는 의문이 있거나 쟁점이 되는 정보를 수집하고 분석하는 절차가 필요하다. 그것은 연구(research) 과정과 유사하다. 사전 설계에 기초하여 자료를 수집하고 분석하는 방법은 평가와 연구가 동일하다. 그러나 연구는 새로운 지식을 개발하는 것을 목적으로 하고 그 결과는 다른 연구자를 주요한 청중으로 한다. 반면에 평가는 특정 프로그램의 성공 여부를 결정한다는 목적을 가지고 있고, 그 이해관계자들을 주요한 청중으로 한다. 또한 평가 대상의 가치를 판단하기 위한 수단이기 때문에 연구와는 차이가 있다(Russ-Eft & Preskill, 2001).

2) 교육 프로그램 평가의 의의

평가는 인적자원개발의 책무성을 담보하기 위한 가장 중요한 활동이다. 그동안 인적자원개발은 비용을 발생시키는 활동으로 간주되는 경향이 있었다. 그것은 조직 내에서 보조적이고 지원적인 기능을 하는 것으로 간주되었다. 그러나 인적자원개발 활동들에 대해 추상적으로 모호하게 얘기하거나 막연히 감정에 호소하는 것은 설득력을 가질 수 없다. 사실에 근거하여 인적자원개발의 가치를 증명해야 한다. 인적자원개발 활동의 결과를 분명한 증거로 보여 주어야 한다. 인적자원개발이 조직 내에서 핵심적인 활동으로서 실질적인 가치를 창출하는 활동임을 증명하기 위해서는 평가가 필수적이다.

평가는 인적자원개발 활동의 마무리인 동시에 첫걸음이다. 평가를 통해 교육의 과정과 결과에 대한 정보를 확보함으로써 더 효과적으로 프로그램 설계와 개발을 하고, 실천을 개선할 수 있다. 궁극적으로는 프로그램의 효과성을 제고하게 한다. 그럼으로써 인적자원개발이 개인과 조직에 대한 책무성을 가질 수 있다. 또한 인적자원개발이 조직 내에서 핵심적인 가치를 가지는 활동으로 인정받을 수 있다.

Russ-Eft와 Preskill(2001)은 인적자원개발에서 평가의 중요성을 다음과 같이 일곱 가지로 정리하였다. 첫째, 평가는 프로그램의 질을 제고하는 데 기여한다. 결과를 피드백할 뿐만 아니라 미리 평가를 계획하고, 수시로 평가한다면 더 좋은 프로그램의 개발과 운영이 가능하다. 미리 계획된 평가의 눈으로 프로그램의 내용과 방법을 구상하면 더 효과적인 프로그램이 만들어질 가능성이 높다. 평가는 프로그램이 모두 끝난 다음에만 하는 것이 아니다. 처음부터 계속 평가를 진행하여 즉각적인 피드백을 하여야 프로그램의 유연한 운영이 가능하다. 둘째, 평가는 조직 구성원의 지식을 증진시킨다. 프로그램 그 자체와 평가의 절차에 관한 정보를 제공하기 때문이다. 셋째, 평가는 자원 배분의 우선순위를 정하는 데 기여한다. 넷째, 평가는 조직이 다른 정책이나 프로그램 등에 관한 의사결정을 할 때 기초적인 자료를 제공한다. 다섯째, 평가는 조직 구성원의 책무성을 강화한다. 여섯째, 평가는 다른 사람을 설득하거나 확신시키는 근거가 된다. 이는 인적자원개발의 생존을 위해 필수적이다. 일곱째, 평가 경험과 평가에 대한 지식이나 기술을 가지는 것은 개인적인 경쟁력을 제고한다. 즉, 인적자원개발 담당자의 전문성과 관련된다.

　　Russ-Eft와 Preskill(2001)은 인적자원개발 담당자를 대상으로, 그럼에도 조직이 평가를 하지 않는 이유를 조사하여 열 가지로 제시하였다. 그 열 번째 이유는 조직 구성원이 평가의 목적과 역할을 잘못 이해하고 있기 때문이라는 점이다. 즉, 평가를 잘못을 들춰내는 활동으로 잘못 인식하기 때문이다. 평가를 하지 않는 아홉 번째 이유는 평가 결과에 대한 두려움 때문이다. 평가 결과에 대한 불신과 그에 따른 징계, 해고 등의 위험이 있기 때문이다. 인간은 대개 변화를 두려워하고 현상을 유지하고 싶어 하는데, 평가 결과는 변화를 야기할 수도 있다. 여덟 번째 이유는 인적자원개발 담당자가 평가 기술이 부족하다고 느끼거나 실제로 부족하기 때문이다. 일곱 번째 이유는 평가가 부가적인 일로 간주되기 때문이다. 과거에도 안 했으므로 지금도 할 필요가 없다는 것이다. 여섯 번째 이유는 평가의 결과가 활용되지 않거나, 자료만 수집하고 분석은 안 될 것이라고 믿기 때문이다. 다섯 번째 이유는 평가는 시간과 노력이 많이 드는 일이라고 생각하기 때문이다. 네 번째 이유는 평가에 드는 비용이 평가의 이익보다 많다고 여기는 경우가 있기 때문이다. 세 번째 이유는 어떤 것이 좋고 나쁜지, 어떤 문제가 있고 어떻게 해결할지를 이미 알고 있다고 생각하기 때문이다. 두 번째 이유는 평가에 대한 실망스러운 경험을 가지고 있기 때문이다. 즉, 평가 결과를 시행하겠다는 약속을 어겼거나, 평가 결과를 악용했을 수도 있다. 또는 평가 결과를 보고했지만 받아들여지지 않았거나, 무시되었거나, 평가 결과가 너무 평이했을 수도 있다. 인적자원개발 담당자가 평가를 하지 않는 가장 큰 이유는 아무도 평가하라고 요청하지 않았기 때문이었다. 이 첫 번째 이유는 평가에 대한 매우 수동적인 자세를 보여 준다. 이를 역으로 생각하면 누군가, 특히 경영진이나 상사가 평가를 하라고 하면 어쩔 수 없이 하는 수밖에 없다는 의미이기도 하다. 실제로 조직에서는 교육 프로그램의 효과를 객관적으로 알고자 하는 경우가 많다. 또한 그것은 교육 담당자의 책무이기도 하다. 따라서 교육 담당자는 평가에 대한 불신과 무지를 극복하고 전문적인 역량을 갖추어야 한다.

교육 담당자는 평가에 대한 다음과 같은 태도를 가져야 한다. 첫째, 평가에 대한 전문성을 끊임없이 신장한다. 전문적인 능력은 사전 교육을 통해서도 가능하지만, 평가를 진행하면서 경험을 통해 제고할 수 있다. 둘째, 평가에 대한 평가를 한다. 즉, 메타평가를 한다. 이를 통해 실제로 어떻게 평가를 진행해 나갈지에 대한 많은 시사점을 얻을 수 있다. 셋째, 평가의 정치적 특성을 이해한다. 평가에서 중요한 것은 유용성과 활용성이다. 평가에 수반되는 여러 가지 문제를 고려해야 한다. 평가 문화가 정착될 수 있도록 윤리적 · 정치적 문제를 인식하고 평가의 공정성을 지켜야 한다. 이를 위해 인적자원개발 담당자의 전문성과 리더십이 필요하다. 넷째, 평가에 대한 폭넓은 시각을 가진다. 단순히 교육 프로그램 그 자체에 대한 고려만을 하는 것이 아니라 그것을 둘러싼 조직 안팎의 환경과 맥락에 대한 이해와 관점이 있어야 한다. 그래야만 교육 프로그램이 궁극적으로 지향하는 것을 평가할 수 있다.

2. 교육 프로그램 평가의 이론

1) 평가 관점의 진화

평가는 다양한 이론에 기초하여 이루어진다. Guba와 Lincoln(1989)은 평가를 바라보는 관점의 진화를 다음과 같은 네 단계로 구분하였다. 제1세대 평가는 측정(measurement)의 관점이다. 이 관점에서는 객관적인 진리가 존재한다고 전제하여 가르치고 그 성취도를 평가하는 것에 관심을 가졌다. 과학적 접근을 강조하고, 실증주의에 근거하여 양적인 측정 도구를 제작하는 데 몰두하였다. 이는 기술적(technical)이고 도구적인 측면을 강조한 평가의 관점이다.

제2세대 평가는 기술(description)로서의 관점이다. 목표의 측면에서 강점과 약점을 기술하고자 한다. 이를 위해서 제1세대 평가에서 강조하는 측정은 도구적 용도로 활용된다. 그러나 제1세대 평가와는 달리, 집단 내에서 개인의 위치를 파악하는 상대평가보다는 평가 준거를 달성한 정도를 검토하는 절대평가를 강조한다. 목표달성모형이 그 대표적 모형이다. 이 관점은 '평가의 아버지'인 Tyler에 의해 체계화되었다.

제3세대 평가는 판단(judgement)의 관점이다. 여기서는 목표 자체도 문제시하여 성과와 목표 모두가 평가의 대상으로 간주된다. 전문가의 판단을 중시하고, 판단을 위한 기준을 찾는다. 따라서 가치 지향성을 가질 수밖에 없다. 이 관점은 의사결정모형과 판단중심모형을 포함한다.

제4세대 평가는 반응적 구성주의(responsive constructivist)의 관점이다. 이 관점은 이전의 접근법들이 가진 평가의 정교화에 대해서는 인정한다. 그러나 그 관점들이 가지는 관리자 중심성, 가치 다원주의의 실패, 과학주의와 탈맥락화를 비판한다. 그 대신 이해관계자의 상호작용적 협상 과정을 통해 평가 영역과 범주를 결정하고, 평가 대상에 대한 이해관계자의 주장, 관심거리, 문제 및 쟁점을 중심으로 평가를 진행한다. 해석적 접근법을 취하여 객관적 실재의 존재를 인정하기를 거부한다. 오히려 실재는 사회적 구성물로 간주한다. 주체와 객체의 이원론을 거부하고 그들의 상호작용적 과정을 강조한다. 통제와 조작을 거부하고, 기술, 해석 및 이해의 방법을 적용한다. 이해관계자를 찾고, 문제제기를 하며, 그들과 공유하고 논의하여 해결점을 발견하고, 해결되지 못한 문제에 대한 양적 · 질적 정보를 수집하며, 수집된 정보를 통해 다시 논의하여 합의를 도출하고자 한다. 평가의 맥락을 중시하고 비선형적 과정으로 평가를 진행한다. 평가자는 오케스트라의 지휘자 역할을 담당한다고 볼 수 있다. 제4세대 평가의 관점에서는 평가를 획일성에서 상대성으로, 통제에서 자활력(empowerment)으로, 일반화된 설명에서 지역적 이해로, 오만함에서 겸손함으로 이동시켰다. 그러나 전문적 기술과 지식, 판단을 무시하거나 이해관계자 간의 권력의 불균형 문제에 대해서는 순진한 접근을 취한다는 지적을 받을 수 있다.

2) 교육 프로그램 평가모형

프로그램 평가모형은 평가의 관점을 적용한 구체적인 틀이다. 다양한 평가모형은 다음과 같다(Russ-Eft & Preskill, 2001).

첫째, 목표달성모형은 평가에 대한 목표 지향적 접근을 보여 준다. 대표적으로, Tyler는 일반 목표 선정, 행동적 목표 명시, 도구 제작, 자료 수집 그리고 달성도 판단의 순차적이고 체계적인 절차 모형을 제시하였다. 목표 관리(Mamagment By Object: MBO)도 이 모형에 속한다. 이는 추구하는 목표가 위에서 아래에 이르기까지 위계성을 가진다. 전반적인 체계 안에서 목표들 사이의 연계가 뚜렷하고 일관성이 있게 한다. 그럼으로써 바라는 목표를 분명하게 하여 계획을 효과적으로 추진해 나갈 수 있게 한다. 그러나 목표달성에 치중하다 보면 질적인 부분이나 더 높은 수준의 목표는 회피하고 결과를 계량적으로 파악할 수 있는 일에만 치우칠 우려가 있다.

둘째, 의사결정모형은 의사결정 지향적 접근이다. 대표적인 모형으로는 CIPP 모형이 있다. 그것은 시스템적 사고에 기초한 환경평가-투입평가-과정평가-산출평가로 이루어진다. ① 환경평가(context evaluation)는 프로그램의 상황에 대한 정보를 통해 계획을 결정한다. 관련된 환경을 정의하고, 요구와 기회를 확인하며, 구체적 문제를 진단한다. 여기에는 요구분석을 포함한다. ② 투입평가(input evaluation)는 프로그램 설계와 개발을 결정하는 과정이다. 프로그램 목적을 충족하는 데 필요한 자원 활용 방법을 결정하기 위한 정보를 제공한다. 구체적으로 예산, 시간 계획 등이 그 결과다. ③ 과정평가(process evaluation)는 프로그램 운영 방법과 실행에 관한 결정을 한다. 이를 통해 실행자에게 피드백을 제공한다. 마지막으로, ④ 산출평가(product evaluation)는 목표의 성취를 측정하고 해석하는 가장 전통적인 평가의 단계다. 프로그램의 효과와 지속을 결정한다.

셋째, 판단중심모형은 판단 지향적 접근으로서 전문가의 판단을 강조한다. 대학평가인정이나 국가표준인증 등이 그 대표적인 예다. 이 모형은 먼저 표준을 설정하고, 기관의 자체 평가를 거쳐 현장 방문 평가를 한 다음에 최종 인정 여부를 판단한다. 특히, Scriven의 탈목표평가는 부수적이고 잠재적인 효과도 고려한다. 즉, 프로그램을 시행하고 관찰한 후에 의도한 1차 효과를 분석할 뿐만 아니라 의도하지 않은 2차 효과도 탐색한다. 그런 다음 이해관계자들을 조사하여 실제 효과를 종합한다. Eisner의 감정 또는 비평모형은 전문가의 직관, 감상, 의미와 가치 해석을 중시한다. 그럼으로써 기계적이고 과학기술적인 접근의 측정과 통제 중심 평가의 문제점을 극복하고자 한다.

넷째, 고객중심모형은 소비자 지향적 접근이다. 소비자 리포트가 그 대표적인 사례다. 이 모형은 대리 평가자를 선정하고 그 밖의 자원인사를 동원하여 요구분석을 실시하고, 평가 준거를 결정하며, 평가 방법을 결정하고, 자료를 수집하여 정리한 후에 보고서를 작성하는 절차를 거친다.

그 밖에 긍정과 반론의 논쟁을 통한 반론중심모형, 다양한 알 권리를 강조하는 다원적 모형, 현상을 있는 그대로 기술하고 이해하려는 질적 접근인 자연주의모형, 활용 중심 평가, 참여적 · 협력적 평가, 자활력 평가, 이론 중심 평가 등 다양한 모형이 있다.

3. 교육 프로그램 평가의 유형과 방법

평가는 여러 기준에 따라 다양한 유형으로 구분할 수 있다. 이 절에서는 인적자원개발에서 가장 널리 활용되는 대표적인 평가의 유형과 방법을 살펴본다.

1) 진단평가, 형성평가와 총괄평가

평가의 목적과 시기에 따라 평가는 진단평가, 형성평가와 총괄평가로 구분할 수 있다(Gilley et al., 2002; Werner & DeSimone, 2006).

진단평가(diagnostic evaluation)는 학습과 관련된 내용과 수준을 결정하기 위한 목적을 가진 평가다. 교육을 받기 전에 학습자의 선수 지식이나 일반적 배경을 조사 · 분석함으로써 학습자의 요구나 기대에 부응할 수 있도록 학습을 구조화할 수 있게 한다.

형성평가(formative evaluation)는 프로그램이 학습목표를 달성하는 방향으로 진행되고 있는지를 점검하기 위한 목적을 가진다. 학습 활동을 하는 동안에 피드백을 제공하며, 활동 조정 및 수정 그리고 향후의 기초자료로 활용한다. 형성평가의 질문은 다음과 같다. 프로그램이 얼마나 잘 실행되고 있는가? 실행을 하는 데 장애가 되는 요인은 무엇인가? 프로그램의 전략과 활동은 얼마나 효과적인가? 더 많은 사람에게 호평을 받기 위해서 어떻게 개선되어야 하는가? 프로그램 목표 실행에서 학습자들은 어느 정도로 준비되어 있는가? 사용자의 편의를 도모하기 위해서 어떻게 개선될 수 있는가? 서비스의 어떤 측면이 잘 운용되고 있는가? 어떤 점이 고객의 요구를 만족시키지 못하는가?

총괄평가(summative evaluation)는 교육목표 달성 정도를 판단하기 위한 목적을 가진다. 프로그램이 종료된 후에 구체적이고, 측정 가능하며, 질적 또는 양적인 성과를 알려 준다. 이를 통해 프로그램의 비용 · 편익 관계를 파악하고, 지속적인 참여와 재정 배분의 중요성을 증명하며 프로젝트의 지속, 개정 또는 종결 여부를 결정한다. 총괄평가가 대답하여야 할 질문은 다음과 같다. 프로그램이 어느 정도로 목적을 달성했는가? 학습의 성과는 무엇이었는가? 결과가 프로젝트에 들어간 비용만큼 가치가 있었는가? 참여자들은 프로그램을 통해 어떤 이익을 얻었는가? 산출물이 어느 정도의 실용성을 가지는가? 그 과정이 어느 정도로 생산성을 향상시켰는가?

2) Kirkpatrick의 4수준 평가

인적자원개발 분야에서 가장 널리 활용되는 평가 유형은 Kirkpatrick의 4수준 평가다. 1959년에 처음 발표하여 50년 이상 지났음에도 불구하고 이 평가는 여전히 활용도가 높다. Kirkpatrick의 4수준 평가는 산출 또는 총괄평가에 해당하는 네 가지 평가 유형을 제시한다.

첫째, 반응평가(reaction evaluation)는 프로그램 참여자의 반응 또는 만족도를 평가한다. 프로그램 참여자가 교육 환경, 수업 내용, 지도 방법, 강사 등에 얼마나 만족스러워했는지를 파악하는 절차다. 이것은 교육의 과정에서 나타난 강점과 약점에 관한 정보를 파악하기 위한 직접적 피드백을 제공함으로써 프로그램 개선에 직접적 영향을 줄 수 있다. 그러나 재미와 흥미 위주로 평가

될 가능성도 있다. 또 이 평가가 교육 효과 그 자체를 측정하는 것은 아니다.

둘째, 학습평가(learning evaluation)는 프로그램에 참여함으로써 새롭게 습득된 지식, 기술 및 태도의 변화를 측정한다. 이것은 전통적인 의미의 교육평가다. 객관식 문항과 주관식 문항의 방법이 동원될 수 있다. 또는 자기 평가, 팀 평가, 주관자 평가 등을 활용할 수도 있다. 그러나 이 평가가 직무 적용을 보장하지는 못한다.

셋째, 행동평가(behavior evaluation)는 습득된 기술과 지식의 실제 현장 적용도를 평가한다. 즉, 직무수행 행동의 변화 정도를 측정한다. 따라서 이것은 프로그램 사전과 사후 평가를 다 실행하는 것이 바람직하다. 적어도 한 번은 프로그램이 끝나고 일정 기간이 지난 후에 평가를 실시해야 한다. 따라서 추가적인 시간과 별도의 비용이 필요하다. 질문지를 통해 주관적 또는 객관적으로 평가하거나, 직무 관찰 등의 방법을 활용할 수 있다. 그러나 이 평가에

〈표 8-1〉 Kirkpatrick의 4수준 평가

구분	1수준: 반응	2수준: 학습	3수준: 행동	4수준: 결과
평가 목적	• 반응도 평가 • 프로그램 개선	• 목표 달성도 • 효과성 판단	• 현업 적용도 • 학습 전이도 및 근무 조건 판단	• 경영성과 기여도 • 교육 투자 가치 확보
평가 시기	교육 중 · 직후	교육 전 · 중간 · 직후	교육 종료 후	교육 종료 후
평가 대상	• 학습자 • 강사 • 연수 진행자 • 교육 프로그램	• 학습자의 지식, 기능, 태도 습득 정도	• 근무 조건 • 적용된 지식, 기능, 태도	• 경영성과 중에서 교육이 기여한 부분
평가 방법	• 설문지 • 면접 • 관찰	• 설문지 • 필기시험 • 사례 연구 • 역할연기	• 설문지 • 관찰 • 면접	• 투자회수율 • 설문지 • 재무지표 • 인사기록

출처: Kirkpatrick (1998). *Evaluating training programs: The four levels* (2nd ed.) 재구성.

서 측정하는 것은 교육 참여자 개인 수준에서의 변화에 불과하다.

넷째, 결과평가(result evaluation)는 교육이 실질적으로 조직을 어떻게 개선시켰는지, 생산성 제고와 품질 향상 등이 있었는지를 검토하는 것이다. 즉, 사업 효과 변수의 변화를 측정한다. 그럼으로써 교육이 조직의 성과에 얼마나 기여했는지를 평가한다.

Kirkpatrick의 4수준 평가는 활용도가 높은 만큼 논란도 많다. Swanson과 Holton(2001)은 Kirkpatrick의 4수준 평가가 오랫동안 개선되지 않았다고 지적하였다. 특히, 그는 이 4수준 평가가 1수준의 평가만을 강조하는데, 이는 학습이나 성과와는 상관관계가 거의 없다고 비판하였다. 또한 나머지 수준들은 실제로 잘 활용되지 않고, 각 수준 사이의 상관관계도 낮다고 하였다. 따라서 그는 4수준 평가가 모형으로서의 조건을 갖추지 못하고 있으며, 단순히 평가의 분류에 불과하다고 보았다. 따라서 그것만으로는 올바른 의사결정이 어렵다고 주장하였다. Kirkpatrick 평가는 훈련의 관점에서 나온 평가 개념으로 조직의 사업 차원의 책무성을 결여하고 있기 때문이다. 또 이것은 너무 단순하여 조직 환경이나 개인 특성 같은 다양한 변수를 고려하지 않고 있다(Bae, 2002).

3) 교육투자회수율

인적자원개발이 겪는 가장 심각한 문제 가운데 하나는 그것이 비용소모적이지 않은가 하는 의심에서 비롯된다. 이 문제는 무엇보다도 조직에서 교육의 가치를 적절히 보여 주지 못한 점에 기인한다. 인적자원개발을 위한 투자 비용과 조직 효과성 간의 분명한 관계를 제시하지 못하면, 교육은 지속적으로 필요한 지원과 지지를 받을 수 없게 될 것이다. 반대로 교육의 가치 창출력을 과학적으로 측정해 가시화할 수 있다면 조직에서 신뢰를 얻고 사업의 전략적 동반자로서 위상을 획득할 수 있다. 인적자원개발의 미래는 그것이 가져 오는 가치가 어느 정도 확실하게 인정받을 수 있는가에 크게 의존한다.

이러한 이유로 인적자원개발에서 교육의 투자회수율(Return on Investment: ROI) 분석은 많은 관심을 받아 왔다. 그것은 사업성과와 프로그램의 비용을 비교하여 교육이 조직성과에 얼마나 공헌했는지, 그리고 프로그램에 대한 투자가 적절했는지를 가시적으로 증명하는 것이기 때문이다. 이는 기업의 최고 경영층으로 하여금 교육 프로그램을 이해하고 판단하여 의사결정할 수 있는 근거를 제공하게 한다. 이를 통해 인적자원개발 부서는 비용센터(cost center)가 아니라 이익센터(profit center)로 전환할 수 있게 된다.

이미 100여 년 전 듀폰사의 재무통제모형 등을 통해 외국의 선진 기업들은 인적자원 부문에서 투자 대비 수익의 개념을 도입하였다. 그러나 본격적으로 교육의 ROI가 발전한 것은 비교적 근래의 일이다. 현재 활용되는 ROI 모형으로는 Kirkpatrick의 4수준 평가모형과 이를 변형하여 확장한 Phillips (1997)의 ROI 프로세스모형, Swanson과 Holton(1999)의 결과 평가 시스템, Fitz-Enz(2000)의 인적 자본 ROI, Becker, Huselid와 Ulrich(2001)의 HR 스코어카드, 한준상, 장원섭 등(2004)의 ROHI 모형 등을 들 수 있다.

어떤 모형이든 ROI는 프로그램에 투입한 비용에 대비해 그 프로그램이 창출한 순편익의 비율로 계산된다. 구체적으로 ROI는 교육 프로그램이 산출한 편익에서 해당 프로그램에 투입된 비용을 뺀 순편익을 다시 비용으로 나눈 값에 100을 곱하여 산출한다. 즉, 다음의 방식으로 계산한다.

$$\text{ROI} = \text{프로그램 순편익}/\text{프로그램 비용} \times 100$$

여기서 비용은 프로그램 개발과 운영에 들어간 모든 비용이다. 분석, 개발, 실시 및 평가 비용뿐만 아니라 학습자와 교육 담당자의 교육 참가 시간에 따른 기회비용 등도 고려하여 보수적으로 산정하는 것이 바람직하다. 비용이 데이터를 통해 비교적 간단하게 집계되는 반면, 이익은 훨씬 더 복잡한 계산

과정을 거치게 된다. 교육의 효과를 다른 요인들(예: 홍보, 시장변화 등)의 효과와 어떻게 분리해 낼 것인지, 효과를 언제 어떻게 측정할 것인지, 산출량, 품질, 판매수익 등 비교적 측정이 용이한 효과뿐만 아니라 금전적 이익으로 환산하기 어려운 무형의 효과(직무만족도 증가, 팀워크의 향상, 고객서비스 개선 등)를 어떻게 처리할 것인지 등과 같은 해결하기 어려운 문제에 당면한다. 또한 계산해 낸 ROI 값을 어떤 기준에 따라 어떻게 해석하고 판단할 것인지도 중요한 문제다. 계산이 매우 어렵고 복잡하기 때문에 프로그램이 중요한 투자이거나, 대상 규모가 크거나, 가시성이 높은 경우에 ROI를 적용하는 것이 바람직하다. 일반적으로 ROI 분석에 들어가는 시간과 비용 때문에 보통 5~10%의 프로그램만을 대상으로 한다.

이런 수많은 문제에 대해 여러 ROI 모형은 나름대로의 해법을 제시하기도 한다. 그러나 기존의 ROI 모형들이 간과한 근본적인 문제가 있다. 그것은 교육의 미래적 가치에 대한 ROI다. 교육은 본질적으로 사람의 성장과 관련된 활동이다. 그리고 그것은 본래 무형적이고, 잠재적이며, 미래적인 가치를 갖는다. 따라서 교육의 ROI는 이렇게 눈에 보이지 않는 여러 측면을 반드시 고려하여야 한다. 단순히 과거의 가시적인 성과만을 측정하는 것이 아니라 미래의 변화도 평가할 수 있어야 한다. 그래야만 비로소 조직에서 교육의 가치가 총체적으로 인정받을 수 있다(한준상, 장원섭 외, 2004).

ROI 분석에서 하나뿐인 최선의 방법은 없다. 교육이 이루어지는 상황과 맥락, 그리고 프로그램의 종류와 참여자들의 유형 등에 따라 서로 다른 다양한 방식만이 존재한다. 그러므로 최적의 ROI 모형과 방법을 찾아내어 끊임없이 적용하는 노력이 필요하다. 이를 위해서는 인적자원개발 담당자들이 ROI 분석 기법에 대한 전문성을 갖추어야 한다. 그러나 교육의 ROI를 위해 더 중요한 점은 그것이 단순한 기술과 기법의 문제라기보다는 마음가짐과 태도, 의사소통의 문제라는 것이다. 조직에서 인적자원개발이 갖는 책무성에 대한 인식과 함께 교육의 가치를 정당하게 인정하기 위한 노력이야말로 인적자원개발 담당자들이 반드시 가져야 할 자세라고 할 수 있다. 이때 단기적인 과거의 성과에만 집착한 ROI 측정이 아니라 장기적이고 미래적인 교육의 가치를 올바르게, 그리고 정당하게 평가할 수 있는 ROI를 산출해 내려는 노력을 기울여야 한다. 교육 가치의 ROI 분석을 위한 새로운 도전이 요청된다.

4) 지수화 접근법

기존의 Kirkpatrick 평가 방식은 강의실에서 이루어지는 형식 훈련 프로그램만을 상정하고 있다. 그러나 일터에서 이루어지는 다양한 무형식학습까지 고려한다면 인적자원개발에서 평가는 전통적인 접근법만으로는 충분하지 않다. 일터에서의 학습과 그 성과를 파악하기 위한 새로운 접근법이 필요하다.

인적자원개발에서 대안적인 평가의 방법으로 등장하고 있는 것 가운데 하나가 지수화 접근법(metrics approach)이다. 지수화 접근법은 인적자원개발의 책무성을 위한 측정 기준을 제시한다. 이는 가능한 자료를 이용하여 성과와 관련된 인적자원개발의 선행 지표(leading indicators)와 후행 지표(lag indicators)를 산출한다.

Kaplan과 Norton(1996)의 균형성과표(Balanced Scorecard: BSC)는 기존의 재무적 평가 일변도에서 벗어나 조직의 전략과 비전을 달성하기 위해 재무적 시각, 고객 시각, 내부 프로세스 시각 그리고 학습과 성장의 시각에서 종합적으로 성과를 관리함으로써 경영성과를 최대로 달성하고자 하는 전략적 종합 성과 지표다. 전통적인 재무 측정 방식은 고객과의 관련성이 없고, 단기 업적에만 보상을 하고, 문제에 대한 근본적인 처방을 제시하지 못하고, 무형자산 혹은 지식자산의 가치를 반영하지 못하고, 성과 지표 간의 연계 및 통합이 부족하고, 전략과의 연계가 미흡하며, 기업 내부의 기능 간 프로세스를 반영하지 못하는 한계를 가지고 있다. 이에 따라 조직의 사명과 전략들을 가시적인 목표와 측정 지표들로 전환하고, 측정의 균형성과 완전성을 기하고, 과거―

미래, 재무-비재무, 외부-내부의 균형을 유지하고, 경영자와 직원, 투자자 및 고객 간의 의사소통을 통하여 조직의 노력을 한 곳으로 집중하는 종합적인 지표들을 고려하며, 그 지표들 사이의 관계를 설정하고자 하였다.

여기서 재무 관점이란 재무적으로 성공하기 위해 경영자와 직원이 주주에게 어떻게 보여야 하는가를 말한다. 고객 관점이란 비전을 달성하기 위해 직원이 고객에게 어떻게 보여야 하는가를 의미한다. 내부 프로세스 관점이란 주주와 고객을 만족시키기 위해 직원은 어떤 비즈니스 프로세스에 탁월해야 하는가를 일컫는다. 마지막으로 학습과 성장 관점은 직원이 비전을 달성하기 위해 변화하고 개선하는 능력을 어떤 방법으로 길러야 하는가를 제시한다.

각각의 관점에서 기업 환경 분석과 비전/전략, 그리고 경영 방침과 사업 계획에 따라 중요 성공 요소(Critical Success Factor)가 추출되고, 이를 달성하기 위한 핵심 성과 지표(Key Performance Indicator: KPI)가 도출된다. 구체적으로 재무 관점의 지표는 투자수익률과 경제적 부가가치 등이 되고, 고객 관점은 만족도, 유지율, 시장점유율 등이, 내부 프로세스는 품질, 대응시간, 원가, 신제품의 도입 등이, 그리고 학습과 성장 관점의 지표는 교육 정도, 정보 시스템의 이용도 등이 된다.

인적자원개발에서 지수적 접근으로는 ASTD의 훈련 지표, Scandia의 개발 지표, Becker 등(2001)의 HR 스코어카드, Huselid 등(2005)의 노동력 스코어카드(Workforce Scorecard), 그 밖에 학습 스코어카드 등 다양한 인적자원개발 관련 지표가 제안되었다. 이와 같은 지표들은 더 구체적으로 인적자원개발과 관련한 지표들을 제시한다(⟨표 8-2⟩, ⟨표 8-3⟩ 참조). 이러한 지표들은 일터에서 이루어지는 다양한 형태의 인적자원개발을 계량화하여 보여 주며, 이를 바탕으로 증거에 기초하여 경영과 교육에 대한 의사결정을 할 수 있게 한다. 이를 통해 인적자원개발의 책무성을 높이는 데 기여한다.

📊 〈표 8-2〉 ASTD의 훈련 지표

훈련 대상자 1인당 훈련 총비용

급여 지불 총액 중 훈련 총비용이 차지하는 비율

훈련 대상자 중 훈련받은 사람의 비율

훈련 대상자 대비 교육 담당자의 비율

훈련 시간 중 강의실 교육이 차지하는 비율

훈련 시간 중 학습 장비를 통한 학습이 차지하는 비율

(훈련) 총비용 중 외부 회사에 지불된 비용의 비율

훈련 대상자 1인당 훈련 총시간

훈련 총비용

(훈련) 총비용 중 훈련 담당 직원의 급여가 차지하는 비율

(훈련) 총비용 중 학자금 상환금액이 차지하는 비율

(훈련) 총비용 중 학습 장비에 대한 비용이 차지하는 비율

(훈련) 총비용 중 기타 비용이 차지하는 비율

기대수익률

지식기반 급여 혹은 기술 기반 급여/직능급(노동부 사전)

개인 개발 계획

기술 인증

개인 역량의 문서화

출처: Swanson & Holton (2009). *Foundations of human resource development* (2nd ed.), p. 32.

📊 〈표 8-3〉 목적에 따른 인적자원개발 관련 지표의 예

목적	자료원	질문	지표
학습이 이루어졌는지 확인	참여자 슈퍼바이저 고객 기록	• 이것을 어떻게 다룰 것인가? • 오류를 확인할 수 있는가?	시험 점수 오류 비율 반품 고객 만족 완성 시간
경영성과에의 공헌 확인	경영진 관리자 전략 문서 Spitzer LEM	• 무엇을 기대하는가? • 어떤 지표를 충족했는가?	오류 비율 반품 고객 만족 완성 시간 맞춤형 지표들

인재 관리에의 공헌 점검	직원 잠재적 직원 HR 관리자	• 왜 이 회사에 입사했는가? • 왜 퇴사하는가? • 제공한 학습에 대해 어떻게 　생각하는가?	모집 체류율 직원 만족 참여
직원의 경력개발 점검	참여자: 동료들 관리자 HR 부서 성과관리 시스템	• 여기에서 어디로 가는가? • 무엇을 더 알아야 하고 해야 　하는가? • 어떻게 앞으로 나아가는지 　아는가? • 자원은 무엇인가?	• 경력 경로가 구체 　화되어 있는가? • 내부에서 승진이 　증가하였는가? • 체류율이 증가하 　였는가?

출처: Rossett (2009). *New metrics for the new world of learning & development.*

5) 성공 사례 방법

　　Brinkerhoff는 인적자원개발 평가를 위해서 성공 사례 방법(Success Case Method: SCM)을 제안하였다. 이것은 이야기하기와 자연주의적 탐구 방법 그리고 사례 연구를 결합한 평가 접근법이다. SCM은 설문조사 방법뿐만 아니라 주요 정보 제공자에 대한 사회적 탐구 과정을 활용하여 교육의 효과를 평가한다. 그럼으로써 상대적으로 적은 훈련자들에 대한 폭넓은 탐구를 통하여 평가가 효율적으로 이루어질 수 있다. 특히, 학습을 업무에 적용하는 데에서 매우 성공적인 사람과 그렇지 않은 사람들로부터 많은 정보를 획득할 수 있다(Brinkerhoff, 2005).

　　SCM에서는 교육이 모든 참가자에게 효과적인 것은 아니라고 전제한다. 그 대신 성공 또는 실패 사례를 연구하여 성공 사례를 늘려가야 한다고 주장한다. 교육참가자 전원의 평균적 교육 효과를 보는 것보다 교육 후 현업 적용도와 성과가 특출난 약 15~20%의 소수 사례에 집중하는 것이 교육 효과 평가와 향후 개선 사항 파악에 더 큰 의미가 있다고 본다. 일부 사례만 보기 때문에 편견이 있을 수 있지만, 오히려 의도적으로 가장 성공한 또는 가장 실패

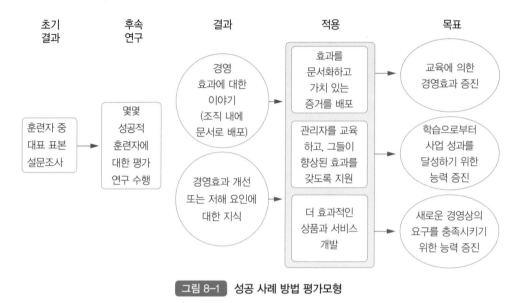

초기 결과	후속 연구	결과	적용	목표

그림 8-1   성공 사례 방법 평가모형

출처: Brinkerhoff & Dressler (2003). *Using the success case impact evaluation method to enhance training value &*
impact.

한 사례를 찾는 것이 조직 전체에 변화와 개선을 가져 오는 데 더 효과적이라
고 믿는다. 기존의 프로그램 평가와 같이 설문조사, 통계적 분석, 인터뷰의
방법을 활용한다. 그렇지만 다른 교육 프로그램 평가 방법들이 많은 시간과
비용을 들여 전체적이고 포괄적인 평가를 하려고 한다면, SCM은 더 간단하
고 빠르게 평가할 수 있다. 그럼에도 불구하고, 경영진과 조직 구성원에게 설
득력이 높은 구체적인 사례를 발굴하고 교육 외적 성과 요소도 함께 조사하
여 제시할 수 있다.

　　SCM의 절차는 대체로 다음과 같은 다섯 단계로 이루어진다(Brinkerhoff,
2003). 첫 번째 단계는 성공 사례 연구에 주목하고 이를 계획하는 것이다. 어
떤 필요성이 성취되어야 하는지를 분명히 하고, 이를 이해하기 위한 단계다.
두 번째 단계에서는 성공 실현 상태를 구상한다. 이 단계에서는 프로그램이
잘 기능할 경우에 찾아볼 수 있는 성공적인 행동과 결과를 이해하기 위하여
성공 실현 상태를 구상한다. 세 번째 단계에서는 조사를 설계하고 실행한다.

최선과 최악의 사례를 찾기 위한 조사를 설계하고 실천하는 단계다. 이때 조
사는 서면조사뿐만 아니라 주요 이해관계자와의 면담의 형태를 취할 수도 있
다. 네 번째 단계에서는 성공 사례에 대한 면담을 실시하고 문서화한다. 성공
적인 결과를 가져온 개입이나 혁신에서 독특하고 차별적인 방식을 파악하고

〈표 8-4〉 Kirkpatrick 기반 평가 접근과 성공 사례 접근의 비교

Kirkpatrick 접근법	성공 사례 방법
'효과(impact)'를 학습 개입으로부터 도출된 경영성과로 정의	'효과(impact)'를 학습 개입으로부터 도출된 경영성과로 정의
교육(training)은 경영성과에 영향을 주는 원인이라는 암묵적 가정	학습은 필요하지만 충분조건은 아니라는 것을 인식; 수행은 효과의 동인
성취된 결과에 대한 교육의 기여를 '분리'하려고 시도	결과를 성취하기 위하여 수행체제 요소와 교육이 어떻게 상호작용하는지에 대한 정보 탐구
교육전이의 성공과 실패는 훈련 프로그램의 실패와 성공 때문이라는 암묵적 가정	교육 활용은 많은 부분을 수행 관리 체제에 의존한다고 가정; 전이의 성공을 관리의 성공으로 인식
교육이 효과를 도출한다는 것을 '증명'하려는 단 하나의 목적	교육 효과를 증명하려는 목적을 부분적으로 갖지만, 미래의 효과 향상을 어떻게 달성할지를 학습하는 것이 더 중요
교육 프로그램이나 개입, 그리고 그 결과에 초점	수행 관리 체제와 결과를 성취하는 데에서의 학습의 역할에 초점
ROI와 이익의 추정은 교육의 기여에 대한 주관적 추정을 활용하는 통계적 외삽법과 공식에 기초	ROI와 이익의 진술은 실제 사례, 확인 가능한 기록, 그리고 교육 활용의 특정 사례에서 경영상 가치의 직접적 증거로부터 도출
참여자 모두로부터 자료를 수집하여 많은 비용이 들고 피상적인 자료를 수집하게 됨	몇 개의 사례에만 집중하여 효과에 대한 풍부하고 깊이 있는 자료를 제공
'평균'적 성과를 나타내는 양적 모형에 기초	극단적 사례를 조사: 매우 성공적인 참여자 사례와 매우 성공적이지 않은 참여자 사례

출처: Brinkerhoff & Dressler (2003). *Using the success case impact evaluation method to enhance training value & impact*.

이를 문서화하기 위한 단계다. 마지막 단계에서는 발견한 사실, 결론, 제언에 대하여 의사소통을 한다. 이해관계자가 결과를 이해하고 연구의 함의에 대한 합의에 이르기 위한 단계다. 각 단계는 통합하거나 더 세분화하여 진행할 수도 있다(Brinkerhoff, 2005; Brinkerhoff & Dressler, 2003).

Kirkpatrick의 평가 접근법과는 달리, SCM은 교육의 효과를 업무가 수행되는 과정과 분리하여 인식하지 않는다. 따라서 학습한 지식과 기술이 업무 현장에서 나타나는 실제 사례들에 주목한다. 학습은 성공적인 업무수행을 위한 하나의 조건이지 필요충분조건일 수는 없다고 전제한다. 왜냐하면 결과를 성취하기 위해서는 학습한 것이 업무수행의 과정에서 다양한 요인과 상호작용하기 때문이다. 예를 들어, 학습 전이는 관리자의 지원이 있어야만 가능할 수도 있다. 따라서 SCM은 예외적으로 성공적이거나 실패한 사례들을 업무 현장의 전체 맥락 속에서 집중적으로 탐구함으로써 교육의 효과를 더욱더 높이기 위한 풍부하고 심층적인 정보를 얻을 수 있다고 본다.

SCM은 교육 프로그램을 평가하는 것에서 구성주의적이고 자연주의적인 접근법에 해당한다. 실제 현장의 맥락 속에서 교육의 효과를 평가하는 실제적이고 실용적인 접근법이라고 할 수 있다. 그러나 모든 사례는 모두 독특한 특성을 가졌다는 점에서 하나의 성공 사례가 다른 상황에서도 적용 가능할 것이라는 가정은 이 접근법이 가지고 있는 근본적인 자기모순이다. 이는 SCM이 앞으로 더 널리 활용되기 위해서 반드시 해결해야 할 숙제라고 할 수 있다.

4. 인적자원개발의 책무성

조직의 교육 담당자들은 평가를 하는 것에 대해 유독 소극적이고 안이하다. 그동안 교육 담당자들은 평가에 대한 전통적이거나 구태의연한 방식만을 취해 왔다. 이미 50여 년 전에 처음 제안된 Kirkpatrick의 4수준 평가에만 안주하여 왔다. 그것도 만족도 평가나 기껏해야 학습평가 정도에만 머물러 왔다. 훈련의 관점에서 이루어지는 평가 역시 그 나름대로의 의미는 있다. 그럼에도 인적자원개발의 책무성 관점에서 보면 그것은 매우 불충분하고 미흡할 뿐이다.

조직에서의 교육이 '교육을 위한 교육'에 머물러서는 안 된다는 반성이 일어나고 있다. 교육은 구성원의 성장을 도모하고 이를 통해 조직이 발전하는 데 기여하여야 한다. 따라서 교육은 조직의 경영성과로까지 이어져야 한다. 그것이 인적자원개발에서 교육이 지향해야 할 중요한 책무다. 이를 위해 교육에 대한 지수화 접근법과 교육투자회수율모형이 평가의 새로운 방식으로 자리 잡고 있다.

책무성의 관점에서 보았을 때 교육의 평가는 반드시 이루어져야 한다. 평가는 교육에 대한 투자가 조직에 어떤 성과를 가져 왔는지를 가늠할 수 있는 주요한 수단이다. 그것은 교육 담당자에게 위협적일 수도 있으나 동시에 기회일 수 있다. 엄밀하고 합리적인 평가 절차를 통해 교육의 가치를 입증할 때 인적자원개발은 더 확고한 위치를 확보할 수 있기 때문이다. 언제까지 개념이나 아이디어 차원에서 인적자원개발을 옹호하고, 교육을 '보약'이라고 외칠 수 있을 것인가? 이제는 분명한 근거와 결과를 가지고 교육의 가치를 정당하게 인정받아야 한다. 그래야만 인적자원개발이 경영의 전략적 동반자로서의 지위를 얻을 수 있다. 조직에서 교육의 책무성을 높이는 평가를 하기 위해서는 다음과 같은 사항을 유념해야 한다.

첫째, 최적의 평가 방법을 찾아내야 한다. 평가에 대한 단 한 가지의 최선의 방법은 없다. 교육이 이루어지는 상황과 맥락, 그리고 프로그램의 종류와 참여자들의 유형 등에 따라 서로 다른 다양한 방식의 평가가 있을 뿐이다. 프로그램을 마친 후에 관행적으로 시행하는 획일적인 평가에서 벗어나 평가 대상에 가장 적합한 평가 방법(right evaluation)을 사전에 미리 계획하고 적용하려는 노력이 필요하다. 2010년 ASTD 콘퍼런스에서 Kirkpatrick이 말한 대로 인적자원개발은 이론과 원리를 바탕으로 한 과학이지만, 그것을 적용할 때에는 특수한 상황과 맥락을 고려하는 예술이어야 하기 때문이다.

둘째, 인적자원개발 담당자의 평가에 대한 전문성이 필요하다. 최적의 평가를 하기 위해서 인적자원개발 담당자는 평가에 대한 전문성을 끊임없이 신장시켜야 한다. 그런 전문성은 공식적인 교육 프로그램을 통해서 가능하다. 또한 비공식적이거나 무형식적인 학습을 할 수도 있다. 그러나 더 중요한 것은 평가를 두려워하지 말고 현업에 적용하려는 끊임없는 시도다. 다양한 평가 경험을 축적하고 지속적으로 개선해 나가려는 태도가 중요하다. 이를 위해서는 평가에 대한 평가, 즉 메타평가도 해야 한다.

셋째, 협력적이고 참여적인 접근법을 사용해야 한다. 교육 프로그램을 더 적절하게 평가하기 위해서는 인적자원개발 담당자의 전문적이고 책임감 있는 노력뿐 아니라 프로그램 개발자, 학습자, 관리자, 경영진 등 여러 이해관계자가 함께 협력하는 방식을 취해야 한다. 평가에 대한 참여적 접근법을 사용해야 이해관계자와 공감하고 평가의 활용 가능성도 높일 수 있다(Russ-Eft & Preskill, 2001).

넷째, 논리 모형을 통해 평가 결과의 설득력을 높여야 한다. 교육 프로그램의 다양한 맥락과 관련 요인, 그리고 그 효과 사이의 관계를 설득력 있게 제시할 수 있어야 한다(Russ-Eft & Preskill, 2001). 이를 위해 균형성과표 등과 같은 논리적인 모형(logic model)에 근거하는 것도 좋은 방법이 될 수 있다.

다섯째, 교육의 무형적·잠재적·미래적 가치를 인식해야 한다. 이를 위해 교육목표에만 한정되지 않는 탈목표적 접근법을 사용함으로써 의도하지 않은 부수적인 효과를 포함하는 총체적 교육 효과를 찾아낼 수 있다(Russ-Eft & Preskill, 2001). 콩나물시루에서 물이 다 새 나가는 것 같아도 콩나물이 자라듯, 그리고 대나무가 처음 4년간은 죽순만 보이고 뿌리만 자라다가 5년째 되는 해에 단숨에 25미터를 자라듯, 교육은 언제 어느 때 그 가치를 드러낼지 모른다. 따라서 단기적인 성과에만 집착하는 평가가 아니라 장기적이고 미래적인 교육의 가치를 올바르게, 그리고 정당하게 평가할 수 있어야 한다.

끝으로, 인적자원개발이 더 높은 수준에서 조직의 가치를 높이는 데 기여하도록 전향적인 평가가 이루어질 필요가 있다. 훈련 효과가 조직의 경쟁 우위를 확보하는 데 그치는 것이 아니라 내·외부 고객과 사회에 어떤 영향을 미쳤고 얼마나 공헌했는지를 평가하는 데까지 평가의 관심을 넓혀야 한다. 일터의 안전, 조직 시민성, 윤리경영, 지속 가능 성장 등이 그런 구체적인 예가 될 수 있다. 이런 인적자원개발 평가의 확장은 사회적 가치를 실현하는 책임 있는 조직으로의 성장을 촉진하는 발판이 될 것이다(김태성, 장지현, 백평구, 2019). 인적자원개발 평가의 새로운 패러다임을 위한 담대한 도전이 필요하다.

제9장

새로운 경력개발

한 사람 한 사람의 삶은 자기 자신에게 이르는 길이다. 길의 추구, 오솔길의 암시다. 일찍이 그 어떤 사람도 완전히 자기 자신이 되어 본 적이 없었다. 그럼에도 누구나 자기 자신이 되려고 노력한다. 어떤 사람은 모호하게, 어떤 사람은 투명하게, 누구나 그 나름대로 힘껏 노력한다. 누구든 출생의 잔재, 시원(始原)의 점액과 알 껍질을 임종까지 지니고 간다. 더러는 결코 사람이 되지 못한 채, 개구리에 그치고 말며, 도마뱀에, 개미에 그치고 만다. 그리고 더러는 위는 사람이고 아래는 물고기인 채로 남는 경우도 있다. 그러나 모두가 인간이 되라고 기원하며 자연이 던진 돌인 것이다. 그리고 사람은 모두 유래가 같다. 어머니들이 같다. 우리 모두는 같은 협곡에서 나온다. 똑같이 심연으로부터 비롯된 시도이며, 투척이지만 각자가 자기 나름의 목표를 향하여 노력한다. 우리가 서로를 이해할 수는 있다. 그러나 의미를 해석할 수 있는 건 누구나 자기 자신뿐이다.

-Hesse (1925). 『데미안』, p. 9.

직선은 기하학에나 있는 것일 뿐 자연이나 인생에는 없기 때문이었다.

-Hesse (1943). 『유리알 유희 2』, p. 88.

경력개발은 장기적인 관점에서 개인에게 초점을 맞춘 인적자원개발 활동
이다. 전통적으로 경력개발은 인적자원개발의 주요한 영역으로 간주되어 왔
다. 근래 들어서는 경력개발이 크게 변모하고 있다. 이 장에서는 먼저 경력개
발의 의미, 이론 및 방법을 검토한 다음, 현대사회에서의 경력개발의 새로운
현상을 살펴본다.

1. 경력개발의 의미

경력(career)이란 개인이 일생을 통해 일과 관련하여 겪는 모든 경험을 의
미한다. 경력개발(career development)은 그러한 개인의 경력을 성장ㆍ발전
시키는 활동을 말한다. 따라서 경력개발은 장기간에 걸친 과정인 동시에 개
인에 중점을 둔 활동이다.

그럼에도 인적자원개발에서 경력개발은 조직을 전제로 하여 이루어진다.
즉, 조직에서의 경력개발이다. 조직의 경력개발은 개인과 조직이 상호 협력
하여 개인의 경력을 성장시켜 나가는 과정을 말한다. 개인은 자신의 경력을
계획하고 그에 따라 일을 선택하고 배운다. 구체적으로 자신의 능력과 적성,
기회 등을 인식하고 경력 목표를 설정하며 그 목표를 달성하기 위해 일과 교
육의 경험을 축적한다. 반면, 조직은 구성원의 경력계획을 조직의 필요나 체
제와 통합하기 위한 체계적인 과정을 실행한다. 구성원의 경력을 관리하기
위해 평가하고 배치한다(Gilley et al., 2002). 결국 경력개발은 개인과 조직의
상호 협력적인 과정인 것이다. 이런 특징은 다른 인적자원개발 활동과 마찬
가지이지만, 경력개발에서 더 두드러진다.

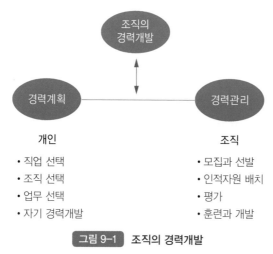

출처: Gilley, Eggland, & Gilley (2002). 인적자원개발론(장원섭 역, 2003), p. 70.

그림 9-1   조직의 경력개발

경력개발이 개인과 조직의 상호작용을 통해 이루어졌을 때, 그 효과는 상당히 크다. 개인의 측면에서 볼 때 경력개발은 미래의 경력 경로를 점검하고, 자신의 능력과 관심을 분석하며, 개인의 성장과 발전 요구를 조직의 요구와 조화를 이루도록 하고, 능력과 적성, 흥미에 맞는 일자리에서 일을 함으로써 개인의 학습을 자극하고 더 성장할 수 있도록 하는 것이다. 조직의 측면에서는 구성원들의 일에 대한 태도를 증진하고, 직무만족도와 조직에 대한 충성심을 제고하여 생산성을 높이고 이직률을 낮춘다(Gilley et al., 2002).

2. 경력개발이론

경력개발과 관련한 이론은 개인, 조직 그리고 사회 차원으로 분류할 수 있다(김흥국, 2000).

1) 개인 차원의 이론

개인 차원의 경력개발이론은 개인이 어떻게 자신의 경력을 발달시켜 나가는지에 초점을 맞추고 있다. 이 이론들은 개인의 경력과 관련한 특징을 구명하고 유형화하는 경향이 있다.

특성요인이론은 개인의 생득적인 적성, 지능, 흥미, 가치관, 성격 등을 경력과 연결시킨다. 경력개발은 개인의 특성 요인들의 영향을 받기 때문에 적성검사나 흥미검사, 직업선호검사와 같은 심리검사 등을 통해 개인의 특성을 밝히고 그에 맞는 경력 선택을 권고한다. Holland에 따르면, 개인의 직업에 대한 성향은 R(현실형), I(탐구형), A(예술형), S(사회형), E(기업형), C(관례형)로 유형화할 수 있다. 이 이론은 이렇게 인간의 경력 성향을 유형화하여 그에 맞는 직업에 따라 개발이 이루어져야 한다고 주장한다(김충기, 2000; 한국진로교육학회, 1999).

Krumboltz의 경력 의사결정 사회학습이론은 개인이 특정 직업을 선택하는 과정에는 유전적 특성과 능력, 환경적 여건과 사건, 학습 경험 그리고 문제 접근 기술이라는 네 가지 영향 요인이 복합적으로 상호작용한다고 설명하였다. 이러한 상호작용의 결과로 개인은 자신과 세계에 대한 일반화된 견해를 갖게 되고, 문제 접근 기술을 기르게 되며, 직업 선택과 관계된 행동을 하게 된다(김흥국, 2000).

Schein은 개인의 경력개발에 영향을 주는 몇 가지 동기 또는 가치를 발견하였다. 그는 이것을 '경력 닻(career anchor)'이라고 명명하였다. 경력 닻은 경력 선택을 좌우하는 결정 요인으로 정의된다. 의도적인 노력이 없는 한, 경력 닻은 단기간에 변화하지 않는다. 경력에 관련된 상황이 바뀔지라도 개인의 경력 닻은 그 상황을 강화하거나 새롭게 바꾼다. Schein은 경력 닻이 자아개념의 한 요소라고 하였다. 만약 자기가 하고 있는 일이 자신의 경력 닻과 일치하지 않을 경우, 그들은 불안하고, 비효율적이며, 스스로를 비참하다

고 느낄 수도 있다. 기본적으로 경력 닻은 다음과 같은 여덟 가지로 구분된
다. 관리능력, 기술 및 기능적 능력, 안전 및 안정성, 도전 정신, 자율성·독
립성, 온전한 삶, 봉사·헌신 그리고 기업가 정신이 그것이다(Gilley, Eggland,
& Gilley, 2002).

　다른 한편, 개인의 경력 과정을 설명하는 이론들이 있다. 경력발달이론에
따르면, 개인의 경력 선택과 개발은 일생을 통해 이루어지는 일련의 과정이
다. 그 과정은 대체로 인간의 성장에 따라 일정한 단계를 거치면서 발달하게
된다. Super의 생애단계이론은 개인의 경력개발이 자아개념을 발달시키고,
이것이 현실과 맞추어 나가는 생애 단계에 걸쳐서 연속된 과정이라고 주장한
다. 그리하여 개인의 경력발달이 성장기-탐색기-확립기-유지기-쇠퇴기
를 지난다고 설명한다(김충기, 2000).

　Schein의 조직경력단계모형은 개인이 직업을 가진 이후의 시기에 초점을 맞
추어 경력 단계를 제시한다. 그는 조직에서 개인이 거치는 경력 단계를 여섯
단계, 즉 진입 전 및 진입, 기본 훈련 및 시작, 제1차 정식 직무 할당, 제2차 직
무 할당, 영구재직권의 부여 및 퇴직, 퇴직 이후 단계로 구분하였다(김흥국,
2000).

　Feldman의 경력단계모형은 개인의 경력 단계가 탐색기-시도기-확립기-
전환기-발전기-유지기-쇠퇴기를 거친다고 본다. 그는 각 개인의 경력 단
계를 경력 이전, 경력 초기, 경력 중기, 경력 후기로 구분하여 단계별 과제와
이슈를 재정리하였다. 예를 들어, 경력 초기는 개인의 경력에서 시도기와 확
립기를 포함하는 기간이다. 경력 초기의 시도기는 첫 번째 직장에 취업하여
업무와 직장생활에 적응하는 시기를 의미한다. 확립기는 특정 분야를 선택
해 이 분야에서 독립적 업무를 수행할 수 있는 정도로 경력이 성숙되는 기간
이다. 따라서 시도기와 확립기의 경계는 업무와 직장생활에 대한 적응으로
서의 태도 변화 여부에 따라 결정된다. 시도기에는 불안정한 상황에 대한 어
려움을 극복하고 직장생활에 적응하는 태도의 변화를 보이는 것이 주요 과

업이다. 반면, 확립기에서는 일정한 수준의 적응에 해당하는 태도 변화를 전제로 개인의 몰입 수준을 결정하게 된다. 이런 태도 변화에 따른 경력 단계의 차이는 사람마다 다르지만 대개 일터에서의 총 경력이 10년 이하인 사람을 말한다. 또한 그는 초기 경력이 대개 22세에서 37세에 걸치는 시기에 나타난다고 보았다(Feldman, 1988).

경력개발에 대한 개인 차원의 이론은 개인이 자신의 특성이나 발달 단계에 적합한 경력을 개발하도록 할 수 있는 근거를 제시하였다. 그러나 사회문화적·경제적 상황과 성별이나 인종 등 개인의 배경 특성에 따라 그 이론들을 일반화하여 적용할 수 있는가에 의문이 제기된다. 특히, 현대사회의 복잡하고 빠른 변화 상황 속에서 객관적인 특성이나 발달 단계가 일률적으로 적용될 가능성은 더 떨어질 수밖에 없다(김흥국, 2000). 후기산업사회로의 거대한 시대적 변화의 흐름 속에서 그 유효성은 더 이상 유지하기가 어려워지고 있다.

2) 조직 차원의 이론

조직 차원의 경력개발이론은 조직 내부에서 이루어지는 경력개발의 현상을 설명한다.

먼저, 경력이동에 관한 3차원 모형은 조직에서 사람들이 일을 따라 이동하는 모습을 다음과 같은 세 가지 형태로 구분한다. 수직적 이동은 상위계층으로의 이동을 말하며, 흔히 승진의 형태로 나타난다. 수평적 이동은 부서 간 이동을 통해 일하는 기능 분야가 바뀌는 것을 말한다. 그리고 방사형 이동은 조직의 외각에서 내부 핵심으로 이동하는 것을 말한다(김흥국, 2000).

Sonnenfeld의 경력 시스템 유형론에 따르면, 조직에서 구성원들이 직무를 따라 움직이는 집합체로서 경력 시스템은 그 조직의 충원 전략과 불가분의 관계에 있다. 충원의 공급 과정에서 조직이 외부 영입과 내부 승진 중 어느 쪽에 중점을 두느냐와 관련하여 내부 노동시장의 개방성과 배치·승진 과정에서의 동료 간의 경쟁이라는 두 가지 차원에서 경력 시스템의 유형화를 시도하였다. 그는 이들 두 차원에 따라 조직의 경력 시스템을 아카데미형, 클럽형, 팀형, 요새형으로 분류하였다(김홍국, 2000).

　Rosenbaum(1979; 1984; 1990)은 토너먼트식 경력이동모형을 제시하였다. 조직에서의 경력이동은 농구나 야구 같은 운동 경기의 토너먼트식 선발 과정에 비유된다. 누적된 승패의 기록이 최후의 승자를 결정하는 라운드 로빈(round-robin) 방식과는 달리, 토너먼트 경기의 핵심적인 원칙은 각각의 선발 단계마다 승자와 패자가 명확하게 구분된다는 것이다. 매 단계에서 승자는 더 높은 경쟁을 위한 기회를 받는다. 그러나 패자에게는 더 이상의 경쟁 기회가 허락되지 않는다. 즉, 자유로운 승진 경쟁을 가정하는 인적 자본 모형과 달리 토너먼트 모형은 초기 선발 여부가 이후에 계속 영향을 미친다.

　관계적 모형은 개발지원관계를 통한 경력개발의 가능성을 제시한다. 개인이 일터에서 학습하고 적응할 수 있도록 정보와 심리적 지원을 제공하여 개인의 개발을 돕는 대인적 자원으로서 다양한 인간관계를 개발지원관계라고 한다. 멘토-멘티의 관계처럼 개인이 맺고 있는 하나의 지원적 관계를 개발지원관계라고 한다면, 개발지원관계망(developmental network)은 한 개인을 중심으로 하는 개발지원관계들의 모임과 배열을 총합적으로 일컫는 개념이다(Higgins & Kram, 2001). 그런 관계 또는 관계망은 개인의 경력 증진과 일에서의 성공에 관심을 가지고 개인의 개발을 위한 지원을 제공한다. Kram(1985)은 개발지원관계망이 개인에게 제공하는 이익을 후원, 지도, 보호, 도전적 업무 부여 같은 경력 지원 기능과 역할모델, 상담, 우정 등의 심리적 지원 기능의 두 가지로 설명하였다.

　경력정체 유형론은 경력 중기의 직장인에게 찾아오는 승진의 정체 또는 더 책임 있는 직위로의 보직 이동이 막힌 상태를 설명한다. Feldman과 Weitz는 경력정체를 가져 오는 선행 요인을 기술과 능력의 부적절, 경력이동에 대한 낮은 욕구, 직무의 내재적 동기 미흡, 스트레스와 탈진, 외재적 보상의 결여,

기업 성장의 저조 등 여섯 가지로 유형화하였다(김흥국, 2000).

　정치적 관점은 조직에서 권력의 행사가 어떤 상황에서 어떤 이해관계에 따라 이루어지는가에 관심을 가진다. 인재 채용, 내부 노동시장과 직무 분류 시스템, 임금 그리고 보직 승계의 네 가지 문제에 작용하는 정치적 변수를 서술한다. 이 관점은 조직의 중요한 자원의 배분에 얽힌 이해관계의 결정 결과가 합리성이나 효율성의 기준으로는 설명되지 않는다고 가정한다. 조직 이해의 근본적 핵심을 이해관계에 두며, 그 이해관계가 어떤 환경에서 어떠한 관계망을 통해 영향력 행사로 나타나는가에 관심을 둔다(김흥국, 2000).

　다른 한편으로, 조직의 관점에서 경력개발의 과정을 설명하는 여러 이론이 있다. 조직사회화단계모형은 외부인이었던 사람이 조직에 들어와 그 조직의 구성원으로 탈바꿈해 가는 조직사회화를 설명한다. Feldman(1981)은 조직사회화를 여러 가지 활동에 의해 일어나는 동시다발적인 과정으로 이해하면서, 개인의 인지적 학습뿐만 아니라 행동 및 태도의 변화 과정까지를 포괄하는 것으로 정의하였다. 그는 조직사회화의 과정을 예비사회화 단계, 대면 단계 그리고 변화와 습득 단계로 나누어 설명하였다. 예비사회화 단계는 초기 진입자에게 일어나는 모든 학습으로, 조직과 직무의 실체에 마주하게 되고, 필요한 기술과 능력, 가치를 파악하는 단계다. 대면 단계에서는 일터와 일터 밖 생활의 갈등을 관리하고, 조직 내 역할 갈등을 명확히 함으로써 역할에 대한 정의를 내리고, 업무와 조직 내에서의 역할을 시작하여 가치와 태도 변화를 시작한다. 마지막으로, 변화와 습득 단계는 업무에 대한 숙련과 조직의 가치 및 규범에 적응하는 단계로, 보다 장기적인 변화를 포함한다(장원섭 외, 2007).

　Morrison과 Hock은 직무 경험이 개인의 경력개발에 미치는 중요성에 주목하여 직무 경험 학습모형을 제시하였다. 여기서는 개인의 업무 활동과 역할, 직무 환경의 축적된 경험에 따라 개인의 지식과 기술, 개인 특성에 변화를 가져와 역할개발과 개인개발이 이루어진다. 이 이론이 현실적으로 시사하는 점은, 첫째, 경력경로는 개인의 경력개발을 향상시키고 직무성과를 제고하며, 조직의 핵심 가치와 일관성을 지니는 방향으로 설계하고, 둘째, 경력과 관계된 상벌 정책과 그 운영은 경력경로의 설계에서 요구되는 사항과 걸맞게 명확하면서도 일관성 있게 추진하라는 것이다(김흥국, 2000).

이와 같은 조직 차원의 경력개발이론은 조직 내부의 경력개발 현상을 잘 보여 주고, 경력개발과 관련한 전략적 시사점을 제공한다. 그러나 현대사회의 새로운 경력개발 양상에 대한 지속적인 검토를 통하여 그 설명 방식을 계속해서 변경시켜 나가려는 노력이 필요하다.

3) 사회 차원의 이론

사회 차원의 이론은 사회구조와 노동시장처럼 더 거시적인 관점에서 경력개발의 문제를 논의한다. 대표적인 이론으로 지위획득모형과 분단노동시장론이 있다.

지위획득모형은 경력이동을 결정하는 요소가 무엇인가에 관해 논의한다. Blau와 Duncan(1967)은 아버지의 직업과 교육 등의 가정 배경 요인들과 본인의 교육 수준 및 첫 번째 직업 등의 업적 변수들이 현재의 직업 지위를 결정하는 데 얼마나 영향을 미치는가를 검토하였다. 그 결과, 개인이 받은 교육과 초기 경험은 그의 직업적 성공에 큰 영향을 미쳤으며, 이러한 영향력은 배경 요인보다 더 강력하게 나타났다. 특히, 교육은 다른 배경 변수들에 비해 직업 지위 획득에 가장 큰 영향을 주었다. 구체적으로 아버지의 지위는 자식의 사회적 진출에 직접적으로 영향을 미치기보다는 학교교육을 통해서 간접적으로 자식의 성취에 기여하였으며, 학교교육 수준은 경력 성공을 이루는 데서 직접적인 효과를 나타냈다.

지위획득모형으로서 위스콘신 모형은 가정 배경 변수들이 부모와 교사 등의 의미 있는 타자를 통하여 직업적 포부와 기대 수준에 영향을 주며, 학생의 지적 능력은 직접적으로 직업 지위 획득에, 그리고 학업수행도와 의미 있는 타자에 의해 매개되어 교육과 직업 포부 수준에 영향을 미친다는 사실을 발견하였다. 또한 교육에 대한 열망은 교육적 성취를 통해서 간접적으로, 그리고 직업적 포부는 직접적으로 직업적 성취 수준을 형성하는 데 이어지는 것으로 나타났다(Haller & Portes, 1973; Sewell, Haller, & Portes, 1969; Sewell & Hauser, 1975).

결국 지위획득모형들은 학교교육이 사회적 상승이동의 주요한 통로라는 사실을 확인함으로써 경력이동 연구에서 교육이 갖는 역할의 중요성을 부각시켰다. 그러나 이러한 연구들은 사회적 성취에 관한 구조적 요인을 도외시하는 한계를 가지고 있다(장원섭, 1997).

분단노동시장 이론가들은 노동시장에서의 개인의 경력이동 문제를 설명하기 위해서 개인의 능력 결핍이라는 주장 대신에 '기회 구조'라는 개념을 도입한다. 그들은 노동시장이 단일 경쟁시장이 아니라 인종, 성별, 교육 수준 같은 몇 개의 기준에 의해 분리되어 있다고 본다. 그리고 여러 층으로 분단된 노동시장은 서로 다른 집단들에 차별적인 기회를 제공한다고 주장한다. 즉, 같은 정도의 능력을 가지고 있더라도 개인들이 가진 귀속적 특성에 따라 노동시장에서의 성취도가 달라질 수밖에 없는 이유를 노동시장의 구조적 분단과 그에 따른 기회 구조의 차이라는 개념으로 설명한다.

예를 들어, 1차노동시장의 일자리는 높은 임금, 좋은 노동 조건, 많은 승진 기회 등을 특징으로 하는 반면, 2차노동시장은 이러한 속성들이 결여된 일자리들로 구성된다. 이 이론은 또한 2차노동시장에 있는 노동자나 그 시장에의 지원자들이 주로 여성, 소수 인종, 저학력자들이며, 그들의 기술은 제대로 보상받지 못할 뿐만 아니라 일단 이 부문에 고용된 후에는 빠져나가기 힘든 특성을 가지고 있다고 주장한다(Doeringer & Piore, 1971; Edward, Reich, & Gordon, 1975).

분단노동시장이론은 경력이동에 관한 사회구조적 설명 방식을 통하여 경력개발에 대한 시사점을 제공한다. 그러나 그들의 주장은 너무 단순화되어 있거나 과장되어 보인다. 왜냐하면 비록 분단된 노동시장 간에 구조적인 장벽들이 존재한다고 할지라도 그 장벽을 넘나드는 경우가 존재한다는 많은 증거가 있기 때문이다(장원섭, 1997).

3. 경력개발 방법

　조직에서는 다양한 방법을 통해 경력개발 활동이 이루어진다. 이 절에서는 그 가운데 대표적인 몇 가지 방법을 간략히 소개한다.

　자기 진단을 위한 심리검사의 방법이 있다. 개인은 심리검사를 통해 객관적으로 자신의 직업 흥미, 적성, 성격, 업무 태도 등을 측정할 수 있다. 이를 통해 경력과 관련한 개인적 특성을 파악할 수 있다. 즉, 심리검사 결과는 자신의 특성에 적합한 경력개발을 하는 데 필요한 기초 자료로 활용된다.

　직무순환(job rotation)은 전통적인 경력개발의 방법이다. 특히, 구성원이 조직에 새로 들어와서 아직 능력을 발휘할 수 있는 업무를 파악하지 못했거나 조직 전체의 업무 체계를 알지 못할 때 유용한 방법이다. 조직 내의 업무들에 일정 기간 순환하여 근무함으로써 역량을 가장 잘 발휘할 수 있는 업무에서 일을 할 수 있다. 또한 조직 전체의 업무를 파악함으로써 개별 업무의 효과성을 높이고, 관리자로서의 역량도 기를 수 있다.

　경력 워크숍은 구성원을 집단으로 모아 놓고 자신의 경력계획을 어떻게 준비하고 실행할 수 있는지에 관해 배우고 구체화해 나가는 행사다. 이때 조직은 신입사원을 대상으로 자신이 도달하고 싶은 미래의 모습을 경력 목표로 설정하고 목표에 도달하기 위한 계획을 작성하여 제출하도록 한다. 이를 통해 개인이 자율적으로 경력 목표를 달성할 수 있도록 하고, 조직은 이를 지원할 수 있다.

　경력자원센터는 경력과 관련한 자료를 체계적으로 관리하는 체제를 말한다. 조직 구성원이 이 센터를 활용하여 경력에 관한 정보를 효율적으로 획득하도록 한다.

경력 상담은 전문 상담자를 통하여 조직 구성원의 경력에 관련한 문제들을 지원하는 방법이다. 국내에도 여러 기업이 상담제도를 운영하고 있다. 그러나 직원들의 개인적인 고충에 대한 상담만을 제공할 뿐 전문적인 경력 상담의 역할은 하지 못하고 있는 경우가 대부분이다.

'멘토링'이라는 용어는 오디세우스가 트로이전쟁에 나가면서 친구인 멘토에게 그의 아들 텔레마쿠스를 보살피도록 맡긴 것에서 유래한다. 그 이후 '멘토'라는 이름이 지혜와 신뢰로 인생을 이끌어 주는 지도자를 의미하는 단어로 사용되게 되었다. 조직에서 멘토 관계는 조직생활을 시작하는 사람(멘티)이 조직에 잘 적응하고 성장하도록 경험이 풍부하고 유능한 사람(멘토)이 도와주는 관계로 정의할 수 있다. 멘토링의 기능은 일반적으로 경력개발 기능과 심리사회적 기능으로 구분된다. 경력개발 기능이란 멘토가 멘티에게 경력발달을 촉진, 향상시키는 기회를 제공하는 것이다. 멘티가 자신의 역할을 적절하고 훌륭하게 수행할 수 있도록 필요한 기술과 요령을 습득하게 돕는 것이다. 심리사회적 기능은 멘티가 조직생활에서 자신감을 갖도록 도와주고, 복잡한 조직 내외부의 상황에서 자아에 대한 명확성을 고양할 수 있도록 하는 기능이다.

개발지원관계망은 일대일 관계인 멘토링을 다대다의 관계로 확장한 것이다. 조직 차원에서 개발지원관계망을 형성하고 촉진하려는 노력이 이루어지기도 한다. S사를 비롯한 몇몇 국내 기업에서 운영하는 '선배 책' 제도가 그 좋은 사례다. 선배 책은 누구라도 될 수 있다. 선배들은 스스로 책이 되어 자신의 경험을 신입사원들과 나눈다. 신입사원은 다양한 선배 책의 제목을 확인한 후 도서관에서 책을 고르듯이 원하는 대로 선택한다. 선배 책과의 만남과 대화를 통해 다양한 직무를 간접적으로 체험하고 인맥을 쌓을 수 있다. 기존의 멘토링과 달리 선배가 한 명에 국한되지 않아 한정된 관계를 확장하여 다양한 경험을 할 수 있다(허성, 2013). 신입사원들의 조직 적응과 경력개발은 조직의 모든 구성원이 함께 노력하는 과정이다. 조직 전체적으로 개발지원 관계망을 형성하는 것은 그런 과정에서 효과적인 전략이 될 수 있다.

조기발탁제는 핵심 인재를 육성하기 위한 경력개발제도다. 미리 핵심 인재를 발견하여 이들에게 집중 투자함으로써 경력개발 비용을 줄일 수 있다는 장점이 있다. 많은 기업이 임원 후보를 조기에 발굴해 집중적인 엘리트 교육을 시키고 있다. 그러나 초기의 잠재력에 대한 판단이 정확하지 않을 수 있으며, 다른 능력이 있는 구성원들의 경력개발 기회를 제한하게 되는 문제점도 있다.

직무 공고(job posting) 또는 사내 공모는 조직 내에 내부 노동시장을 형성하는 것이다. 과거에는 그 실시 범위가 매우 제한되어 주로 기업에서 새로운 팀을 구성할 때 이 제도를 많이 사용하였다. 게다가 사내 정치와 같은 문제가

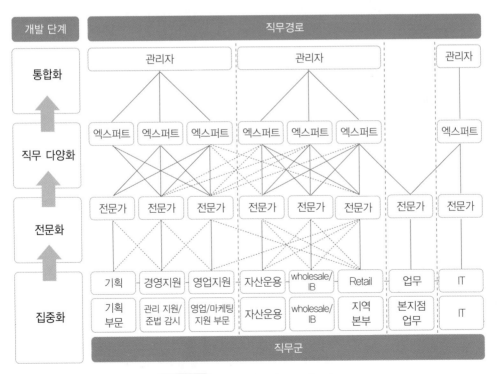

그림 9-2 C사의 단계별 표준 직무경로

개입되어 활성화되지 못한 측면도 있었다. 그러나 이제는 조직 내 업무가 빠르게 변화하고, 구성원의 경력 요구가 매우 다양하며, 첨단 정보통신기술을 활용하여 경력에 관련한 정보를 종합적으로 관리할 수 있는 시스템을 구축할 수 있다. 따라서 인사부서에서 나름대로 적합한 사람을 선발하는 제도뿐만 아니라, 근래에는 새로운 자리가 있을 경우 사내에서 공개 모집하여 지원자 가운데서 적격자를 선발하는 사내 공모 제도를 사용하는 회사가 늘고 있다.

경력개발제도(career development program)는 조직의 인재육성을 위해 경력개발의 개념을 제도화시켜 놓은 것이다. 개인의 입사부터 퇴직까지의 경력경로를 개인과 조직이 함께 설계하고 장기적 관점에서 관리해 나가는 종합적 인적자원개발 체계라고 할 수 있다. 이를 통해 조직의 목표와 조직 구성원

개발 단계	직무 경로						
통합화	고성과 리더십 과정						
	분야별 핵심 역량 강화 과정						
직무 다양화	리더십 고급 과정						
	분야별 엑스퍼트 과정	분야별 엑스퍼트 과정	마케팅 역량 향상 과정				IT 엑스퍼트 과정
전문화	리더십 중급 과정						
	분야별 전문가 과정	분야별 전문가 과정	영업상담 기술 향상 과정	업무능력 향상 과정		IT 전문가 과정
집중화	리더십 기초 과정						
	OA 자격 과정			금융자격 과정	업무능력 향상 과정		IT 기초 과정
	분야별 능력 향상 과정						
	기획	경영 지원	영업 지원	자산 운용	wholesale/IB	Retail	업무	IT

그림 9-3   C사의 단계별 표준 교육 프로그램

의 목표가 경력의 측면에서 조화를 이룰 수 있도록 한다. 조직은 경력 경로와 경력 요건 등을 설정하고, 개인은 가장 적합한 경로를 선택하고 능력을 개발하여 자신의 경력 목표를 달성할 수 있게 된다. 예를 들어, C사는 단계별 표준 직무경로를 설정하고 그에 따른 표준 교육 프로그램을 제시하여 경력을 개발할 수 있도록 한다([그림 9-2], [그림 9-3] 참조). 경력개발제도의 목표는 개인의 성장 욕구를 충족시킴과 동시에 조직의 인적자원개발을 극대화하여 개인 욕구와 조직 욕구를 조화시키는 데 있다.

끝으로, 경력 단계별로 적합한 경력개발의 기본 방향과 프로그램을 [그림 9-4]와 같이 요약하여 예시할 수 있다.

대상	기본 방향	경력 관련 제도
신입사원	• 적성과 희망을 고려한 직무배치 • 조직사회화를 통한 조직 적응 • 직무향상도 평가 및 피드백 • 도전적 직무 부여 • 경력계획 설계 지원	• 조직사회화 프로그램 • 경력 워크숍 • 직무순환 • 멘토링
중간관리자	• 경력 단계와 연계한 교육 및 전문 역량 재설계 • 부하 육성 역할의 수행을 제도화 • 중간관리자의 재충전 지원 • 생애 단계 변화의 심리적 대응 지원 • 경력 정체 사원에 대한 효율적 대처	• 멘토제도 • 직무공고 • 학습휴가제도 • 경력상담 프로그램 • 경력 정체 대응 프로그램
고령인력	• 직무성과의 정기적 체크 • 고령인력 대상 인력계획 수립 • 재교육 프로그램의 운영 • 하향 이동의 제도화 • 조기퇴직의 유도 • 퇴직 예정자에 대한 지원	• 고령인력 재교육제도 • 임금피크제 및 하향이동제도 • 조기퇴직제도 • 퇴직지원제도

그림 9-4   경력 단계별 경력개발 프로그램 예시

4. 경력개발의 변화

1) 새로운 경력개발 개념

경제사회적 변화에 따라 경력과 경력개발의 개념이 변화하고 있다. 노동시장의 유연화에 따른 직업과 직장 이동 가능성의 증대, 조직의 축소와 피라미드형 위계 구조의 붕괴, 그리고 개인의 삶의 질의 중요성이 부각되면서 전통적인 경력 개념과 경력개발의 방식이 바뀌고 있는 것이다. 경력과 경력개발의 새로운 양상은 적어도 다음의 다섯 가지 측면에서 찾아볼 수 있다.

첫째, 일의 비연속성에 따른 경력의 불안정성이다. 전통적으로 경력 개념은 직업적으로 중단 없는 전진이라는 의미를 내포한 개념이었다. 그러나 노동시장의 유연성과 조직의 위계 축소는 이제 전통적인 경력의 이상이 실현 가능하지 않도록 하고 있다. 개인의 성취 지향적이고 안정적인 임금근로에 기초한 전통적인 경력 이데올로기는 더 이상 유효하지 않다(Richardson, 2000). 고정된 직무 대신 일련의 프로젝트로 채워진 비연속적인 일들이 새로운 진로를 구성한다(Young & Valach, 2000). '경력 아나키(career anarchy)' (Collin & Young, 2000) 또는 '경력지진(careerquake)'(Watts, 2000)이라는 표현은 그런 경력의 구조적 불안정성 현상을 잘 나타낸다. 더 극단적으로는 '경력의 죽음(death of career)'을 고하고(Riverin-Simard, 2000; Young & Valach, 2000) 경력 대신 일의 개념을 사용하자고 제안하기조차 한다(Richardson, 2000; Young & Valach, 2000).

둘째, 개인 주도적 경력개발의 양상이다. 평생직장의 시대에 경력은 한 조직에 머무르면서 한 가지 업무에서 전문성을 신장시켜 나가고 승진하는 이상을 가지고 있었다. 그러나 조직은 더 이상 모든 직원을 승진시킬 수 없고(Gilley et al., 2002), 언제나 구조조정과 변경에 직면하고 있다. 개인적으로 보았을 때도 자신이 몸담고 있는 조직은 평생직장이 되기 어렵다. 여전히 전통적인 피라미드형 조직이 남아 있기는 하지만, 그보다는 수평적 전문성을 강조하거나 자기주도성과 창의성 그리고 자율성을 가진 느슨한 구조의 조직이 더 많아지고 있다(Brousseau, Driver, Eneroth, & Larsson, 1996). 이런 상황 속에서는 조직의 경력개발보다 개인 주도성과 책임이 더 크게 강조된다. 따라서 새로운 경력은 개인이 일련의 일에 대한 도전을 통해 '심리적 성취'를 이루면서 스스로 자신의 '경력 나이'를 쌓아 가는 '변화무쌍한 경력'의 개념으로 바뀌게 된다(Hall, 1996).

개인의 경력개발이 중시되는 현대사회에서 Hall(1996)은 새로운 경력 개념으로서 유동적이고 '변화무쌍한 경력(protean career)'을 제안하였다. 그는 그리스 신화의 프로테우스처럼 자신의 경력을 변화무쌍하게 변화시켜 갈 수 있어야 한다고 보았다. 그것은 주관적 경력 성공과 내부적인 경력 동기에 초점을 맞추고 있다. 개인 스스로가 주도성을 갖추고 자신의 가치를 반영하여 의사결정을 내리는 경력에 대한 태도를 강조한다. 따라서 경력을 변화무쌍하게 발전시켜 나가려면 경력메타역량이 필요하다. 예측하기 어렵게 변화하는 업무 환경에서 적절히 대응할 수 있는 적응력과 자기 자신에 대한 관점을 구축하는 정체성을 개발하여야 한다.

셋째, 주관적인 구성적 경력의 중요성이다. 앞에서 언급했듯이, 경력의 구조적 불안정성과 개인 주도성은 필연적으로 객관적 경력을 대신하여 주관적 또는 구성적 경력의 개념을 낳는다. 과거에는 순차적으로 올라가고, 객관적으로 지위가 정해지는 일반적이고, 정상적이며, 바람직하다고 간주되는 경력이 정해져 있었다. 그러나 이제는 그런 규범이 침식되고 있다(Collin, 2000). 경력의 이상을 보여 주고 이끄는 명시적인 안내 지침 자체가 사라졌다. 무제한의 '탈경계적 경력(boundaryless career)'의 시대가 되었다(Littleton, Arthur, & Rousseau, 2000). 따라서 개인은 스스로 자신의 직업적 프로젝트를 계속하여 재정의하고 재구조화하는 한편, 이를 준비하기 위해 스스로 새로운 학습과 경력을 끊임없이 계획하고 조직하여야 한다(Richardson, 2000).

넷째, 관계론적 경력의 관점이다. 새로운 경력 개념은 개인 주도성과 주관성을 강조하고 있기는 하지만, 그것은 다른 사람들과의 관계를 통해서 가능하다. 네트워크의 시대에 개인은 더 이상 자유로운 사회적 독립 단위가 아니다. 그 대신 모든 일은 서로 연계하여 의존하고 협력하면서 이루어진다. 주관적인 경력 역시 상호 의존적 의미 만들기의 과정 속에서 구성된다(Collin & Young, 2000). 결국 개인의 경력은 개발지원관계 같은 다른 개인들과의 사회적 관계망 속에 놓여 있는 것이다.

다섯째, 공간적 경력 개념의 부각이다. 전통적으로 경력은 개인의 일생에 걸쳐서 진행되는 시간의 개념만을 포함하는 수직적 차원의 개념이었다. 그러나 새로운 시대의 경력 개념은 여기에 공간의 개념에 기초한 수평적 차원을 더하게 된다. 새로운 일의 세계에서 개인은 여러 다양한 역할을 동시에 담당하게 될 가능성이 커지고 있다. 복수의 자아와 정체성을 형성하게 된다(Edwards & Usher, 2008). 따라서 자신의 일의 세계에 대한 시간적 측면뿐만 아니라 공간적 측면의 경력 구성이 중요하다. 순차적이고 일방향적인 연속성을 가진 경력과 더불어 동시다발적이고 무방향적인 연속성의 경력에 더 초점을 맞출 필요가 있는 것이다(Collin, 2000). 한마디로, 시간과 함께 공간의 경력 개념이 부상한 것이다.

실제로, 사람들은 평생을 통해 더듬어 탐구해 가는 새로운 경력개발의 모습을 보이고 있다(이덕현 외, 2014). 지속적으로 변화하는 환경과 자신의 요구에 대응하여 능동적으로 경력을 탐색하고 다양한 조건과 협상하며 새로운 변화의 지점들을 만들어 낸다. 이렇게 변화한 일과 경력 구성의 양상 속에서 끊임없이 적응하고 변신하기 위해서는 무형식적이고 비정형적인 학습이 강조된다. 결국 기존의 단선적이고 정태적인 경력관에서 벗어나 다양하고 유동적이며 창의적인 형태의 경력 구성 역량이 중요해진다.

구체적으로, 과거에는 개인의 경력에 부정적으로 여겨지던 이직마저도 이제는 경력개발의 새로운 과정이 되었다. 노동시장의 유연화로 인해 이직이 빈번하게 이루어지면서 직장을 옮기는 것이 새로운 경력 기회를 찾는 것으로 인식된다. 특히, 자발적 이직은 현 직장에서의 불만족이나 수동적 의사결정 행동이 아니라 적극적인 개인의 경력개발 활동의 일환이라고 할 수 있다. 여러 일터를 경험하며 장기적으로 자신의 경력 성장을 도모할 수 있다(강예지, 장원섭, 2017). 또한, 현재보다 더 나은 미래를 위한 희망으로 경력 목표를 설정하고 이직 준비 과정에서 지독한 학습 노력을 통해 배우고 성장할 수 있다. 결국, 이직은 현재 안주하지 않고 미래를 위해 끊임없이 경력을 개발하며 지속적으로 자신을 발전시키는 활동이 되고 있다(손정은, 박재한, 김성혜, 장원섭, 2019).

만화경 경력모형(Kaleidoscope Career Model)은 이런 경력 형성자의 주체성을 강조하며 비선형적이고 통합적 관점으로 경력개발을 설명한다. 이 모형에서는 개인이 '진정성(authenticity)', '균형성(balance)', '도전성(challenge)'이라는 세 가지 경력 요구에 집중하여 가장 적합한 경력 선택을 한다고 본다. 이 ABC 변수는 특정 시기에 우선시되는 요소에 따라 하나의 요소가 전경으로 이동하고 강화된다. 다른 두 요소는 강도가 감소하고 배경으로 물러나지만 여전히 존재하며 활동적이다(Mainiero & Sullivan, 2005; Sullivan, Carraher, & Mainiero, 2009). 예를 들어, 우리나라 고경력 여성의 경력개발은 이 세 요소가 상이하게 작동하면서 주체적으로 변화무쌍하게 이루어진다. 출산 전기에는 강한 진정성과 도전성의 요구가 작동했고, 집중 육아기에는 균형성뿐만 아니라 도전성과 진정성을 순간순간 요구에 따라 순위를 바꿔 가며 유연하고 다양하게 보여 주었으며, 출산과 육아로부터 어느 정도 자유로워지면서 다시 경력 활동에 몰입할 수 있게 되면서 새로운 진정성과 도전성의 요구가 우선순위를 다투는 양상이 보인다(구유정, 조혜나, 장원섭, 2020).

2) 조직의 경력개발 변화

이런 상황에서 전통적 의미의 전형적이고 정형화된 경력개발은 조직에서 위축될 수밖에 없다. 조직의 입장에서는 직원 승진의 기회가 제한되어 있고, 경력개발 이후에 경쟁사로 이직하는 등 조직에 유용하지 않은 방식으로 경력을 개발할 것에 대한 두려움 때문에 구성원의 경력개발에 대한 투자를 회피하기도 한다(Gilley et al., 2002). 정리하면, 조직 간의 이동이 빈번해지고 평생에 걸친 직업이동이 강조되는 상황에서 경력개발은 개인의 책임이 되는 방향으로 무게 중심이 이동하고 있다.

더군다나, 이제 경력은 나이 또는 생애발달 단계를 통해 만드는 것이 아니라 일련의 단기적 학습 단계에 의해 이루어진다. 따라서 경력개발은 생물학적 나이가 아니라 경력 나이에 기초하여 이루어져야 한다. 이때 경력개발을 위한 자원은 공식적 훈련 프로그램이 아니라 일과의 관계를 통해 여러 가지 일에 도전하고 경험함으로써 이루어질 수 있다. 단순히 경력에 관한 지식을 갖고 안정적 직업으로 나아가는 방식에서 일생을 통해 지속적으로 탐색하고 학습할 수 있는 가능성을 제시하고 안내하는 '학습 경력(learning career)'이 필요한 것이다(Hodkinson & Bloomer, 2002).

조직의 책임보다는 개인의 책임이 강조되는 상황에서 경력개발은 더 이상 인적자원개발의 영역이 아니라는 극단적인 주장이 제기되기도 한다(Swanson & Holton, 2001). 인적자원개발을 철저히 조직의 관점에서 파악하고 있기 때문이다. 그러나 경력개발이 인적자원개발의 영역이 아니라고 하는 것은 너무 단편적인 주장일 뿐이다. 오히려 그 전통적인 의미와 활동 방식을 변경하고 있다고 보는 것이 타당하다. 왜냐하면 조직 차원에서도 새로운 방식의 경력개발이 등장하고 있으며, 그러한 조직의 경력개발은 여전히 중요하기 때문이다.

예를 들어, Brousseau 등(1996)은 조직의 유형에 따른 다양한 경력개발 형태를 제시하였다. 첫째, 수직적 경력개발이다. 이것은 전통적인 피라미드 조직에서 관리자를 목표로 하는 승진을 통한 보상을 의미한다. 둘째, 전문가형 경력개발이다. 수평적 조직에서 기능과 일의 질을 목표로 별도의 보상과 계속적 전문성 신장 기회를 갖는 경우를 말한다. 셋째, 나선형 경력개발이다. 이는 자기주도적 조직에서 창의성을 발휘하는 것을 말한다. 벤처기업과 같은 창의적 활동과 분위기를 강조하는 경우다. 넷째, 임시적 경력개발이다. 이는 임시 팀으로 이루어진 느슨한 조직구조에서 이루어진다. 빠르게 적응하고 혁신하며, 즉각적인 현금 보상이 이루어진다. 개인은 독립성과 자율성을 갖는다. 결국 경력개발은 조직의 구조와 문화, 전략과 연관되어 있을 수밖에 없지만, 현대사회에는 이렇게 다양한 형태의 조직에서의 경력개발이 상존한다. 그런 가운데 전통적인 유형의 비중은 줄어들고 있다.

Walton(1999)은 새로운 경력개발이 수직적 차원에서 수평적 접근으로 바뀌었다고 보았다. 그는 전통적 경력개발 개념인 경력 닻, 토너먼트 이동, 승계 계획, 경력 경로 분석 등이 유효성을 크게 갖기 어려운 시대가 되었다고 보았다. 그 대신 새로운 경력개발 개념들로서 일생을 통한 개발, 경력 탄력성, 경력고원, 개인개발과 경력개발의 혼재, 중복 경력 등을 제시하였다.

조직 내 인적자원의 역량과 전략에 따른 경력개발의 방법은 다양할 수 있다. 그것을 조직의 경력개발 발달 수준에 따라 [그림 9-5]와 같이 네 단계로 구분할 수 있다. 첫 번째 단계는 조직도 개인도 경력개발에 대한 개념 자체가 부재한 상태다. 이 단계에서는 경력개발이라기보다는 간헐적인 훈련이 실시될 뿐이다. 두 번째 단계는 조직에서는 아무런 관심이 없고 그저 개인이 알아서 자신의 경력을 개발하는 경우다. 구성원들은 상사로부터 비공식적인 지도나 조언을 받는 등의 비정형화된 경력개발을 한다. 세 번째 단계는 전적으로 조직의 필요에 따라 경력관리가 이루어지는 경우다. 이 단계에서 개인의 경력개발은 조직의 전략과 요구에 달려 있다. 네 번째 단계가 가장 이상적인 조직의 경력개발이라고 할 수 있다. 개인과 조직의 요구가 적절한 지점에서

	경력개발 개념 부재	개인 차원의 비정형화된 경력개발	조직 주도의 경력관리	개인-조직 상호작용
정의	• 경력개발 개념과 시스템이 부재함	• 조직의 배려 없이 직원이 자신의 의지와 노력을 통해 경력개발	• 개인의 의사가 반영되지 못하고 전적으로 조직의 필요에 의해 경력개발	• 개인과 조직의 요구가 적절히 조화되어 경력개발
주요 특징	• 회사 내에 경력개발에 대한 명확한 제도 및 지침이 없음 • 개인의 경력개발과 관련된 내부적인 행동이 전혀 없음 • 체계적인 교육 시스템이 없으며, 간헐적으로 비정기적인 훈련 실시	• 주로 조직 내 상급자에 의해 개인의 경력개발에 대한 지도 및 조언을 비공식적으로 제공받음 • 경력개발은 개인의 노력에 전적으로 맡겨짐 • 교육/연수 프로그램 위주의 경력개발	• 개인의 요구를 파악하기는 하나, 주로 회사의 전략적 목적으로 경력개발이 이루어짐(핵심 인재 관리 등) • 개인별 경력개발이 충실히 이루어지지 못함	• 조직의 목표와 개인의 요구를 반영한 경력 경로별 체계적인 육성 프로그램 운영 • 회사에서 개인의 경력개발 경로를 제공 • 경력정보 등을 포함한 종합적인 정보 시스템 구축 • 사내 공모제 활성화로 내부 노동시장 형성 • 직무 특성에 따른 인사이동 체계 확립

그림 9-5   경력개발의 발달 단계

만나서 조화롭게 상생할 수 있는 경력개발이 이루어진다.

실제로는 여전히 조직들에서 이 네 단계의 경력개발이 모두 혼재되어 있다고 볼 수 있다. 그럼에도 불구하고, 개인과 조직이 상호작용하는 경력개발의 구체적인 방식은 다음과 같은 주요 특징들을 보이고 있다.

첫째, 그 유효성에 대한 논란은 차치하고, 현실에서는 조기 발탁과 빠른 승진 경로 등을 통한 핵심 인재 중심의 경력개발이 더 강조된다. 그럼에도 핵심 인재들조차 언젠가는 조직을 떠날 수 있기 때문에 교육에 따른 의무 복무 연한 규정의 시행 등이 경력개발을 위한 조직 차원의 문제로 등장하고 있다.

둘째, 평범한 구성원을 어떻게 적합한 업무에 배치하여 역량을 발휘할 수 있도록 할 것인가도 중요한 문제가 되었다. 보통의 사람을 탁월한 인재로 만들어 내는 것도 조직의 경력개발에서 필요한 과제인 것이다. 이를 위해 사내 공모제를 활성화하여 조직 내에 내부 노동시장을 형성하기도 한다. 밀레니얼 세대 같은 새로운 세대의 조직 구성원들은 다른 사람들의 시선보다는 자신의 취향과 요구에 따라 경력을 자유롭게 이동하려고 한다. 조직에서도 종합적이고 개방적으로 경력 정보를 관리할 수 있는 시스템을 구축할 수 있다. 따라서 조직 내에 내부 노동시장을 확대하여 공개적으로 적합한 인재를 선발하는 경력개발 방식을 취하는 사례가 늘고 있다.

셋째, 어떻게 사람을 잘 내보낼 것인가의 문제가 조직의 경력개발에서 새로운 쟁점이 되기도 한다. 전직지원제도(outplacement program)는 인적자원의 손실이 아니라 확장으로 간주될 수 있는 중요한 기제가 된다. 이는 조직을 떠나 밖에서 지원하는 관계망 구축으로 인식해야 한다. 경력이동이 빈번한 시대에 퇴사는 단순히 법이나 보상의 문제일 뿐만 아니라 신뢰의 문제이기도 하기 때문이다. 또한 그것은 개인과 사회·국가의 차원에서도 중요한 인적자원의 문제이므로 정부는 전직지원장려금을 지원하고 있다.

넷째, 신입사원일지라도 언제 조직을 떠날지 모르는 상황에서 그들이 조직에 빠르게 적응하여 업무를 효과적으로 수행할 수 있도록 하는 경력개발의 방식도 고려되어야 한다. 이런 이유 때문에 초기 경력자들이 멘토링 등을 통해 조직에 적응할 수 있도록 돕는 활동 역시 중요한 경력개발의 방법이 되고 있다(장원섭 외, 2007).

이렇게 현대사회에서 경력개발은 개인의 책임이 강조되는 가운데 전통적인 방식이 새롭게 변모하는 양상을 보이고 있다. 하지만 조직의 경력개발은 여전히 중요한 인적자원개발 활동일 수밖에 없다. 그것은 여전히 개인과 조직의 만남이고 상호 협력의 과정이다.

제10장

조직개발과 변화

끓는 물을 담은 냄비에 개구리를 집어넣으면 개구리는 즉시 뛰쳐나오려고 애를 쓸 것이다. 하지만 만약 실내 온도와 같은 물에 개구리를 담고 겁을 주지 않는다면 개구리는 그곳에 머물러 있는다. 이제 그 냄비를 난로에 놓고 서서히 온도를 높여 가면 매우 흥미로운 일이 일어난다. 온도가 섭씨 21.1도에서 26.7도로 높아지면 개구리는 아무것도 하지 않는다. 실제로 개구리는 매우 만족스러운 표정을 짓는다. 온도가 점점 올라감에 따라 개구리는 점점 더 무기력해지고 결국에는 냄비에서 기어 나올 힘마저 잃어버린다. 그 냄비에서 뛰쳐나오는 것을 방해하는 것은 아무것도 없는데 개구리는 냄비 속에서 그냥 삶아진다.

-Senge (1990). 『피터 센게의 제5경영』, p. 40.

자연이 우리에게 우정을 준 것은 악덕의 동반자가 아니라 미덕의 조력자가 되라는 것이었네. 미덕은 혼자서는 최고 목표에 이를 수 없고, 다른 동반자와 결합할 때 이 목표에 도달할 수 있기 때문이네.

-Cicero (44BC). 『노년에 관하여 우정에 관하여』, p. 163.

조직은 사람들이 함께 공통된 목표를 달성하기 위해 결성된 모임이다. 조직이 효과적으로 운영되기 위해서는 개인의 능력이나 노력뿐만 아니라 집단이나 조직 차원에서 협력적 힘을 발휘할 필요가 있다. 조직개발은 그런 조직력을 제고함으로써 조직의 유효성과 변화를 창출하는 활동이다. 따라서 그것은 조직에 초점을 맞춘 장기적인 과정일 수밖에 없다.

1. 조직개발의 의의

조직개발은 여러 학자에 의해 다양하게 정의되어 왔다. French(1969)는 조직개발을 "조직 내외의 행동과학 컨설턴트나 변화 담당자의 도움을 받아 조직의 문제해결 능력과 외부 환경 변화에의 대응 능력을 향상시키려는 장기적인 노력"이라고 정의하였다. Beckhard(1969)에 따르면, 조직개발은 "행동과학을 사용하여 조직 과정에 계획적으로 개입함으로써 조직의 효과성과 건강을 증대시키기 위해 최고 경영자가 주도하여 범조직적이고 계획적으로 이루어 내는 노력"이다. Burke(1982)는 조직개발이란 "행동과학 기법, 연구 및 이론을 사용하여 조직문화를 계획적으로 변화시키는 과정"이라고 보았다 (Cummings & Worley, 2005에서 재인용). Beer(1983)는 조직개발을 조직의 구조, 과정, 전략, 사람 그리고 문화 사이의 조화를 증진시키고, 새롭고 창의적인 조직 해결책을 개발하며, 조직의 자기 갱신 능력을 개발하는 것을 목적으로 조직 차원에서 이루어지는 자료 수집, 진단, 실행 계획, 실천 그리고 평가의 과정이라고 정의하였다. 이는 조직 구성원이 행동과학의 이론, 연구 및 기법을 이용하여 변화 촉진자 또는 조직개발 컨설턴트와 협력하여 이루어진다 (Gilley et al., 2002에서 재인용). Gilley 등(2002)에 따르면, 조직개발은 성과 문제와 조직의 비효율성에 대한 새롭고 창조적인 해결 방안을 만드는 데 초점을 맞춘다. 그것은 조직문화, 구조, 과정, 사명, 정책과 절차, 경영관행, 전략, 리더십 사이의 조화를 증진시키고자 한다. 그 결과로 조직은 이 요소들 사이의 긴밀성과 기능성을 높일 수 있다. Cummings와 Worley(2005)는 조직개발을 "조직 효과성 향상을 목적으로 조직의 전략, 구조 및 과정을 계획적으로 개발하고 개선, 강화하는 데에 시스템 전반적으로 행동과학적 지식을 적용하고 전이시키는 활동"이라고 정의하였다.

한마디로, 조직개발은 "조직 전반에 걸쳐 총체적으로 조직력을 강화함으로써 조직의 장기적인 효과성과 변화를 모색하는 체계적인 활동"이라고 할 수 있다. 그것은 조직변화나 변화 관리와는 차이를 갖는 개념이다. 조직이 의도하는 특정한 방향으로의 변화를 계획한다는 점에서 조직의 진화나 흥망을 포괄하는 조직변화 개념보다는 협의의 의미를 갖는다. 반면, 변화 관리와는 계획적 변화 활동이라는 점에서 공통점을 갖지만, 근본적인 가치의 폭과 기간에서는 차이를 보인다. 변화 관리가 원가, 품질, 일정 등 더 좁은 영역의 가치에 초점을 맞춘 반면, 조직개발은 인간의 잠재성, 참여, 개발 등의 가치를 지지하고 있다(Cummings & Worley, 2005).

이와 같은 내용을 정리하면, 조직개발은 다음과 같은 특징을 갖는다(Cummings & Worley, 2005; Gilley et al., 2002). 첫째, 전체적인 변화를 지향한다. 즉, 조직의 문화와 전략, 구조 및 과정을 총체적으로 변화시키는 데 초점을 맞춘다. 따라서 둘째, 그 과정은 지속적이고 장기적으로 나타날 수밖에 없다. 단기적인 처방은 근본적인 변화를 낳기 어렵다. 이를 위해서는 셋째, 조직에 대한 체계적이고 계획적인 접근 방법이 요구된다. 그것은 행동과학의 기법과 객관적이고 전문적인 변화 촉진자의 역할을 필요로 한다. 이와 동시에 넷째, 내부 구성원의 협력과 참여가 필수적이다. 조직개발은 궁극적으로 조직 구성원들이 적극적으로 참여하고 변화하는 것이다. 무엇보다 마지막으로 다섯째, 최고 경영진의 지원을 필요로 한다. 그렇지 않다면 전체적이고 지속적인 활동을 이루어 나갈 수가 없다.

조직개발은 조직 안팎의 환경 변화가 빠르고 복잡할 때 더 강조된다. 변화에 대한 두려움을 불식하고 기존 관행에 대한 타성을 극복하는 동시에, 조직이 가진 내적 역량을 모아서 외부 변화에 대한 대응 능력을 향상시켜야 하기 때문이다. 실제로, 인간과 조직에도 '관성의 법칙'이 적용된다. 변화에 대한 두려움과 저항이 상존한다. 그러나 끊임없는 변화를 모색하지 않을 경우, 그 조직은 '냄비 속의 개구리'처럼 서서히 몰락할 수밖에 없다. 따라서 급속한 기술 변화와 세계화된 무한 경쟁 상황, 그리고 노동시장 유연화와 조직 구성원의 참여가 강조되는 현재 상황에서 조직개발은 더욱 중요해질 수밖에 없다.

2. 조직변화모형

빠르게 변화하는 환경에서 변화는 조직의 화두로 등장하였다. 역동적인 변화의 환경 속에서 유일하게 변화하지 않는 것이 있다면 그것은 변화라는 단어밖에 없다(Phillips, 1999). 변화를 만들어 내는 일은 대부분의 조직에서 생존과 발전을 위한 기본 조건이 되고 있다. 이 절에서는 조직개발의 본질적 특성으로서 계획적 변화에 관한 여러 이론적 모형을 살펴본다.

1) 3단계 변화과정모형

조직 차원의 변화의 문제는 오래전부터 연구되어 왔다. 그 선구적인 이론은 이미 1940년대에 Kurt Lewin에 의해 제시되었다(Swanson & Holton, 2009; Werner & DeSimone, 2006). 그는 해빙-이동-재결빙의 3단계로 변화의 과정이 이루어진다고 보았다. 해빙(unfreezing)은 조직의 구성원 또는 이해관계자들이 변화가 필요하다는 것을 인식하고 기존의 질서와 관행을 새롭게 변화시키려는 공감대를 형성하는 단계다. 이동(movement)은 새로운 가치와 행동을 발전시키는 단계다. 현 상태를 유지하려는 힘과 이를 깨뜨리려는 힘 사이의 균형이 깨져야 비로소 새로운 질서로의 이동이 가능하다. 마지막으로, 재결빙(refreezing)은 새로운 관행이 안정화되는 단계다. 새로운 가치와 행동을 정립하고, 강화하며, 지속하게 된다.

Lewin은 변화가 두 가지 요인으로부터 비롯되는 것으로 보았다. 내적인 문제를 인식하고 그 문제를 해결하려는 내적 작용과 외적 환경의 영향에 의한 변화 요인이 그것들이다. 그 어떤 경우든, 변화를 이끄는 영향력이 변화를 억제하는 영향력보다 우세해야 변화가 창출될 수 있다.

Lewin의 모형은 변화에 관한 기본적인 모형이다. 단순하면서도 명료해서 변화를 쉽게 이해할 수 있도록 한다. 그러나 변화의 과정을 너무 간략화하여 복잡한 변화 현상을 설명하는 데는 불충분하다.

2) Conner의 변화과정모형

Conner(1992)는 변화의 과정에 대한 좀 더 세부적인 단계를 제시하였다. 그는 노력을 통한 변화모형(commitment to change model)을 변화의 준비, 승인, 노력의 단계로 더 구체화하였다.

먼저, 준비 단계는 변화 촉진자가 이해관계자들과 접촉하면서 시작한다. 이때 이해관계자들이 변화에 대해 문제인식을 가지고 있는지 그렇지 못한지를 살펴본다. 만약 인식을 하고 있다면, 그들이 제대로 이해하고 있는지 그렇지 않으면 혼동을 하고 있는지를 점검하게 된다.

다음으로 승인 단계에서는, 이해관계자들이 변화에 대해 적절한 이해를 하고 있는 경우에 그들의 인식이 긍정적인지 혹은 부정적인지를 검토하게 된다. 만약 변화에 대한 긍정적인 인식을 하여 변화에 대해 지지한다면, 공식적인 실행을 결정하게 된다.

　　마지막은 노력 단계다. 이 단계에서는 공식적으로 결정된 변화를 시행하여 정착시킨다. 이를 위해 먼저 변화를 시범적으로 시도하여 계속할 것인지 그만둘 것인지를 판단한다. 시범적 시도가 채택된다면 표준적인 절차로 제도화할 것인지에 대한 의사결정을 한다. 제도화한다면 모든 조직 구성원에게 궁극적으로 변화를 내면화하고 조직의 일상적 관행으로 만드는 일이 중요하다.

　　이 모형은 합리적인 의사결정의 절차를 거치면서 계획적 변화가 이루어질 수 있도록 순차적인 단계를 제시하고 있다. 또한 Lewin의 모형에 비해 더 세부적인 변화 창출 과정을 보여 준다. 그러나 변화가 반드시 합리적인 절차에 따라 깔끔하게만 이루어지지는 않는다는 점에서 복잡한 변화의 과정을 설명하고 실행하는 데에서는 한계를 가질 수밖에 없다.

3) 실행연구모형

　　실행연구(action research)모형은 변화의 대상인 조직 구성원과 전문적 컨설턴트가 공동으로 변화를 만들어 가는 과정을 제시한다. 과학적 조사 방법의 단계적 절차에 따라 자료에 기초하여 이루어지는 문제해결 방법이다. 그 과정은 대체로 8단계의 순환 과정을 거친다. 즉, 문제 확인, 행동과학 전문가와의 상담, 자료 수집과 예비 진단, 주요 고객 집단에 대한 피드백, 문제에 대한 공동 진단, 공동 실행 계획, 실행, 실행 후 자료 수집의 순환 과정이 그것이다(Cummings & Worley, 2005).

　　이 모형은 문제해결과 변화 창출을 위한 체계적인 개입의 과정을 제시한다는 점에서 조직개발의 과정 그 자체를 보여 준다. 또한 조직 구성원과 변화 또는 조직개발 전문가의 협력을 통해 문제해결과 변화 방법을 찾는다는 중요한 특징을 갖는다. 그럼으로써 객관적인 동시에 실제적인 개입의 방식이 될 수 있다. 조직 구성원과 컨설턴트는 공동 학습과 지식 창출도 경험할 수 있다.

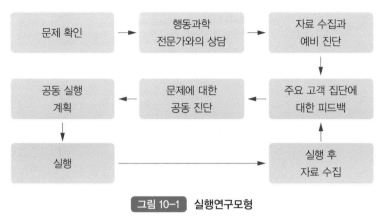

그림 10-1 ▶ 실행연구모형

출처: Cummings & Worley (2005). *Organization development and change* (8th ed.), p. 23.

그럼에도 문제를 해결하고 변화를 창출하는 데 필요한 정보를 완전하게 획득하는 것은 거의 불가능하다. 특히, 변화 상황은 언제나 복잡하고 미묘하기 때문에 즉효약을 얻으려는 근시안적 태도를 갖는다면 오히려 새로운 문제를 야기할 수도 있다. 계획적 변화 과정은 상당한 학습과 혁신이 일어나는 장기적 과정임을 인식해야 한다(Cummings & Worley, 2005).

4) 긍정적 탐구모형

긍정적 탐구(appreciative inquiry)모형은 조직 내 긍정적 역학에 기초하여 최고의 성과를 낳으려는 의도를 갖는다. 여기서는 조직 구성원들의 광범위한 참여를 통해 최상의 경험들을 모아서 긍정적 역량을 극대화하고자 한다. 이를 통해 단순히 제기된 문제를 해결하거나 주어진 목표를 달성하는 수준을 넘어서 미리 생각하지 못한 새로운 미래의 변화를 만들어 갈 수 있다고 전제한다. 전통적인 접근법들이 무엇이 잘못되었는지를 찾는 데 초점을 맞추는 것과는 달리, 긍정적 접근법은 무엇이 잘 작동하고 있는지에 초점을 맞추며 강점을 추가적으로 시행한다(NTL, 2009).

그림 10-2 긍정적 탐구모형

출처: Cummings & Worley (2005). *Organization development and change* (8th ed.), p. 23.

그 과정은 대체로 다음과 같이 이루어진다(Cummings & Worley, 2005). 조사 시작, 최고 사례 조사, 주제 발견, 미래상 구체화, 미래 창출 방안 설계 및 전달의 단계를 거친다. 이 과정에서 조직 구성원들은 자신이 가진 최상의 성공적인 경험을 공유하고, 그것들의 조합을 통해 시너지를 창출하게 된다.

그러나 긍정적 탐구의 방식이 언제나 가능한 것은 아니다. 변화가 극심한 현대 조직에서는 즉각적으로 문제를 해결해야 하는 경우가 많다. 또한 조직 구성원들의 적극적이고 자발적인 참여와 공유가 이루어지지 않는다면 시너지를 낼 수 없다.

5) Porras와 Silvers의 계획적 조직변화모형

Porras와 Silvers의 조직변화모형은 조직에서 변화를 계획하기 위한 유용한 틀을 제공한다. 이 모형은 계획적 개입들을 통하여 특정한 조직 변수가 긍정적인 조직성과를 낳는 데 어떻게 작용하는지를 설명한다. 그것은 다음과 같은 4단계를 거친다(Porras & Silvers, 1991; Werner & DeSimone, 2006).

첫째, 변화를 위한 개입 전략이다. Porras와 Silvers 모형에서는 개입 방법을 두 가지 유형, 즉 조직변혁과 조직개발로 구분하였다. 조직변혁은 가장 거

시적이고 근본적으로 조직을 변화시키는 개입 전략이다. 조직변혁은 조직개
발 개입의 여러 유형 가운데 하나로 포함되는 것이 일반적이지만, 이 모형에
서는 변화의 목표 대상과의 관계를 고려하여 그것을 별도로 구분하였다.

둘째, 조직의 변화 대상 변수들이다. 여기서 변화 개입과 그 목표 대상들
사이의 관계를 알 수 있다. 이 모형에서는 목표 대상 변수를 두 가지 유형으
로 나눈다. 첫 번째 변수들은 조직의 신념과 원칙, 목적, 미션 등이다. 이 변
수들은 조직의 비전과 관련된다. 이런 유형의 변수들은 거시적인 조직변혁
을 통해 변화할 수 있다. 두 번째 변수들은 업무 조직, 인간관계, 기술, 물리
적 환경 등의 업무 상황과 직접적으로 관련된다. 이 변수들을 변화시키기 위
해서는 좀 더 미시적인 조직개발 방법이 적용되어야 한다.

셋째, 이 모형은 조직 구성원 개인의 인지 변화 형식에 초점을 맞춘다. 인
지 변화는 네 가지 차원에서 일어날 수 있고, 이를 통해 개인의 행동 변화를

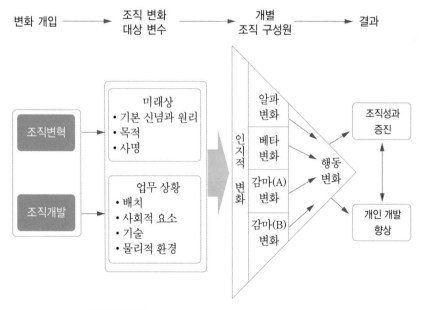

그림 10-3 Porras와 Silvers의 계획적 조직변화모형

출처: Porras & Silvers (1991). *Organization development and transformation*. Annual Review of
Psychology, Vol. 42, p. 53.

가져 온다. 알파 변화는 개인의 지식이나 기술 향상 같은 작은 변화를 의미한다. 베타 변화는 작업 기준 등과 같이 조금 더 큰 변화를 말한다. 그러나 아직 패러다임의 변화는 없다. 감마(A) 변화는 제품 지향에서 원가 지향으로의 구조적 변화다. 감마(B) 변화는 제품 지향에서 고객 지향으로의 변화와 같은 패러다임의 변화를 의미한다. 이렇게 인지적 변화 수준들을 구분함으로써 변화 촉진자가 바라는 변화를 성취하기 위해 사용할 개입의 방법을 선택하는 데 도움을 줄 수 있다. 또한 각각은 조직개발 기법들의 평가를 위한 준거 틀을 제공하기도 한다.

Porras와 Silvers의 조직변화모형의 마지막 부분은 조직에서의 변화 결과다. 변화를 위한 개입은 조직과 개인의 변화를 야기하여 조직의 성과향상과 개인의 발전으로 나타난다.

3. 조직개발 개입 방법

조직개발을 위한 개입의 방법은 매우 다양하다. 이 절에서는 그 가운데 대표적인 방법들을 인적 과정 개입, 기술구조적 개입, 사회기술체제 개입 그리고 조직변혁 개입의 네 가지 유형으로 구분하여 살펴본다(Werner & DeSimone, 2006).

1) 인적 과정 개입

인적 과정 개입(human process—based interventions)은 개인 간, 집단 간, 집단 내의 관계를 개선하려는 접근법이다. 대표적인 개입 방법으로는 소집단 훈련, 팀 구축, 조사 피드백 등이 있다.

먼저, 소집단 훈련(T—group training)은 비구조적 소집단을 활용하여 피교육자 간에 개방적이고 자유로운 상호작용을 통하여 행동의 개선을 유도하는 행동개발 기법이다. 일반적으로 10~15명의 사람이 훈련 집단을 형성하여 인간관계를 개선하기 위해 학습한다. 가장 대표적인 감수성 훈련(sensitivity training)은 구성원들이 자유로운 분위기 속에서 그들 스스로 행동을 반성하고 자신의 태도가 타인에게 미치는 영향을 이해함으로써 대인관계에 따른 감수성과 사회적 감수성을 높이고 집단의 효과성을 높이려는 교육 전략이다. 소집단 훈련은 1940년대에 Lewin이 중심이 되어 개발한 것으로 전국훈련연구소(National Training Laboratory: NTL)의 훈련 기법으로 널리 보급되어 지금까지도 주요한 조직개발 기법으로 활용되고 있다.

팀 구축(team building) 기법은 팀의 문제해결 능력과 효과성을 향상하기 위해 사용하는 개입 방법이다. 팀이 제대로 기능하지 못하고, 관계가 깨지고, 갈등이 증가할 때 이 방법을 활용하여 팀이 새로운 문제를 스스로 해결할 수 있도록 한다. 팀 구성원 간의 이해와 상호 합의, 열린 의사소통, 신뢰, 갈등 관리 등을 추구한다. 팀 구축 활동은 활동 수준에 따라서 피드백을 통한 진단과 코칭, 제삼자 개입, 그리고 팀 회의, 면접, 집단 프로세스 파악 설문, 역할 명료화, 미션과 목표 개발, 의사소통 개선 등 다양한 방법을 포함한다.

조사 피드백(survey feedback)은 설문지를 사용하여 조직 구성원들의 태도를 조사하고 그 결과를 다시 피드백해 주고, 그들과의 토의를 통해 그들 자신과 집단 그리고 조직을 평가하고 진단하는 과정이다. 변화를 위한 동기를 자극하고, 문제에 대한 토론과 가능한 해결책 산출을 촉진할 목적으로 팀에 조사 자료를 체계적으로 피드백한다. 실제로 조사된 자료는 조직의 현재 상태와 요구된 상태를 비교하는 데 활용될 수 있고, 조사 피드백 회의 결과는 변화가 현재 상태와 요구된 상태 사이의 간극에서 다리 역할을 하게 한다. 이 방법을 활용하기 위해서는 측정할 변수가 무엇인지를 규명하고, 그 변수에 대한 자료가 신뢰도와 타당도를 갖도록 적절한 조사 방법을 실행하여야 하며, 조사 결과가 가장 적절하게 제공되도록 해야 한다.

2) 기술구조적 개입

기술구조적 개입(technostructural interventions)은 일과 일처리 방법 및 그 구성원의 관계를 개선하거나, 비효율적인 방법, 장비, 업무 흐름, 불필요한 업무를 효율적인 것으로 대체함으로써 조직의 효과성을 증진시키려는 개입 방법이다.

직무 확대(job enlargement)는 수평적으로 분업된 직무에서 전체 직무를 할 수 있게 하거나 다양한 범위에서 수행하도록 함으로써 만족과 성과를 높이는 방법이다.

직무 풍부화(job enrichment)는 직무의 핵심 영역들을 더 심화함으로써 일에 대한 동기와 의욕을 고취하는 방법이다. 즉, 일 자체에 대한 의미를 강화하고 그 성과에 대한 책임감을 가지도록 함으로써 직무 만족과 내적 동기를 높이고자 한다.

근무 시간 선택제(alternative work schedules)에는 다양한 형태가 있다. 압축 근무를 통해 하루 10시간씩 주 4일 근무를 하도록 할 수도 있고, 탄력 근무 시간을 통해 핵심 근무 시간은 중첩되게 하면서, 근로자가 원하는 시간에 근무하도록 할 수도 있다. 그럼으로써 조직에 대한 애착, 결근율, 성과, 스트레스, 만족, 태도 등에 긍정적인 영향을 미치도록 한다.

3) 사회기술체제 개입

사회기술체제 개입(soicotechnical systems interventions)은 직무 흐름, 과업 완성, 성과 창출과 같은 조직의 요구 및 구성원 사이의 관계 같은 개인의 사회관계적 요구를 결합하는 데 초점을 맞춘 개입 방법이다.

품질분임조(quality circle)는 품질과 생산에 관련된 문제들을 찾아서 해결하고 의사결정을 하는 자발적인 소집단이다. 참여자들은 집단 역학에 대한 교육을 받고, 작업 절차, 생산성, 작업 환경 등을 개선하기 위한 정기적인 모임을 가진다. 품질분임조가 효과적으로 활동하기 위해서는 촉진자, 분임조장, 참여자 모두가 훈련받은 사람들이어야 하고, 경영층과 관리자의 적극적 지원이 필요하며, 감독자는 뛰어난 의사소통 능력을 가져야 하고, 노동조합이 함께하는 것이 중요하다.

전사적 품질 관리(Total Quality Management: TQM)는 고객의 관점에서 전 구성원이 지속적인 개선에 집중하게 하는 도구이자 개념을 의미한다. 극심한 경쟁에 직면하면서 조직들은 중요한 경쟁적 요소로서 품질에 주목했고, 이를 향상시키기 위한 한 가지 방법으로 전사적 품질 관리 프로그램을 실행하였다. 그것은 대체로 구성원이 일하는 방식에 커다란 변화를 수반한다. TQM 전략의 다섯 가지 기본 요소로는 고위 관리자의 전적인 참여, 품질 기준과 측정치, 구성원 훈련, 의사소통 그리고 보상과 인정이 있다.

자율운영팀(self-managing teams)은 구성원들이 자신의 팀 활동을 스스로 규제할 수 있는 권한을 가진 공식적인 집단이다. 팀이 자체적으로 운영함으로써 자율성과 창의성을 가질 수 있다. 그들은 조직의 특정한 요구를 해결해야 하는 동시에, 팀원 간의 상호 협조를 바탕으로 작업 할당, 작업 방법, 작업 시간 계획, 훈련, 외부 고객 및 공급자 응대에 대한 권한을 가지고 다양한 과업을 수행할 수 있으며, 성과에 대한 피드백을 받는다. 전사적 품질 관리가 품질에 초점을 맞추고 구성원에게 의사결정 권한이 없는 반면, 자율운영팀은 품질을 포함한 다양한 목표에 초점을 두고 팀 자체가 권한을 가진다.

4) 조직변혁 개입

조직변혁(organization transformation)은 조직의 구조와 문화 등 거시적이고 근본적인 조직변화를 창출하기 위한 개입의 방법이다.

문화적 개입(cultural interventions)은 조직문화를 변화시키려는 목적을 갖는다. 조직문화는 구성원들이 환경을 해석하고 행동을 하게 하는 공유된 가치, 신념, 규범체계다. 조직문화는 경영진의 행동, 관리자의 문제해결 방식, 교육 프로그램, 보상과 승진 기준, 사원 선발과 퇴사 기준 등 조직 내의 모든 요소를 통해서 소통되고 강화된다. 따라서 조직문화의 변화는 매우 복잡한 과정으로서 이를 이루려면 전사적인 패러다임의 전환이 필요하다.

전략적 변화(strategic change)는 조직의 사명이나 목적 변화와 같이 조직체제의 중대한 변화를 지향한다. 체제 변화는 조직의 크기, 깊이, 넓이를 대상으로 한다. 조직의 크기는 변화에 영향을 받는 구성원의 수를 말하고, 깊이는 구조와 핵심 가치의 변화 정도를 의미하며, 넓이는 영향을 받는 부서와 직급 수준의 정도를 나타낸다. 전략적 변화는 경제, 사회, 법률, 정치 등과 같은 외부적 요소에 의해서 요구되는 경우가 많다. 변화는 조직의 재구조화가 이루어질 때 효과적이다. 단순한 합병이나 인수는 조직 간의 문화와 관행의 차이에 의해 여러 가지 부작용을 일으키기도 한다.

학습조직(learning organization)은 구성원 모두가 문제를 규명하고 해결하는 데 참여하며, 조직의 능력을 향상시키기 위해 지속적으로 배우는 조직이다. Marsick과 Watkins(2003)는 학습조직의 일곱 가지 차원으로서 계속적인 학습 기회의 제공, 대화와 탐구의 활성화, 팀 학습의 격려와 지원, 공동의 비전을 향한 권한 위임, 조직을 둘러싼 외부 환경과의 연계와 개방, 학습을 공유하고 확인할 수 있는 체계, 그리고 학습을 위한 전략적 리더십 제공을 제시하였다.

고성과 작업체제(high performance work systems)는 고성과를 위한 작업 관행들을 체계적인 방식으로 활용하는 조직이다. 고성과 작업 관행은 구성원의 자율성과 의사결정에 대한 참여, 기능 습득에 대한 지원, 성과에 대한 보상, 정보와 지식의 공유 등을 포함한다. 이것은 전통적인 테일러주의적 작업조직으로부터의 패러다임의 전환을 의미한다(Ashton & Sung, 2002).

4. 조직개발의 새로운 접근

1) 조직의 변화와 조직개발

조직개발은 조직 차원에서 장기적인 변화를 도모하는 인적자원개발 활동이다. 따라서 조직의 형태와 작동 방식 등에 따라 그 양태가 달라질 수밖에 없다. 더욱이 경제사회의 변화 속도가 매우 빠르고 그 방향을 예측하기 어려운 불확실한 상황에서 전통적인 피라미드식의 관료제 조직은 그 지배적인 지위를 상실해 가고 있다. 안정적으로 잘 짜인 구조를 벗어나 규정하기 어렵고 즉흥적으로 이루어지는 조직의 작동 방식이 늘어날 것이다. 필요에 따라 모이고 흩어지며 자발적으로 얽히고설키는 '놋워킹'이 그런 예다(Engeström, 2008). 이런 가운데 조직의 의사결정 구조는 분산되고 구성원의 자발적 참여는 더욱 중요해진다. 결국, 조직의 변화를 다루는 조직개발 그 자체도 새로운 접근법을 취할 필요가 있다.

Kerber와 Buono(2005)에 따르면 조직의 변화는 크게 세 가지 양상으로 이루어져 왔다. 첫째, 지시된 변화다. 대개 경영진의 명령에 의해 이루어지는 일방적 변화다. 위에서부터 시작하여 강력한 추진력을 갖지만 조직 구성원의 부정적인 감정과 저항을 어떻게 설득하여 극복할 수 있을지가 성공적 변화를 위한 관건이 된다. 둘째, 계획된 변화다. 주로 변화관리자에 의해 추진되지만 경영진의 승인과 지원을 통해 이루어진다. 사전에 계획된 절차와 방법에 따라 변화가 추진된다. 그 과정에서 조직 구성원의 동참을 이끌어 낼 수 있는 리더십이 중요하다. 셋째, 자발적 변화다. 상황과 필요에 따라 즉흥적으로 변화가 추진되고 수시로 변경된다. 조직 구성원의 견해와 역량 등에 따라 변화를 추진하는 내용과 방법이 바뀌면서 반복적으로 이루어진다. 따라서 성공적인 변화를 위해서는 구성원의 변화 역량을 높이고 그들이 적극적인 변화의 주체가 되도록 해야 한다(조성준, 2020).

조직 구성원들이 스스로 자신의 일을 능동적으로 변화시켜 나간다는 것에 초점을 둔 활동으로 '직무 재구성(job crafting)'을 예로 들 수 있다. 전통적으로 조직에서의 업무는 직무설계를 기반으로 하향식으로 개인에게 할당되지만, 구성원들이 개인적으로 의미 있는 방식을 통해 자신의 직무설계를 재정의하고 재해석하여 업무와 조직에서의 관계에 대한 변화를 만들어 갈 수 있다. 한마디로, 직무 재구성은 조직 구성원들이 자발적으로 과업과 관계의 영역을 조정하고 업무와 조직에 대한 인식을 전환시켜 자신의 일을 더욱 의미 있게 만드는 일련의 과정이다(Wrzesniewski & Dutton, 2001). 주어진 업무를 넘어, 자발적으로 일을 바라보는 관점을 바꾸고 업무 범위와 관계를 넓힘으로써 구성원 개개인이 능동적 주체자로서 조직에서 일을 더욱 의미 있고 가치 있게 만든다. 그럼으로써 직무와 조직에 열의를 가지고 몰입하여 직장생활을 즐길 수 있게 된다(임명기, 2014).

전통적으로 조직개발은 하향식의 체계적이고 계획적인 접근법을 취해 왔다. 조직 전체의 변화를 효율과 성과의 관점에서 달성하려는 방식만을 고집할 경우에 조직개발은 위기를 겪을 수밖에 없다. 이제는 조직개발의 주된 대상을 소규모 집단 단위로 낮추고 미시적 시각으로 구성원들 사이의 사회관계망에 더욱 주목할 필요가 있다(조성준, 2020).

아무리 인공지능과 같은 첨단 기계가 인간의 일을 대체하는 시대라고 할지라도 사람들 사이의 미묘하고 복잡한 관계와 정치적 역동 같은 문제는 여전히 남아 있을 것이다. 조직개발을 통해 빠른 변화와 불확실성 속에서 혼란을 겪는 구성원들이 주체적이고 자발적으로 힘을 모아 함께 의미 있는 변화를 창출하고, 이를 바탕으로 새로운 조직의 구조와 문화를 만들어 가도록 해야 한다. 결국, 조직개발은 여전히 조직의 사회적 자본을 어떻게 형성할지의 문제라고 할 수 있다.

2) 조직개발과 사회적 자본

　사회학자 James Coleman(1988)은 사회적 자본이 없는 상태에서 인적 자본은 이득이 되지 못하지만, 인적 자본 없이도 사회적 자본은 생산적일 수 있다고 주장하였다. 조직에서 개개인이 가진 지식과 기술, 능력이 아무리 뛰어나더라도 구성원 사이의 협력 관계가 형성되어 있지 못하다면 더 큰 조직성과는 창출되기 어렵다는 말이다.

　사람은 다른 사람과의 관계 속에서 삶을 살아간다. 조직 내에서 구성원 사이의 관계는 그 조직의 사회적 자본을 형성하게 한다. 사회적 자본은 사람 사이의 관계로부터 배태되는 일종의 자본을 의미한다. 경제적 자본이나 인적 자본이 개인적인 이익의 성격을 갖는 것과는 달리, 사회적 자본은 모든 사람에게 이익을 주는 공공재(public good)적인 특성을 띤다(Coleman, 1988).

　사회적 자본은 다양한 방식을 통해 형성될 수 있다. Portes와 Sensenbrenner(1993)는 사회적 자본을 생성하는 원천으로서 도덕적 가치관의 주입과 사회화, 상호 호혜적 거래 행위, 집단 내 유대관계의 형성, 그리고 장기적 이익과 호평 등을 위한 강요된 신뢰를 들었다. Adler와 Kwon(2000)은 조직 내에서 사회적 자본이 사람 사이의 관계망, 공유된 규범 그리고 공통의 가치관과 신념에 직접적으로 영향을 받는다고 주장하였다. 결국 사회적 자본은 조직 구성원 사이의 신뢰 관계와 공통의 규범 및 가치를 기반으로 한다.

　조직개발은 조직 내의 사회적 자본의 형성을 위한 노력이라고 볼 수 있다. 실제로, 조직개발은 조직 구성원 사이의 인간관계를 개선하고 조직력을 강화하기 위한 시도였다. 그것은 1940~1950년대 이래 다섯 가지 계통을 따라 이루어졌다. 즉, 감수성 훈련과 팀 구축을 통한 사회적 관계 개선, 실행연구와 조사 피드백 등 연구 결과에 기초한 변화 관리, 참여 경영과 리더십 같은 인간관계에 대한 규범적 접근, 품질경영과 근로생활의 질 강조, 그리고 전략적 조직변혁 등이다(Cummings & Worley, 2005).

이런 전통들은 조직개발이 조직의 변화를 위한 구성원의 복지와 인간관계에 주목하면서 인간적인 접근법을 강조하도록 하였다. 대부분의 조직개발 개입 방법은 조직 내 사회적 자본의 형성을 강화하는 데 기여한다. 소집단 훈련, 팀 구축, 팀 단위 업무 조직화, 학습조직 등이 대표적인 예다.

그러나 근래에는 조직 수준의 체계적이고 계획적인 방식을 통해 전략적 경영을 요구하고 조직의 성과를 창출하는 데에 더 강하게 집중하기도 한다. 다운사이징이나 리엔지니어링 같은 조직의 구조조정과 인수, 합병 등의 경쟁 전략이 그런 경우다(Cummings & Worley, 2005). 실제로, 이는 조직 전체의 변화를 낳는 강력한 방법이다. 그렇지만 이런 조직개발 개입들은 오히려 조직 내 사회적 자본을 저해할 우려마저 있다. 따라서 교육적 개입을 병행하여 조직 구성원 사이의 새로운 인간관계와 문화를 형성하도록 해야 한다.

조직에서 건전한 관계를 형성하고 변화를 창출하는 데 정답은 없다. 조직이 처한 시대적 · 환경적 상황과 조직의 역사, 문화, 구조, 관행, 그리고 조직 구성원들이 가진 비전과 요구, 특성 등이 모두 조직개발에 영향을 미친다. 따라서 조직개발은 조직 전체가 함께 협력하여 이루어 가야 할 장기적이고 지속적인 변화의 과정이다.

인적자원을 통한 성과향상

"아!" 쥐가 말했다. "세상이 날마다 좁아지는구나. 처음에는 하도 넓어서 겁이 났는데, 자꾸 달리다 보니 드디어 좌우로 멀리에서 벽이 보여 행복했었다. 그러나 이 긴 벽들이 어찌나 빨리 양쪽에서 좁혀 드는지 나는 어느새 마지막 방에 와 있고, 덫이 있는 저기 구석으로 나는 달려 들어가고 있다." "너는 달리는 방향만 바꾸면 돼." 하며 고양이가 쥐를 잡아먹었다.

－Kafka (1915). 작은 우화. 『변신 · 시골의사』, p. 173.

무한 경쟁의 시장 상황은 조직 사이의 경쟁을 더욱 치열하게 만들고 있다. 이런 가운데 조직이 생존하고 번영하기 위해서는 경쟁 조직에 비해 더 빠르고 큰 성과를 내야 한다. 조직의 성과 창출을 위한 가장 중요한 원천은 사람이다. 인적자원개발은 업무수행도를 높이고 조직성과를 향상하기 위한 목표를 갖는다. 조직에서 교육은 개인의 성장뿐만 아니라 조직의 발전에 기여해야 하기 때문이다. 따라서 인적자원을 통한 성과향상은 비교적 단기간에 이루어야 할 조직에 초점을 맞춘 활동이다.

1. 성과의 의미와 특징

성과는 요구와 기대에 맞게 행동하고, 그런 결과로서 이루어 낸 업적을 의미한다.[1] 그것은 성취, 실행, 결과 또는 실적이라는 용어들과 밀접하게 관련된다(Gilley et al., 2002). 즉, 성과는 성취한 결과로 개념화할 수 있다. 이와 동시에 영어 'performance'는 그러한 결과를 낳는 과정으로서 수행이라는 의미도 내포한다. 수행은 주어진 일을 계획대로 행동에 옮기는 것을 말한다. 즉, 요건과 기대에 맞게 행하는 것을 의미한다.

성과 개념은 다음과 같은 몇 가지 특징을 갖는다. 첫째, 성과는 결과 지향적 개념이다. 성과가 성취한 업적을 나타내든, 업무의 수행 행동을 의미하든,

---

1) 이미 제3장에서 언급했듯이 '성과'는 영어 단어 performance를 번역한 개념이다. 우리나라 인적자원개발 분야에서는 퍼포먼스, 수행, 성과 등의 용어가 혼용된다. 이 책에서는 그 의미를 더 분명하게 드러낼 수 있는 성과라는 용어를 사용한다. 그러나 필요한 경우에는 수행이라고 쓰기도 한다.

그것은 결국 모두 인간 행동이 겉으로 나타난 결과와 관련된다. 즉, 수행 또는 성과는 목표나 의도에 맞게 밖으로 표출된 행동과 그 결과다. 이런 점에서 성과는 단순한 행동의 의미를 넘어선다. 행동 역시 겉으로 드러난 활동이고 무언가에 자극을 받아서 나타나는 현상이다. 그러나 성과는 그런 행동이 낳은 결과를 강조한다(Gilley & Maycunich, 2000). 사람들의 활동은 목적을 가지고 있고, 그 활동에서 원하는 결과를 얻는 것은 인간의 당연한 욕구다(Swanson & Holton, 2001). 예를 들어, 화장실 청소부가 청소를 열심히 하는 행동 그 자체가 아니라 청소한 결과로 화장실이 깨끗한지가 더 중요하다. 다시 말해서 화장실 청소부는 주기적으로 화장실을 청소하는 활동적 목표를 갖기보다는 항상 화장실의 청결을 유지한다는 결과 지향적 목표를 가져야 한다. 한마디로, 성과는 행동과 목표를 기초로 한 결과 지향적 특징을 갖는 개념이다.

둘째, 성과는 조직 관점의 개념이다. 성과가 요구와 기대에 맞도록 이루어져야 한다는 것은 그것이 외부로부터 주어진 목표를 달성해야 한다는 의미를 내포하고 있음을 말한다. 인적자원개발에서 그 목표는 조직에 의해 주어진다. 즉, 성과는 조직의 생존과 발전을 위한 필수적인 수단이자 목표가 된다. 따라서 조직 구성원들에게는 조직의 성과 목표가 부여되고, 그들은 그 목표를 달성하기 위해 주어진 업무를 충실히 수행해야 한다.

셋째, 성과는 일반적으로 경제적 측면이 강조된다. 조직의 생존과 번영을 위한 중요한 기초로서 성과를 창출한다는 것은 가급적 적은 비용으로 많은 이익을 낳는 것을 말한다. 이를 위해 성과는 대개 양적인 방법으로 측정된다. 즉, 성과 목표와 그 달성 정도는 수치로 제시되고 계산되는 경향이 있다(Gilley & Maycunich, 2000). 성과는 경제적 효율성의 측면을 강하게 갖고 있다(Swanson & Holton, 2001).

넷째, 성과는 새로운 통제 방식이다. 전통적으로 조직 구성원들은 일하는 시간과 장소를 제한함으로써 관리되어 왔다. 이와 달리 개인에게 주어진 성과 목표는 시공간을 넘어서 더 효과적으로 개인을 통제한다. 조직 구성원은 언제 어디서든 조직이 자신에게 부과한 성과를 달성해야 하기 때문이다. 따라서 성과는 '스트레스에 의한 관리'의 도구이고(Heide, 2000), 인간을 억압하는 기제가 될 수 있다(Swanson & Holton, 2001).

결국 성과는 결과적 측면, 조직적 측면, 경제적 측면 그리고 통제적 측면을 동시에 가지고 있는 개념이다. 인적자원개발에서 성과는 더 철저하게 조직 관점의 결과 지향성을 갖는다. 이것은 경쟁하는 경제 환경에서 불가피한 면이 분명히 있다. 하지만 성과가 지나치게 강조될 경우에는 방법의 정당성과 윤리성이 저해될 가능성이 있다. 개인이 수단화·도구화되어 성과 정도에 따라 언제든 구성원을 갈아치우는 회전문 관점이 발생할 수 있다(Gilley et al., 2002). 이에 따라 인적자원개발의 본질인 인간의 잠재력과 교육의 미래적 가치는 무시되고 단기적이고 가시적인 목표 달성만을 추구할 우려가 있다.

2. 인적자원을 통한 성과모형

인적자원을 통해 성과를 향상시키려는 시도는 여러 모형을 통해 제시되어 왔다. 여기서는 그 대표적 모형인 Gilbert의 행동공학모형과 그에 기초한 Binder의 여섯상자모형, Swanson의 성과진단과정모형, 그리고 국제성과증진협회의 인적성과공학모형을 살펴본다.

1) 행동공학모형과 여섯상자모형

인적성과공학의 아버지라고 불리는 Gilbert는 1970년대 중반 행동공학모형(Behavior Engineering Model)을 개발하였다. 그 모형은 성과에 영향을 주는 6개의 주요 요인을 포함한다. Skinner의 행동주의 심리학을 기초로 Gilbert는 자극(정보)·반응(도구)·강화(동기)의 세 과정을 환경적 요인과 이를 받아들

출처: Gilbert (1996). *Human competence: engineering worthy performance*, p. 88.

이는 개인의 축적된 행동으로 분류하여 6개의 요인을 도출하였다. 개인의 행동은 그 사람의 특성 중 일부분이고, 이에 따라 그의 특성에 맞는 업무를 맡게 한다. 환경적 요인과 개인의 축적된 행동은 행동이라고 하는 하나의 행위를 함께 형성한다. 환경 정보와 개인 지식, 환경 자원과 개인 능력, 그리고 환경 유인과 개인 동기는 동전의 양면과 같은 것이라 할 수 있다. 이 6개의 요인은 하나의 업무를 수행하는 데 동시에 작용한다(Gilbert, 1996).

Gilbert의 행동공학모형을 이어받아 Binder는 여섯상자모형(Six Boxes Model)을 제시하였다. 이 모형 역시 인간 행동에 영향을 미치는 요소들을 Gilbert의 모형과 마찬가지로 여섯 가지 범주로 나누어 업무 현장의 언어로 구체화하였다.

여섯상자모형의 첫 번째 상자는 기대와 피드백이다. 그것은 조직에서 요구하는 성과를 어떻게 명확히 하고, 그것을 어떻게 생산하는지, 그리고 업무수행자가 사실에 근거하면서 알맞은 방법으로 어떻게 기대에 부합하여 일을 할 수 있는지에 대한 것이다. 모든 조직에서 피드백 시스템은 성과 시스템 중 가장 취약한 요소다. 이는 경영진이나 관리자들에게만 그들의 성과향상에 대한 큰 기회를 제공함으로써 전략 목표와 개인 및 팀의 성과 사이에 명확한 의사소통이 번번이 부족하기 때문이다.

두 번째 상자는 도구와 자원이다. 직무 설계, 조직의 프로세스, 환경과 인체공학 요소, 다양한 형태의 도구, 사람 그리고 일을 통해 요구된 결과를 산출하는 데 필요한 모든 자원을 말한다. 이것들은 조직의 성과를 위해 반드시 해야 할 행동을 가능하게 하는 것으로 개인과 조직의 생산성 향상에 큰 지렛대를 제공한다.

세 번째 상자는 보상과 유인이다. 성과를 향상시키거나 감소시키는 급여, 보상과 인정 등을 포함한다. 그것은 구성원들이 성과를 내도록 분명하게 인식시키고, 어떻게 하면 보상을 받을 수 있는지에 대한 대답을 제공한다. 또한 성과에 대한 부정적 강화를 하기도 한다.

네 번째 상자는 기술과 지식이다. 구성원들이 효과적으로 일하는 데 반드시 필요한 행동 목록을 말한다. 그것은 매뉴얼, 교육, 코칭, 연습 등을 포함한다. 지식경영, 현장 코칭, 매뉴얼 등의 지식 관련 체계들이 등장하고 있지만, 이 분야는 전통적으로 교육의 영역이다.

다섯 번째 상자는 선발과 과업이다. 선발 기준이란 사원을 채용할 때 고려하는 회사에 적합한 자질이나 요구되는 특성을 의미한다. 그것은 업무에 적합한 개인의 행동들과 전문성 같은 개인의 특성들을 포함한다. 예를 들어, 개인에게 어떤 직무를 부여할 때 선발의 기준이 되는 특성으로서 건강함 같은 신체적 특성뿐만 아니라 지식과 사교성 같은 특성들도 이 범주에 포함된다.

여섯 번째 상자는 동기부여와 태도다. 그것은 업무와 보상 등에서 긍정적 또는 부정적 감정을 반영하는 요소를 의미한다. 일반적으로 다른 다섯 상자

1. 기대와 피드백	2. 도구와 자원	3. 보상과 유인
• 전략적 계획 • 목표 설정 • 균형적 성과기록표 • 피드백 시스템 • 조직 협력 • 문화와 가치	• 인간 요인 공학 • 웹 사이트 설계 • 구조화된 문서 • 직무설계와 식스시그마 • 멘토링과 코칭 • 산업	• 보상체계 • 성과 기반 보상 • 보상 및 인정 • 강화 이론 • 상황이론 • 경력개발
4. 기술과 지식	5. 선발과 과업	6. 동기부여와 태도
• 교육설계 • 교육과정 구성 • 기술 평가 • 행동 숙련도 조사 훈련가 훈련	• 인성평가 • MBTI 검사 • 역량모델링 • 모집과 선발 • 인력계획	• 구성원 이탈 방지 • 인사고과 • 공동의 기풍 • 태도 평가 • 정신적 가치

그림 11-2   Binder의 여섯상자모형

출처: Binder (1998). The six boxes: a descendent of Gilbert's behavior engineering Model. *Performance Improvement*, pp. 48-52.

에 속한 요소들이 잘 관리되었다면 여섯 번째 상자는 긍정적일 것이다. 그러나 그렇지 못하다면 여섯 번째 상자는 부정적이 된다.

2) 성과진단과정모형

Swanson(2007)은 성과향상을 위한 진단과정모형을 제시하였다. 이 모형은 그 자체로 조직성과 체제에 대한 정의이기도 하다(Swanon & Holton, 2009). 성과 진단이란 조직체제의 경제적·심리적 특성을 고려하여 문제와 기회를 정의하는 것이다. 성과 진단으로 실제 조직과 바람직한 조직, 프로세스, 팀 그리고 개인의 성과를 정확하게 확인하고, 어떻게 체제를 개선할지를 제안할 수 있다. 성과 진단 과정은 다섯 단계를 거친다([그림 11-3] 참조). 그것은 1단계 초기 목표 설정, 2단계 성과 변수 평가, 3단계 성과 측정 구체화, 4단계

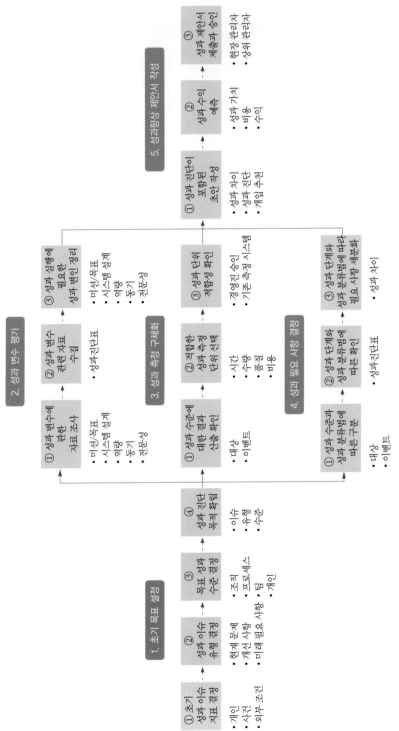

그림 11-3 성과진단과정모형

출처: Swanson (2007). 회사를 살리는 성과경영(양종철, 공민희 역, 2009).

성과 필요 사항 결정, 그리고 5단계 성과향상 제안서 작성으로 이루어진다. 중간의 세 단계는 상호 간에 정보를 제공하면서 이루어지기 때문에 단계 간의 순서가 정해진 것은 아니다.

1단계인 초기 목표 설정은 초기 성과 이슈 지표 결정, 성과 이슈 유형 결정, 목표 성과 수준 결정 그리고 성과 진단 목적 확립의 네 단계를 통해 초기 목표를 구체화한다. 초기 성과 이슈 지표는 조직의 권한자나 프로세스를 주도한 사람에게서 나오는데, 주요 사건이나 사람 또는 외부 조건의 변화에 따라 바뀐다. 성과 이슈 유형은 시간 요인에 따라 구분된다. 즉, 계획하고 예상한 성과에 도달하지 못했을 때 생기는 현재의 성과 문제, 현재의 성과를 향상시키고자 하는 현재의 성과 개선 사항, 경쟁력 있는 조직으로 남아 있기 위한 미래의 성과 필요 사항으로 구분할 수 있다. 목표 성과 수준은 시장과 조직을 구성하는 주요 기능들의 기본 골격과의 관계를 강조하는 조직 수준, 기능이 다른 부서 간의 경계를 넘어 업무가 어떻게 이루어지는지 알려 주는 업무 흐름도를 살펴보는 프로세스 수준, 상호 독립적으로 기능하는 작업자 집단을 인식하고 그들이 공통 목적을 보유하는지 검토하는 팀 수준, 다양한 업무를 담당하는 개인에 의해 프로세스가 실행되고 관리되는 것을 인식하는 개인 수준으로 구분된다. 마지막으로, 성과에 관련된 이슈, 유형, 수준에 따라 성과 진단 목적이 설정된다.

2단계 성과 변수 평가는 네 가지 성과 수준(조직, 프로세스, 팀, 개인)에 따라 미션/목표, 시스템 설계, 역량, 동기, 전문성의 다섯 가지 성과 변수를 조사하는 것이다. 그것은 성과 변수에 관한 기존 자료 조사, 성과 변수 관련 추가 자료 수집, 성과 실행에 필요한 성과 변수 중 빠진 것이나 잘못 선택한 것을 종합하는 세 단계로 이루어진다. 〈표 11-1〉의 성과 변수 진단표의 질문들은 중복되거나 누락된 성과들을 찾는 데 도움을 준다.

3단계인 성과 측정 구체화는 성과 수준에 대한 결과 산출 확인, 적합한 성과 측정 단위 선택(시간, 수량, 품질, 비용) 그리고 성과 단위 적합성 확인의 세

〈표 11-1〉 성과 수준별 다섯 가지 성과 변수 진단표

성과 변수	조직	프로세스	팀	개인
미션/목표	조직의 미션·목표가 실제 경제, 정치, 문화적인 영향력에 부합하는가?	프로세스의 목표가 조직과 개인의 목표와 일치하는가?	팀의 목표가 프로세스와 개인의 목표에 일치하는가?	개인의 직업적 또는 개인적 미션·목표가 조직의 미션·목표와 조화를 이루는가?
시스템 설계	조직 시스템이 바람직한 성과 실행을 지원하는 체제와 정책을 제공하는가?	프로세스가 하나의 시스템으로 기능하도록 설계되었는가?	팀의 역동적이 기능이 협력과 성과를 돕는가?	개인은 자신의 작업 성과를 방해하는 장애물을 제거했는가?
역량	조직은 목표·임무를 완수할 리더십, 자본, 인프라 구조를 보유하고 있는가?	프로세스는 수행할 역량(품질, 수량, 적시성)을 가지고 있는가?	팀은 성과 목표를 효과적이고 효율적으로 달성할 수 있는 역량을 가졌는가?	개인은 업무를 실행할 수 있는 정신적·육체적·정서적 역량이 있는가?
동기	정책, 문화, 보상 시스템이 목표 성과를 지원하는가?	프로세스가 그것을 유지하는 데 필요한 정보와 인력을 제공하는가?	팀이 상호 존중하고 협동적인가?	개인은 무슨 문제가 있어도 실행하려고 하는가?
전문성	조직이 채용, 배치, 개발 정책과 자원을 적절하게 지속적으로 훈련하는가?	전문성을 개발하는 프로세스가 변화하는 프로세스의 요구에 부합하는가?	팀 내에 활용할 수 있는 팀 프로세스 전문성이 있는가?	개인은 성과에 필요한 전문성과 지식을 갖추었는가?

출처: Swanson (2007). 회사를 살리는 성과경영(양종철, 공민희 역, 2009).

단계로 이루어진다. 여기에서 성과 단위는 두 가지 사건 사이에 측정 가능한 간격 또는 특정한 활동이 발생하는 기간(시간), 작업자, 팀, 프로세스 실행을 통해 얻은 제품, 서비스 또는 다른 결과물의 정확한 개수(수량), 제품과 서비스가 세부 사항에 부합하는지를 알려 주는 기준(품질), 그리고 특정한 조직 안에서 진행되는 절차에 따라 결정되는 노력에 들어간 경비(비용)를 의미한다.

　4단계인 성과 필요 사항 결정은 성과 수준과 성과 분류법에 따른 구분, 성과 단계와 성과 분류법에 따른 확인, 성과 단계와 성과 분류법에 따른 필요

사항 세분화의 세 단계를 거친다. 성과 분류법(이해, 운영, 문제해결, 개선, 발명)에 따라 성과 수준(조직, 프로세스, 팀, 개인)을 측정하는 일은 반드시 자료를 근거로 이루어져야 한다.

5단계 성과향상 제안서 작성은 성과 진단이 포함된 초안 작성, 성과 수익 예측 그리고 성과 제안서 제출과 승인의 세 단계로 구성된다. 여기에는 성과 차이, 성과 진단, 개입 방법 제안 및 수익 예측의 네 가지 요소가 포함되어야 한다.

3) 인적성과공학모형

인적자원을 통한 성과향상의 가장 대표적이고 종합적인 모형은 인적성과공학모형이다. 국제성과향상협회(International Society for Performance Improvement: ISPI)가 제시한 인적성과공학(Human Performance Technology: HPT)은 개인과 조직의 성과를 개선하기 위한 방법에 대한 체계적 접근법이다. 구체적으로 ISPI는 HPT를 "사람들의 성과와 관련한 기회를 실현하기 위한 목적을 가지고, 문제해결을 위한 일련의 방법과 절차, 전략을 활용하여, 생산성과 역량을 증진하는 체계적인 접근"(www.ispi.org)이라고 정의한다.

HPT에서 '인적'이라는 말은 조직과 작업 환경에서 인간의 수행에 초점을 둔다는 것을 의미한다. '성과'는 직무수행과 그 수행의 결과를 포함하는 의미다. '공학'은 실제 문제해결을 위하여 과학적인 연구와 실제 경험에서 나온 체계적인 절차를 적용하는 것을 의미한다. 따라서 HPT는 체계적으로 인간이 성과 증진에 기여한다는 사고방식을 보여 준다(정재삼, 2000).

ISPI는 1992년에 이어 2004년에 HPT의 모형을 제시하였다([그림 11-4] 참조).[2]

2) 2004년 모형은 1992년에 제시한 모형을 일부 수정한 것으로, 각 단계의 내용을 구체화하였고, 특히 평가를 마지막 단계로서가 아니라 각 단계에서 모두 이루어지는 과정으로 수정하였다.

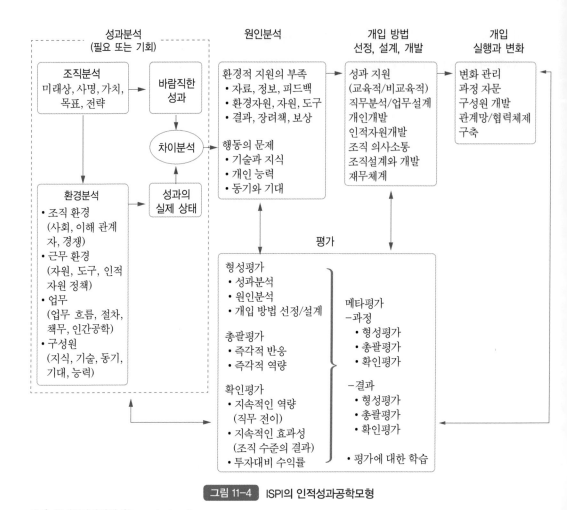

그림 11-4   ISPI의 인적성과공학모형

출처: 국제성과향상협회(www.ispi.org)

이 모형은 성과분석, 원인분석, 개입 방법 선정, 설계 및 개발, 개입 실행과 변화 그리고 평가의 과정을 포함한다.

먼저, 성과분석은 조직 구성원들이 나타내야 할, 바람직하다고 여기는 성과 수준과 실제로 나타내고 있는 성과 수준의 차이를 확인하는 것이다. 여기서 바람직한 성과 수준은 조직의 비전, 사명, 가치, 목적, 전략 등을 파악하는 조직분석으로부터 도출된다. 이에 기초하여 조직 환경, 업무 환경, 일 그리고 구성원에 대한 환경분석을 한다. 이 분석은 현재 상태의 성과를 분석하는 데 활용될 수 있다.

성과에서의 차이가 분석되었다면 그 차이의 원인을 찾아야 한다. 원인분석은 환경적 지원 측면과 개인의 행동 측면으로 구분하여 이루어질 수 있다. 각각은 앞서 행동공학모형과 여섯상자모형에서 제시한 성과 요소들과 유사하다.

성과 차이의 원인이 밝혀지면 그 차이를 메워 줄 수 있는 개입 방법이 선정, 설계 및 개발되어야 한다. 이 모형에서는 교육적·비교육적 성과 지원, 직무분석과 업무설계, 개인개발, 인적자원개발, 조직 의사소통, 조직설계와 개발, 재무체제 등을 성과 문제의 해결책으로 제시한다.

성과 문제를 해결할 방법이 개발되면 이를 실행해야 한다. HPT의 개입 또는 해결책을 성공적으로 실행하여 변화를 창출하기 위해서는 변화 관리, 과정 자문, 구성원 개발, 의사소통과 관계망 형성, 협력체제 구축 등이 필요하다.

평가의 과정은 형성평가, 총괄평가, 확인평가 그리고 메타평가를 포함한다. 형성평가는 성과분석, 원인분석, 개입 방법 선정과 설계 단계에 적용된다. 총괄평가는 해결책 실행에 대한 반응과 바람직한 행동을 할 능력 및 의지를 평가한다. 확인평가는 사업성과에 대한 평가로서 학습 전이, 조직 효과성, 투자회수율 등을 포함한다. 이런 세 유형의 평가에 대한 평가로서 메타평가를 할 수도 있다.

HPT 모형은 기본적으로 다음과 같은 열 가지 원칙을 가지고 있다(www. ispi.org). 첫째, 결과에 초점을 맞춘다. 둘째, 체제적 관점을 취한다. 셋째, 가치를 증진시킨다. 넷째, 파트너십을 형성한다. 다섯째, 요구와 기회를 분석하는 데 있어 체계적이다. 여섯째, 성과를 제한하는 요인을 찾기 위해 일과 일터를 분석하는 데 있어 체계적이다. 일곱째, 개입 방법의 설계와 실행 요건을 구명하는 데 있어 체계적이다. 여덟째, 개입 방법을 개발하는 데 있어 체계적이다. 아홉째, 개입을 실행하는 데 있어 체계적이다. 마지막으로, 과정과 결과를 평가하는 데 있어 체계적이다.

　HPT는 조직에서 성과와 업무수행의 문제를 진단하고 처방하는 체계화된 절차와 방법을 제공한다. 그것은 조직의 경영성과에 기여할 수 있는 인적자원과 관련한 다양한 해결책을 고려한다. 즉, 개인과 조직의 성과 제고를 위해서 교육뿐만 아니라 교육 이외의 처방들도 중요하게 활용된다. 인사, 보상, 평가, 환경체제 등에 관련한 모든 방법이 이에 해당할 수 있다(Rosenberg, 1996).

3. 인적자원개발의 성과 패러다임

　무한 경쟁의 시장 상황에서 조직의 성과는 매우 중요한 쟁점으로 떠올랐다. 인적자원개발이 개인의 업무수행과 조직의 성과 창출에 기여할 수 있도록 이루어져야 하는 것은 당연하다. 이런 점을 강조하여 인적자원개발은 단순히 교육을 위한 교육이 아니라 성과를 내는 교육으로 전환하여야 한다고 주장한다. 이런 점에서 훈련과 학습은 성과를 위한 하나의 수단에 지나지 않는다. 인적자원개발에서 '성과' 패러다임이 대두한 것이다(정재삼, 2000; Oh, 2002; Swanson & Holton, 2001).

　개인의 업무수행과 조직의 성과향상에 영향을 미치는 요인은 다양하다. 그동안 인적자원개발 분야에서는 교육 프로그램을 가장 일반적인 성과향상 방법으로 사용했지만, 교육이 해결할 수 있는 성과 문제는 전체의 15% 정도밖에는 안 된다고 보고되었다. 인적자원개발에서 성과 패러다임은 교육이 곧 성과와 연결된다는 사고방식을 깨는 것부터 시작한다. 그러므로 인적자원 및 조직의 문제와 관련하여 교육의 관점이 아니라 그에 영향을 미치는 다양한 요인에 주목한다. 그럼으로써 궁극적으로 조직이 성과를 이루고자 한다(Hartt, 2009). 극단적으로 Swanson과 Holton(2001)은 조직을 '성과체제(performance system)'라고 개념화하였다. 여기서 성과체제란 어떤 목적을 달성하기 위해 조직된 체제를 말한다. 따라서 성과는 그 목적과 관련된 산출이나 결과 또는 조직의 목표를 실현할 수 있는 수단이 된다.

한마디로, 성과 패러다임에서 인적자원개발의 목적은 성과체제 안에서 개인의 직무역량을 향상시키고, 성과체제를 개선함으로써 조직의 목표 달성에 기여하는 데 있다. 다시 말해서, 인적자원개발은 미시적 차원에서 개인의 업무수행과 거시적 차원에서 조직의 성과 문제해결에 기여하여야 한다(Gilley & Maycunich, 2000).

앞에서 살펴본 인적성과공학은 성과 패러다임을 대표하는 접근법이다. HPT는 개인과 조직의 성과를 개선하기 위한 체계적 접근법이다. HPT는 조직의 성과를 위해 인적인 측면에서 무엇이 결핍되어 있는지를 진단, 처방하는 체계화된 방법을 제공한다. 그 절차는 훈련 패러다임의 주요한 모형 가운데 하나인 ISD와 동일한 구조와 사고의 틀을 가지고 있다(제3장, 제5장 참조). 실제로 HPT는 ISD에 기초하여 발전하였다(Gilley & Maycunich, 2000: 184). 그 모형들은 공통적으로 설정된 목표의 달성을 위한 결핍모형에 기초한다. 또한 관찰 가능한 행동을 강조하는 행동주의 심리학과 같은 뿌리를 가지고 있다(Gilley et al., 2002). 다만 HPT는 조직에 적용된다는 점에서 일반체제이론에 기초하고 있으며, 지식이나 기술 등의 교육적 결핍 문제를 훈련의 방법으로만 해결하려는 시도를 넘어선다. 성과 패러다임에서 강조하는 개인과 조직의 성과 제고를 위해서는 교육뿐만 아니라 교육 이외의 처방들도 중요하게 활용된다.

성과 패러다임은 교육과 교육 이외의 다양한 방법을 통해 성과 문제를 해결한다는 점에서 매우 광범위한 접근법을 취한다. 이에 따라 성과 패러다임에서는 훈련 부서가 성과 증진 부서로 전환하고, 교육 담당자가 성과 컨설턴트 또는 인적성과공학 실천가로서의 역할을 하여야 한다고 주장한다(정재삼, 2000; Rosenberg, 1996). 교육뿐만 아니라 다양하고 통합된 성과 개선 해결책을 제공하는 것으로 역할을 확대 또는 전환해야 하는 것이다.

성과는 인적자원개발이 지향해야 할 매우 중요한 개념임에 틀림없다. 특히, 치열하게 경쟁하고 급격하게 변화하는 환경에서 성과 지향적 교육은 조직의 생존과 번영을 위해 필수적이다. 그럼에도 인적자원개발에서 성과를 실천적 패러다임으로 간주할 때는 다음과 같은 점을 더 깊이 생각하여야 한다.

　무엇보다 먼저 성과는 인적자원개발의 외적인 결과라는 점이다. 훈련과 학습 개념이 인적자원개발의 내적 과정인 반면, 성과는 교육이 산출한 외적인 산출물을 일컫는 개념이다. 따라서 성과는 교육 그 자체의 본질적인 과정이 아니다. 다시 말해서, 인적자원개발 그 자체가 성과의 과정으로 이루어지지는 않는다. 다만 성과는 교육을 방향 짓고 이끄는 지향점이 될 수 있을 뿐이다. 인적자원개발은 개인의 직무수행도와 조직의 경영성과를 높이도록 이루어져야 한다는 전제하에 교육의 과정을 훈련 또는 학습의 패러다임에서 도출된 여러 가지 방법으로 구성할 수 있을 뿐이다.

　따라서 성과를 훈련이나 학습과 동일한 차원의 준거로 비교하거나 패러다임의 전환을 나타내기 위한 동일선상의 개념으로 보기는 어렵다. 많은 학자에 의해 성과 이전의 패러다임이라고 불리는 훈련과 학습은 각기 다른 접근법을 취하기는 하지만 이 두 가지는 모두 교육의 과정이다. 따라서 동일한 차원에서 그 차이를 비교할 수 있었다. 그러나 인간 행동 또는 인지구조의 변화로서 훈련 및 학습과 성과의 증진은 차원을 달리한다(Crossan, Lane, White, & Djurfeldt, 1995). 앞에서 언급하였듯이 성과는 인적자원개발을 이끄는 데서는 유용한 개념이지만, 인적자원개발 그 자체는 아니다. 따라서 훈련이나 학습과는 달리 인적자원개발의 내적 과정을 특징짓고 있지는 않다. 다시 말하지만, 성과는 교육의 외적 산출물 또는 결과일 뿐이다.

　이런 문제에 따라 실제로 성과 패러다임은 인적자원개발의 범위를 벗어난다. 앞에서 살펴보았듯이, 성과 패러다임의 대표적 모형인 HPT는 교육 이외의 다양한 해결책과 개입 방법을 포함한다. 따라서 성과 패러다임의 많은 부분은 이미 인적자원개발이 아니다.

성과를 인적자원개발의 하나의 패러다임으로 간주할 경우, 그것은 외적인 결과를 강조하는 패러다임이 된다. 외적 산출에 초점을 맞추다 보면, 자연스럽게 그것은 행동주의나 인적자본론과 유사한 전제와 관점으로 흐를 가능성이 커진다. 즉, 인적자원개발은 성과 증진의 한 수단으로서 교육을 외화(外化)하여 더욱 결과 중심적인 교육을 강조하게 된다. 그 결과는 직무상의 요구 수행과 경영상의 손익 계산으로 나타난다(Bierema, 2000; Gilley & Maycunich, 2000).

　성과 중심의 인적자원개발은 교육의 내적 과정을 조직이 설정한 목표로 끌어 올리겠다는 의도를 강하게 가진다. 물론 방법적으로는 훈련뿐만 아니라 학습 패러다임에서 강조하는 여러 방법을 포함함으로써 성과를 달성하기 위한 다양한 수단을 동원할 수 있겠다. 그러나 그 방법들을 사용하는 근본적인 철학 기저는 훈련 패러다임에서 강조하는 것과 동일하거나 유사한 구조를 갖게 된다. 실제로, 성과 패러다임은 요건과 기대에 맞는 행동을 강조하고, 개인보다는 조직을 우선시하며, 외적인 결과를 지향하고 있다(Bierema, 2000; Kuchinke, 1998). 이런 관점은 인적자원개발에 대한 훈련 패러다임과 맥을 같이하는 것이다.[3] 이런 의미에서 성과 패러다임은 훈련 패러다임의 또 다른 확장된 형태라고 볼 수 있다. 즉, 성과 패러다임은 훈련 패러다임의 더 포괄적인 계승이라고 할 수 있다.

　성과 패러다임에서는 성과가 조직과 인적자원개발의 궁극적인 목적이라고 주장한다. 앞에서도 언급하였듯이, 무한 경쟁의 시장 환경에서 성과를 높이고 이익을 창출하는 것은 조직의 생존을 위해 매우 중요한 토대가 된다. 빠르게 변화하는 환경에서, 특히 단기적인 결과에 초점을 맞추는 성과 개념은

---

3) 예를 들어, 앞서 언급했듯이 HPT는 ISD에 기초하여 발전했고, 두 모형은 동일한 사고 틀을 공유하고 있다.

유효하다(Gilley et al., 2002). 그렇다고 하더라도 조직과 인적자원개발의 지향점을 개인과 조직의 성과로 간주하는 것이 정당한지는 의문이다. 다시 말해, 개인의 업무수행도를 극대화하고 이를 통해 조직의 생산성과 이윤을 높이는 것이 조직과 인적자원개발의 존재 이유가 될 수 있는지는 다시 한번 생각해 볼 문제다.[4]

---

4) 이 문제에 대한 추가적인 논의는 제14장에서 다룰 것이다.

제3부

인적자원개발의 전망

제12장

인적자원개발 담당자의 전문성

미켈란젤로의 조각에 감탄하면서 어떤 사람이 물었다. "보잘것없는 돌로 어떻게 이런 훌륭한 작품을 만들어 낼 수 있습니까?" 미켈란젤로는 이렇게 말했다. "그 형상은 처음부터 화강암 속에 있었죠. 나는 단지 불필요한 부분들만 깎아 냈을 뿐입니다."

-이민규(2003). 『1%만 바꿔도 인생이 달라진다』, p. 155.

인적자원개발이 점차 더 전문화되고 있다. 이에 따라 인적자원개발 담당
자는 조직 내 다른 사람들의 개발뿐만 아니라 자기 자신의 전문성 신장도 계
속 이루어 나가야 한다. 이 장에서는 인적자원개발 담당자의 역할과 역량, 전
문화에 대해 살펴본다.

1. 인적자원개발 담당자의 역할과 역량

1) 인적자원개발 담당자의 역할

조직에서 역할은 다른 구성원들에 의해 기대되는 수행 기대다. 어떤 역할
의 담당자는 이러한 기대를 자신의 것으로 인식하고 행동하는 수행 인식과
행동을 하게 된다(김현수, 김성수, 강정옥, 1999). 그런데 그 역할은 경제사회적
변화와 조직의 상황에 따라 달라진다. 따라서 인적자원개발 담당자가 어떤
역할을 수행해야 하는지를 간단명료하게 제시하기는 어렵다. 그동안 인적자
원개발 담당자의 역할은 다음과 같이 논의되어 왔다.

이미 1970년대에 Nadler는 인적자원개발 담당자들의 역할을 운영자, 학습
전문가, 컨설턴트의 세 가지 유형으로 구분하였다. 운영자는 교육 프로그램이
원활하게 진행될 수 있도록 지원하고 관리하는 역할을 수행한다. 구체적으
로 운영자는 교육 장소와 시설을 준비하고, 강사를 섭외하며, 학습자를 모집
하는 등 교육 운영에 필요한 모든 지원 업무를 한다. 학습 전문가는 강의 등
을 통하여 내용을 전달하거나 학습을 촉진하는 역할을 한다. 이들은 조직에
소속되어 있기도 하지만 외부 전문가로서 특정한 교육 프로그램을 위하여 초
빙되는 경우도 있다. 컨설턴트는 교육 프로그램을 개발하거나 학습에 대한

전문적 조언을 하는 사람을 말한다. 사내 컨설턴트도 있지만, 전문적으로 컨설팅 업체를 운영하거나 고용된 경우가 많다(김현수 외, 1999).

Nadler의 이러한 구분은 인적자원개발과 관련한 실제 직업을 유형화한 것이다. 지금도 이런 분류는 여전히 유효하다. 실제로, 우리나라에서 인적자원개발 분야에서 일하는 사람들의 직업은 연수원 등에서 프로그램을 관리하는 교육 운영자, 강의를 담당하는 사내 · 사외 강사, 그리고 교육 프로그램을 개발하거나 자문하는 컨설턴트 등으로 구분하여 불리는 경우가 대부분이다.

1980년대부터 인재개발협회(ATD, ASTD의 현재 명칭)는 인적자원개발 담당자의 역할과 역량을 더 구체적으로 제시하였다. McLagan은 ASTD의 의뢰로 두 차례 연구를 수행하였다. ASTD가 발표한 1983년의 '수월성 모형(Model for Excellence)'은 주로 교육 측면에서 인적자원개발 담당자의 역할을 제시하였는데, 그것을 평가자, 집단 촉진자, 개인개발 상담가, 교재 집필자, 강사, 훈련개발 관리자, 판매자, 매체 전문가, 요구분석가, 프로그램 운영자, 프로그램 설계자, 전략가, 직무분석가, 이론가 그리고 전이 촉진자로 구분하였다.

1989년의 'HRD 실천 모형(Model for HRD Practice)'에서는 인적자원개발 담당자의 역할을 열한 가지로 세분화하였다(유승우, 1998: 274-276). 첫째, 연구자는 새로운 정보와 지식을 발견하거나 개발하고 검증하여 그것이 조직과 개인의 업무수행도를 향상시키는 데 유의미한 것으로 전환시킨다. 둘째, 판매자는 인적자원개발 프로그램 및 서비스를 계약하고 판매하며, 인적자원개발 제품, 서비스 및 프로그램에 대한 긍정적 이미지를 만든다. 셋째, 조직변화 촉진자는 조직행동의 변화에 영향력을 행사하고 지원한다. 넷째, 요구분석가는 이상적인 수행과 실제 수행 사이의 차이를 정의하고 양쪽 간의 불일치를 규명한다. 다섯째, 프로그램 설계자는 학습 요구를 분석하여 개별 프로그램의 목표, 내용, 학습 활동 등으로 나타낸다. 여섯째, 교재 개발자는 책자나 전자 기자재를 이용한 수업 교재를 준비한다. 일곱째, 강사는 정보를 제시하며 구조화된 학습 경험을 제시함으로써 학습자가 배운 것을 현업에 적용할 수 있도록 인도한다. 여덟째, 경력개발 상담자는 개인이 자신의 능력, 가치, 목표를 평가하고 경력개발을 설계하고 수행할 수 있도록 돕는다. 아홉째, 운영자는 인적자원개발 프로그램의 운영을 위한 조정과 지원 서비스를 제공한다. 열째, 평가자는 개인이나 조직의 효과성에 관하여 개입의 효과를 규명한다. 그리고 열한째, 관리자는 인적자원개발 부서의 일을 관리하고 지도하며 그 일을 전체 조직과 연계시킨다. 1983년의 연구에 비해 인적자원개발 담당자의 역할이 조직 차원으로 더 확대되어 조직 내에서 매우 다양한 역할을 수행함을 구체적으로 알 수 있다(김현수 외, 1999).

1990년대 중반 이후에는 성과의 측면에서 인적자원개발 담당자의 역할을 재규정하거나 추가하려는 시도가 이루어졌다. Rothwell(1996)은 인적자원개발 담당자를 인적성과공학자로 규정하고, 구체적으로 분석가, 개입 전문가, 변화 관리자, 평가자의 역할을 제시하였다. 이것은 성과의 관점에서 인적자원개발 담당자의 역할이 구명된 것이다.

2000년대 들어서도 성과향상을 위한 전문가로서의 역할은 계속 강조되었다. 이와 동시에 조직 전체적인 차원에서의 전략적 변화와 성과 증진에 대한 관심이 더욱 높아졌다. 이에 따라 인적자원개발 담당자는 조직경영의 전략적 동반자로서의 역할을 수행할 것을 요청받고 있다(Bernthal et al., 2004; Gilley et al., 2002). Gilley 등(2002)은 인적자원개발 분야에서 가장 일반적인 역할로 학습 촉진자, 교수 설계자, 성과공학자를 들었다. 여기에 더해 더욱 전문성을 갖춘 인적자원개발 컨설턴트와 조직의 전략적 사업 동반자로서의 역할을 수행하는 HRD 지도자의 역할을 강조하였다. Bernthal 등(2004)도 인적자원개발 담당자의 역할을 학습 전략가, 경영 동반자, 프로젝트 관리자, 전문적 수행자로 제시하였다.

우리나라에서도 인적자원개발 담당자의 역할에 대한 이런 경향을 보여 주고 있다. 한준상 등(2008)의 연구에 따르면, 국내 인적자원개발 담당자들은 전략가로서의 역할과 교육 프로그램 설계자로서의 역할에 대한 요구를 가장

의미 있게 인식하고 있는 것으로 나타났다. 한마디로, 인적자원개발 담당자들이 교육의 전문가인 동시에 경영의 전략적 동반자로서 역할을 수행하여야 한다고 강조하고 있다.

기술의 발전과 산업사회의 변화는 일자리, 교육, 삶의 방식 등을 바꾸어 인적자원개발 담당자의 역할에도 큰 영향을 미친다. 김혁, 장경진, 장원섭 (2020)은 인공지능 발전에 따른 인적자원개발 담당자의 역할 변화에 대해 델파이 조사를 통해 예측하였다. 그 결과, 인재개발 관리자로서의 역할이 가장 큰 변화를 보일 것으로 예측됐다. 그 이유는 인공지능의 도움으로 인적자원과 관련한 모든 데이터와 시스템이 통합되어 의사결정이 이루어질 수 있기 때문이다. 미래 변화에 대응하는 방향을 설정하는 인적자원개발 전략가 역할도 강화될 것이다. 그 역할은 단순히 전략만을 수립하는 것이 아니라 인공지능 활용과 업무 분담을 제안하는 기술 전략가로서도 기능해야 한다. 그 중요성에 비해 아직 수행이 미흡한 조직학습과 조직변화 촉진자 역할도 더욱 커질 것으로 예상되었다. 인공지능으로 대체 불가능한 이해관계자들 간의 역학관계, 사내 정치 등 조직의 전략, 문화, 관계망 등의 파악과 대처에 대하여 인적자원개발 담당자의 역할이 더 커질 것이다. 인공지능이 비용효과 측면에서 우월한 역할들은 상당 부분 축소될 것이다. 지금은 전문성에 기초하여 수행한다고 여겨지는 역할도 규정과 사실의 명확한 논리적 근거로 체계화할 수 있는 업무라면 인공지능이 사람보다 더 잘할 수 있기 때문이다. 체계화된 방법론에 기초한 교수설계도 여기에 해당할 수 있다. 인공지능이 잘하는 업무는 인공지능에게 맡기면서 해당 분야에 대한 인적자원개발 담당자의 역할이 축소될 것이다.

인적자원개발 담당자의 역할은 계속 변화하고 있다. 그것은 교육 전문가로서의 역할을 수행하는 동시에, 그것에 기초하여 성과향상과 조직 전략 등의 영역으로까지 그 범위를 확대하고 있다. 이와 동시에, 첨단 기술과 경제사회의 변화에 대응하여 역할 수행의 방식도 변화할 수밖에 없다. 결국 인적자원개발 담당자들은 이제 더 거시적이고도 종합적인 차원에서 역할을 수행하여야 한다.

2) 인적자원개발 담당자의 역량

인적자원개발 담당자가 자신의 역할을 성공적으로 수행하기 위해서는 그에 필요한 역량을 갖추고 있어야 한다. 역량이란 어떤 일을 감당할 수 있는 능력으로서 지식, 기술, 태도가 결합한 개인의 내적 특성을 의미한다(Lucia & Lepsinger, 1999).

여러 연구는 인적자원개발 담당자가 그들 자신에게 주어지는 업무를 충실히 수행할 뿐만 아니라 지금까지의 성장을 더 발전적인 방향으로 이끌기 위해서 필요한 전문적 지식과 기술적 능력을 제시하고 있다. 앞에서 언급하였듯이, 인적자원개발 담당자의 역할이 재규정되거나 범위가 넓어짐에 따라 역량에 대한 논의도 달라지고 있다.

1980년대에 ASTD는 인적자원개발 담당자가 자신의 역할을 수행하기 위해 필요한 역량을 기술적 역량, 경영 역량, 대인관계 역량 및 지적 역량 등 네 가지로 구분하여 총 서른다섯 가지를 제시하였다(유승우, 1998; 한준상 외, 2008). 첫째, 기술적 역량에는 성인학습에 대한 이해, 경력개발이론 및 기법 이해, 역량 파악 능력, 컴퓨터 사용 능력, 전자시스템 사용 능력, 설비 이용 능력, 목표설정 능력, 작업수행 관찰 능력, 주제에 대한 이해, 교육 이론 및 기법의 이해 그리고 연구 능력이 포함된다. 둘째, 경영 역량에는 사업에 대한 이해, 비용효과분석 능력, 위임 능력, 산업에 대한 이해, 조직행동의 이해, 조직개발 이론 및 기법의 이해, 조직에 대한 이해, 프로젝트 관리 능력 그리고 기록 관리 능력이 있다. 셋째, 대인관계 역량은 지도 능력, 피드백 능력, 집단 과정 능력, 협상 능력, 발표 능력, 질문 능력, 관계 형성 능력 그리고 작문 능력을 포함한다. 마지막으로 넷째, 지적 역량은 자료 요약 능력, 정보 탐색 능력, 지적 유연성, 모델 형성 능력, 관찰 능력, 자신에 대한 지식 그리고 비전 제시 능력을 말한다.

1990년대에는 인적성과공학의 관점에서 인적자원개발 담당자의 역량을 규명하는 작업이 이루어졌다. Rothwell(1996)은 앞에서 살펴보았던 인적성과공학자로서 수행해야 할 네 가지 역할별 역량을 구분하였다. 이와 동시에 인적성과공학자의 핵심 역량도 제시하였다. 먼저, 인적성과공학자로서의 핵심 역량은 산업에 대한 이해, 리더십 기능, 인간관계 기능, 테크놀로지 이해, 문제해결 기능, 체계적 사고, 성과에 대한 이해, 개입 방법 관련 지식, 경영에 대한 이해, 조직에 대한 이해, 협상·계약 기능, 수용·옹호 기능, 대처 기능, 전체를 볼 수 있는 능력 그리고 컨설팅 기능이 있다. 분석가로서의 역할을 수행하기 위한 역량으로는 수행분석 기능, 요구 조사 기능, 역량 규명 기능, 질문 기능, 분석 기능 그리고 작업 환경 분석 기능을 제시하였다. 개입 전문가로서는 성과 정보 해석 기능, 개입 방법 선정 기능, 성과 변화 해석 기능, 개입 방법들 사이의 관계 분석 기능, 주요 경영 문제와 변화를 파악할 수 있는 기능 그리고 목표 수행 기능이 요구된다. 변화 관리자로서의 역할을 수행하기 위해서는 변화 자극 기능, 의사소통 능력, 집단 역학 과정의 이해, 프로세스 컨설팅 기능 그리고 촉진 기능이 필요하다. 마지막으로, 평가자로서는 성과 차이 평가 기능, 조직 목표를 기준으로 결과를 평가할 수 있는 능력, 기준 설정 기능, 조직문화에 미친 영향 조사 능력, 성과향상 개입 방법 검토 기능, 피드백 기능을 갖추어야 한다.

1999년 ASTD에서 Rothwell 등(1999)이 연구하여 제시한 '일터학습과 성과 모형(Workplace Learning and Performance Model)'은 여섯 가지 역량군(분석 역량, 경영 역량, 대인관계 역량, 리더십 역량, 전문 역량, 기술 역량)에서 총 52개의 세부 역량으로 구성된 포괄적인 역량모형을 제시하였다([그림 12-1] 참고).

일터에서 학습과
성과 역량

분석 역량	경영 역량	대인관계 역량	리더십 역량	전문 역량	기술 역량

• 분석적 사고하기
• 성과 자료 분석
• 경력개발
  이론과 적용
• 역량 확인
• 개입 선정
• 지식 관리
• 모델 수립
• 조직개발
  이론과 적용
• 성과 차이 분석
• 성과이론
• 프로세스 자문
• 보상체계
  이론과 적용
• 사회 상황 인식
• 스태프 선발 이론
  과 적용
• 기준 확인
• 시스템 사고
• 훈련 이론과 적용
• 근무 환경 분석
• 일터에서 수행,
  학습 그리고
  개입 평가
	• '큰 그림'을
	  보는 능력
	• 경영 지식
	• 비용/편익 분석
	• 조직 목표 대비
	  결과의 평가
	• 주요 경영 이슈
	  확인
	• 산업에 대한 의식
	• 지적 자본
	• 협상 및 계약하기
	• 아웃소싱 관리
	• 프로젝트 관리
	• 품질 관리
		• 의사소통
		• 의사소통 관계망
		• 상담하기
		• 대처 기술
		• 대인관계 형성
			• 포용/변호
			• 다양성 인식
			• 윤리 형성
			• 목표 이행
			• 집단 역동
			• 리더십
			• 미래상
			  제시하기
				• 성인학습
				• 퍼실리테이션
				• 피드백
				• 개입 감시하기
				• 질문하기
				• 설문조사
				  설계와 개발
					• 정보통신 기술을
					  활용한 의사소통
					• 원거리 교육
					• 전자 성과 지원
					  시스템
					• 기술에 대한
					  문해능력

그림 12-1 1999년 ASTD의 일터학습과 성과(WLP)모형

출처: Rothwell, Sanders, & Soper (1999). *ASTD models for workplace learning and performance.*

2004년 ASTD에서는 Bernthal 등의 연구 결과에 따라 보다 통합적인 새로운 역량모형을 제시하였다([그림 12-2] 참고). 이 모형은 대인관계 역량군, 경영・관리 역량군, 개인 역량군을 기반으로 인적자원개발 분야의 전문성 영역을 더함으로써 인적자원개발 전문가가 수행해야 하는 역할과 역량들을 하나의 통합된 피라미드형 시스템으로 제시하였다. 즉, 기존의 역량모형과 달리, 필요 역량과 전문성 영역, 역할들이 모두 유기적으로 연계되어 하나의 시스템으로

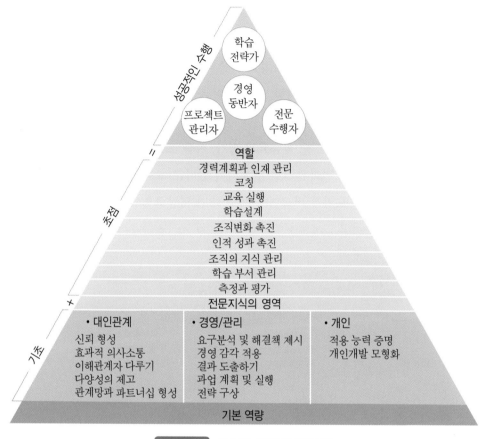

그림 12-2 **2004년 ASTD의 통합모형**

출처: 미국훈련개발협회(www.astd.org)

작용하도록 통합적으로 설계되었다는 점이 특징적이다(한준상 외, 2008).

ASTD는 2013년에 역량모형을 다시 발표하였다([그림 12-3] 참고).[1] 인터넷, 소프트웨어, 모바일 기기, 정보 공유, 빅데이터 같은 기술 변화와, 인구 구성, 글로벌화 같은 환경 변화, 그리고 경제의 불확실성 증가 등의 새로운 요

---

1) ASTD가 ATD로 명칭을 변경하여 이 모형도 2014년에 ATD 역량모형으로 이름을 바꾸었다.

인들이 인적자원개발에 중대한 영향을 미치는 상황을 반영하기 위해서였다. 새로운 역량모형은 여섯 가지의 기본 역량과 열 가지의 전문 영역으로 나뉘어 있다. 인적자원개발 담당자의 기본 역량으로는 경영에 대한 이해, 글로벌 사고방식, 산업 부문에 대한 지식, 대인관계 기술, 개인 역량, 신기술 활용 능력을 제시하였다. 인적자원개발의 전문 영역은 성과 개선, 교수 설계, 훈련과 강의, 학습 테크놀로지, 학습효과 평가, 학습 프로그램 관리, 통합 인재 관리, 코칭, 지식경영, 변화관리로 구성되어 있다(Arneson, Rothwell, & Naughton, 2013). 2004년 모형과 비교했을 때 2013년 역량모형에서 제시한 대부분의 항

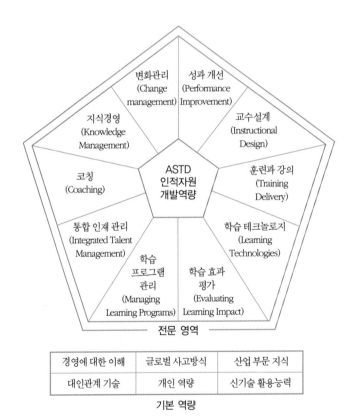

그림 12-3　2013년 ASTD의 역량모형

출처: Arneson, J., Rothwell, W. J., & Naughton, J. (2013). ASTD competency study: The training & development profession redefined. *American Society for Training and Development.*

목은 대동소이하다. 그러나 글로벌 사고방식과 테크놀로지에 관련된 역량을 새롭게 추가한 것은 두드러진 변화라고 할 수 있다.

　경제사회적 변화를 반영하여 5~7년마다 역량모형을 새롭게 개발하는 ATD는 2019년에 인재개발능력모형을 제시했다([그림 12-4] 참고). 이번 모형은 디지털 전환, 데이터 분석학, 정보 활용성, 인재개발과 경영의 파트너십 등과 같은 새로운 트렌드에 대응한 것이다. 이 모형에서는 인재개발을 성공적이고 효과적으로 수행하기 위해 필수적인 23가지 역량을 3개 영역으로 구분하였다. 첫째, 개인능력개발 영역은 일하면서 기본적으로 수행해야 할 연성역량(soft skill)에 해당한다. 구체적으로 의사소통, 감성 지능과 의사결정, 협력과 리더십, 문화 인식과 포용, 프로젝트 관리, 규정준수와 윤리적 행동, 평생학습 등 7가지 역량이 그것들이다. 둘째, 전문능력개발 영역은 인재개발 전문가가 조직 구성원의 학습을 촉진하여 역량을 개발하고 성과를 극대화하는 데 필요한 지식과 기술들을 포함한다. 학습과학, 교수설계, 강의와 학습촉진, 테크놀로지 적용, 지식관리, 경력과 리더십 개발, 코칭, 효과 평가 등 8가지

그림 12-4 ┃ 2019년 ATD의 역량모형

출처: 미국인재개발협회(www.td.org/capability-model)

역량이 여기에 해당한다. 셋째, 조직능력개발 영역에는 조직의 성과와 생산성을 높이는 데 필요한 역량들이 들어간다. 그것들에는 경영 통찰력, 컨설팅과 사업 파트너십, 조직개발과 문화, 인재전략과 관리, 성과증진, 변화관리, 데이터 분석학, 미래준비 같은 8개 역량이 있다.

우리나라에서도 1990년대 말부터 인적자원개발 담당자의 역량에 대한 연구와 논의가 활발하게 이루어졌다(김현수 외, 1999; 정재삼, 장정훈, 1999). 국내 인적자원개발 담당자들을 대상으로 앞서 제시한 2004년 ASTD 통합모형을 적용하여 조사한 한준상 등(2008)에 따르면, '성과향상을 위한 교육적 전략 수립과 평가 활동'이나 '의사소통 능력'은 각 역량군에서 중요하면서도 많이 수행하고 있는 역량인 것으로 나타났다. 그러나 분석 역량에서는 체계적인 사고, 경영 역량에서는 전체적인 사고, 대인관계 역량에서는 컨설팅, 리더십 역량에서는 비전 제시, 기술적 역량에서는 촉진 기술, 그리고 정보기술 활용 역량에서는 전자성과지원시스템 활용이 중요도는 높지만 빈번히 수행되고 있지는 못한 역량인 것으로 나타났다. 이에 반하여 분석 역량에서는 모니터링과 피드백, 경영 역량에서는 프로젝트 관리, 대인관계 역량에서는 대인관계 형성, 리더십 역량에서는 주인의식과 주도권 형성, 기술적 역량에서는 질문기술, 그리고 정보기술 활용 역량에서는 컴퓨터 활용 의사소통 능력이 중요도가 낮음에도 수행빈도가 높은 것으로 나타났다. 특히, 2004년 ASTD 모형의 역량과 전문성 영역에 대한 인식을 분석한 결과는 역량별 분석 결과와 일치하고 있다. 국내 기업의 인적자원개발 담당자들은 전략적 사고, 지식관리, 수행 성과향상과 같은 역량들을 수행빈도는 낮은 데 비하여 중요도가 높은 역량으로, 그리고 교육·기획과 업무수행을 중요도는 낮으나 수행빈도가 높은 역량으로 인식하고 있었다. 인적자원개발 담당자들의 역량에 관한 이런 연구들은 인적자원개발 담당자들의 전문적 수행능력을 향상시키기 위한 교육 프로그램을 설계하고 개발하는 데 활용될 수 있다(이정택 외, 2006).

2. 인적자원개발 담당자의 전문화

1) 인적자원개발의 전문화 과정

인적자원개발 담당자가 교육과 경험을 통해 전문가로 성장하는 일은 매우 중요하다. 실제로 인적자원개발은 평상시에는 '쓰면 빛나는 비용'이지만 조직의 경제적 사정이 어려울 때는 가장 쉽게 제거되거나 축소되어 버릴 수 있는 영역 가운데 하나다(London, 1992). 우리는 1997년 IMF 금융 위기 상황에서 이미 그런 경험을 하였다. 조직이 경제적으로 어려움에 처했을 때 인적자원개발은 천덕꾸러기로 취급되어 교육 담당자뿐만 아니라 교육 담당 조직 전체가 사라지거나 축소되기도 하였다. 그 이유 가운데 하나는 인적자원개발 기능의 중요성을 증명해 내지 못했기 때문이다. 인적자원개발이 조직에 반드시 필요한 역할을 수행한다는 인식이 퍼져 있지 못한 것이다.

그동안 인적자원개발 담당자에게는 전문성이 결여되어 있었다. 과거에는 전공과 상관없이 교육 업무를 맡는 사람들이 많았다. 전문적인 준비 없이 스스로 경험하면서 업무를 수행하는 경우가 대부분이었다. 그나마도 잦은 인사이동으로 전문성을 쌓을 기회마저 없었다. 또한 인적자원개발을 전문적으로 가르치는 교육 프로그램이 거의 없었다. 대학에서 교육 관련 전공을 이수한 사람들이 인적자원개발 분야에 비교적 많이 진출하였으나 그들의 전문성은 여전히 부족한 편이었다.

이런 현상은 미국에서도 마찬가지였다. 미국에서는 이미 1940년대에 미국훈련가협회(ASTD)가 결성되어 그들의 전문성 신장을 위해 노력하였다.[2] 그

---

2) ASTD는 처음에 American Society for Training Driectors라는 이름으로 출범하였고, 1965년에 협회의 명칭을 American Society for Training and Development로 변경하였다. 2014년

러나 Spikes(1995)는 인적자원개발 담당자가 전문성을 갖추지 못했었다는 점을 인식하면서 인적자원개발 담당자의 세 가지 유형을 제시하였다.[3]

첫 번째는 직무 경험자 유형이다. '코치에서 교장으로의 접근'을 통해 인적자원개발을 담당하게 되는 경우다. 현직 경험자가 교육 담당자로 전환되는 경우가 많은데, 예를 들어 판매 전문가가 판매교육 담당자가 되는 경우가 그렇다. 이것은 유능한 축구 코치는 그 관리와 지도 경험을 교장직에도 적용할 수 있다는 가정에 근거한다. 그러나 이때 인적자원개발 담당자는 교육의 방법, 교육 프로그램 개발 등과 같은 교육적 전문성을 결여하고 있다는 한계를 가지게 된다.

두 번째는 교육 경험자 유형이다. 즉, '교직 경력자 우대 접근' 방식이다. 이것은 전직 교육자 출신을 기업의 인적자원개발 담당자로 배치하는 경우다. 직업 세계나 기업에 대한 구체적 지식과 경험 없이도 일반 교육이론과 경험으로 인적자원개발을 실천할 수 있다는 믿음에 기초한 접근법이라고 할 수 있다. 그러나 이 경우에는 인적자원개발 담당자의 지식과 경험을 기업 상황

에는 인재개발협회(Association for Talent Development)로 다시 바꾸었다. 이 협회는 지금까지 세계에서 가장 큰 인적자원개발 담당자 모임으로 남아서 그들의 전문성 제고를 위해 크게 기여하고 있다. ATD는 전 세계 100여 개국의 2만여 개 조직으로부터 7만여 명의 회원을 확보하고 있다. 회원들의 정보 교류와 전문성 신장을 위해 교육 프로그램 운영, 자격증 인증, 전문 연구, 학술대회와 엑스포 개최 등의 활동을 한다. 특히, 매년 개최하는 국제회의와 엑스포는 70여 개국으로부터 1만여 명의 인적자원개발 담당자와 학자가 참여하여 큰 인적자원개발 관련 지식과 정보 교류의 장이 되고 있다.

3) 이러한 구분은 우리의 경우에도 유사하게 적용 가능하다. 예를 들어, 과거에 기업교육 담당자의 많은 수를 차지한 집단이 군대 장교 출신이라는 점은 첫 번째 유형에 해당된다고 할 수 있다. 또한 대학에서 사범대학이나 교육 관련 학과 출신이 기업의 인적자원개발 담당자로 진출하는 경우가 많다는 것은 두 번째 유형에 해당된다. 그것은 얼핏 보아서는 세 번째 유형이라고 할 수도 있으나 우리나라의 사범대학이나 교육 관련 학과에서 체계적으로 인적자원개발을 가르치거나 기업교육 담당자를 준비시키는 공식적인 교육과정이 거의 없었던 점을 고려한다면 세 번째 유형보다는 두 번째 유형의 가정에 따르고 있다고 보는 것이 타당하다.

에 적용할 수 있는 가능성이 크지 않다는 문제점이 지적될 수 있다.

세 번째는 '체계적 준비'를 통한 접근 유형이다. 앞의 두 경우와는 달리 형식교육기관에서 체계적이고 전문적인 교육을 통해 준비된 인적자원개발 담당자를 양성하는 접근 방법이다. 가장 바람직한 접근 방법이라고 할 수 있으나, 이와 같은 체계적인 접근법에서도 인적자원개발에 대한 교육을 담당할 교수진이 아직 부족하고 현장의 빠른 변화를 형식교육기관이 따라잡지 못한다는 문제가 해결 과제로 남는다.

2) 인적자원개발 전문가의 육성

전 세계적인 무한 경쟁의 상황에서 지식과 창의력이 조직 경쟁력의 원천으로 인식되면서 조직들은 인적자원개발의 필요성을 강하게 느끼게 되었다. 이에 따라 조직 내 교육 또는 인적자원개발의 중요성이 크게 부각되고 있다. 또한 인적자원개발 업무의 전문화가 빠르게 진행되고 있다.

Spikes(1995)는 인적자원개발 전문가 양성을 위한 교육으로 3단계의 과정을 제시하였다. 1단계로는 학부 과정으로서 의사소통, 경영이론과 실습, 전산학, 문제해결과 의사결정, 학습이론, 프로그램 개발, 수업설계 실습 등의 다학문적 접근을 통해 기초 과정을 이수하는 것이 필요하다. 2단계 대학원 과정에서는 특정 영역과 현장 경험에 기초하여 조직개발, 성인학습, 컨설팅, 문제해결, 연구 방법론, 평가 기법 등을 학습하는 것이 필요하다. 마지막으로, 3단계 계속 학습과 연구의 과정은 현장에서 상당한 교육 운영, 관리 경험과 관련 학위를 가진 후 자기 스스로 학습하는 것이다. 인적자원개발에 대한 재점검, 재조정, 쇄신 등을 통해 새로운 영역을 개발할 수도 있다. 이런 과정은 단순히 대학 또는 대학원 교육이나 직장 내 경험만으로는 부족하고, 이론과 실무의 통합이 필요하다는 인식에 기초한다. 즉, 인적자원개발 전문가로 성장하기 위해서는 평생교육의 과정을 통해 그 전문성이 순환적으로 확대되어야 한다.

Kuchinke(2002)가 미국에서 인적자원개발 교육 프로그램을 분석한 결과에 따르면, 1,400여 개 대학에서 250여 종류의 관련 학위 과정과 자격증 과정이 운영되고 있었다. 등록 학생은 전일제 학생 1만 2,200여 명, 시간제 학생 1만 9,300여 명으로 추산되었다. 개설 과정의 형태는 석사·박사 학위 과정, 자격증 과정, 주말 과정, 고위자 과정 등 다양하였다.

다른 한편으로, 인적자원개발은 주로 교육대학원에서 가르치고 있었는데, 인적자원개발이라는 명칭 이외에도 직업교육, 성인교육, 교육공학 등 매우 다양한 이름의 프로그램으로 운영되고 있었다. 또한 여전히 교수설계와 방법, 평가, 성인학습이론, 요구분석 등과 같은 전통적인 내용이 교육과정의 주류를 이루는 반면, 조직학습, 전략적 인적자원개발, 국제문제, 노동력의 다양성, 변화 관리, 원격학습 같은 새로운 분야는 핵심적으로 다루어지지 않는 경향이 문제점으로 지적되었다. 이는 아직 인적자원개발이 학문적인 시작 단계에 있기 때문으로, 향후 사회적인 수요와 복합학문적인 특성을 반영하면서 차차 학문적 성숙과 전문적 실천성을 확보하는 분야로 발전할 것으로 기대할 수 있다(Fimbel, 2002).

전문가로서 역량을 드러내 보이는 가시적인 장치 가운데 하나는 자격증이다. 미국에서는 통용되는 인적자원개발 관련 자격증 가운데 대표적인 것으로 ATD의 APTD(Associate Professional in Talent Development)와 CPTD(Certified Professional in Talent Development)가 있다. APTD는 3년에서 5년 정도의 실무 경험을 가진 인재개발 전문가를 위한 자격증이다. APTD 자격증을 얻은 후 4년의 경력을 쌓아서 CPTD를 취득할 수 있다. CPTD는 적어도 5년 이상의 관련 경력이 필요하다. 이 두 자격증은 모두 앞서 살펴본 ATD의 인재개발능력모형에서 제시한 역량들에 기반을 둔 시험을 통과해야 한다.

자격증은 고객을 무자격자로부터 보호하는 동시에 자격제도를 통한 전문성 제고에도 기여할 수 있다. 따라서 역량을 갖춘 인적자원개발 담당자의 전문성을 보증하기 위해서는 자격제도가 필요하다. 인적자원개발 전문가들이 '누구이고, 무엇을 하며, 일터학습을 돕기 위해서는 어떤 수준의 전문성을 갖추어야 하는가'에 대해 확인할 수 있는 자격증이 필요하다(Rowden, 1996).

실제로 자격제도는 개인과 조직 그리고 학문의 세 가지 측면에서 인적자원개발에 중요한 기여를 할 수 있다. 첫째, 개인적 측면에서 볼 때, 필요한 지식과 기술을 달성할 수 있는 기회를 준다. 자기주도학습을 위한 노력을 하게 하고, 경력개발에도 유익하게 작용한다. 둘째, 조직의 측면에서도 자격증은 긍정적으로 작용한다. 인적자원개발 담당자가 자격증 소지를 통해 개인개발 및 전문성 신장의 의지를 표면화함으로써 조직 몰입도를 높이는 계기가 될 수 있다. 또한 인사부서는 더 효과적으로 적임자를 선발하고 배치할 수 있다. 그럼으로써 전문가에 의해 인적자원개발 업무가 수행될 수 있게 한다. 마지막으로 셋째, 학문 분야로서 인적자원개발은 자격제도를 통해 지속적으로 전문가와 경쟁력 있는 실천가를 육성할 수 있다(Ellinger, 1996). 결국 인적자원개발 분야의 자격증은 대중을 무자격자들로부터 보호하고, 인적자원개발 담당자의 전문성을 신장시키는 데 기여할 수 있다. 이와 동시에 자격증을 받은 인적자원개발 전문가들은 안정적으로 일자리를 확보하거나 업무를 수행할 수 있게 된다(Gilley, 1996).

전문자격제도가 가지는 여러 가지 강점에도 불구하고, 다음과 같은 부정적인 측면들도 고려되어야 한다. 첫째, 전문직의 질은 실천가들의 입문을 제한함으로써 향상될 수는 없다. 둘째, 인적자원개발 분야는 다양하고 복합적이며 변화가 빠르다. 또한 학문적으로도 매우 복합적이다. 어떤 한 기관이 전문직을 통제하고 규제하기에는 역부족일 수 있다. 따라서 셋째, 자격제도의 도입을 옹호하는 사람들과 그렇지 않은 사람들 간의 관점 차이와 다양한 분야 전문가들 사이의 전문성의 기준과 내용에 대한 입장의 차이 때문에 하나의 자격제도를 만들기는 현실적으로 매우 어렵다. 만약 여러 유형의 전문가들이 함께 모여서 하나의 자격제도를 설치하고자 합의하였더라도, 누가 어편 평가 기준을 만들지를 정하고, 적절하고 포괄적인 자격 준거를 개발하는 과정에서 원래 의도한 자격제도로부터 멀어질 가능성이 있다. 넷째, 인적자원개발 분야는 조직 내부에서 또는 비교적 자유로운 시장에서 고객들에 의해 평가를 받을 수 있는 분야다. 따라서 대중을 무자격자로부터 보호한다는 자격제도 본래의 목적을 실현해야 할 필요가 비교적 덜한 분야이기도 하다(Gilley, 1996).

전문성은 일반적으로 전문적 지식과 기술적 능력, 그리고 그런 능력을 갖추기 위한 전문적이고 체계적인 교육으로부터 나온다. 인적자원개발 분야도 마찬가지다. 인적자원개발 담당자에게 요구되는 능력은 앞에서 살펴보았다. 이런 역할을 수행할 수 있는 충분한 역량을 갖춘 전문가가 되기 위해서 인적자원개발 담당자는 일반적인 능력에 기초하여 교육학, 경영학, 공학, 산업조직학, 심리학 등 사회과학에 관한 전문적이며 실천적인 지식과 기술을 소유할 필요가 있다(Chalofsky, 1996; Mott, 1996). 인적자원개발 전문가로 성장하기 위해서는 다학문적 기초, 그리고 이론과 실천의 결합을 추구해야 한다.

3) 국내 인적자원개발 전문가 육성 프로그램

우리나라에서 인적자원개발 전문가를 양성하는 프로그램은 크게 두 가지 유형으로 구분된다. 하나는 형식교육기관에서 이루어지는 체계화된 교육 프로그램이며, 다른 하나는 학교제도 밖에서 이루어지는 비형식교육 프로그램이다.

먼저, 학교교육제도를 통해서 공식적으로 이루어지는 인적자원개발 전문가 양성 프로그램을 살펴보면 다음과 같다. 형식교육제도에서 인적자원개발 전문가를 양성하는 프로그램은 대학 수준과 대학원 수준으로 구분할 수 있다. 학부 수준에서 인적자원개발 전문가를 체계적으로 양성하기 위한 과정은 평생교육과정과 관련 전공학과를 들 수 있다.

평생교육과정은 평생교육기관에서 평생교육 업무를 수행할 '평생교육사'를 양성하기 위한 교육 프로그램이다. 이 과정을 이수한 사람은 국가로부터 평생교육사 자격을 받는다. 평생교육사의 직무는 평생교육 사업 및 프로그램을 조사, 분석하여 기획하고, 효과적으로 운영 및 지원하며, 프로그램을 개발하고, 교수법을 적용하며, 학습자에 대한 변화 촉진과 상담 및 컨설팅을 수행하고, 평생학습기관과 시설 간 네트워크를 구축하며, 평생학습 성과를 확산하는 것이다. 평생교육사 자격은 1, 2, 3급으로 구분된다. 자격증 취득을 위한 교육 프로그램은 대학, 학점은행기관 등 평생교육사 양성기관에서 운영하는 관련 과목을 이수하여 일정 학점 이상 취득하는 2급과 3급 양성과정과 일정 자격요건을 갖춘 평생교육사 자격증 소지자가 1급과 2급으로 승급하기 위해 이수하는 연수과정이 있다. 평생교육사 2급 자격증을 취득한 후 평생교육 관련 업무에 5년 이상 근무한 경력자가 1급 승급 과정을 이수하면 1급 자격증을 수여받을 수 있다(국가평생교육진흥원 홈페이지 https://lledu.nile.or.kr/info/about/).

전공 학과에서 인적자원개발 전문가를 양성하기 위한 교육을 제공하는 대학교도 있다. 전문대학과 일반대학에 설치된 평생교육 관련 학과들이 그것이다. 이 학과들에서는 평생교육 전문가와 교육자 등 교육계의 지도자를 양성하는 데 목표를 두고 교육한다. 여기서 평생교육 전문가는 기업 연수기관, 학교 밖 교육기관, 보육기관 등 각종 평생교육기관에서 교수자로서의 실제적인 역할을 수행함과 동시에 다양한 교육 프로그램을 분석, 기획, 관리, 평가함으로써 교육의 효과성과 효율성을 제공하는 사람을 의미한다. 교육공학과는 평생교육 또는 인적자원개발 전문가 양성을 위한 교육 목적만을 가진 것은 아니지만, 인적자원개발 프로그램 개발과 교수학습 방법에 관련된 실용적인 교육 프로그램을 운영하고 있다. 또한 전국의 많은 교육학과가 학교교육 위주의 교육 목적 아래에서도 인적자원개발과 직간접적으로 관련이 있는 교육과정을 일부 운영하고 있다.[4]

대학원 수준에서의 인적자원개발 전문가 양성은 일반대학원 교육 관련 학과, 인적자원개발 관련 전문대학원 그리고 특수대학원인 교육대학원 등에서 이루어지고 있다. 국내 일반대학원의 교육 관련 학과에서의 인적자원개발 전문가 양성 교육은 이론과 학문 중심의 접근을 하고 있다. 그러나 아직 전문성을 갖춘 교수의 부족 등으로 인해 소수의 대학을 제외하고는 인적자원개발 전문가 양성을 충실히 하고 있다고 보기는 어렵다.

반면, 전문대학원과 특수대학원은 더 실용적인 교육을 지향한다. 일반대학원이 전일제 학생을 대상으로 한 주간 수업을 기본 원칙으로 하는 반면, 전문대학원과 특수대학원은 직장 경력이 있거나 현직에 있는 학습자를 위한 현장 전문성 배양을 목적으로 한다. 이 대학원들은 학생들의 교육 참여 동기가 각기 다르기 때문에 수업계획 및 교육의 과정에서 학문 중심성과 실천 중심성 간 차이가 있을 것으로 판단된다. 전문대학원은 한국기술교육대학교에 설치되어 있고, 특수대학원의 인적자원개발 프로그램은 연세대학교 교육대학원이 이미 1970년대 말부터 운영하고 있으며, 그 밖에는 아직 극소수의 대학에서만 근래에 들어 운영하고 있다.

다른 한편으로, 인적자원개발 담당자를 양성하기 위한 비형식교육 프로그램이 다수 있다. 기업의 인적자원개발 담당자 또는 예비 담당자들을 대상으로 하는 '교육훈련 전문가 과정', '교육담당자 능력 개발 과정', 'HRD 컨설턴트 과정', '사내강사 양성 과정', '인적자원개발 지도사' 자격증 과정 등이 그것들이다. 이 프로그램들은 인적자원개발 담당자로서 기본적인 소양을 개발하는 기초 과정부터 전문적인 지식과 실용적인 기술을 제공하는 과정에 이르기까

---

4) 우리나라의 교육학과는 대부분 사범대학에 속해 있어서 학교교육을 담당하는 교사의 양성을 주요한 목적으로 교육을 실시하고 있다. 학교 밖 사회 각 분야의 교육 전문가 양성을 중요한 목표로 삼고 있는 연세대학교 교육학부 등 소수의 대학을 제외하고는 사범대학이 아닌 일반대학의 교육학과조차 대체로 그러한 경향을 보이고 있다.

지 매우 다양하다. 교육 기간은 하루 또는 며칠 만에 이루어지는 단기 과정이 많지만 수개월에 걸친 전문가 양성 과정도 있다.

지금까지 개관하였듯이 우리나라에는 여러 가지 형태의 인적자원개발 전문가 양성 프로그램이 존재한다. 그러나 아직 인적자원개발 전문가 양성교육은 그 체계성과 전문성이 미흡한 실정이다. 정규 대학 또는 대학원 교육에서는 전공 교수의 부족 등으로 인적자원개발 전문가를 체계적으로 양성할 수 있는 준비가 아직 덜 갖추어져 있는 상태로 보인다. 또한 비형식교육 프로그램에서는 체계적인 전문가 양성보다는 단기적인 효과를 거두기 위한 인적자원개발 기법을 전수하는 데에만 치중하는 경향이 있다.

3. 인적자원개발 담당자의 과제

1) 인적자원개발 담당자의 전문성

인적자원개발 담당자의 역할은 점차 폭넓어지고 있고, 그 전문성은 더욱 강화되고 있다. 조직의 가장 중요한 경쟁력의 기반은 인적자원에 있기 때문에 인적자원개발 담당자가 감당해야 할 몫은 그만큼 커지고 있는 것이다. 이에 따라 인적자원개발 담당자는 전문적인 능력을 갖추어 인적자원개발이 조직 구성원의 성장과 조직의 발전에 기여할 수 있도록 필수적인 역할을 수행해야 한다.

인적자원개발 담당자는 전통적으로 주어졌던 역할에만 안주할 수 없다. 일터에서 폭넓게 이루어지는 학습과 조직의 가치를 바라보아야 한다. 핵심역량을 키우는 동시에 새로운 역할을 끊임없이 찾아 나가야 한다. 이를 위해서는 먼저 조직 내 학습 촉진자로서의 역할을 더 폭넓고 깊게 수행하여야 한다. 단순히 훈련 프로그램의 운영이나 업무처리를 넘어서 조직 내에 흩어져 있는 학습 자원에 대한 관리를 책임지는 리더십을 발휘해야 한다. 일터에서 이루어지는 다양한 형태의 학습 현상을 탐지하고 지원할 수 있어야 한다. 모든 구성원이 학습하는 문화와 구조를 창출하는 역할을 해야 한다. 학습을 촉진할 수 있도록 조직 전체를 설계하고 구조화함으로써 학습조직을 구축할 수 있어야 한다. 이런 가운데 모든 조직 구성원이 학습하고 성장할 수 있게 된다. 인적자원개발 담당자는 전통적인 훈련의 과정을 통해서뿐만 아니라 구성원 각자가 자신의 일을 통해서 학습하도록 촉진하는 역할을 해야 한다.

또 더 나아가 현장 관리자들과의 학습 협력 관계를 창출해야 한다. 그들은 부서 내에서 구성원들의 업무수행과 성과를 책임지고 있다. 인적자원개발 담당자는 현장 관리자들이 단순한 통제자로서가 아니라 업무 코치이자 멘토로서 기능할 수 있도록 지원해야 한다. 이를 통해 일터에서의 학습과 성과가 함께 나타나도록 해야 한다. 이런 점에서 인적자원개발은 단지 인적자원개발 담당자에게만 한정된 것은 아니다. 구성원 개인과 관리자의 긴밀한 협력 관계를 통해 인적자원개발 활동이 이루어져야 한다. 그럼에도 불구하고 인적자원개발 담당자는 이를 위해 중심적인 역할을 수행해야 한다.

이런 모든 일을 잘 수행하기 위해서 인적자원개발 담당자는 전문성을 갖추어야 한다. 이와 함께 계속적인 자기개발도 해야 하는데, 빠르게 변화하는 상황 속에서 스스로 끊임없이 성장해야 하기 때문이다. 실천 연구자로서 현장의 문제를 해결하고 개선할 수 있는 능력과 자세를 갖추어야 한다. 교육에 대한 전문성뿐만 아니라 근래에 강조되는 인적성과공학자나 경영의 전략적 동반자로서의 역할까지 수행하려면 인적자원개발 담당자는 만능인이 되어야 할지도 모른다.

결국, 인적자원개발 담당자는 주어진 역할을 감당할 수 있는 역량을 갖추는 것을 넘어서 이를 최대한 발휘할 수 있는 전문가가 되어야 한다. 역량(competency)이 직무를 수행할 수 있는 최소한의 능력으로서 현상을 유지하기 위한 만족스러운 상태인 반면, 전문성(expertise)은 최상의 능력으로서 변화를 만들어 낼 수 있는 뛰어난 상태를 말한다(Swanson & Holton, 2001).

2) 전문성을 넘어 장인성으로

인적자원개발 담당자가 무엇보다 가장 중요하게 명심해야 할 것은 바로 인간에 대한 사랑과 그들의 성장 가능성에 대한 믿음이다. 아무리 변화하는 환경 속에 놓여 있다고 할지라도 인적자원개발이 절대로 포기할 수 없는 가치다. 인적자원개발은 그런 사랑과 믿음이 기본적인 전제가 될 때에야 비로소 가능하다.

이런 점에서 인적자원개발 담당자는 전문성을 넘어서 '장인성(masterity)'을 추구해야 한다(장원섭, 2015). 인적자원개발 담당자는 다른 사람의 역량, 전문성 그리고 장인성을 형성할 뿐만 아니라 자기 자신의 장인성 수준도 끊임없이 높여 가는 사람이어야 한다. 장인성은 자신의 일을 잘할 수 있는 능력을 최고 수준에서 갖춘 상태라는 점에서는 전문성 개념과 유사하다. 그렇지만 전문성이 일의 수행과 성과(performance)에 초점을 둔다면 장인성은 일의 본질과 참다움에 대한 지속적인 고민과 노력을 중시한다는 점에서 일의 의미와 가치를 더욱 지향한다. 전문성이 관찰 가능한 지식, 경험, 문제해결 능력 등과 같은 개인의 인지적 요소들에 집중하는 데 더해 장인성은 비가시적인 가치 요소들을 함께 주목한다.

장인성은 종착적 개념이라기보다는 끝없이 개발되는 유동적 개념이다. 실제로 한 분야에서 장인이라고 여겨지는 사람은 일과 배움의 영역과 목표를 개인 차원에서 사회적 차원으로 넓히고 나눔과 세대 잇기를 위해 노력한다. 이러한 정의적이고 가치적인 부분은 인지적 차원에서의 전문성 논의를 넘어서 바람직한 일과 배움의 방향을 제시한다. 일하는 누구나 자신의 분야에서 숙련인 또는 전문가가 되기를 요구하는 시대에 장인성은 더욱 구체적으로 어떠한 숙련인 또는 전문가가 되어야 하는지, 왜 그런 숙련인 또는 전문가가 되어야 하는지에 관한 방향성과 당위성을 생생하게 드러낸다. 장인성을 갖춘 사람은 자신의 일에 몰입하고 최선을 다하는 데에서 그치는 것이 아니라, 자신의 주변을 배려하고 자신이 속한 일의 세계를 돌보기 위해 시간과 노력을 아끼지 않는다. 더 나아가 자신이 속한 일의 세계가 참된 방향성을 가질 수 있도록 변화시켜 나간다. 자신의 분야에서 성장하고 배우며, 자신의 일과 세계에 대한 본질적인 관계를 추구하고, 이를 후세에까지 잇기 위해 노력한다. 이를 통해 참다운 보살핌을 실천한다(장원섭, 2015).

인적자원개발 담당자는 다른 사람의 성장을 돕는 인적자원개발 고유의 가치를 일터 현장에서 실현하는 사람이다. 이런 점에서 그들의 일 자체가 장인성과 뗄 수 없는 필연적인 관련성을 갖는다. 따라서 인적자원개발 담당자는 자신의 일에 대한 끊임없는 성찰과 배움의 넓힘과 베풂을 통해 진정한 장인으로 성장하여야 할 것이다.

제13장

국가 차원의 인적자원개발

우리나라의 경제개발과 건설을 보다 더 촉진하기 위해서 해야 할 가장 중요한 문제가 하나 있습니다. 그것은 우수한 기술 인력을 많이 개발해야 되겠다는 것입니다.

−박정희 대통령 연두 기자 회견(1976. 1. 15.)

세계화 · 정보화시대에 적응해 나가기 위해서도 효과적인 인적자원의 개발이 무엇보다 시급합니다.

−김영삼 대통령 APEC 인력장관회의 환영사(1997. 9. 25.)

교육부 장관을 부총리로 승격시켜 교육 · 훈련, 문화 · 관광, 과학, 정보 등 인력개발정책을 종합적으로 관장하도록 하고자 합니다.

−김대중 대통령 새천년 신년사(2000. 1. 3.)

한국만큼 인적자원의 중요성이 강조되는 나라도 드물 것입니다. 자원과 자본, 그 어느 것 하나 없이 세계 10위권의 경제로 도약할 수 있었던 힘은 높은 교육열과 우수한 인적자원에 있습니다.

−노무현 대통령 제1회 글로벌 인적자원 포럼 축하 메시지(2006. 11. 8.)

대한민국의 선진화는 얼마나 훌륭한 인재를 얼마나 많이 확보하느냐에 달려 있습니다.

−이명박 대통령 취임사(2008. 2. 25.)

창조경제는 사람이 핵심입니다. 이제 한 사람의 개인이 국가의 가치를 높이고, 경제를 살려 낼 수 있는 시대입니다.

−박근혜 대통령 취임사(2013. 2. 25.)

디지털시대, 그린 혁명 시대로의 성공적인 전환을 위해 사람 투자를 확대하겠습니다.

−문재인 대통령 21대 국회 개원 연설(2020. 7. 16.)

전 지구적인 경쟁이 가속화되는 가운데 발전과 번영을 위한 국가적 차원의 노력이 강화되고 있다. 이런 가운데 인적자원개발은 국가의 경쟁력 제고를 위한 가장 중요한 기반이며 전략이 된다. 이 장에서는 인적자원개발을 국가 차원에서 논의한다. 먼저, 인적자원개발에 있어서 정부 개입과 시장 접근법을 검토하고, 국가인적자원개발이라는 새로운 정책적 접근법의 의미와 전개 과정을 살펴본다. 또한 인적자원개발과 관련한 국가정책의 사례를 검토한다. 마지막으로, 국가 차원의 인적자원개발을 전망한다.

1. 인적자원개발에서 정부 개입과 시장 접근법

인적자원개발을 시장에 맡겨 둘 것인지, 아니면 정부가 적극적으로 개입할 것인지의 문제는 오랫동안 논란거리였다. 그것은 인적자원개발의 효율성과 형평성의 딜레마에 관한 문제다. 또한 인적자원개발의 세 주체인 기업과 근로자 그리고 정부의 역할에 대한 문제이기도 하다(Hyman, 1992).

시장 접근법(market approach)은 민간 부문의 유연성과 창의성, 그리고 고객의 자유로운 선택권을 기반으로 한다. 빠르게 변화하는 경제사회적 환경에서 이런 요인들은 인적자원개발을 위해 매우 중요하다. 그러나 인적자원개발에서 초기투자비용이나 실험실습을 위한 시설 등과 같이 고정비용이 과다하고, 그에 대한 투자회수가 불확실할 경우에는 민간의 투자를 기대하기 힘들다. 더군다나 중소기업은 대기업에 비해 인적자원개발에 투자할 여력이 더 없기 때문에 인적자원개발에서 부익부 빈익빈의 악순환을 초래할 가능성이 크다. 또한 인적자원개발이 외부 효과(externality)를 크게 초래할 경우 민간 기업의 인적자원개발에 대한 투자는 줄어들 수밖에 없다. 실제로 기업들은 자기 회사가 투자한 인적자원개발의 이익을 자기 회사만 누리기를 바란다. 따라서 기업은 범용적으로 적용될 수 있는 '일반적인 교육'이 아니라 자사에만 해당하는 '기업 특수적 훈련'을 선호한다(백일우, 2007). 근로자 개인의 장기적인 학습이나 경력개발을 위한 교육보다는 즉각적인 생산성과 성과를 낳을 수 있는 훈련을 원한다. 다시 말하면, 기업은 조직 구성원 개개인의 장기적인 성장에 대한 관심을 가지는 것이 아니라 단기적인 이해관계에 따라 인적자원개발에 투자하려는 경향을 갖는다.

결국 시장 접근법에서 강조하는 민간의 자발성에 기초한 유연성과 창의성은 필요하지만, 그것은 인적자원개발 인프라 구축, 평등성, 장기적 투자 등에서 시장 실패를 낳을 수 있다. 이런 시장 실패의 요인은 인적자원개발에서 정부 개입(governmental intervention)의 근거가 된다. 실제로, 정부는 법으로 강제하거나 세금 또는 기금 등을 통해 인적자원개발에 투자함으로써 이런 문제를 해결하고자 한다. 앞서 제2장에서 살펴본 우리나라의 직업훈련정책이 이를 잘 보여 주는 사례다.

그러나 정부 개입은 정부 실패(government failure)를 낳을 수 있다. 예를 들어, 인적자원개발에서 관료화를 초래하여 창의성과 자율성을 저해할 수 있다. 관료주의는 또 다른 차원에서 단기적이고 가시적인 성과를 부추길 수도 있다. 예를 들어, 인적자원개발 담당 공무원이 자신의 공적을 위해 단기적인 차원에서 정책을 시행할 수 있고, 무사안일하게 눈에 보이는 확실한 근거만을 가지고 행정 업무를 처리할 수도 있다. 또는 정부의 권력이 커짐에 따라 부정이나 위법 행위를 하는 경우가 생길 수도 있다. 이런 모든 경우에 인적자원개발은 비효율적이고 부정적인 결과를 초래하게 된다.

현실에서는 순수하게 시장 접근법이나 정부 개입 접근법 중 어느 한 가지만을 취하는 경우는 없다. 두 가지 접근법 사이의 절충만이 있을 뿐이다. 다만 어느 접근법에 더 큰 비중을 두는가의 문제는 있다. 대체로 미국이나 영국 같은 국가는 시장 접근법을, 독일이나 프랑스 등은 정부 개입 접근법의 전통

을 더 강하게 가지고 있다. 제2장에서 살펴보았듯이, 우리나라는 인적자원개
발을 하는 데 정부의 관리와 통제가 컸으나 정권에 따라서 시장 접근법을 더
강조하기도 했다.

결국 시장 접근법과 정부 개입 접근법을 절충하는 적정 수준에 대한 정답
은 없다. 각 국가가 가지고 있는 역사와 문화, 경제사회적 조건, 미래 전략 등
에 따라 달라질 뿐이다. 하지만 인적자원이 조직과 개인뿐만 아니라 국가적
인 차원에서도 생존과 발전을 위한 필수불가결한 조건이기 때문에, 민간과
국가의 역할 분담을 통해 시장 실패와 정부 실패의 문제를 동시에 극복하여
야 한다. 인적자원개발에서 정부 개입은 시장의 유연성과 창의성을 저해하
지 않고 더 큰 투자를 촉진하는 동시에, 인적자원개발의 공공 인프라 구축,
취약계층의 교육 지원 등 장기적으로 지속 가능한 성장을 위한 기반을 마련
하는 방향으로 이루어져야 할 것이다.

2. 국가인적자원개발의 전개

1) 국가인적자원개발의 개념

국가 차원에서 인적자원개발의 중요성이 크게 부상하는 가운데, 국가는 인
적자원개발에 더 강하게 또는 더 종합적으로 개입하는 방식을 취하고 있다.
그런 개입의 정점에 국가인적자원개발이 있다.

이 책에서 지금까지 살펴보았듯이, 인적자원개발은 원래 주로 기업 또는
조직에서 사용하는 개념이었다. 그러나 근래 들어 그것을 국가와 지역 차원
으로까지 확대하여 적용하기도 한다. 이 경우에 인적자원개발이라는 용어는
매우 폭넓게 사용된다. 인적자원개발의 핵심 개념인 인적자원을 기업이나
기관으로 제한하지 않고 국가와 사회 차원에서 접근한다. 예를 들면, 기업의

구성원으로서 직원들의 교육을 말할 수 있듯이, 지역 차원에서 지역 주민의 학습을 도모하거나, 국가 차원에서 국가의 구성원인 국민의 능력을 신장시키는 활동을 인적자원개발이라는 용어로 표현하기도 한다.

국가 차원에서의 인적자원개발은 근래에 우리나라에서 크게 확산된 개념이다. 2000년대에 들어 국가 차원의 인적자원개발정책이 부각되면서 '국가인적자원개발(National Human Resource Development: NHRD)'이라는 용어가 탄생했다. 이에 따라 「인적자원개발기본법」(2002)에서는 인적자원을 "국가·사회 발전과 국민 개개인의 삶의 질 향상에 필요한 지식·기술·태도 등 가치 있는 능력과 품성"이라고 정의하고, 국가인적자원개발은 "국가 및 지방자치단체가 인적자원을 양성·배분 및 활용하기 위하여 행하는 모든 제반 활동"이라고 개념화하였다. 여기서 인적자원개발은 산업사회, 특히 경제개발계획 시기에 강조되었던 노동력의 양적인 투입 개념으로서 '인력개발'과는 구분된다. 즉, 이제는 물적 자원이나 노동력보다는 지식과 사람들 사이의 관계와 같은 질적인 측면이 더욱더 중요하다는 점을 강조하는 개념으로서 인적자원을 사용하였다.

우리나라에서 발명한 국가인적자원개발이라는 용어는 국제적으로 받아들여지기도 한다. 예를 들어, McLean(2006)은 "국가인적자원개발(NHRD)은 정부가 국가 전체적으로 인간 개발과 관련한 모든 활동을 조정함으로써 국민의 효율성과 효과성, 경쟁력, 만족도, 생산성, 지식, 정신 및 복지를 증진하는 것이다. 그것은 교육, 건강, 안전, 훈련, 경제개발, 문화, 과학기술 등 인간 개발과 관련한 모든 요인을 포함한다."라고 정의하였다.

하지만 원래 조직 차원에서 발생한 인적자원개발을 국가 차원으로 확대한 것이 타당한가의 문제와 국가인적자원개발의 정의가 개념 정의로서 올바른가의 문제는 여전히 남아 있다(McLean, Lynham, Azevedo, Lawrence, & Nafukho, 2008; Wang & Swanson, 2008). 실제로, 국가 차원에서 국가인적자원개발이라는 용어를 통해 인적자원개발을 정의하는 것은 정책상 필요에 의해 생겨났다. 이에 따라 정부의 정책 방향이 바뀌면서 그 용어 자체도 변경되었다. 우리나라에서는 이명박 정부가 국가인적자원개발이라는 용어 대신 국가인재개발이라는 용어를 사용하였다. 또한 지금까지 제시된 여러 국가인적자원개발의 정의는 개념적으로 상당히 엄밀하지 못한 것도 사실이다.

그럼에도 조직의 개념을 어떻게 정의하느냐에 따라 인적자원개발의 개념역시 확장될 여지는 있다. 또한 인적자원개발을 하나의 관점으로 여기고 그적용 범위를 확대할 경우, 그것은 다양한 영역과 내용을 가지고 포괄하는 범위를 넓혀 갈 수도 있을 것이다.[1]

2) 국가인적자원개발의 전개 과정

기업교육과 동의어로 간주되던 인적자원개발 개념이 국가 차원에서 본격적으로 차용되기 시작한 것은 인적자원개발을 총괄하는 부총리제를 도입하겠다고 선언한 김대중 대통령의 2000년 신년사 이후부터라고 할 수 있다. 당시 김대중 대통령은 국가 차원의 총체적이고 종합적 접근으로서 인적자원개발을 강조하였다. 이에 따라 2000년 한 해 동안에는 국가 차원의 인적자원개발의 정당성을 확인하는 작업이 활발히 이루어졌다. 그것은 먼저 경제사회적 환경 변화와 국가경쟁력 제고에서 찾을 수 있었다. 지식 기반 경제로의 이행, 사회문화적 패러다임의 변화 그리고 노동시장의 변화가 인적자원개발에 대한 시대적 요구를 촉발하였고, 국가의 경쟁력 제고를 위해 인적자원개발은

---

1) 제2장에서 살펴보았듯이, 인적자원개발은 교육학, 경영학, 경제학, 사회학 등과 같은 다양한 학문적 근원을 가지고 있다(McLean & McLean, 2001; Watkins, 1991). 이와 더불어, 그 개념의 범위와 차원도 계속해서 진화하고 있기 때문에 다의적으로 해석되고 있다. 더군다나 인적자원개발은 그 학문적 역사가 짧다. 인적자원개발은 1970년대에 접어들면서 비로소 개념화되었다. 따라서 인적자원개발이란 도대체 무엇인가라는 의문은 여전히 남아 있어서 계속 탐구해야 할 문제일 것이다.

국가 정책의 우선순위로 부상하였다.

또 다른 당위성은 인적자원개발정책 추진의 효율화였다. 교육, 훈련 등 인적자원개발정책과 업무의 부처 간 중복 및 연계 부족은 비효율성의 문제를 낳았다. 게다가 이미 여러 선진국이 시대적 변화에 빠르게 부응하면서 효율적인 인적자원개발을 위한 행정 조직의 신설 또는 통합을 이루고 있었다. 예를 들어, 영국은 교육부와 노동부를 통합하여 1995년 교육고용부(Department for Education and Employment)를 신설하였고, 2001년에는 이를 교육기술부(Department for Education and Skills)로 개편하였다. 프랑스는 1997년 국가교육연구기술부를 설치하였다. 호주는 1991년부터 교육훈련청소년부(Department of Education, Training and Youth Affairs)를 두고 있었다. 캐나다와 싱가포르는 각각 1993년 인적자원개발부(Human Resource Development Canada)와 1998년 인력부(Ministry of Manpower)를 설치하였다.

우리나라에서는 2000년 이후 인적자원개발정책의 추진 체계를 수립하기 위한 기초 작업들이 숨 가쁘게 이루어졌다. 2000년 3월 교육부장관이 의장이 되고, 관련 부처의 장관들이 참여하는 '인적자원개발회의'를 구성하여 인적자원개발 관련 의제를 논의하였다. 2000년 9월에는 대통령자문 '새교육공동체위원회'가 '교육인적자원정책위원회'로 새롭게 출범하였다. 이미 교육부에서는 인적자원개발특별작업팀이 구성되어 교육부총리의 필요성과 역할, 법적 권한, 인적자원개발 관련 주요 정책의제와 실국별 신규 업무, 주요국의 인적자원개발 사례 등을 연구하였다. 또한 국가 차원으로 인적자원개발의 개념과 범위, 추진과제를 연구하고 지원하였다.

이런 과정을 거치는 동안에 '국가인적자원개발(National Human Resource Development: NHRD)'이라는 신조어가 만들어졌다. 이 개념은 통상 일반 기업체 등의 민간 부문에서 사용하는 인적자원개발(HRD)과 구분하여 국가 차원의 거시적 인적자원개발정책을 강조하는 의미에서 사용되었다. NHRD는 조직 차원의 접근법을 확대하여 국가 차원에서 기초 능력, 기술력, 정보력,

도덕적 성숙 등 인간의 여러 가지 능력과 품성을 갖춘 인적자원의 효율적 개발과 활용을 위한 국가적·사회적 제반 노력을 통칭한 개념이었다.

　1년여 간의 논란과 준비 과정을 거쳐 2001년 1월에 비로소 교육부를 교육인적자원부로 개편하고 교육부총리제도를 도입하였다. 그 이후 국가인적자원개발에 관한 법적인 체제를 정비하고 제도적인 근거를 마련하기 위하여 「인적자원개발기본법」(2002년 8월 26일 통과, 2003년 2월 27일 시행)을 제정하였다. 이 법은 국가인적자원개발 기본계획, 국가인적자원개발회의, 국가인적자원개발지원센터 등에 관해 규정하였다. 이에 따라 이전부터 운영되었던 정부의 국가인적자원개발회의(교육인적자원부장관이 의장)가 법적 효력을 가지고 작동하게 되었다. 또한 국가인적자원개발지원센터가 한국직업능력개발원에 지정되었다. 정부출연연구소 협의체를 구성하고 여러 연구개발사업을 하여 국가인적자원개발회의와 정부의 국가인적자원개발 업무를 지원하였다.

　2001년과 2006년에는 국가 수준에서 체계적인 인적자원개발을 위해 국가인적자원개발기본계획도 수립하였다. '사람, 지식, 그리고 도약: 인적자원개발기본계획(2001~2005)'이라는 명칭으로 제1차 기본계획을 수립하였다. 기본계획은 '경쟁력 있는 국민, 서로 신뢰하는 사회'를 정책 비전으로 하여 2005년까지 세계 10위권의 인적자원 강국으로 도약하는 것을 목표로 설정하였다. 이를 위해 국가가 추진할 과제로 4대 영역의 16개 분야를 제시하였다. 첫째, '전 국민의 기본 역량 강화'를 위해서 국민기초교육의 보장, 진취적·창의적 청소년문화 육성, 평생학습 활성화, 취약계층 능력 개발지원, 사회적 신뢰 구축과 시민의식 제고의 과제를 설정하였다. 둘째, '성장을 위한 지식과 인력개발'을 위해서는 우수 인재 발굴·육성, 국가 전략 분야 인력 양성, 산학연 협력 강화, 서비스산업 분야 인적자원개발, 문화예술 전문인력 양성을 제시하였다. 셋째, '국가 인적자원 활용 및 관리의 고도화'는 공직 부문 인적자원 전문성 제고, 민간 부문 인적자원 활용 개선, 여성 인적자원 활용도

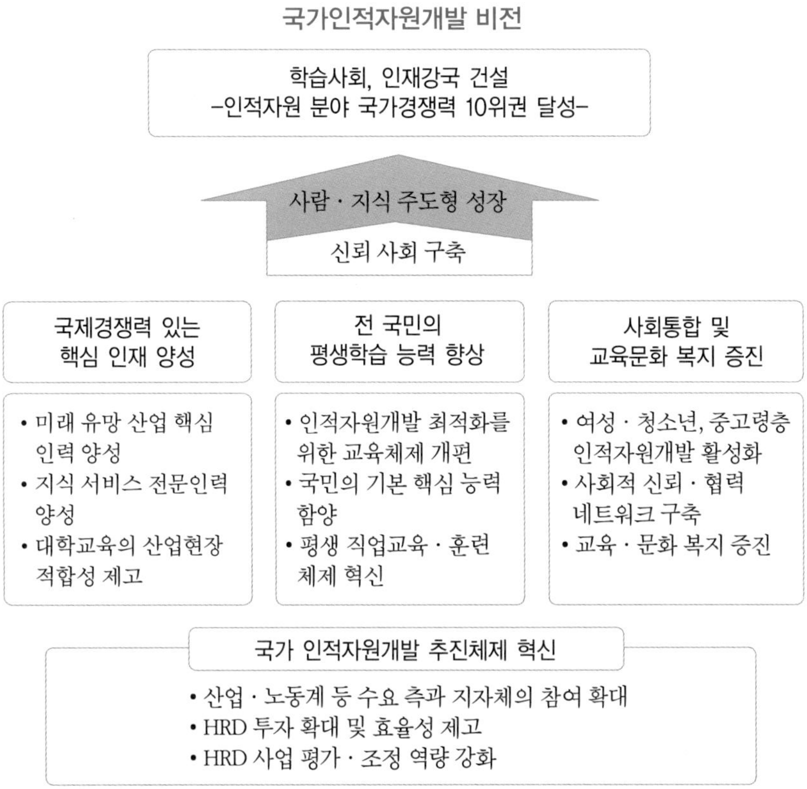

국가인적자원개발 비전

학습사회, 인재강국 건설
-인적자원 분야 국가경쟁력 10위권 달성-

사람·지식 주도형 성장
신뢰 사회 구축

국제경쟁력 있는 핵심 인재 양성	전 국민의 평생학습 능력 향상	사회통합 및 교육문화 복지 증진
• 미래 유망 산업 핵심 　인력 양성 • 지식 서비스 전문인력 　양성 • 대학교육의 산업현장 　적합성 제고	• 인적자원개발 최적화를 　위한 교육체제 개편 • 국민의 기본 핵심 능력 　함양 • 평생 직업교육·훈련 　체제 혁신	• 여성·청소년, 중고령층 　인적자원개발 활성화 • 사회적 신뢰·협력 　네트워크 구축 • 교육·문화 복지 증진

국가 인적자원개발 추진체제 혁신

• 산업·노동계 등 수요 측과 지자체의 참여 확대
• HRD 투자 확대 및 효율성 제고
• HRD 사업 평가·조정 역량 강화

그림 13-1   제2차 국가인적자원개발 기본계획(2006~2010)

제고를 통해 달성하고자 하였다. 넷째, '국가인적자원 인프라 구축'을 위해
서 인적자원 정보 인프라 구축, 지식유통체제 혁신, 인적자원정책 역량강화
를 제시하였다. 제2차 기본계획(2006~2010)은 1차 기본계획의 연장선상에서
'국제경쟁력 있는 핵심 인재 양성' '전 국민의 평생학습 능력 향상' '사회통합
및 교육 문화 복지 증진' 그리고 '인적자원개발 인프라 확충'의 4대 영역으로
구성하였다(교육인적자원부, 한국직업능력개발원, 2006).

　2007년에는 「인적자원개발기본법」을 개정하여 대통령을 위원장으로 하는
'국가인적자원위원회'를 발족하고, 이를 뒷받침할 범정부적인 차원의 '인적
자원정책본부'를 설치하였다. 이를 통해 정부가 인적자원개발을 얼마나 강조

하고 강력하게 추진할 의지가 있었는지를 알 수 있다. 그러나 여전히 국가인 적자원개발은 여러 측면에서 다음과 같은 문제점을 내포하고 있었다.

첫째, 정책 수립과 집행에서의 실효성 문제다. 부총리제도에 기초한 우리 나라만의 모형이 과연 잘 작동하였는지는 의문이다. 교육인적자원부의 인적 자원개발정책과 업무가 정착되었다거나, 부처 간의 연계와 협력에 의해 정책 수립과 집행이 효율적으로 이루어졌다는 증거를 발견하기는 어렵다.

둘째, 인적자원개발에서의 정부 개입의 문제다. 앞서 살펴보았듯이 인적 자원개발에 관한 시장 접근과 정부 개입의 문제는 이미 오래전부터, 그리고 세계적으로 논란이 있어 왔다. 우리나라의 국가인적자원개발은 이 두 가지 접근법을 상당히 혼재하고 있었다. 기본계획을 수립하는 등 겉으로 보기에 는 정부가 크게 개입하는 것 같지만, 그 내용에서는 기본적으로 시장 접근법 을 취한다고 천명하였다. 그럼에도 여전히 우리나라 정부는 강력한 권력을 가지고 관료적인 통제를 하는 경향을 보이기도 하였다.

이런 문제점과 더불어 정권의 교체는 국가 차원의 인적자원개발을 크게 변화시켰다. 예를 들어, 2008년에 출범한 이명박 정부는 국가인적자원개발 이라는 용어를 사용하지 않았다. 인적자원을 인재라는 용어로 모두 바꾸었 다. 실제로 지역인적자원개발이나 인적자원개발 우수기관 등은 지역인재개 발, 인재개발 우수기관으로 명칭을 변경하였다. 뿐만 아니라, 이전 정부에서 추진하였던 주요한 국가 인적자원개발정책과 사업들을 대부분 폐기하였다. 「인적자원개발기본법」과 국가인적자원개발 기본계획이 사실상 사문화되었 고, 국가인적자원위원회와 추진본부는 해체되었다. 국가인적자원개발 조 사 · 분석 · 평가 사업 등 여러 사업도 중단되었다.

이명박 정부의 이런 조치들은 두 가지로 해석할 수 있다. 하나는 국가인적 자원개발의 약화다. 실제로, 국가 차원의 인적자원개발을 위한 강력한 기반 과 구조들이 사라졌다. 통합적이고 체계적인 정책적 틀의 상실은 인적자원 개발 기능의 전체적인 조정과 효율화를 후퇴시켰다.

그러나 다른 한편으로 국가인적자원개발이라는 용어는 단순히 정책의 이름이므로, 새로운 정권에서 새로운 명칭과 다른 관점에서의 인적자원개발 정책 추진이라고 볼 수도 있다. 실제로, 인적자원이라는 용어를 인재라는 용어로 대체하였다. 그러면서 이명박 정부도 인재대국을 5대 국정과제의 하나로 설정하였다. 다만 기존의 형평성 중심의 인적자원개발을 더 시장 중심의 인재정책으로 변화시켰다.

박근혜 정부가 들어선 이후에 이와 같은 명칭의 변경은 또다시 이루어졌다. 2013년부터 인적자원개발과 관련한 국가 정책들은 인재라는 용어가 아니라 인적자원이라는 본래의 용어를 회복하였다. 사회부총리제를 도입하여 새롭게 국가 수준의 인적자원개발정책을 총괄하려고 하였다(김형만, 장원섭, 황승록, 2014).

2017년 출범한 문재인 정부 역시 사회부총리제도를 이어받았다. 그러나 교육부장관이 의장이 되는 사회관계장관회의에서는 교육, 문화, 복지 같은 사회정책을 조정하는 데 중점을 두어 국가 인적자원개발정책은 축소되었다. 또한 사람 중심 경제, 포용 국가 실현 등과 같은 국가 정책 기조에도 불구하고 인적자원개발에 대한 범정부 차원의 관심이 약화되었다. 제2차 국가인적자원개발 기본계획 수립 이후에는 국가 차원의 인적자원개발 계획도 수립하지 않고 있다. 결국, 국가 차원의 인적자원개발을 총괄, 조정하는 정책은 사실상 폐기됐고, 각 부처가 개별적으로 관할 업무를 수행하는 것으로 축소되었다. 고용노동부가 수립한 제3차 직업능력개발 기본계획(2018~2022), 교육부의 제4차 평생교육진흥 기본계획(2018~2022), 과학기술정보통신부의 제4차 과학기술 기본계획(2018~2022) 등을 통한 인적자원개발정책이 그것들이다. [그림 13-1]의 국가인적자원개발 기본계획과 [그림 13-2]의 직업능력개발 기본계획을 비교해 보면 그 비전과 정책 내용이 포괄하는 범위가 얼마나 큰 차이가 있는지를 쉽게 발견할 수 있다.

국가인적자원개발이라는 용어는 우리나라에서 만들어졌고, 외국에서도

비전	미래를 선도하는 인력 양성을 통한 사람 · 노동 중심 사회 구현
목표	4차 산업혁명에 대비한 직업능력개발 시스템 혁신 포용과 통합을 위한 전 국민 평생직업능력개발 활성화

4차 산업혁명 직업훈련 생태계 조성	포용과 사회통합의 직업능력개발	평생 직업능력개발 활성화 기반 구축	직업능력개발 인프라 거버넌스 혁신
1. 스마트 직업훈련 생태계 구축 2. 신산업 신기술 분야 훈련 확대 3. 미래사회 변화 적응 능력 제고 4. 숙련과 자격체계 최신화	1. 중소기업 노동자 훈련 참여 활성화 2. 직업훈련의 사회안전망 기능 강화 3. 실력 중시 기술우대 사회기반 조성 4. 글로벌화와 인력 이동 대응	1. 개인 주도형 HRD 서비스 구현 2. 직업교육–직업훈련 연계 강화 3. 청년층 숙련 강화 기회 확대 4. 전 국민 평생직업능력 개발체제	1. 공공직업훈련 전달체계 위상 정립 2. 건실한 민간훈련시장 육성 3. 훈련 교 · 강사 역량 향상 4. 직업훈련 거버넌스 강화 · 확충

그림 13-2　제3차 직업능력개발 기본계획(2018~2022)

일부 받아들여졌다(McLean, 2006). 그러나 여전히 개념적 · 학문적 타당성과 정책적 유효성에 대한 논쟁거리가 되기도 한다(McLean et al., 2008; Wang & Swanson, 2008; Roh, Ryu, & McLean, 2020). 사실 이명박 정부에서도 국가인적 자원개발 대신 국가인재개발이라는 명칭을 사용했지만, 영어 명칭은 NHRD 였다. 이 개념이 정책적으로뿐만 아니라 학문적으로 어떻게 평가될지, 그리고 앞으로 어떻게 발전할지는 계속 지켜볼 일이다.

3. 국가 차원의 인적자원개발정책 사례

국가 차원에서 이루어지는 인적자원개발정책 또는 지원사업은 많이 있다. 앞서 살펴본 국가 차원의 인적자원개발 관련 기본계획들은 그것을 망라해서 보여 준다. 그러나 인적자원개발과 관련한 국가정책은 국가인적자원개발이라는 용어가 만들어지기 훨씬 이전부터 존재했고, 지금도 여전히 강조되고 있다. 이 절에서는 인적자원개발 관련 국가정책을 예시적으로 살펴본다. 중소기업 근로자 직업능력개발제도, 인재개발 우수기관 인증제도, 지역 인적자원개발 정책, 국가직무능력표준 사례들은 인적자원개발에서 정부 개입의 구체적인 실상을 이해하는 데 도움을 줄 것이다.

1) 중소기업 근로자 직업능력개발제도

우리나라의 직업능력개발사업에 대해서는 제2장에서 직업훈련정책의 역사를 통해 살펴보았다. 국가의 직업훈련정책은 근로자의 직업능력개발을 지원하기 위해서 이루어지고 있다. 그럼에도 불구하고 중소기업 근로자들은 대기업 근로자에 비해 자신의 능력을 개발하는 데 매우 불리한 위치에 처해 있다. 이런 문제점을 인식하여 고용노동부와 중소벤처기업부가 주축이 되어 중소기업 근로자 직업능력개발을 위한 제도를 시행하고 있다.

우리나라에서 중소기업이 차지하는 비중은 절대적이다. 2017년 말 기준 전체 기업체 수 630만 4,313개 중 중소기업은 629만 9,512개로 99.9%를, 근로자 수는 전체 1,928만 9,058명 중 1,599만 1,410명으로 82.9%를 차지한다(중소벤처기업부, 2019). 그러나 근로자 직업능력개발 참여율을 살펴보면 2017년 기준 대기업은 48.3%인 데 반해 중소기업은 21.4%에 불과하다(고용노동부, 2018a). 또한 재직 근로자를 대상으로 교육을 실시한 대기업은 79.7%

인 데 반해 중소기업은 46.4%에 그쳤다(고용노동부, 2018b). 중소기업 중에서
도 기업 규모가 작을수록 교육이 적어지는 경향을 보이지만, 특히 중소제조
업의 경우 직원 교육이 더욱 부족한 형편이다. 중소기업에서 교육을 실시하
지 않는 이유는 업무 공백에 따른 우려, 예산 부족, 효과적 교육 프로그램의
부족 등 때문이다. 구체적으로, 중소제조업의 경우 업무 공백 우려가 51.2%
로 가장 높았고, 예산 부족 29.6%, 효과적인 교육 프로그램 부족 12.1%, 교육
훈련 관련 정보 부족 10.5% 등의 순으로 조사되었다(중소기업청, 중소기업중
앙회, 2012).

중소기업의 이런 불리한 사정을 고려하여 정부는 중소기업 근로자를 대상
으로 한 직업능력개발을 특별히 지원하고 있다. 정부의 재직자 훈련 지원 방
식은 크게 다음과 같은 세 가지로 구분된다. 첫째, 사업주에 대한 지원은 사
업주가 소속 근로자에게 직업훈련을 실시하고, 그 비용을 정부로부터 지원받
는 방법이다. 둘째, 근로자에 대한 지원은 중소기업 근로자나 비정규직 등 사
업주에 대한 지원에서 소외될 우려가 높은 취약계층 근로자가 스스로 필요
한 훈련을 수강하고 훈련비를 지원받는 방법이다. 셋째, 중소기업 특별지원
은 대기업에 비해 훈련 여건이 열악한 중소기업을 지원하기 위해 실시하고
있다. 이와 관련한 지원제도로는 '국가인적자원개발컨소시엄', '중소기업 학
습조직화 지원', '기업맞춤형 현장훈련(S-OJT)' 등이 있다(박윤희, 2010; www.
hrdkorea.or.kr).

이 가운데 몇 가지 사업을 더 구체적으로 살펴보자.

먼저, 중소기업 근로자의 훈련 활성화를 위해 2001년부터 추진한 국가인적
자원개발컨소시엄사업은 자체 인적자원개발 시스템을 갖추기 어려운 중소기
업을 위하여 대기업, 학교 및 사업주 단체 등이 복수의 중소기업과 컨소시엄
을 구성하여 훈련을 실시함으로써 중소기업의 생산성을 제고하고 소속 근로
자의 직무능력을 향상하며 신규 인력을 양성하려는 목적을 갖는다. 지원 대
상은 중소기업과 훈련 컨소시엄을 구성하고, 자체 보유한 우수 훈련시설 ·

조직 및 인력·장비, 민간 훈련기관에서 공급이 부족한 훈련 과정을 제공하고자 하는 기업·사업주단체·대학이 된다. 정부는 훈련시설·장비비, 훈련 프로그램 개발비, 운영비 등을 지원한다(www.c-hrd.net).

중소기업 학습조직화 지원사업은 중소기업이 업무와 관련한 지식과 경험, 노하우를 일터에서 체계적으로 축적, 확산할 수 있도록 학습 활동 및 인프라를 지원하는 것으로 궁극적으로 중소기업의 지속 가능한 성장과 경쟁력 확보에 기여하고자 한다. 이 사업은 학습조 활동 지원, 우수 사례 확산 지원, 외부 전문가 지원, 학습 인프라 지원의 4개의 유형으로 학습조 운영비와 활동비와 같은 지원금이 제공된다. 지원 기간은 유형별로 다르지만 1년을 원칙으로 사업성과 평가 결과에 따라 최대 3년까지 지원된다. 지원 대상은 「고용보험법 시행령」 제12조의 규정에 의한 우선지원 대상 중소기업으로 고용보험에 가입하고 보용보험료를 체납하지 않은 기업이 해당한다(www.hrdbank.net).

기업맞춤형 현장훈련(S-OJT)은 인력이 부족하여 훈련이 어려운 중소기업이 사업장 내에서 체계적인 현장훈련과 노하우 전수를 실시할 수 있도록 지원하여 중소기업의 훈련 참여 촉진과 기업 경쟁력을 제고하기 위한 사업이다. 이 사업의 지원 대상은 「고용보험법시행령」 제12조의 규정에 해당하는 우선지원 대상 중소기업으로 고용보험료 납입 기간이 1년 이상이며, 보험료를 체납하고 있지 않아야 하며, 훈련 대상은 해당 기업에 1년 이상 재직 중인 근로자이다. 이 사업은 현장 훈련에 필요한 프로그램 개발을 지원하고, 사내 훈련교사 역량향상 교육을 지원하며 훈련비나 훈련교사 수당을 제공하여 실제 근무 상황에서 개별 기업 맞춤형 훈련이 가능하도록 지원한다(www.hrdkorea. or.kr).

이처럼 정부에서는 중소기업의 인적자원개발을 지원하고자 여러 사업의 추진을 통해 다각적인 노력을 기울이고 있다. 그럼에도 불구하고 중소기업의 인적자원개발을 활성화하기 위해서는 정부의 지원이 더 많이 필요한 실정이다.

2) 인적자원개발 우수기관 인증제도

'인적자원개발 우수기관 인증제도(Best HRD)'는 기업 등 민간기관과 공공기관에서 능력을 중심으로 인재를 채용·관리하고 재직 중인 근로자의 학습을 통해 개인의 능력을 제고하는 등 인적자원개발을 우수하게 실천하는 기업, 단체, 공공기관 등에 정부가 심사를 통해 인증마크를 부여하는 제도다. 이 제도에 의해 인증받은 기관은 조직 내 인적자원개발을 통하여 조직의 성과를 향상시킬 수 있도록 설정된 국가 수준의 모범적 인적자원개발 실천 기준을 충족시킨 조직을 의미한다.

국가는 이 제도를 통해 민간기관과 공공기관이 선진형 인적자원 관리 및 개발 시스템을 갖도록 유도하고자 한다. 이를 위해 국가가 인적자원개발과 관리에 대한 계획수립, 집행, 평가에 관한 실천 기준을 마련하고, 이 기준에 부합하는 기관을 선정한다. 인적자원개발 우수기관은 국가의 공신력 있는 인증을 받음으로써 노동시장에서 브랜드 이미지를 제고하게 된다. 또한 조직의 인적자원개발을 촉진하도록 함으로써 궁극적으로 조직 구성원과 국가의 인적자원개발에 기여하게 된다.

인적자원개발 우수기관 인증제도는 영국의 '인적자원투자 우수기관 인증제(Investors in People: IIP)'와 싱가포르의 '인력개발인증제(People Developer)' 등 여러 국가의 제도를 벤치마킹한 것이다. 우리나라에서는 '인적자원개발 우수기관 인증제도'라는 명칭으로 2005년 시범 운영을 거쳐 2006년부터 본격적으로 시행하였다. 현재는 교육부가 사업 추진을 전체적으로 총괄하면서 공공과 민간 부문으로 나누어 시행하고 있다. 공공 부문은 교육부가 총괄하고 교육부와 인사혁신처가 공동인증하며 한국직업능력개발원이 사업을 집행한다. 민간 부문은 고용노동부가 사업을 총괄하며 고용노동부, 교육부, 산업통상자원부, 중소벤처기업부가 공동 인증하고 한국산업인력공단이 시행한다.

인적자원개발 우수기관 인증을 받으려면 인적자원관리(HRM) 부문 400점과 인적자원개발(HRD) 부문 600점 등 1,000점 만점의 여러 항목을 심사받아 최종 점수 700점 이상을 획득해야 한다. 인적자원 관리 부문은 인력 채용, 전환 배치, 목표 관리 및 평가, 승진 및 보상 등 인사 관리 전반에서 능력 중심 원칙으로 합리적 의사결정 수행 여부를 심사받고, 인적자원개발 부문에서는 근로자의 능력개발과 아울러 경력개발을 성공적으로 수행할 수 있도록 인프라, 기획, 운영, 평가와 그 결과의 활용 등 평생학습이 우수하게 이루어지는지에 관한 사항 등을 평가받는다. 인적자원개발 우수기관 인증을 받은 기관으로는 2006년부터 2019년까지 공공 부문 516개와 민간 부문 676개로 총 1,192기관이 있다(교육부, 2020).

3) 지역인적자원개발정책

'지역인적자원개발(Regional Human Resource Development: RHRD)'정책은 국가인적자원개발이 지역 차원에서 지역이 주체가 되어 실행하여야 한다는 취지에서 도입되었다. 그것은 지역의 인적자원개발을 통한 지역 발전을 도모하고자 한다. 즉, 지역 주민의 잠재 능력을 최대한 개발·활용할 수 있도록 지원하는 정책적 노력이라고 할 수 있다.

우리나라의 지역 불균형 문제는 심각하다. 1960년대 경제개발 이후 이농을 통한 수도권 집중화 현상은 가속화되었다. 통계청의 자료에 따르면, 수도권은 2019년 현재 국토의 11.8%인 데 비해 인구는 50.0%를 차지하며, 2018년 기준 지역 내 생산은 50.3%, 전체 기업은 47.2%, 특히 1,000인 이상 대기업은 62.5%를 차지한다. 지방의 우수 인재 유출은 이런 수도권 집중화를 더욱 부추긴다. 우수한 고등학교 졸업자의 수도권 대학으로의 유출(1차 유출)과 최우수 지방 대학 졸업자의 수도권 기업으로의 유출(2차 유출)이 일어난다. 다른 한편, 이공계 수도권 대학 졸업자는 지방 소재의 괜찮은 일자리인 대기업 지방 공장의 일자리를 차지하여 지방 대학 졸업자를 밀어낸다(김형만 외, 2004). 또한 연구개발(R&D) 기능의 수도권 집중으로 2018년 현재 전체 연구개발비의 69.8%, 연구 인력의 61.8%가 수도권에 몰려 있다(과학기술정보통신부, 2020).

이에 따라 정부는 고용노동부가 주축이 되어 민간과 지역, 훈련 수요자 중심으로 직업훈련 공급과 운영체계를 전환하고 지역별로 산업의 수요에 부응하는 인력을 양성하기 위하여 2013년부터 '지역·산업 맞춤형 인력양성체계 구축방안'을 추진해 오고 있다(최영섭, 2015; 김미란 외, 2019). 이 정책은 직업능력개발사업이 지역별로 산업 수요에 부합하도록 추진하면서 동시에 '지역인적자원개발위원회(Regional Skills Council: RSC)'를 구성하여 지역 수준에서의 인력양성 논의의 장을 마련하고 있다. RSC는 지역 산업계를 중심으로 지역의 인력 및 훈련 수요를 조사하고, 수요에 따른 교육을 실시하기 위하여 지방자치단체, 지역 내 노·사 단체, 각종 협회 및 조합, 전문가, 지방고용노동관서 등이 참여하여 구성한다(근로자직업능력개발법 제22조의 2). RSC의 역할은 지역 인력 수요와 지역 내 인력양성사업의 현황을 조사 및 분석하고, 수요조사 결과에 따른 지역 단위 인력양성계획을 수립하며, 공동훈련센터를 선정하고 지역 단위 사업계획 의결 등 지역 및 산업 맞춤형 인력양성 기능을 총괄한다. RSC는 2019년 현재 16개 지역에서 운영되고 있으며, 고용노동부는 인건비와 운영비 일부를 지원한다. 또한, '산업별 인적자원개발위원회(Industrial Skills Council: ISC)'를 통해 작성한 인력수요 전망을 RSC와 공유하고 있다(김미란 외, 2019).

지역·산업 맞춤형 일자리 창출 지원사업은 지역의 고용문제를 해결하고 지역 주민의 일자리 창출과 직업능력개발을 위해 추진한다. 이 사업은 일반사업과 지역혁신프로젝트, 고용안정 선제대응 패키지 지원사업, 지역 고용위기 대응 지원사업, 산업단지 고용환경개선사업으로 구성되어 있다. 이 중에서도 일반사업인 일반 지역·산업 맞춤형 일자리 창출 지원사업은 지역 내 취약계층의 취업 지원 및 일자리 미스매치 해소를 위하여 훈련을 제공하고 취업 연계 및 창업 지원 등을 실시한다(고용노동부, 2019).

그러나 지역은 나름의 역량, 계획, 추진력이 부족하였고 중앙의 지시에 따르는 경향도 있었다. 특히, 지역의 인적자원개발 추진 역량과 전문성이 부족하였다. 지방자치단체와 교육자치단체, 대학 등으로 분리된 구조 때문에 기획 추진의 구심점이 결여되었고, 그들 사이의 연계와 협력도 이루기 어려웠다. 더불어 중앙 정부의 분리된 구조를 그대로 반영하였기 때문에 총괄적 정책 추진이 어려웠다. 시·도 교육청은 초·중등교육, 학원관리 및 평생교육을, 교육부는 대학교육을, 지방 노동청은 직업훈련을, 지방자치단체는 사회복지와 문화행정 등을 나누어 맡음으로써 일관성과 통합성이 부족하였다. 따라서 지역인적자원개발이 실효성 있게 추진되려면 지방자치와 교육자치 사이의 이원화 문제를 해결할 수 있는 유기적 연계체제가 구축되어야 한다. 또한 지역의 자율적인 역량을 키우고, 고유한 산업과 교육 생태계의 특성을 반영한 계획 및 추진이 필요하다.

4) 국가직무능력표준

'국가직무능력표준(National Competency Standards: NCS)'은 박근혜 정부에서부터 능력 중심 사회를 구현하기 위해 가장 역점을 두고 추진한 정책이다. NCS란 '산업현장에서 직무를 수행하기 위해 요구되는 지식, 기술, 소양 등의 내용을 국가가 산업 부문별, 수준별로 체계화한 것으로, 산업현장의 직무를 성공적으로 수행하기 위해 필요한 능력(지식, 기술, 태도)을 국가적 차원에서 표준화한 것'이다(http://www.ncs.go.kr/ncs/page.do?sk=P1A1_PG01_001). 그것은 산업 또는 직무가 요구하는 역량에 대한 정보를 표준화하고, 그에 맞춰 학교교육과 직업훈련 과정을 개발하며, 자격 기준으로 활용함으로써 산업계가 요구하는 인재를 양성하고자 하는 목적을 갖는다(주인중, 조정윤, 임경범,

2010). 한마디로, 정부는 NCS가 일과 교육 또는 훈련, 그리고 자격을 연결하는 고리로서 인적자원개발의 핵심 토대로 기능할 것을 기대한다.

그러나 스스로 학습하고 성장하며 비판적으로 성찰하고 독창적으로 사고하는 능력이 중요해지는 현대사회에서는 그 유용성이 크게 떨어질 수 있다. 직업이나 기업마다 매우 다양하고 특수한 역량과 기술이 필요하기 때문에 그것을 표준화하는 것 자체가 어렵다. 또한 현재 시점에서 요구되는 지식에 대한 표준을 만들어 교육 프로그램에 적용할 경우, 그렇게 양성된 인재를 활용하는 시점에서는 이미 낡은 내용만을 학습한 인력이 되어 버릴 우려도 있다(장원섭, 김형만, 2014). 더군다나 고숙련과 전문성을 더욱 필요로 하는 시대에 자기 분야에서 최고 수준에 있는 장인이 보유한 지식과 기술, 그리고 일의 의미와 가치를 표준화된 틀에 담아내기는 쉽지 않다(장원섭, 2015).

NCS와 유사한 제도는 세계 여러 국가에서도 시도된 바 있다. 특히, 유럽은 경제통합이 이루어지면서 노동 이동을 촉진하기 위하여 '유럽자격체계(European Qualification Framework)'를 개발하고, 각국에서는 이들을 바탕으로 국가자격체계(national qualification framework)를 만들고 있다. 이러한 국가자격체계에서 자격은 학위, 직업자격, 졸업증서 등의 학습 결과를 확인할 수 있는 모든 것을 포함한다. 우리나라도 국제적인 노동 이동이 많아지고 있기는 하다. 그렇지만 유럽연합과는 상황이 크게 다르다. 또한 우리나라의 자격제도는 직업 자격에 국한하여 NCS와 연결하고 있다. 노동시장에서 숙련의 가치를 정당화시켜 주는 많은 다른 학습 결과의 정보들을 배제하고 있는 것이다. 따라서 NCS가 성공적으로 정착되기 위해서는 직업자격 이외에 학습 결과를 증명하는 다른 자격들도 포함해야 한다. 즉, 면허제도, 국가자격체계, 학위제도 등과 함께 공존할 수 있도록 개발되어야 한다. 특히, 개발된 표준이 기업 내 인적자원개발 및 인사관리와 실질적으로 연계될 필요가 있다(장원섭, 김형만, 2014).

NCS는 지금도 능력 중심의 인적자원개발을 지향하면서 전 국가 차원에서 추진되고 있다. 능력 단위에 따라 구체적인 직무를 학습할 수 있도록 수많은 학습 모듈을 개발하여 학교와 대학, 직업훈련에 적용하고 있다. 공공 부문을 중심으로 채용 시험의 기준으로도 활용한다. 그러나 국가 차원에서 개발된 역량 표준이 능력 중심 사회를 실현하는 데 있어서 산업과 교육현장에서 얼마나 효과를 발휘할 수 있을지는 여전히 미지수다.

4. 국가 차원의 인적자원개발 전망

인적자원개발은 국가 차원에서도 핵심적인 정책 사안이다. 인적자원개발에 대한 국가의 적극적인 촉진과 지원이 있어야만 무한 경쟁 시대에 국가의 경쟁력을 제고하고 지속 가능한 발전을 이루는 사회를 만들 수 있다. 이런 점에서 우리나라뿐만 아니라 전 세계의 국가들이 인적자원개발에 어떤 방식으로든 개입을 하고 있다. 향후에도 국가의 인적자원개발에 대한 개입은 계속될 것이다. 인적자원의 수요와 공급 구조의 변화는 국가가 어떤 방향으로 인적자원개발정책을 추진할지에 대한 단서를 제공한다(오호영, 2005).

우선 인적자원의 수요 측면에서의 변화를 살펴보자. 일의 세계는 기술의 급속한 발전을 이루고 있다. 미래의 유망 산업을 전망하면 그 산업에 필요한 인적자원을 육성해야 하는 과제를 갖게 된다. 예를 들어, 첨단 산업을 대표하는 인공지능, 사물인터넷, 자율주행차, 가상현실, 드론, 로봇, 빅데이터 등과 같은 소위 '4차산업혁명' 분야는 우수한 인적 자원을 더욱 필요로 하고 있다. 국가는 이런 최첨단 산업 분야에서 요구하는 인적자원을 개발하는 지원정책을 통해 국가의 유망 산업을 육성하여야 한다.

새로운 산업사회로의 이행에 따라 직업구조는 더욱 고도화되고, 생산성에서 최고 수준의 전문성과 창의력이 차지하는 중요성이 더해 가고 있다. 이에 따라 국가는 더 전문적인 지식과 능력을 갖춘 인적자원이 육성될 수 있도록 해야 한다. 전문 직업인은 국가의 개입보다는 시장에 맡겨 두는 것이 바람직할 수도 있으나, 시장이 이를 더욱 강화할 수 있도록 국가가 촉진하는 역할을 할 필요는 있다.

노동시장의 유연화도 가속화되고 있다. 고용의 변화는 평생직장의 개념을 폐기하도록 했고, 실업과 임시일용직 같은 비정형 근로자의 수 역시 크게 증가하고 있다. 따라서 개인의 유연한 경력이동과 개발을 지원하는 국가의 인적자원개발정책이 필요하다. 특히, 국가의 인적자원개발정책은 실업자와 비정형 근로자 같은 취약계층을 대상으로 하는 부분에 더 큰 투자를 하는 방향으로 수립되어야 한다.

다른 한편으로, 노동시장의 공급구조 변화를 분석하면 인적자원개발을 위한 주요 대상 집단들이 드러난다. 무엇보다 우리나라 인구 구성의 가장 큰 특징 가운데 하나는 인구의 고령화가 빠르게 진행되고 있다는 점이다. 1955년부터 1963년 사이에 태어난 베이비붐 세대가 노동시장에서 점차 퇴장하고, 출산율이 급격하게 저하됨에 따라 노인인구의 비중이 크게 늘어난다. 이런 현상은 노인복지를 위한 사회적 부담으로 나타날 수도 있다. 그런 부담을 덜기 위해서뿐만 아니라 활동적 노년기(active aging)를 보낼 수 있도록 노인 인적자원을 어떻게 잘 개발하고 활용할 것인지를 국가적인 차원에서 고민해야 한다.

여성 인적자원개발에 대한 적극적 정책도 필요하다. 우리나라 여성의 고학력화는 1980년대부터 본격적으로 시작하였고, 이들 고학력 여성들은 현재 주요한 경제활동연령층을 차지한다. 이들이 가진 특징 중의 하나는 자신을 독립적인 한 개인으로 인식하고, 자기실현에 대한 강한 욕구를 가지고 있으며, 그것이 일을 통해 가능하다고 생각한다는 점이다. 그러나 우리 사회에 만연한 모성이라는 이름의 강요로 이들을 비자발적으로 노동시장으로부터 이탈시키기도 한다. 따라서 연령별 여성 경제활동인구의 분포는 여전히 후진형 M자 곡선을 벗어나지 못하고 있다. 여성의 출산과 육아에서 비롯된 경력

단절은 인적자원의 큰 손실로 이어지는 경향이 있다. 경력 단절 여성들의 취업률을 증가시키기 위해서는 출산과 육아에 대한 실질적인 지원과 더불어, 그들의 인적자원을 지속적으로 육성할 수 있는 교육지원정책이 필요하다(장지연, 2005).

지구화된 시장은 인적자원도 세계화시키고 있다. 우리나라의 일터도 외국인 노동력의 유입이 크게 진전되었다. 훈련생의 신분으로 들어오기 시작한 블루칼라 외국인 노동력뿐만 아니라 다국적 기업과 초국가적 기업의 외국인 지식 근로자도 일터에서 함께 일한다. 국제결혼의 확산으로 다문화가정 출신의 아동과 청년도 증가하고 있다. 따라서 국가는 인적자원개발을 하는 데에서 다문화성에도 주목을 해야 한다.

이런 전망들 속에서 국가는 인적자원개발에 다양한 방식과 수준의 개입을 하여야 한다. 그리고 이를 통해 국민과 기업의 성장을 정책적으로 지원하고 국가의 지속 가능한 발전을 도모하기 위한 노력을 경주해야 할 것이다.

337

제14장

인적자원개발의 전략과 방향

어떤 사람들은 사물의 현상을 본다. 그리고 말한다. 왜 그런가.

나는 지금까지 존재하지 않았던 것을 꿈꾼다. 그리고 말한다. 왜 안 되겠는가.

(Some men see things as they are and say, why?

I dream things that never were and say, why not?)

-Robert Kennedy (1968. 6. 9.). The New York Times, p. 56.

이 장에서는 먼저 조직의 전략적 인적자원개발을 검토하고, 인적자원개발의 가치 패러다임을 제안한다. 또한 시대적 변화에 따라 떠오르는 인적자원개발의 새로운 화두들을 살펴보고, 인적자원개발의 세 주체인 조직, 개인, 국가의 역할과 과제를 논의한다.

1. 전략적 인적자원개발

　　인적자원개발은 단순히 비용을 들여 교육 프로그램을 운영하는 차원을 넘어서 조직 내에서 전략적 기능을 수행할 것을 요청받고 있다. 여기서 '전략적 (strategic)'이란 중요하고, 장기적이며, 계획적이고, 조직적이며, 사업과 연계되어 있다는 의미다. 구체적으로 경쟁자들과는 차별화된 활동을 통하여 독특하고 가치 있는 위상을 갖고, 조직 내부의 활동을 서로 연계하여 통합적으로 운영이 이루어지게 하는 방식을 취한다(Porter, 1998). 다시 말하면, '전략적'이란 조직이 외부 환경과 내부 활동 간에 정렬(alignment)되는 것을 의미한다.

　　전략적 인적자원개발은 인적자원개발을 조직의 문화, 가치와 일치시키고 인적자원개발 활동을 조직의 미션, 목표와 통합하며, 인적자원개발 설계와 실행 과정에 현장 관리자가 참여하는 것을 포함한다. 그럼으로써 인적자원개발은 조직이 지속적인 경쟁우위를 유지 또는 제고하는 데 필요한 조직의 핵심 역량 개발을 촉진할 수 있다.

　　전략적 인적자원개발은 경영의 전략적 동반자로서의 지위를 확보하는 것이다. 그러나 지금까지 인적자원개발은 그런 기능을 적절하게 수행하지 못하는 경우가 많았다. Gilley 등(2002)은 인적자원개발이 조직 내에서 전략적 사업 동반자로서의 지위에 오르는 데 실패한 이유를 다음과 같이 설명하였다. 첫째, 인적자원개발 리더가 그 기능의 필요성을 입증하지 못하였다. 둘째, 인적자원개발이 직원들을 위한 효과적인 프로그램을 만들지 못하였다. 셋째, 인적자원개발이 전략적 계획 과정의 일부로 간주되지 않았다. 넷째, 인적자원개발이 조직의 효과성, 효율성에 미친 영향력을 적절히 측정하지 못하였다. 다섯째, 인적자원개발의 효과를 조직의 의사결정자에게 인식시키지 못하였다. 여섯째, 조직의 의사결정자가 학습이 시장경쟁력의 필수 요소라고 보지 않았다. 일곱째, 인적자원이 재정적 · 물리적 자원만큼 중요하다고 인식하지 않았다. 마지막으로 여덟째, 조직 내에서 인적자원개발 부서의 위상이 미약하였다.

전략적 인적자원개발이 되기 위해서는 무엇보다 인적자원개발 리더의 역할이 중요하다고 볼 수 있다. 인적자원개발의 리더는 인적자원개발 부서와 그 역할이 조직에 필수불가결하다는 것을 경영진에게 인식시킬 수 있는 지위와 기회를 가진 존재이기 때문이다. 또한 조직에서 인적자원개발의 중요성을 인정받기 위해서는 인적자원개발이 조직성과를 높이는 주요한 동인이라는 사실을 증명할 수 있어야 한다. 그럼으로써 인적자원개발이 단순히 비용을 소모하는 활동이 아니라 조직의 실질적인 가치를 창출하는 이익센터로서 작동하고 있다는 것을 모든 조직 구성원이 인식하도록 해야 한다(Becker, Huselid, & Ulrich, 2001).

조직 내에서 인적자원개발 기능은 다음과 같은 세 단계를 거쳐 발전해 왔다(Gilley & Maycunich, 2000). 첫 번째 단계는 인적자원개발이 없는 단계(no HRD)다. 즉, 인적자원개발이라는 개념이 없고 그 업무를 전담하는 부서가 존재하지 않는 경우다. 그렇다고 하더라도 인적자원개발 현상 그 자체가 없었을 리는 만무하다. 사람은 어떠한 경우에도, 특히 일을 하면서는 언제나 배우고 성장하기 때문이다(장원섭, 2006). 그럼에도 이 단계에서 인적자원개발은 조직 내에서 가시적으로 인식되지 못한 상태이고, 따라서 전략적 인적자원개발로 인정받을 가능성은 없다.

두 번째 단계는 인적자원개발 부서가 존재하는 경우(departmental approach) 다. 많은 조직이 인적자원개발 관련 부서와 자체 연수원을 두고 인적자원개발 기능을 수행하도록 한다. 인적자원개발 부서는 조직의 교육체계를 수립하고 교육 프로그램을 개발하여 시행하는 등 전문적으로 인적자원개발 업무를 처리한다. 이 경우에 조직 구성원들은 인적자원개발 활동은 그 전담 부서의 업무라고 인식한다. 현장의 관리자나 직원들은 그저 인적자원개발의 수동적인 수혜자로만 간주된다. 결국 인적자원개발은 현장의 업무들과는 별개의 활동이고, 따라서 전략적 인적자원개발로서의 기능은 미약한 상태다.

세 번째 단계는 인적자원개발이 조직 전체에 내재화된 경우다. 전략적 인적자원개발은 배태된 접근법(embedded approach)의 단계에서 비로소 이루어질 수 있다. 이 단계에서 인적자원개발 활동은 조직의 비전, 사명 및 목표를 충실하게 반영할 뿐만 아니라 업무 현장과도 통합적으로 진행된다. 따라서 인적자원개발은 조직의 모든 활동에 스며들어 있고, 조직 구성원 모두가 주도적으로 학습에 참여한다. 조직의 전략과 인적자원개발의 전략은 강하게 연계되어 있고, 인적자원개발의 중요성을 경영진과 조직 구성원 모두가 인식한다. 이때 인적자원개발은 조직에서 전략적 동반자가 될 수 있다.

Walton(1999)의 전략적 인적자원개발은 이 마지막 단계의 접근법을 더 구체화하였다. 그는 전략적 인적자원개발을 조직 내에서 학습이 전체적으로 조화를 이룬 상태라고 보았다. 그것은 종래의 조각조각으로 분리된 단편적 인적자원개발(piecemeal approach)로부터 총체적 인적자원개발 접근법(holistic approach)으로의 전환을 통해 가능하다. 그럴 경우 조직의 모든 활동 구석구석에 인적자원개발이 내재화된다. 그럼으로써 인적자원개발은 장기적인 계획을 수립하는 안정적이고 예견적인 접근법에 따라 미리 정해진 계획을 수동적으로 수행하는 전통적인 방식을 극복할 수 있다. 전략적 인적자원개발은 빠른 변화에 주도적으로 대응하는 역동적 접근법을 취함으로써 항상 기민한 움직임으로 현실에 발맞춘다. 우연적이고 일상적인 현상들조차도 중요한 학습의 과정으로 발굴하여 드러내며, 개개인의 인적 자본을 넘어서 조직의 구조적 자본을 형성할 수 있게 한다.

Ruona(2014)는 인적자원개발이 전략적 동반자가 되어야 한다는 요구가 계속 있었지만, 이와 동시에 조직에 전략적 가치를 제공할 능력이 없다는 비판도 존재해 왔다고 보았다. 그러면서 인적자원개발이 전략적으로 통합된 인재관리와 육성을 실천해야 한다고 주장했다. 인적자원개발을 조직의 전략적 목표를 달성하는 데 필요한 역량이 무엇이고, 그것에 기여할 사람이 누구인지를 규명하여 경영 요구에 대응할 수 있도록 하기 때문이다.

전략적 인적자원개발은 네 가지 접근법으로 구분된다. 첫 번째 접근법은 고성과자들(high performers)에게 집중하는 것이다. 이 방식은 조직이 최고 성과자들로 구성될 때 성공적으로 전략을 달성할 수 있다고 본다. 두 번째 접근법은 리더십 승계(leadership pipeline)에 초점을 둔다. 장단기적으로 조직의 리더가 될 잠재력이 높은 구성원을 식별하여 육성하는 데 주력한다. 세 번째 접근법은 핵심 후보군(pivotal talent pool)에 집중하는 것이다. 여기서는 초점이 핵심 직책으로 옮겨진다. 조직의 전략적 목표를 달성하는 데 중추 역할을 하는 직무 또는 직위를 규명하고, 그 후보군을 찾아서 집중적으로 육성한다. 네 번째 접근법은 특정 인재 집단(specific talent segment)에 초점을 맞춘다. 조직은 어떤 인재 집단이든지 수급에 불균형이 있다면 인재관리를 실행할 것이다. 예를 들어, 인력을 다양화해야 한다는 요구는 특정한 인재 집단에 초점을 맞추고 그들을 조직에서 활용하도록 할 것이다. 이러한 접근법은 더 많은 구성원들을 대상으로 인재관리와 육성을 적용하도록 한다.

인적자원개발은 근본적으로 필요한 시점에 필요한 역량을 갖춘 적합한 사람을 얻는 활동이기 때문에 하나의 최선의 접근법이란 있을 수 없다. 또한, 인재관리와 육성에 있어서 차별과 불공정 문제 같은 윤리 문제도 중요하게 고려해야 한다. 인적자원개발은 개인의 지식과 기술을 훈련하는 것을 넘어서 조직 차원에서 역량을 축적하고 활용하는 문제에까지 확장하여야 한다. 그것이 어떻게 조직체제에 스며들어 조직 전체가 변화하고 성장할 수 있도록 할 것인가를 고민해야 한다.

결국 전략적 인적자원개발은 조직의 경영과 유리된 독립적 활동(indepen-dency)도 아니고, 단순히 경영 방침을 지원하는 종속적 활동(dependency)도 아니다. 그것은 조직의 경영뿐만 아니라 또 다른 모든 기능과 유기적으로 교류하는 상호 의존적(interdependency) 활동인 것이다(Walton, 1999). 전략적 인적자원개발의 상호 의존적 특성은 조직 전략에 있어서 상명하달식의 전통적인 접근법과는 거리가 있다. 그것은 가치 중심의 새로운 전략 접근법을 취한다(O'Reilly & Pfeffer, 2000).

2. 인적자원개발의 가치 패러다임[1)]

1) 가치 패러다임 제안

사람과 조직에 대한 상이한 이해는 인적자원개발의 다양한 접근 방식으로 나타나며, 인적자원개발에 관한 서로 다른 실천 패러다임들은 경쟁한다. 여러 학자가 인적자원개발의 패러다임을 훈련 → 학습 → 성과로 진화했다고 보았다(노용진 외, 2001; Kuchinke, 1998; Oh, 2002; Swanson & Holton, 2001). 각 패러다임의 구체적인 내용에 대해서는 이 책의 여러 부분에서 언급하였다.

여기서는 더 나아가 '가치'의 패러다임을 인적자원개발이 지향해야 할 새로운 방향으로 제안하고자 한다. 제11장에서도 논의했듯이, 치열한 경쟁과

---

1) 이 절은 장원섭, 심우정(2005)의 「기업교육의 패러다임 전환: 훈련에서 학습으로, 그리고 성과에서 가치로」 중 일부를 수정 · 보완한 것이다.

급변하는 환경에서 조직과 인적자원개발이 성과를 중시해야 하는 것은 어쩔 수 없는 현실이다. 그렇지만 그것만이 조직과 인적자원개발의 존재 의의가 되어서는 곤란하다. 그 대신 조직과 인적자원개발의 궁극적인 지향점은 그 본래적인 가치를 실현하는 것이어야 한다. 특히, 인적자원개발은 지금 당장은 눈에 잘 드러나지 않지만 미래에 발현할 잠재력을 추구하는 활동이다.

다른 한편, 인적자원개발의 패러다임들은 단순히 일직선적 또는 일방향적인 진화가 아니라 다선형적 또는 다층적 차원에서 검토할 수 있다. 그것은 교육의 내적 과정으로서 '훈련 대 학습', 그리고 그 외적 결과로서 '성과 대 가치'로 구조화할 수 있다. 훈련에서 학습으로의 패러다임 전환은 인적자원개발의 내적인 실천 과정으로 이루어진 반면, 학습에서 성과로의 전환은 인적자원개발의 내적 과정이 외적 결과와 대조되었다는 점에서 비교의 차원이 다르다. 또한 훈련이 학습을 위한 하나의 수단이듯이, 성과는 가치를 실현하기 위한 한 조건일 뿐이다. 그러나 전자들이 후자들을 위한 유일한 방법이라든가 필요충분조건은 될 수 없다. 인적자원개발이 내적 과정으로서 학습과 그 외적 발현으로서 가치를 지향할 때 훈련과 성과도 유의미해질 수 있다.

제1장에서도 언급했듯이 인적자원개발은 조직에서 비롯된 개념이다. 조직 그 자체는 사전적으로 또는 가치 중립적으로 정의될 수 있다. 그러나 사회 속에서 조직이 실제로 가지게 되는 사명과 기여는 가치 중립적이지 않다. 따라서 조직의 구성원인 사람의 발달과 관련한 활동으로서 인적자원개발은 규범적인 차원에서 조직의 가치를 논의할 수밖에 없다. 금전적 또는 가치 중립적 개념으로서 조직성과의 추구가 아니라, 그 성과가 유의미성을 가질 수 있는 사회적 사명과 기여를 지향하는 '위대한' 조직 속에서 인적자원개발은 상당히 다른 의미와 방식을 취하게 된다(Collins & Porras, 1994).

2) 가치의 의미

가치(value)는 다의적인 개념이다. 일반적으로 가치는 사물이나 일의 중요성, 유용성 그리고 그 의의를 나타내는 용어다. 가치는 교환적 또는 평가적 의미와 심미적 의미로 구분할 수 있다. 전자는 물건의 가격(price)이나 값어치(worth)처럼 현재의 위치나 값을 측정하는 개념이다. 반면에 후자는 예술적 가치 또는 가치관, 신념(belief)과 같이 잠재적으로 담고 있는, 그러나 언젠가 미래에 발현할 내재적 의미를 일컫는다.

전통적으로 기업에서 가치라는 개념은 경제적 가치를 의미하였다. 즉, 금전적으로 값어치를 매길 수 있는 것을 가치로 정의하였다. 그러나 근래에는 기업과 관련하여 '주주 가치' '고객 가치' '종업원 가치'와 같은 용어들에서 가치의 개념을 사용한다. 여기서 가치의 의미는 단순히 경제적 이익만을 나타내는 것으로 한정되지는 않는다. 그것은 유의미성, 유용성, 독창성과 같은 정성적 의미를 담고 있다. 다시 말해서, 가치는 단순한 물질적 값어치를 넘어 문화나 정서와 같은 부분까지 포함한다.[2] 가치는 단일 차원의 개념이 아니다. 그것은 다양한 요소의 결합으로 파악할 수 있다. Hall(1998)은 가치를 하나의 구성 개념이 아닌 연속체의 개념으로서 '가치 일련(value string)'으로 설명한다. 가치 일련의 양 끝에는 인간의 개인적 가치와 조직의 경제적 가치가 위치한다. 과거에는 개인적 가치와 조직의 경제적 가치를 동떨어진 실재로 여겼다. 그러나 실제로 이 둘은 상호 연관되어 있다. Hall은 연속체로서 가치

---

2) 현대사회의 기업 환경에서는 주주, 고객, 종업원 등 다양한 이해 당사자를 위한 정성적인 의미의 가치가 경제적 가치 못지않게, 오히려 그보다 더 중요해졌다. 기업에서 가치는 경제적 가치 이상의 의미를 갖게 되었다. 가치를 창조하는 능력은 기업 경영의 패러다임이 기존의 원가 경쟁력을 근간으로 하는 효율과 성과 중심의 패러다임을 넘어서도록 요구한다. 이는 최종 소비자가 지각하고 향유하는 가치 중심의 패러다임으로 바뀌면서 그 중요성이 더해 가고 있다(최재윤, 2003).

를 개인적 · 관계적 · 경제적 측면으로 분류한다. 개인적 가치는 일상생활에서 개인이 선택 상황에서 부여하는 선호도를 의미한다. 관계적 가치는 사람들이 협업할 때 공유하는 가치다. 경제적 가치는 기업의 최종적인 가치를 의미한다. 이처럼 가치는 단 하나의 차원이 아닌 조직 내에서 다양한 하위 가치 요소들로 구성되는 일련의 가치 묶음 혹은 가치 사슬로 이해된다. 따라서 Batstone(2003)이 주장하였듯이, 성과와 이익은 기업이 극대화하고자 하는 많은 가치 중의 하나에 지나지 않는다고 할 수 있다.

다른 한편으로, 기업을 포함한 모든 조직에서 가치 개념은 사람의 잠재력, 구성원 간의 의식 공유와 신뢰, 감성적 · 정서적 지향성과 같은 미래적 요소를 포함한다. 그것은 현재 상태에서 즉각적 · 직접적으로 경제적 이익을 가져다줄 수는 없을지도 모른다. 이와 같은 요소들은 지금 당장은 쓸모가 없다고 여겨질 수도 있으나, 조직의 잠재적 경쟁력 또는 미래의 부를 위한 가능성으로 이어질 수 있다. 이런 점 때문에 Mayo(2000)는 가치를 "오늘날의 부를 창조할 뿐 아니라 내일의 부를 위한 역량을 생성하는 것"으로 정의하였다.

결국 가치의 개념은 눈에 보이는, 또는 보이지 않는 다양한 요소를 포함한다. 외재적인 동시에 내재적인 측면까지 포괄한다. 개인적 수준부터 조직의 수준까지 다차원적인 의의를 가진다. 단기적인 측면뿐만 아니라 장기적이고 미래적인 측면에서의 중요성을 강조한다. 성과의 개념이 외부의 요구나 의도에 맞는 행동의 결과를 의미하면서 목표를 달성할 때까지 내재적 가치를 연기하는 특성을 갖는 데 비해, 가치는 과정 속에서 지속적으로 실현되어야 하고 그 결과로도 반영되는 것이어야 한다는 점을 중시한다. 지금 당장의 가시적인 성과보다는, 눈에는 잘 보이지 않지만 미래에 발현할 잠재력으로서 가치는 중요한 의의를 갖는다.

3) 인적자원개발의 가치 창출력

기업을 포함한 모든 조직은 사회 속에서 중요한 역할을 하고, 우리의 삶에 큰 영향을 미치고 있다. 특히, 고대 아시리아 상인에서부터 지금의 다국적 기업과 실리콘밸리 벤처로 이어지는 기업의 역사는 사람들의 먹고, 일하고, 노는 방식을 바꾸어 왔다. 이런 상황을 고려할 때 조직, 특히 기업이 존재하는 이유는 단순히 단기적인 성과를 높여 자사의 이익을 극대화하는 것 이상이 되어야 한다.[3] 사회조직은 자신의 존재 의미에 충실하고 역할을 다할 때 그 가치를 실현하고 인정받을 수 있다. 실제로 많은 기업가와 학자들은 기업의 사회에 대한 공헌과 책임감을 매우 중요하게 여긴다(Batstone, 2003; Micklethwait & Wooldridge, 2004).[4]

Collins와 Porras(1994)는 위대한 기업이 되기 위해서는 '사업(business)이 아니라 회사(company)'라는 발상의 전환이 필요하다고 주장하였다. 이들은 그러한 회사가 이익을 초월하여 추구하는 것이 있는데, 그것을 이념이라고 하였다. BHAG(Big, Heiry, Audacious, Goals)는 이것을 나타내기 위해 그들이 만든 개념이다. 즉, 위대한 기업은 '거대하고, 도전적인, 계승 가능한 목적'을

---

3) 기업이 금전적 이익을 위해서 존재한다는 것은 어찌 보면 사람이 숨 쉬기 위해서 또는 먹고 살기 위해서 존재한다는 것과 마찬가지다. 사람이 숨쉬고 먹고 사는 것처럼 기업이 이익을 창출하는 것은 존재의 필수 요건이기는 하지만, 그것이 존재의 궁극적인 목적이어서는 곤란하다. 이익은 판매와 혁신, 생산성의 결과이지 목적은 아니다. 이익이 목적이 되었을 때 기업은 회계부정이나 노동착취와 같은 위험한 길로 빠져들 가능성마저 있는 것이다(Pfeffer, 1998; Yahachirou, 2001).

4) 실리콘밸리에서 가장 오래된 기업 가운데 하나인 휴렛패커드사는 다음과 같이 기업이 나아가야 할 방향을 제시하였다. "우리 회사의 성공 배경에는 좋은 기업을 만들어야 한다는 휴렛패커드의 정신이 깔려 있다. 우리는 결코 단기 이익 극대화를 목표로 일하지는 않는다." (Micklethwait & Wooldridge, 2004) 우리나라 벤처기업가였던 안철수(2001) 역시 기업의 목적은 '이윤 추구'가 아니라고 단언한다. 그는 기업이 사회 공헌이라는 존재의 의미에 충실하여야 한다고 보면서 수익은 그러한 건전한 기업 활동의 결과일 뿐이라고 말하였다.

실천하기 위해 노력한다는 것이다. 장기적으로 비전을 가지고 있는 회사를 만드는 가장 중요한 단계는 기업의 핵심 이념을 명확히 하는 것이다. 그들은 '핵심 이념 = 핵심 가치+목적'으로 도식화하였다. 결국 단순한 이익 추구가 아니라 조직의 필수적이고 영속적인 신념이 중요하다. 그것은 기업의 근본적인 존재 이유와 핵심 가치에 충실하는 것이다.

Pfeffer(1998), O'Reilly와 Pfeffer(2000)는 경영 전략과 실천에 대한 가치 중심의 관점을 제시하였다. 그들에 따르면, 전통적으로 기업은 경영진의 정보력과 판단력 등을 전제로 한 합리주의적 하향식의 조직 중심 전략을 취하였다. 이런 전통적 전략에 기초하여 기존의 경쟁 환경을 당연하게 받아들이고 이미 주어진 기존의 경쟁업체, 예상되는 시장, 고객의 취향, 그리고 자신들의 조직 역량 등을 추정하여 사업을 수행하였다. 반면에 가치 중심의 관점은 이와는 정반대의 과정을 전개한다. 회사가 추구하는 가치와 신념이 무엇인지가 우선시된다. 구성원들에게 일할 의욕을 갖게 하고 잠재력을 마음껏 발휘할 수 있도록 만들어 주는 근본적인 가치를 가장 중요하게 여긴다. 그리고 나서 그 가치를 반영하고 구체화하는 경영 활동을 개발한다. 또한 그러한 경영 활동을 바탕으로 핵심 역량을 개발하고, 직원의 역량을 고려하면서 회사의 가치를 고객들에게 제공하면서도 경쟁업체들과 경쟁할 수 있는 새로운 방법이 무엇인지를 결정한다. 경영진은 회사가 추구하는 가치나 기업의 문화를 관리하는 역할을 한다. 이들에 따르면 성공적인 기업들은 공통적으로 이러한 인간과 가치 중심의 접근법을 취하고 있다.

결국 기업을 포함한 모든 조직의 존재 의의는 단순한 이윤 추구가 아니라 가치를 창출하는 데서 찾을 수 있다. 한 조직의 생존과 성장 그리고 소멸을 결정짓는 동인은 그 조직이 제공하는 서비스와 제품을 통해 얼마나 독창적인 가치를 사회에 제공할 수 있느냐에 달려 있다. 그 결과로 기업의 경제적인 가치 또한 제고될 수 있는 것이다. 현재의 성과도 궁극적으로는 조직의 존재 가치를 위한 하나의 조건에 지나지 않는다(Yang, Watkins, & Marsick, 2004). 즉,

조직의 생존력과 경쟁력은 '가치 창출 능력'에 달려 있다고 할 수 있고, 가치를 창출하여야만 비로소 그 조직은 존재 의미를 가질 수 있다(최재윤, 2003; Edvinsson & Malone, 1997).

가치와 가치 창출이 조직의 존재 의미이며 성장을 위한 기초라면, 가치 창출의 근원은 무엇인가? 전통적으로 자본과 토지, 노동이 기업 가치 창출의 주요 요소로 간주되어 왔다. 후기산업사회에서는 무형 자산으로서 사람이 창출하는 지식과 기술, 창의력이 더 중요해지고 있다. 그것은 단순히 나무의 열매에 해당하는 성과가 아니라 진정한 가치의 근원으로 조직의 뿌리와 같은 것이다(Edvinsson & Malone, 1997).[5] 결국 가치 창출의 핵심적 동인은 '사람'이다.

가치 중심적 접근법을 취하는 조직은 사람을 먼저 생각하고 그다음에 할 일을 생각한다. 그리고 그러한 회사의 소중한 동반자로서 구성원을 인식한다. 또한 단순히 하나의 일손이 아니라 조직의 가장 중요한 자산이고 팀원이며 주인으로서 사람을 강조한다(Batstone, 2003; Collins, 2001). 중요한 것은 통제의 대상이나 비용으로서가 아니라 최우선적 존재로서 사람의 '숨겨진 힘(hidden value)'을 발견하고 그 가치를 존중하는 것이다(O'Reilly & Pfeffer, 2000; Pfeffer, 1998).

이런 조직들은 사람의 가치와 가능성을 고려하여 그들이 잘할 수 있는 일과 그렇지 못한 일을 결정한다. 그러고 나서 그들의 잠재력을 극대화하여 조직의

---

5) Edvinsson과 Malone(1997)은 나무의 비유를 통해 장기적이고 근원적인 가치 창출의 중요성을 강조하였다. 영어의 'business'라는 단어는 분주함(busyness)이라는 의미를 가진다. 그것은 나무의 열매와 잎에 해당한다. 눈에 잘 보이는, 바람이 불면 바쁘게 움직이는 부분이다. 기업의 생산품과 수익 등이 그에 해당한다. 그러나 눈에 보이는 이런 것들이 나무 전체를 대표할 수는 없다. 사업의 스웨덴어인 'naringsliv'는 삶을 위한 양분을 의미한다. 그것은 나무의 뿌리에 해당한다. 뿌리는 눈에는 보이지 않지만, 나무 전체를 튼튼하게 지탱하고 성장시키는 근원이다. 겉으로는 건강해 보이는 나무도 뿌리가 썩어 있다면 머지않아 죽을 수밖에 없다. 즉, 뿌리는 진정한 가치의 근원인 것이다.

가치를 발휘한다. 이것은 할 일을 먼저 생각하고 거기에 사람을 꿰맞추어 그들의 업무수행도를 높이려는 공학적 접근과는 근본적인 차이가 있다. 즉, 무형 자산으로서 사람과 사람들이 만들어 내는 지식과 조직의 구조를 보다 풍요롭게 하는 것이 진정한 경쟁력의 근원인 것이다(O'Reilly & Pfeffer, 2000).

가치 중심적 접근의 중요성은 조직의 차원에서뿐만 아니라 개인적 차원에서도 마찬가지로 나타난다. 개인적으로 업무수행도를 높이고 성과를 얻는 것은 필요하다. 그러나 그것이 전부가 되어서는 곤란하다. 외적 필요와 성과는 한계가 있다. 일의 의미를 발견하고 자기가 하는 일을 가치 있게 만드는 것이 더 중요하다. 일의 가치가 크게 올라가는 것은 직원이 자기 일에 정성을 쏟아부어 거기서 남다른 의미를 이끌어 낼 수 있을 때 가능하다. 업무의 가치와 의미는 직무 수칙에 규정된 수준 이상으로 생각을 하고 그 일에 몰입과 헌신을 할 때 얻어질 수 있다(Csikszentmihalyi, 1997; Kofman & Senge, 1993). 이런 점에서 가치 패러다임은 인본주의적 관점을 갖는다. 성과주의가 개인의 학습과 성장을 간과하거나 단기적 성과에 치중하는 반면, 인본주의는 개인의 인지적 발달과 함께 정서적ㆍ도덕적ㆍ윤리적 측면에서 잠재력을 극대화하고 일에 대한 의미를 찾는데도 큰 관심을 가진다(Chalofsky, 2014).

결국 가치 패러다임은 조직과 개인 모두에게 유의미성과 유용성을 가진다. 그것은 조직의 경제적 가치뿐만 아니라 사회적ㆍ인간적 가치를 포함한다. 먼저, 개인적 차원에서 일의 의미와 삶의 보람 같은 가치를 강조하고, 장기적인 시각에서 조직과 구성원이 상생할 수 있는 관점을 제공한다. 이 관점에서는 인간을 자신과 조직의 가치를 실현하기 위해 주도적으로 노력하는 존재로 인식한다. 또한 조직은 구성원 개인의 가치 지향적 활동을 지원할 뿐만 아니라 조직의 경제적ㆍ사회적 가치를 창출한다.[6]

---

6) 이런 점에서 가치 패러다임은 학습 패러다임과 공통된 이해 관심을 가지고 있다고 할 수 있다. 교육의 내적 과정에서 학습이 훈련에 대한 유의미성을 가지듯이, 인적자원개발에서 가

따라서 가치 패러다임에 근거한 인적자원개발은 성과 패러다임과는 근본적으로 다른 접근법을 취한다. 단기적인 성과와 이익을 창출하기에 급급하기보다는 장기적인 가치 실현과 신뢰를 우선시한다. 현재는 잡히지 않는 무형의 것이지만 미래에 유형적 또는 경제적 가치로 전환할 잠재력과 가능성을 중시한다. 조직의 미래 가치는 조직의 무형 자산에 배태된 숨겨진, 눈에 보이지 않는 요소들에 의해 실현 가능하다고 믿는다.[7] 더 효율적으로, 더 빨리, 더 높은 성과를 위해 불필요하다고 판단하는 절차를 최소화하고 당면한 문제를 해결하기 위한 방안을 찾아내는 데 많은 시간과 노력을 기울이는 근시안적 전략을 거부한다.[8]

　　또한 가치 패러다임은 무엇보다 사람을 우선시한다. 그들이 무엇을 잘할 것인가를 생각하고, 수익은 그런 다음 따라오는 것이라고 본다. 이것은 성과 패러다임이 조직과 직무를 우선시하여 무엇을 해서 수익을 올릴 것인가를 먼저 생각하고 이를 위해 사람을 어떻게 바꿀 것인가를 생각하는 것과는 대조적인 접근법이다. 즉, 가치 중심의 패러다임은 성과 중심의 패러다임과는 정반대의 방식을 취한다. 성과를 좇아가기에 급급하기보다는 의미와 가치를

치는 성과를 넘어서는 유의미성을 갖는다. 또한 학습과 가치는 공통적으로 훈련과 성과에서 강조하는 단순히 결핍을 채우기 위한 목표 달성적 구조와 모형을 벗어난다. 즉, 학습과 가치 패러다임은 공통적으로 인본주의적 패러다임이라고 할 수 있다(김장호, 2003).

7) 이미 무형자산의 가치 창출력은 여러 선행 연구에서 입증되었다. 예를 들어, 지적 자본(intellectual capital)의 Scandia 사례, 균형성과표(Balanced Scorecard)의 GTE 사례, 그리고 국내에서의 ROHI 모형의 적용 등은 기업교육과 인적자원의 가치를 실증적으로 증명하였다(한준상, 장원섭 외, 2004; Becker et al., 2001; Edvinsson & Malone, 1997; Kaplan & Norton, 2001).

8) GE의 사례는 당장 눈에 보이는 성과보다는 잠재적인 가치의 중요성을 잘 보여 준다. GE는 직원들의 성과와 가치를 평가한다. 성과와 가치를 동시에 갖춘 경우는 승진과 보상을 하고, 이 모두가 부족한 경우는 퇴출 대상이 된다. 여기서의 문제는 이 둘 가운데 하나만을 가진 경우다. 이때 현재의 성과가 높지만 가치를 공유하지 못한 경우는 장기적으로 조직에 해로울 수 있기 때문에 퇴출의 대상이 된다. 그러나 지금 당장의 성과가 낮더라도 가치를 공유한 사람에게는 다시 기회를 제공한다.

중시하다 보면 성과가 따라온다는 아이디어에 기초한다(Pfeffer, 1998).

결국 인적자원개발은 조직 안팎의 가치 창출을 촉진하는 중요한 역할을 한다. 구체적으로는 내부 구성원과 외부 고객 그리고 사회공동체를 위한 다양한 활동을 지원하고 촉진한다. 인적자원개발은 교육적 개입을 통해 직접적으로 조직 구성원과 조직의 가치를 창출하거나 간접적으로 가치 창출을 지원·촉진하는 핵심 기능을 수행한다. 즉, 조직의 심장부로서 가치 창출자의 역할을 한다. 가치 패러다임은 인적자원개발의 이런 가능성과 잠재력에 기반하고 있다.

3. 인적자원개발의 새로운 화두들

인적자원개발은 변화하는 경제사회적 환경 속에서 이루어지는 활동이다. 따라서 시대에 따라 새로운 동향과 이슈가 등장한다. 이 절에서는 인적자원개발에서 화두가 되고 있는 디지털 전환, 다문화 일터, 창의적 인재 육성, 직업윤리와 일에 대한 문해력, '워라밸'과 일의 의미, 그리고 기업의 사회적 책임에 대해 살펴본다.

1) 인적자원개발의 디지털 전환

일터에서 사람은 배우고 성장한다. 이런 인적자원개발의 본질은 변하지 않는다. 그럼에도 불구하고 그 양태는 변화하고 있다. 이미 오래전부터 책, 동영상과 같은 도구들이 인간의 학습을 보조했지만 이제는 사회적 매체, 인공지능 등과 같은 첨단 디지털 기술들이 학습과 결합하여 '에듀 테크'라고 불리며 더욱 확산하고 있다.

이미 10여 년 전부터 트위터, 페이스북, 위키피디아 같은 새로운 사회적 매체의 등장과 스마트폰 같은 이동형 기기의 확산은 '새로운 사회적 학습(new social learning)'을 부추겼다(Bingham & Conner, 2010). 그것은 실시간으로 쌍방향의 의사소통과 학습 관계망을 형성함으로써 지식과 정보의 자연스러운 교류를 통한 배움을 가능하게 한다. 다대다의 관계 속에서 기존의 일대다의 일방적인 정보 전달식 교실교육이나 이러닝을 넘어선다. 또한, 개방과 대중 참여를 기반으로 하는 사회적 생산의 시대에 공유의 문화를 조성하고 참여를 통한 열린 경영과 학습을 가능하게 하였다. 위키피디아는 전통적으로 전문가라고 일컬어졌던 사람들만이 소유한다고 여겼던 절대적 지식을 포기하고, 모든 사람이 가진 개인적이고 상대적인 지식들을 모아 훌륭한 집단 지성을 이루어 낸 대표적 사례다.

마이크로 러닝은 디지털 환경에서 더욱 구체화된 학습 방식으로 각광받는다. 유튜브는 동영상 콘텐츠 공급과 소비의 다양화를 대변한다. 누구라도 학습 콘텐츠를 생산할 수 있고 자신이 원하는 콘텐츠를 언제, 어디서라도 소비할 수 있는 방식으로 학습의 양태를 변화시킨다. 인적자원개발에서도 개인화된 지식을 핵심만 담아 검색을 통해 스마트폰 등으로 학습하도록 촉진한다. 조직은 마이크로 러닝을 위한 온라인 학습 플랫폼을 구축하여 구성원 모두가 학습의 소비자인 동시에 생산자가 될 수 있도록 장려해야 한다. 여기서 인적자원개발 담당자는 전통적인 훈련가가 아니라 조직 구성원의 학습 경험을 극대화할 수 있도록 도와주는 큐레이터의 역할을 수행하여야 한다(이현욱, 2019).

인공지능은 인간의 지적 능력을 인공적으로 구현한 것이다. 빅데이터와 기계학습 등을 포괄하는 인공지능의 발전은 사람이 수행하던 일을 대체하고 학습에도 큰 변화를 일으킬 것이다. 인적자원개발 담당자는 인공지능을 활용하여 조직 구성원의 학습 행태와 성과를 분석하고 교수설계와 콘텐츠 개발 업무를 자동화할 수 있다(이현욱, 2019). 향후에는 〈표 14-1〉과 같이, 인공지능이 인적자원개발 전반에 걸쳐 변화를 가져 올 가능성이 크다(김혁, 장경진, 장원섭, 2018).

〈표 14-1〉 인공지능 발전에 따른 국내 HRD 영역의 변화 예측

영역	주제	내용
개인 개발	인공지능으로 인해 학습 대상과 내용에 변화가 발생	• 성찰, 문제해결 등 지식을 활용하고 창의적으로 융합하는 내용이 강조됨 • 인공지능에 맡길 학습 영역과 인간에 남겨야 하는 영역을 결정하는 HRD의 정책적 판단 역할이 증가 • 공식적 교육 프로그램에 대한 의존이 감소하고, 무형식 학습 및 조직학습이 확대 • 일에 대한 학습을 인간 본연의 삶이나 배움의 관점에서 바라보는 경향이 강해짐
	학습전달 방법에 인공지능을 활용하여, 구현이 어려웠던 학습방법을 실제 운영	• 개인화된 학습의 발전, 학습방법 다양화 • 개인학습을 위한 집합교육의 축소, 조직학습 및 팀워크를 위한 집합교육은 유지
경력 개발	경력전환에 대한 대응이 필요하고, 경력개발 범위가 확대되어 평생학습이 중요	• HRD의 경력전환과 관련한 역할 증가 • 평생학습 중요성 증가 • 장인성(匠人性)의 중요성 증가
	리더십 모델은 변하나 개발방법에 큰 변화는 보이지 않음. 핵심 인재관리 중요성 증가	• 리더 역할과 역량모델의 변화 • 현재 전문성으로 여겨지는 분야 중 많은 부분이 인공지능으로 대체됨 • 대체 불가능한 고도의 전문성, 창의적 지능, 사회적 지능이 중요해짐. 이를 갖춘 핵심 인재에 대한 관리가 중요해짐
조직 개발	인공지능은 일터 변화를 가속화하여, 일터 변화에 대응하는 조직개발이 필요	• 규정이 어렵고 즉흥적으로 이루어지는 낫워킹과 자기경영을 추구하는 홀라크라시 등의 조직이 등장 • 조직 구조 변화 속에서 혼란을 겪는 구성원에 대한 관리와 새로운 조직문화 구축이 HRD에 요구됨
국내 HRD 전반	국내 HRD 조직은 HRM과의 통합 HR 제도를 만들어 가며, 자동화된 시스템의 도움을 많이 받음	• 인적 특성, 평가, 보상 등의 HRM 데이터와 역량, 개발 이력 등의 HRD의 각종 데이터들이 통합 • HRD 단순 직무가 사라지고 정책, 전략 중심 운영이 발달 • 교재, 교구 및 물리적 공간 사용 감소
	국내 HRD의 개인들은 새로운 역할 기대에 부응해야 함	• 교수 과정 설계의 독자적 역할 감소 • 인공지능 등 테크놀로지를 활용한 개인개발 방법 및 일자리 변화에 대응하는 경력전환에 대한 기대 증가 • 인간관계, 정치적 갈등 등 조직의 전략, 문화, 네트워크 파악 및 대처에 대한 기대 증가

출처: 김혁, 장경진, 장원섭(2018). 인공지능 발전에 따른 국내 HRD의 미래 변화 예측. 기업교육과 인재연구, 20(4), p. 114.

그밖에도 디지털 전환은 게임을 이용하여 학습 몰입도를 높이는 게미피케이션, 가상 및 증강현실을 활용한 모의실험 및 실습교육 등을 촉진할 것이다. 시간, 장소, 장치 등의 측면에서 학습의 편의성과 접근 가능성을 크게 높여 준다(Wasserman & Fisher, 2018). 더군다나, 2020년 코로나 19 바이러스 감염증의 세계적 대유행으로 인해 비대면 온라인 학습체제에 대한 수요는 폭발적으로 증가하였다.

그러나 디지털 전환에 따른 학습의 경향 속에서 우리가 더욱 유념해야 할점이 있다. 그것은 디지털 매체의 차가운 연결망들을 어떻게 인간화할 것인가의 문제다. 조직은 첨단 매체를 활용하여 함께 일하면서 지식을 공유하고 창출하는 디지털 학습체제를 구축하고 있다. 그러나 일터학습은 단순히 첨단 학습체제 구축 이상의 의미를 갖는다. 일터에는 인공지능 같은 첨단 기계가 해결하기 어려운 사회적이고 정치적인 관계들에 의해 일어나는 일과 학습의 여러 문제들이 존재한다. 이런 문제들에 인적자원개발의 개입과 실천이 여전히 중요하다.

더군다나 디지털 전환 시대에 인간적 접촉은 오히려 더욱 중요해진다. 인간이 가진 고유한 감성적 기초, 즉 따뜻하고 진실한 만남과 접촉을 통해 진정한 배움의 공동체를 형성하여야 한다. 인간으로서 포기할 수 없는 가치를 지켜냄으로써 난무하는 껍데기식의 정보를 더 깊고 비판적으로 성찰할 수 있어야 한다. 그래야만 조직과 그 조직을 구성하는 개인의 가치를 발견하는 인적자원개발의 올바른 변화의 방향을 찾을 수 있기 때문이다.

2) 다문화 일터에서의 인적자원개발

우리는 지금 다양한 가치가 공존하는 사회에 살고 있다. 일터에서의 다양성 역시 크게 증가하였다. 인적자원개발을 포함한 조직의 문제를 과거에 주류라고 여겨졌던 기준과 시각으로 일률적으로 다루기는 어려워졌다. 특히,

조직 안에서 사람의 성장을 돕는 인적자원개발은 인종, 연령, 성적 지향, 장애 등의 측면을 고려하여 다양성의 관점을 가지고 접근해야 한다.

우리나라 기업들은 이미 오래전부터 글로벌화를 적극적으로 추진하였다. 국내 내수 시장이 부족한 여건에서 해외 시장을 개척하기 위해 전 세계로 뻗어 나가야 했다. 대기업들을 중심으로 해외 지사를 설립하고 해외 주재원을 파견하였다. 다른 한편, 세계 유수의 글로벌 기업들도 국내에 진입하여 우리 일터를 국제 기준에 맞춰 재편하고 있다.

이와 더불어 이미 국내 일터도 더욱 다문화화 되어 가고 있다. 고학력화가 크게 진전됨에 따라 오래전부터 기능직 인력이 부족해지고 많은 외국인 기능직 근로자들이 우리나라 일터로 들어왔다. 근래에는 국내 기업에서 임직원으로 일하는 외국인 전문인력도 크게 늘어나고 있다. 또한, 우리나라로 이주한 외국인의 자녀들이 성장하여 취업하고 있다. 한마디로, 인적자원의 해외 진출과 국내 유입이 동시에 이루어지면서 일터의 글로벌화와 다문화화가 빠르게 진행되고 있다.

인적자원의 국제 교류가 활발하게 이루어지는 상황에서 글로벌 인재 육성은 필연적으로 요청된다. 글로벌 인적자원개발의 핵심은 글로벌 역량을 높이는 일이다. 글로벌 역량은 크게 지식, 태도, 기술의 세 영역으로 구성된다(장원섭, 백지연 외, 2010). 첫째, 지식 영역은 세계화 개념을 인지하고, 여러 국가의 문화와 언어, 글로벌 시민의식을 갖추며, 세계 이슈와 사건들의 복합성 및 상호 의존성을 인식하는 것을 포함한다. 둘째, 태도 영역은 문화적 차이에 대한 감수성과 감정이입 능력, 유연한 사고방식과 개방성, 관점 수용과 이문화 적응능력 등이 해당한다. 이를 바탕으로 다양한 배경을 가진 다른 사람들로부터 신뢰와 호의를 얻을 수 있는 인성을 지니게 된다. 셋째, 기술 영역에는 비판적 사고와 창조적 지식 통합 기술, 이문화적 의사소통 능력, 외국어 능력, 국제정보 활용능력, 해외 관련 업무수행 숙련도, 다른 문화 출신 사람들과의 협동능력, 해외생활 능력 등이 포함된다. 결국 글로벌 역량은 단지 외국어의 습득에 한정되지 않는다. 기술적인 측면을 넘어서는 훨씬 더 총체적이고 복합적인 사고방식과 태도를 일컫는다.

　일터의 다양성을 국가와 인종 간의 경계 문제로만 한정해서는 곤란하다. 우리 일터에는 이보다 훨씬 더 많은 차이들이 상존하고 있다. 그럼에도 불구하고 그 차이가 차별로 이어지고 있는 경우가 많다. 여성 직장인들은 조직 안에서 여전히 유리천장을 경험하고 있고, 특히 워킹맘은 일하면서 가사와 육아까지 도맡아 힘겹다(구유정, 장원섭, 2018). 일터에 새로 진입하는 신세대 젊은 이들은 이미 오랫동안 직장생활을 경험한 선배 세대, 특히 은퇴 시기의 베이비붐 세대와 일에 대한 인식과 행동 방식에 있어서 큰 차이를 보인다(임홍택, 2018). 장애인은 가장 큰 규모의 소수 집단이고 누구든지 그 집단에 속할 수 있다. 장애인은 비장애인과 똑같은 심리적 · 경제적 요구를 갖고 있다. 그렇지만 많은 일터에서 여전히 차별받고 있다(Rocco, Bowman, & Bryant, 2014). 레즈비언(Lesbian), 게이(Gay), 양성애자(Bisexual), 트랜스젠더(Transgender) 같은 성소수자들은 오래된 사회적 편견으로 인해 자신의 성적 지향을 숨길 수밖에 없어서 조직 생활에 큰 어려움을 겪는다(Gedro & Tylor, 2014).

　이 집단들은 그동안 일터에서 과소대표(underrepresented)되어 왔다. 이들에 대한 사회적 편견으로 인해 채용과 승진에서 불리했고 이들을 일터에서 이끌어 줄 멘토와 사회관계망도 부족했다(Quinones, 2018). 인적자원개발은 일터의 다양성을 조직의 강점으로 승화하는 데 기여해야 하는 책무를 갖는다. 소수자의 성장을 도모하고, 구성원 전체의 시너지를 발휘하여 조직의 성과를 높이며, 사회적 책임과 가치를 실현해야 한다.

　그럼에도 불구하고 일터의 다문화성과 관련한 교육은 부족한 실정이다. 이문화 적응 교육 같은 프로그램이 있기는 하지만 많은 경우에 소수자의 문화와 가치를 존중하기보다는 주류 문화에 일방적으로 적용시키려는 시도에 그치고 있을 뿐이다. 일터의 다문화성이 가속화되는 현실에서 다양한 배경을 가진 사람들이 함께 어우러져서 일하는 다문화 일터에서의 학습을 위한 노력이 더욱 요청된다. 그것은 다양한 가치와 문화를 하나로 흡수하여 통합하는 '용광로'와 같은 일체화 훈련이어서는 곤란하다. 각자의 고유한 정체성과 장점을 유지하면서 함께 어우러져 조화를 이루어 가는 '신선로'와 같은 다양성 학습이어야 할 것이다(이덕현, 2012).

3) 창의적 인재 육성

지식과 창의력에 기반을 둔 사회가 대두하였다. 조직의 경쟁력은 자본이나 시설 같은 유형 자산보다는 눈에 보이지 않는 무형 자산으로서의 지식과 창의적 인재로부터 나온다. 조직이 생존하고 번영하기 위해서는 구성원의 지식과 창의력을 높여 독창적이고 유용한 생산물을 만들어 내야 한다. 창의적 인재를 육성하기 위한 인적자원개발의 역할이 주목받는 이유다.

창의성은 일반적으로 "새롭고 질적으로 수준이 높으며 적절한 산출물을 생산해 내는 능력"이라고 정의된다(Sternberg, Kaufman, & Pretz, 2002). 이런 능력은 현대 일터에서 업무를 수행할 때 누구나 기본적으로 갖추어야 할 역량으로 간주된다. 이와 동시에 숙련의 최고 수준에서 발휘되는 전문적인 역량으로도 고려된다. 한마디로, 창의성은 기본 역량인 동시에 전문역량이다.

원래 인간은 창의적이고자 하는 본성을 타고났다. 우리의 생활을 윤택하게 하는 거의 모든 것은 이러한 인간의 창의적 본성의 결과물이다. 창의성은 예술이나 과학 분야에서만 필요하다든지, 지능이 특별히 높은 소수의 사람에게서만 나타난다든지, 정신이상과 관련이 있다든지 하는 등의 생각은 잘못된 것이다(박주용, 2002). 이와는 달리 창의성은 누구나 가진 재능이고, 이러한 특성은 매우 다양하게 나타난다.

창의성은 종종 큰 창의성(big C)과 작은 창의성(little c)으로 구분된다. 각각은 세상을 바꾸는 천재적인 창조와 일상에서의 소소한 변화들로 이해할 수 있다. 과거에는 주로 큰 창의성에 주목하였다. 반면에 Runco(1996)는 모든 사람이 창의적이라고 보면서 "개인적 창의성이란 객관적 세계를 독창적으로 해석하려는 의도와 동기를 나타내며, 자신의 해석이 유용한 경우와 그렇지 않은 경우를 판단할 수 있는 능력을 포함하는 것"이라고 제시했다.

창의성의 영역 일반성과 특수성에 대한 논의도 이루어졌다. 사실, 누구나 인정하는 천재도 하나 이상의 영역에서 천재성을 발휘한 경우는 거의 없다. 이런 점에서 창의성은 영역 특수적이라는 주장이 강하게 지지받는다(Csikszentmihalyi, 1990; Gruber & Wallace, 1999; Policastro & Gardner, 1999). 그 이유는 '10년의 법칙' 또는 '1만 시간의 법칙' 때문일 수도 있다(Gladwell, 2008; Hayes, 1989). 여기서 '10년'이나 '1만 시간'은 집중적으로 훈련하고 전문가적인 수행을 발달시키는 데 사용되는 기간을 의미한다. 창의적 업적이 어느 순간 그 사람에게 찾아오게 될 그날을 위한 준비의 시간이다.

결국 창의적 인재 육성은 특정 분야에서 소수의 천재를 키우는 일일 뿐만 아니라 일상에서 모든 사람이 창의적으로 일하도록 촉진하는 활동이다. 전자의 경우는 이미 많은 조직에서 핵심 인재를 채용하고 육성하는 방식으로 접근하고 있다. 인적자원개발에서 더욱 중요한 과제는 조직이 창의적인 일상을 어떻게 형성할 수 있는가에 있다.

창의성 교육에 항상 목말라 하면서도 여전히 실패한다고 느끼는 이유는 천재의 창의성을 지향하면서 범용적인 내용을 이것저것 머리로 알도록 하는 탈맥락적 교육 방식을 취하기 때문으로 보인다. 창의력 개발은 일상의 작은 창조 경험을 목표로 영역 특수적인 내용에 기반하여 맥락 의존적인 방법으로 이루어져야 한다. 누구나 깊은 숙련의 경험을 가질 수 있도록 기회를 조성해야 한다. 실제로, 최고 수준의 숙련인 또는 전문가로서 장인이 자신의 일에서 창조력을 발휘하고 더 넓게 배우는 현상은 그들이 한 분야에서 오랜 숙련을 거치면서 가능했다(장원섭, 2015).

창의성을 가진 사람을 원한다면 범용적이고 탈맥락적인 측정 도구를 활용해서는 곤란하다. 아무리 자기 분야에서 창조적으로 일하는 사람이라고 할지라도 그런 시험에서는 낙제할지도 모른다. 오히려 어떤 분야에서든 작은 창조의 경험이라도 한 적이 있는지, 그리고 앞으로 새로운 일에서도 그럴 의욕을 가지고 있는지를 살펴보는 것이 더 확실한 방법일 것이다.

창의성은 개인이 가진 영구불변의 특성이 아니다. 환경과 조건에 따라 창의성을 발휘할 수도, 그렇지 못할 수도 있다. 게다가 조직도 개인처럼 창의성을 보유할 수 있다. 최근의 연구들은 개인 특성을 넘어서 집단과 조직 차원에서의 창의적 특성 및 창의성을 발휘할 수 있는 업무 환경을 제시하고 있다(Amabile, 1996; Csikszentmihalyi, 1990). 결국 창의적 인재 육성은 조직이 구성원들로 하여금 얼마나 창의력을 발휘할 수 있도록 만들어 갈 것인가에 달려 있다.

4) 직업윤리와 일에 대한 문해력

2014년 4월에 일어난 세월호 참사는 직업윤리에 대해서 다시 한번 생각하게 하였다. 혼자만 살겠다고 빠져나온 선장이나 비상상황에 대처할 준비를 갖추지 못한 승무원들은 모두 자신의 일에 대한 최소한의 윤리도 숙련도 없었다. 그러나 이런 문제는 비단 이들에게만 해당되지 않는다. 생계를 위해 시간과 공간을 때우는 방식으로 노동을 하는 사람들은 대부분 자신이 맡은 일에 대해 철두철미하지 못할 수밖에 없다.

자신이 맡은 일에 대한 신용은 직업윤리의 바탕이 된다. 직업윤리는 단지 개별 직업인이 일하면서 직면하는 범죄나 도덕의 문제를 넘어선다. 직업에 대한 의식, 신념, 가치, 태도 등을 포괄한다. 한마디로, 직업윤리는 고객과의 관계에서 발생하는 윤리 문제와 고객을 위해서 행한 직업적 행위가 제삼자 등 사회 전반에 끼치는 영향 등을 포함한다(이관춘, 2000).

직업윤리를 실천하기 위해서는 업무를 수행하는 데 필요한 직업적 능력을 갖추어야 한다. 근로자는 누구나 일에 대한 최소한의 숙련도라도 가지고 있어야 한다. 그래야만 맡은 일을 어긋남 없이 수행해 낼 수 있다. 기능, 숙련 또는 전문성(expertise)은 입직 전 교육과 조직에서의 인적자원개발을 통해 가능하다.

직업윤리는 업무수행이나 성과 이상의 그 무엇을 필요로 한다. 성과는 단지 높은 숙련도만을 필요로 할 뿐이다. 이것을 넘어 일에는 눈에 보이지 않는 유의미성이나 신념 같은 가치가 깃들어 있어야 한다. 일의 가치는 단순히 이윤을 창출하는 것을 넘어서 일 그 자체를 발전시키고 그 일을 통해 사회공동체에 공헌하려는 태도를 포함한다. 일을 충실하게 잘 해낼 수 있는 숙련도뿐만 아니라 그 일을 맡은 자로서의 도리와 이를 통해 일 그 자체를 철두철미하게 해 내려는 마음가짐으로부터 직업윤리는 나온다. 한마디로, 일 그 자체의 의미와 가치를 발견하고 실천해야 한다.

그렇다면 이런 직업윤리를 어떻게 배양할 것인가? 단순히 머리로만 알게 하는 주입식 교육 방식만으로는 한계가 있다. Maslow(1999)의 '절정 경험(peak experience)' 개념은 한 가지 힌트를 준다. 그에 따르면, 한번 절정에 오른 자들이 느끼는 희열과 보람은 그들로 하여금 또다시 절정에 오르도록 노력하게 만든다. 따라서 사람들이 절정 경험을 하도록 하면 자연스럽게 직업윤리를 실천하게 할 수 있을 것이다. 또한 직업윤리를 잘 실천하고 있는 모범적인 사례들을 통해 간접적으로 직업윤리를 함양할 수도 있다. 일하는 사람의 전범(典範)으로서 장인은 다른 사람들이 본받을 만한 좋은 사례가 될 수 있다(장원섭, 2015).

그럼에도 불구하고 일방적으로 직업윤리만을 강요해서는 곤란하다. 직업윤리가 일하는 모든 사람의 의무라고 한다면, 일하는 모든 사람은 권리도 갖고 있기 때문이다. 직업윤리 함양에 더해, 일에 대한 문해력(work literacy)을 갖도록 돕는 인적자원개발도 필요하다. 문해력은 소극적 의미에서 문자 그 자체를 해독하는 능력을 넘어선다. 그것은 문자가 가지고 있는 사회적 맥락과 역사적 의미의 인식 및 그에 기초한 실천(praxis)의 가능성까지 포함한다

(장원섭, 2006). 일에 대한 문해력은 단순히 유능한 일꾼이 되는 것을 넘어서 일을 둘러싼 사회적 관계와 구조에 관한 현실을 비판적으로 인식하고 행동할 수 있는 능력이다. 노동법, 노사관계, 노동시장과 일터에서의 차별 등에 관련한 교육은 그런 구체적인 내용 가운데 일부가 될 수 있다.

　무엇보다 인적자원개발 현장 그 자체에서 윤리성과 문해력을 실천하는 것이 우선되어야 한다. 인적자원개발에 참여한 주체들인 교수자, 학습자, 교육 운영자 등이 자신의 역할을 충실하게 수행할 뿐만 아니라 교육과 학습의 과정에서 상대방의 인격을 존중하고 서로의 권리를 보장하려는 노력을 해야 한다. 그래야만 건전한 인적자원개발이 이루어질 수 있다. 인적자원개발의 장 그 자체가 윤리적이고 인격적일 때 자연스럽게 직업윤리와 일에 대한 문해력이 형성될 수 있고, 더 나아가 그것이 모든 일의 영역으로 확장될 수 있다.

5) '워라밸'과 일의 의미

　일은 삶에 있어서 중심성을 갖는다(장원섭, 2006). 그렇지만 일이 삶의 전부인 것만은 결코 아니다. 일 이외에 또 다른 삶의 중요한 영역들이 있다. 여가, 학습, 사회적 관계, 가족생활 등이 그것이다. 이런 다양한 삶의 영역이 균형과 조화를 이루어야만 행복한 삶을 살 수 있다.

　그럼에도 불구하고 현대인은 조화로운 삶을 살지 못하는 경우가 많다. 특히, 일이 강요되는 현실에서 일 이외의 삶이 침해되거나 희생되기도 한다. 20대 80의 불평등, 고용 불안정, 직무성과를 높이기 위한 스트레스, 오히려 더 길어진 노동시간, '일중독' 등의 위협이 항상 도사리고 있기 때문이다(Heide, 2000).

　정부는 2018년에 일하는 시간을 법으로 제한하는 주 52시간 근무제도를 시행하였다. 이와 같이 일의 구조적 문제들을 개선하는 건 일하는 삶의 질을 높이기 위해 필요하다. 부당한 보상 체계, 지나친 성과주의, 사내 정치 문제, 성장 가능성 부재 등과 같이 의미 있게 일하는 걸 방해하는 일터 환경도 바꿔야 한다.

이런 상황에서 등장한 우리 사회의 화두 가운데 하나가 '일과 삶의 균형 (work-life balance)'이다. 소위 '워라밸' 열풍이다. 엄밀히 따지면 이것은 잘못된 용어다. 일과 일 이외의 삶의 영역들 사이의 조화가 더 정확한 표현이다. 그럼에도 불구하고 일을 일 이외의 삶과 대비시켜야 할 정도로 현대인은 일에 치우친 불균형한 삶을 사는 경우가 많다. 이에 따라 일 중심의 삶을 교정하여 일과 일 이외의 삶의 영역을 적절히 배분한 균형 잡힌 삶을 지향하고자 한다.

일과 일 이외의 삶이 조화를 이루지 못할 경우에는 일에도 악영향을 미칠 수 있다. 만족스러운 삶을 살지 못하는 사람은 일에서의 생산성마저 저하될 수 있기 때문이다. 실제로, 조직이 일과 다양한 삶의 영역을 조화시킬 수 있도록 지지해 주는 제도와 문화를 얼마나 가지고 있는지는 조직 구성원들의 삶에 중요한 영향을 미친다(천혜정, 한나, 2009). 따라서 국내외의 많은 조직에서는 일하는 삶의 균형을 위해 여러 가지 노력을 기울이고 있다. 그것들은 주로 직장과 가정생활 사이의 양립을 위한 가족친화적 제도들로 나타났다. 대표적으로 출산과 육아 휴직제도, 어린이집 운영, 유연한 출퇴근 시간제도, 스마트워킹 프로그램 등이 있다. 여기에 더해 평생학습과 사회봉사 활동을 지원하기도 한다.

일과 일 이외의 영역들 간의 조화에 대한 관심이 증가한 것은 거대한 사회변화에 그 배경이 있다. 현대사회는 비정형성 또는 비선형성이 지배적인 사회로 변모하였다. 학교를 마치고 나서 직장생활을 하고, 은퇴한 이후에는 쉬면서 노후생활을 보냈던 일직선적이고 단선형적인 삶의 모형이 사라지고 있다. 그 대신 새로운 산업사회에서 개인들은 다양한 삶의 영역을 더욱 동시다발적이고 중첩적으로 꾸리면서 살아간다. 일과 일 이외의 삶 사이의 조화는 그런 가운데 드러난 하나의 중요한 삶의 현상이다.

따라서 삶의 중첩성 문제에 정형적이고 선형적인 사고방식이나 효율성의 관점으로 접근해서는 곤란하다. 일과 일 이외의 삶의 영역들 사이의 관계는 단순히 시간적인 양적 균형의 문제를 넘어선다. 다양한 삶의 영역을 더하기 식으로 병합하는 방식으로는 일과 삶의 양적 불균형 문제를 해소할 수 없다. 그것들 사이의 제로섬(zero-sum) 딜레마에 빠지게 될 뿐이다.

이제는 질적인 조화와 통합의 관점으로 총화적으로 일하는 삶을 지향해야 한다. 개인의 삶(life)에서 일(work)과 학습(learning), 가족생활(family life), 여가활동(leisure) 등이 서로 상승작용을 하는 방식으로 조화롭게 통합되어야 한다. 삶의 영역들 사이의 중첩성을 인정하면서 비선형적인 곱하기 방식으로 접근해야 한다. 한마디로, $L=WL^3$이 되어야 한다. 실제로 사람들은 직장에서뿐만 아니라 집에서도 일한다. 일하면서 배우고 배우면서 일한다. 여가생활을 하면서 일에 도움을 얻기도 한다. 그런 선순환적으로 상승하는 삶을 인정하고 촉진할 수 있어야 한다. 그렇게 조화를 이루면서 일하는 삶을 즐기며 살아갈 수 있어야 한다.

여전히 일은 삶의 중심에 놓여 있고, 놓여 있을 수밖에 없다(장원섭, 2006). 많은 사람이 어떻게든 일에서 벗어나기를 바라지만, 일을 하지 않는 삶이 결코 행복한 삶이 될 수는 없다. Beck(1999)의 말처럼, 일이라는 쓴 에스프레소 위에 쉼이라는 달콤한 크림이 더해져야만 비로소 삶이라는 맛있는 카푸치노가 온전하게 만들어질 수 있다.

따라서 일과 일 이외의 삶의 조화를 추구하는 동시에 각자가 지금 하고 있는 일에서 의미의 가치를 발견하려는 노력도 함께 이루어져야 한다. 일은 본래 고통스러운 활동이지만, 삶의 중요한 일부인 일을 쓰다고 피하기만 한다면 그건 반쪽짜리 행복만을 추구하는 것일 뿐이다. 일이 생계수단임에는 틀림없지만, 그것을 넘어서 사회에 기여하고 자신을 성장시키는 활동이기도 하다. 의미 있게 일할 수 있어야 온전하게 삶 전체에서 행복을 누릴 수 있다. 누구나 자신의 일에서 작은 성취감과 보람이라도 얻을 수 있다. 주어진 일일지라도 조금씩 더 나은 방향으로 변화시켜 나가면서 재미를 느낄 수 있다. 그러려면 그 일에 몰두하여 창의력을 발휘해야 한다. 더 근본적으로, 자기 일이 왜 필요한지 다른 사람들에게 어떤 도움을 주고 있는지를 때때로 되뇌어 보는 것도 필요하다(장원섭, 2018).

2020년 코로나 19 바이러스 감염증의 대유행은 재택근무를 크게 확산하는 계기로도 작용했다. 이제는 어쩔 수 없이라도 일과 일 이외의 삶이 혼재되는 방식을 취할 수밖에 없을지도 모른다. 그런 가운데 삶의 여러 영역들을 조화롭게 만들어 갈 수 있는 역량이 더욱 필요해진다. 현대인의 삶은 일과 여가가 분리되어 균형을 이루는 카푸치노에서 그것들이 온통 뒤섞여 조화를 이루는 카페라테와 같이 변화하고 있다(장원섭, 2018).

6) 기업의 사회적 책임과 인적자원개발

기업의 사회적 책임(Corporate Social Responsibility: CSR)은 선택이 아닌 필수가 되고 있다. 기업의 활동은 사회적 영향력을 갖기 때문에 모든 기업이 단순히 이익 창출의 극대화를 넘어 공익 확장의 주체로서 역할을 할 필요가 있다. 한마디로, 기업은 경제적·법적·윤리적 책임을 지니며 사회의 공동이익에 적극적으로 기여해야 한다.

정보가 투명하게 공개되고 실시간으로 널리 공유되는 시대에 조직의 지속가능성은 사회적 가치 창출과 윤리적 행동에 크게 의존한다. 착한 기업들은 사회에서 존경받고 수익도 더욱 창출한다. 반면에, 기업의 비윤리적인 이중적 행태와 기업주와 그 가족의 갑질 같은 무책임한 행동은 매우 부정적인 영향을 미친다. 기업의 이런 행태는 곧바로 불매운동과 주가 하락 등으로 이어진 사례들을 쉽게 찾아볼 수 있다.

CSR은 지속 가능한 경제 목표와 사회 책임, 환경 지속성 등을 위한 조직의 윤리적 활동이라고 할 수 있다. 이와 관련한 활동으로는 윤리적 가치에 집중하고, 책임을 투명하게 공개하며, 인간 삶의 질을 개선하고, 자연 환경을 보존하며, 지역사회에 공헌하는 것을 포함한다(Fenwick, 2014).

　그럼에도 불구하고, CSR에 대한 다양한 해석과 실천 방식이 존재한다. 특히, 인적자원개발과의 관련성은 더욱 모호하다. 많은 기업이 CSR을 주로 기업의 이미지 개선을 위해 실천하고, 따라서 홍보나 마케팅 또는 전략 부서에서 다루어 왔다. 그동안 인적자원개발에서는 이 문제에 거의 관여하지 않았다.

　Fenwick(2014)은 인적자원개발이 다양한 방식으로 CSR 활동에 개입할 수 있다고 제안한다. 윤리적 환경과 문화를 조성하는 데 중요한 역할을 할 수 있기 때문이다. 인적자원개발은 조직의 비전과 미션을 수립하고 경영진을 포함하여 전 구성원을 교육하는 과정에서 윤리의식을 제고하고 CSR에 대해 알릴 수 있다. 조직의 지속 가능성에 대한 구성원의 공통된 합의를 이끌어 내고 구체적인 실천 방안을 마련하기 위한 학습의 장을 마련할 수 있다. CSR과 관련한 목표를 학습과 성과평가에 활용할 수도 있다. 조직 내부뿐만 아니라 외부의 이해관계자들과도 연계를 도모해야 한다. 이렇게 인적자원개발이 CSR에 적극적으로 개입할 때 비로소 기업 이미지 개선만을 위한 보여 주기식 CSR을 넘어 실질적으로 조직과 조직 구성원이 사회 문제에 대해 책임을 가지고 실천해 나아갈 수 있을 것이다.

　CSR은 공유가치창출(Creating Shared Value: CSV)로 더 나아갈 수 있다. CSV는, 수익을 창출한 후에 사회 공헌 활동을 하는 CSR과는 달리, 기업 활동 자체가 사회적 가치를 창출하는 동시에 경제적 수익도 추구할 수 있는 사업을 의미한다. 혁신을 통해 사회 문제해결에 참여하면서 기업과 사회가 상호 이익이 될 수 있는 방향으로 경제적·사회적 가치를 창출하는 활동이다.

　예를 들어, CJ는 '더불어 함께 성장하는 미래'를 지향하며 다양한 CSV 활동을 전개하고 있다. 대표적인 사례로는 베트남의 지속 가능한 농업 개발과 자생력 강화, 지역 중소기업과의 상생을 위한 산업생태계 조성, 실버 택배를 통한 시니어 일자리 창출 등이 있다. 그밖에도 나눔재단의 도너스캠프, 문화재단의 젊은 창작자 지원, 글로벌 사회공헌 활동 등을 전개하고 있다. 특히, 임

직원 대부분이 CSV에 직접 참여하여 다양한 봉사 활동을 하고 있다(https://
www.cj.net/csv/csv_list/csv_list.asp).

이렇게 조직과 그 구성원이 사회적 가치를 창출하는 활동에 참여하는 것은
대외적으로뿐만 아니라 대내적으로도 큰 의미를 갖는다. 조직이 구성원들
로 하여금 사회공동체의 일원이자 더 나은 사회를 위해 기여하는 좋은 시민으
로서의 역할을 할 수 있는 기회를 제공하고 조직 안에서 이를 자연스럽게 발
현하도록 한다면 조직에도 긍정적인 성과와 변화를 가져 올 수 있기 때문이
다. 단순히 직장인으로서의 정체성만이 아니라 건전한 시민으로서의 정체성
을 조화롭게 통합한다면 자신이 속한 조직과 업무에 더 몰입하고 열의를 갖
고 역량을 발휘하게 된다. 반면, 직원 정체성과 시민 정체성이 분리되거나 갈
등할 경우에는 직장 안에서 자기다움을 유지하지 못하거나 직장 밖에서 너무
다른 자신으로 살아가게 되어 구성원 개인뿐만 아니라 조직에도 부정적으로
작용한다(Lee, 2019).

결국, 인적자원개발은 조직의 사회적 가치를 드높이는 데 기여하여야 한
다. 구성원들이 조직에서 사회 공헌의 실천적 의미를 어떻게 제고할 수 있을
지를 제시할 수 있어야 한다. 인적자원개발은 이제 단순히 훈련 프로그램을
개발하고 전달하며 관리하는 역할을 넘어, 제1장에서 언급한 바와 같이, 사
회적 가치를 인적자원개발의 실천 활동들과 통합하여 학습과 성장의 목표를
달성할 수 있는 전략을 수립하고 촉진해야 하는 더 큰 과제를 안고 있다.

4. 인적자원개발의 세 주체

인적자원개발은 조직 차원에서뿐만 아니라 다른 주체들이 함께 어우러져
서 이루어 가는 활동이다. 인적자원개발의 주체는 조직, 개인, 국가로 요약된
다. 각 주체는 서로 다른 관심과 이해를 가지고 인적자원개발 활동에 참여한

다. 각각의 역할과 과제를 정리하면 다음과 같다.

1) 조직

조직은 인적자원개발 활동의 가장 기본적인 틀을 제공한다. 제1장에서 살펴보았듯이, 인적자원개발은 그 자체로 조직을 전제로 하는 개념이기 때문이다. 민간기업이나 공공기관 등 어떤 조직이든 조직의 생존과 발전을 위한 가장 중요한 기반은 사람이다. 인적자원의 질이 조직의 현재 성과와 미래 가치를 위한 핵심적인 활동이기 때문에 조직은 인적자원개발을 촉진하고자 한다.

조직이 인적자원을 개발하기 위해 실행하는 활동은 다양한 방식으로 나타난다. 가장 두드러지는 인적자원개발 활동은 구성원들에게 교육 프로그램을 제공하여 이수하도록 하는 것이다. 제4장에서 보았듯이, 직급과 직무 등에 적합한 프로그램을 체계적으로 수립하고 개발하여 교육을 실시한다. 또한 제6장에서 논의하였듯이 그것은 연수원이나 강의실에서 형식교육 프로그램으로 진행되기도 하지만, 업무 현장에서도 무형식학습이 이루어진다.

조직이 제공하는 공식적인 또는 형식적인 교육 프로그램은 인적자원개발을 위한 직접적인 방법이다. 이와는 다른 접근법으로, 조직은 인적자원개발을 위한 물적 · 제도적 · 환경적 지원을 할 수 있다(김지영, 장원섭, 2010). 구성원들이 스스로 학습하고 성장할 수 있도록 조직의 구조와 체제 그리고 문화를 형성하기도 한다. 예를 들어, 제10장에서 살펴보았듯이 조직 차원에서 총체적 품질 관리 또는 고성과작업 방식을 도입하거나 학습조직 및 지식경영 체제를 구축할 수 있다. 또한 제9장에서 언급한 경력개발제도를 시행할 수도 있다. 이러한 교육 친화적 체제와 제도 또는 학습을 장려하는 문화를 통해 조직의 인적자원개발은 자연스럽게 이루어진다. 구성원들은 창의적이고 도전적으로 업무를 수행하면서 스스로 일을 준비하고 일을 통해 배울 수 있다. 구성원들은 상호 지식과 정보를 교환하고 공유하는 과정에서 학습을 한다.

조직에서 인적자원개발 활동이 활발하게 일어나기 위해서는 경영진, 관리자 그리고 인적자원개발 담당자의 역할이 매우 중요하다. 경영진은 조직 구성원들이 자기 성장의 비전을 가지고 업무를 수행하면서 학습을 할 수 있도록 확고한 리더십을 발휘해야 한다. 그들은 교육에 많은 재정적 · 시간적 투자를 할 뿐만 아니라, 구성원들이 조직 내에서 배우고 성장하겠다는 욕구를 가질 수 있도록 업무 지원과 인사 또는 보상체제 등을 구축하여야 한다.

　현장 관리자는 인적자원개발을 위한 실질적인 책임을 지고 있다. 관리자는 부서 직원들의 업무수행과 생산성에 대한 직접적인 책임을 지는 사람이다. 이러한 그들의 업무수행과 생산성은 학습을 통해 향상될 수 있다. 따라서 관리자는 단순한 통제와 관리의 개념을 넘어서야 한다. 코칭이나 멘토링 또는 그 밖의 다양한 학습 기회를 제공하여 부서원들의 학습을 통한 성장을 도모하는 리더십을 발휘해야 한다(Gilley et al., 2002).

　관리자가 직원들의 학습에 대한 책무를 진다면, 인적자원개발 담당자는 어떠한 역할을 해야 하는가? 물론 인적자원개발 담당자는 교육체제 수립과 프로그램 운영 같은 공식적인 인적자원개발 활동을 계속 수행해야 한다. 이와 더불어 그들은 인적자원개발에 대한 전문성에 기초하여 관리자와 학습 동반자 관계를 형성하여야 한다(Gilley et al., 2002). 즉, 인적자원개발 담당자가 관리자와 함께 협력 관계를 형성하여 직원들의 학습을 촉진할 수 있다. 인적자원개발 담당자는 관리자들이 학습을 촉진하면서 겪는 어려움을 해결해 주고 그들이 교육과 개발 기술을 숙달하도록 지원한다. 또한 일터에서 이루어지는 다양한 형태의 학습 현상을 탐지하여 발굴하고 인정함으로써 학습을 촉진한다(Brown & Duguid, 2000).

2) 개인

인적자원개발에서 개인의 책임은 점차 더 커지고 있다. 개인이 조직 내에서 경영진이나 관리자의 지위에 있든, 신입사원이든 또는 인적자원개발 담당자든 상관없이 모든 조직 구성원은 스스로 자신의 학습과 성장에 집중하여야 한다. 즉, 조직 경영과 노동시장의 변화가 개인들로 하여금 자기주도적으로 학습을 지속할 것을 요청하고 있다. 그런 경향은 적어도 다음과 같은 두 가지 시대적 변화에 기인한다.

첫째, 성과 중심의 조직 경영 경향이 강하게 나타나고 있다. 조직 구성원은 자신의 업무 성과를 기초로 하여 인사 평가와 보상을 받는다. 성과 지표들이 부과되고 그것이 일하는 기준이 된다. 제11장에서도 보았듯이, 성과는 겉으로 드러난 결과를 지향한다. 이런 상황에서 개인은 어떻게 해서든 자신의 업무수행도를 높이고 더 높은 성과를 달성하여야 한다. 이를 위한 가장 주요한 기반이 되는 것이 일을 잘할 수 있는 능력을 갖추는 것이고, 그것은 기술과 지식을 학습함으로써 가능하다. 비록 조직 차원에서 교육의 기회를 제공하기도 하지만 그것에만 만족해서는 안 된다. 그것은 업무를 수행하기 위한 하나의 조건일 뿐이다. 더 높은 성과의 책임과 보상은 궁극적으로 개인에게 있기 때문에 결국 개인은 끊임없이 업무수행도를 높일 수 있는 학습을 스스로의 책임 아래 진행하여야 하는 것이다. 특히, 하루가 다르게 변화하는 지식과 기술의 발전 속도에 적응하고 이를 업무에서 구현하기 위해서 개인은 누군가가 떠먹여 주는 방식이 아니라 자기주도적으로 배움을 지속하여야 하는 숙제를 안고 있다.

둘째, 이제 더 이상 개인은 평생 한 조직에서만 일하는 조직인으로서의 삶을 살아가지 않는다. 제9장에서 살펴보았듯이, 노동시장의 유연화에 따라 평생직장의 개념은 많은 경우에 유효하지 않게 되었다. 이런 양상은 조직의 입장에서 더 이상 조직 구성원의 능력을 계속 신장시킬 유인을 감소시킨다. 언제 떠날지 모르는 사람을 교육하는 데 많은 투자를 하는 것은 현명하지 않다고 보기 때문이다. 그러나 개인은 여러 번 바뀌는 직업 또는 직무에 적응하고 일을 잘하기 위해서 더 많은 학습을 필요로 한다. 이런 딜레마 상황에서 개인들은 더 많은 교육 투자와 지원을 받을 수 있도록 조직에게 끊임없이 요구할 수 있다. 노동조합은 그런 역할을 할 수 있는 중요한 단체가 될 수도 있다(Bratton, Mills, Pyrch, & Sawchuk, 2008). 이와 동시에 개인은 스스로 책임을 지고 자신의 학습을 지속하고 경력을 개발하여야 한다. 미래의 직업 이동을 준비하기 위해 현재의 분야에 머물면서 동시에 다른 분야의 지식과 기술을 계속 개발하여야 한다. 개인은 '경력 지능(career intelligence)'을 가지고 평생 학습하여야 한다(Moses, 1998). 이렇게 현대사회에서는 개인의 삶 자체가 스스로 책임지는 경력개발 또는 인적자원개발 프로젝트가 되었다.

3) 국가

인적자원개발을 위한 국가의 역할은 중요하다. 사실, 국가는 인적자원개발의 당사자라기보다는 이를 더욱 활성화하기 위해 지원하고 촉진하는 역할을 한다. 그러나 세계적인 무한 경쟁의 상황에서 국가의 경쟁력과 국민의 삶의 질을 높이기 위해 국가는 인적자원개발에 더 적극적으로 개입하고 있다. 그런 개입의 방식은 두 가지 측면에서 논의할 수 있다.

무엇보다도 국가는 인적자원개발에 개입하여 시장 실패를 막는 역할을 수행하여야 한다. 제13장에서 살펴보았듯이, 국가의 관점에서 인적자원개발을 보았을 때 그것은 시장 접근법과 정부 개입 접근법을 취할 수 있다. 시장 접근법은 민간의 유연성과 창의성 그리고 효율성을 높일 수 있는 방식이다. 그러나 자유로운 시장에만 맡겨 둔다면 인적자원개발에서 시장 실패를 낳을 우려가 크다. 노동시장이 유연화됨에 따라 조직의 인적자원개발에 대한 투자가 감소하고, 기업 특수적이고 단기적인 성과만을 낳는 인적자원개발만을 중시할 수 있으며, 인적자원개발 기회의 불평등으로 지식과 기술의 부익부 빈익빈 문제가 발생할 수 있다.

이런 문제점들을 해소하기 위해 국가는 다양한 방식으로 인적자원개발에 개입하여야 한다. 먼저, 공공기관뿐만 아니라 민간기업들이 인적자원개발에 대한 책무를 지고 적극적으로 투자할 수 있도록 유인하는 정책을 시행하여야 한다. 과거와 같이 이를 법으로 강제하는 방식을 취할 수도 있다. 그러나 그럴 경우 인적자원개발에서 관료주의와 같은 정부 실패가 나타날 수 있으므로 시장의 자율성은 존중하면서 이를 더 촉진할 수 있는 개입의 방법을 찾아야 한다.

둘째, 국가는 인적자원개발이 '지속 가능한 발전'으로 나타나도록 공공 인프라를 구축하여야 한다. 민간기업들이 투자하거나 실행하기 어려운 인적자원개발 정보체제를 구축하는 것이 그런 예다. 정보체제의 구축은 시장을 투명하게 하여 인적자원개발을 더 활성화하는 기반이 될 수 있다.

셋째, 인적자원개발에서 불리한 위치에 있는 중소기업 근로자, 비정규직 근로자, 실업자 등의 교육을 위해서는 국가가 직접 개입하여야 한다. 국가는 인적자원개발의 불평등을 해소함으로써 경제사회적 불평등으로 이어지는 악순환의 고리를 끊어야 한다. 그럼으로써 지속 가능한 발전을 이루어야 한다.

국가는 궁극적으로 모든 이를 위한 인적자원개발(HRD for all)을 실현할 수 있도록 노력하여야 한다. 이를 위해서는 국가 자체가 인적자원개발 국가여야 한다. 언제나, 어디서나, 누구나 원하면 배울 수 있는 학습국가를 조성해야 한다. 전통적인 '복지(welfare)'나 '일을 통한 복지(workfare)'를 넘어서 '학습복지(learnfare)'를 실현해야 한다. 그것은 국가적인 차원의 사회학습망 구축을 통해 이루어질 수 있다. '사회학습망(Social Learning Net)'이란 사회 구성원 모두가 삶의 주기에서 필요한 학습을 받을 기회를 가질 수 있도록 사회적 차원에서 보장하고, 이미 그러한 학습 기회에서 낙오되어 있거나 사회적으로 필요한 생활수준 이하에 처한 사람들에게 최소한의 학습 기회를 보장하여 적정

수준의 학습에 도달하도록 도와주는 적극적이고 예방적인, 또는 사후적인 차
원의 제도적 학습 장치다. 이것은 취약계층의 인적자원개발을 포함하여 사
회 구성원 누구나 사회적으로 구축된 그물망적인 학습체제에 걸리도록 촘촘
하게 짜여진 제도적 장치를 말한다(장원섭, 2003). 인적자원개발은 모든 이의
권리다. 국가는 그런 인간의 권리가 보장되는 조건을 형성할 수 있도록 적극
적인 장치로서 사회학습망을 구축하여야 한다.

성인교육 윤리강령

성인교육 윤리강령

실천요강

윤리강령 제정 취지 및 경과 보고

성인교육 윤리강령

전문

성인교육은 21세기 대한민국의 급속한 국가경쟁력 향상의 토대였다.
인적자원개발을 위해 헌신하는 교수자, 교육운영자, 학습자가 그 중심에 있다.
과거에는 성장이라는 공동의 목적과 함께 우리 고유의 교육윤리가
성인교육 현장에서 교육 본연의 가치를 훼손하지 않고
각 주체의 조화로운 발전을 이뤄 낼 수 있었다.
성인교육은 점차 수요와 공급이라는 시장논리에 의해 그 본질이 훼손되고
서로에게 이익이 되는 물건을 사고파는 시장 환경으로 변모해 가고 있다.
이러한 변화는 경쟁에 의해 교육의 질을 확보한다는 긍정적인 측면을
가지고 있지만
시장의 권력 관계에 의해 교육 관계가 왜곡되고
이로 인해 교육현장에서 지켜야 할 최소한의 윤리가 실종되는
상황도 발생하고 있다.
이에 교수자, 교육운영자, 학습자가 성인교육 현장에서 지켜야 할
기본윤리 실천요강을 제시해 교육의 본질과 가치를 되살리고
건전한 학습문화와 풍토를 조성하기 위해
성인교육 윤리강령을 제정한다.

실천요강

성인교육 현장의 교수자는

인본주의 교육에 참여하는 궁극적 주체로서 지성의 모범과 실천으로

학습을 이끌어 학습자의 성장과 현장의 성과에 기여한다.

1. 교수자는 열린 마음으로 학습자의 다양한 배경과 경험을 인정하고 존중한다.

2. 교수자는 새로운 교육내용과 교수방식을 탐구하고 정의와 본질을 중시한다.

3. 교수자는 사익을 위해 교육내용을 변질시키거나 왜곡하지 않는다.

4. 교수자는 교육현장의 모두에게 인신 공격, 성희롱 등 불건전한 언행을 하지 않는다.

5. 교수자는 투명하고 공정해야 하며 비리와 로비에 연루되지 않는다.

6. 교수자는 권위를 유지하되, 필요 이상으로 강조하거나 우월적인 입지를 이용하지 않는다.

성인교육 현장의 교육운영자는

인본주의 교육에 참여하는 궁극적 주체로서 교육에 필요한 물적, 인적 요소를
지원하고 조율해서 교육의 본질과 목적을 달성하는 데 기여한다.

1. 교육운영자는 회사의 경영 방침과 교육 목적에 근거하여 만들어진 교육계획을
   충실히 수행할 수 있는 학습내용, 교수진, 제반 환경을 구성하고 준비한다.

2. 교육운영자는 교수자의 지적 경험과 학습내용을 존중하고 예우한다.

3. 교육운영자는 학습자의 수준을 미리 판단하거나 편견을 갖지 않고 동등하게
   대우한다.

4. 교육운영자는 중립적인 위치에서 교수자와 학습자 간의 언쟁과 부정한 행위에
   대해 조율하고 통제한다.

5. 교육운영자는 교수자의 부적절한 단어 사용, 교육 목적과 상관없는 내용에 대
   해 수정을 요구한다.

6. 교육운영자는 교육의 본질과 무관한 권위와 지위를 남용하지 않는다.

7. 교육운영자는 투명하고 공정해야 하며 비리와 로비에 연루되지 않는다.

8. 교육운영자는 비윤리적인 상황에 대처할 수 있는 적합한 자체 규범을 보유하
   고 실행한다.

성인교육 현장의 학습자는

인본주의 교육에 참여하는 궁극적 주체로서 학습목표에 대한
열정과 의지를 가지고 배움을 통한 성장을 도모한다.

1. 학습자는 열정과 의지를 가지고 교육에 참여하고 교육목표 달성을 위해 성실하고 겸손한 자세로 교육에 임한다.

2. 학습자는 교수자와 교육운영자를 존중하고 교육 중 지시사항을 준수한다.

3. 학습자는 다른 학습자를 방해하거나 일탈된 행동을 하지 않고 상호 배려한다.

4. 학습자는 교수자가 전달한 내용 및 교재에 제시된 내용의 지적 권리를 인정하며 보호한다.

5. 학습자는 교육현장의 모두에게 인신 공격, 성희롱 등 불건전한 언행을 하지 않는다.

6. 학습자는 교육목표에 맞지 않는 불합리한 상황이나 비윤리적인 행위에 직면한 경우, 교수자 또는 교육운영자에게 시정을 요구한다.

윤리강령 제정 취지 및 경과 보고

2014년 9월 26일에 일어난 연세대학교 교육대학원 재학생이었던 고 권문주 선생 사건은 성인교육의 구조적 권력 관계에 의해 상처 받은 젊은이가 스스로 생을 마감한 사건으로 성인교육 윤리강령 제정의 계기가 됐다. 2014년 10월 18일 장원섭 교수는 연세대학교 대학원 인적자원개발 전공의 월례 세미나에서 추모 글 "교육 담당자인 권 선생은 왜 죽음을 선택했을까요? —고 권문주 선생을 추모하며—"를 발표하고 윤리적인 교수학습 문화와 풍토를 조성하기 위해 성인교육 윤리강령을 만들고 교육윤리를 인지할 것을 강조했다. 같은 날 성인교육 윤리강령 제정팀을 교육대학원 졸업생 김성기, 재학생 김태환, 박혁종, 문진희, 오은정과 일반대학원 박사과정생 김수지로 구성하고 첫 회합을 진행했다. 2014년 11월 28일 한국HRD 협회의 〈월간 HRD 12월호〉에 장원섭 교수의 추모 글 "교육담당자인 권 선생은 왜 죽음을 선택했을까요?"를 게재했다. 2015년 1월 10일 윤리강령 제정팀이 수차례 회합을 통해 작성한 윤리강령(안)을 실천요강 예시와 함께 연세대학교 인적자원 개발 전공 재학생과 졸업생 전체에게 이메일로 회람하고 여러 제안을 수용했다. 2015년 2월 5일 성인교육 윤리강령 제정팀이 윤리강령 최종안을 확정했다. 2015년 2월 28일 연세대학교 인적자원개발 전공 동문의 날 행사에서 성인교육 윤리강령을 공표하고 추후 타 대학교, 교육기관, 성인교육 관련 학회 및 협회 그리고 언론 기관 등에 배포하고 활용토록 권장했다.

참고문헌

강예지, 장원섭(2017). 지식근로자의 경력개발과 이직 경험에 대한 내러티브 탐구. 직
　　업교육연구, 36(6), 1-26.

고용노동부(2018a). 2018 고용보험백서.

고용노동부(2018b). 기업직업훈련실태조사 2018.

고용노동부(2019). 2020년 지역 · 산업맞춤형 일자리창출 지원사업 시행지침.

과학기술정보통신부(2020). 2018년도 연구개발활동조사보고서.

교육과학기술부, 평생교육진흥원(2010). 평생교육사 양성기관 운영 길라잡이(개정판).

교육부(1998). 평생교육백서.

교육부(2020). 2020년 인적자원개발 우수기관 인증(Best HRD) 사업공고. 교육부 보도자료.

교육인적자원부, 한국직업능력개발원(2006). 국가인적자원개발 백서.

구유정, 장원섭(2018). 고학력 여성의 '워킹맘되기'에 대한 문화역사적 활동이론적 접
　　근. 여성연구 98(3), 5-34.

구유정, 조혜나, 장원섭(2020). 고경력 여성의 경력 만화경 돌리기. Andragogy Today
　　23(2), 1-26.

김동환(2001). 한국의 공업교육정책 연구. 서울: 문음사.

김미란, 임언, 유한구, 정재호, 이주희(2019). 지방분권화시대 지역인적자원개발 거버넌스
　　연구. 서울: 한국직업능력개발원.

김수일(1995). 사회교육방법론. 서울: 박영사.

김장호(2003). 인본주의 기업패러다임과 총체적 학습사회. 직업능력개발연구, 6(1),
　　95-123.

김지영, 장원섭(2010). 기업에서 학습지원이 개인의 학습참여와 조직학습에 미치는
　　영향 분석. 직업교육연구, 29(3), 133-156.

김진화(2001). 평생교육 프로그램 개발론. 서울: 교육과학사.

김충기(2000). 진로교육과 진로상담. 서울: 동문사.

김태성, 장지현, 백평구(2019). 조직의 가치와 목표 중심의 HRD 평가. 서울: 박영스토리.

김혁, 장경진, 장원섭(2018). 인공지능 발전에 따른 국내 HRD의 미래 변화 예측. 기업
교육과 인재연구, 20(4), 93-124.

김혁, 장경진, 장원섭(2020). 인공지능 발전에 따른 국내 HRD 담당자 역할의 미래 변화
예측. 미간행 원고.

김현수, 김성수, 강정옥(1999). 기업 내 HRD 담당자의 역할수행과 관련변인. 직업교육
연구, 18(1), 167-184.

김형만, 장원섭, 류장수, 김종우, 강영호(2004). 「지역인재채용장려제」 도입을 위한 지방
대생 민간기업 취업현황 파악 연구. 서울: 한국직업능력개발원.

김형만, 장원섭, 황승록(2014). 인적자원정책 인프라 진단 및 정비 방안. 서울: 한국직업
능력개발원.

김홍국(2000). 경력개발의 이론과 실제. 서울: 다산출판사.

나영선, 주인중, 손유미(2000). 근로자 직업훈련체제 발전 방안. 서울: 한국직업능력개
발원.

冷成金(2000). 변경(김태성 역, 2003). 서울: 더난출판.

노용진, 김동배, 김동우(2001). 기업 내 인적자원개발 실태와 정책과제. 서울: 한국노동연
구원.

리상섭(2007). 한국계 미국인 이민자 가족의 이문화 적응과 전환 학습. Andragogy
Today, 19(2), 1-30.

박경호(2009). '전환학습이론'. Andragogy Today, 12(4), 31-60.

박동건(2001). 역량과 역량모델링의 정체 및 활용. 한국인사관리학회 춘계학술대회.

박성민(2012). 국내대기업의 글로벌 교육현황 분석 및 시사점. 한국성인교육학회
2012년 봄 학술대회 발표 미간행 자료.

박윤희(2010). 중소기업 직업능력개발 실태와 활성화 방안. 서울: 한국직업능력개발원.

박주용(2002). 창의성, 개인차를 보이는 하나의 인지적 기술인가? 인지과학, 13(4), 25-41.

백일우(2007). 교육경제학(2판). 서울: 학지사.

백평구(2017). 비판적 인적자원개발의 이해. 서울: 학이시습.

손정은, 박재한, 김성혜, 장원섭(2019). 초기 경력자의 자발적 이직 경험에 관한 현상

학적 연구. 교육문화연구, 25(5), 641-660.

안철수(2001). CEO 안철수, 영혼이 있는 승부. 서울: 김영사.

오호영(2005). '인적자원의 구조와 특성.' 한국의 인적자원: 도전과 새 패러다임(김장호 편저). 서울: 법문사.

우정헌(2005). 한국 HRD 변천사: 21세기 성장엔진 'HRD' 한국을 강타하다. 월간 HRD 2005년 7월호, pp. 62-63.

유승우(1998). 인간자원개발. 서울: 문음사.

유승우(2008). HRD 101: 인간자원개발 원론. 서울: 문음사.

윤진(1985). 성인, 노인 심리학: 성인기 이후의 발달과 노화과정. 서울: 중앙적성출판사.

이관춘(2000). 직업은 직업이고 윤리는 윤리인가. 서울: 학지사.

이덕현(2012). 다양성으로 엮어가는 조직문화: 다문화, 다세대 기업 A의 사례를 중심으로. 한국성인교육학회 2012년 봄 학술대회 발표 미간행 자료.

이덕현, 김수지, 염동식, 양윤, 장원섭(2014). 다양한 경력구성 사례를 통한 새로운 일의 교육적 의미탐구. 고용직업능력개발연구, 17(2), 119-151.

이명근(2003). '제2장 우리나라 기업교육 발전사'. 기업교육론(나일주 외 19인 공저). 서울: 학지사.

이민규(2003). 1%만 바꿔도 인생이 달라진다: 셀프 리모델링을 위한 25가지 프로젝트. 서울: 더난출판.

이성호(2009). 교육과정론. 경기: 양서원.

이정택, 이성, 박동(2006). 혁신주도형 HRD전문가 육성 프로그램 개발. 서울: 한국직업능력개발원.

이준웅, 장원섭 외(2019). 일과 노동의 미래: 자동화를 넘어 연대와 성숙으로. 서울대학교 언론정보연구소.

이현욱(2019). HRD@Digital transformation: 학습과 기술의 결합 Edutech. yHRD2세미나 발표 자료. 2019. 9. 21. 연세대학교.

이홍민, 김종인(2003). 핵심 역량 핵심 인재: 인적자원 핵심 역량모델의 개발과 역량 평가. 서울: 한국능률협회.

인홍택(2018). 90년생이 온다. 서울: 웨일북.

임명기(2014). 잡 크래프팅 하라. 경기: 김영사.

임세영(1999). 우리나라 직업훈련의 정체성 변화. 직업교육연구, 18(1), 147-166.

장원섭(1997). 교육과 일의 사회학. 서울: 학지사.

장원섭(2003). 평생학습지원체제로서 사회학습망의 제안. 안드라고지 투데이, 6(2), 1-20.

장원섭(2006). 일의 교육학. 서울: 학지사.

장원섭(2010). 사회적 학습을 통한 함께 배우기. 월간 HRD 2010년 12월호.

장원섭(2014). 교육 담당자인 권 선생은 왜 죽음을 선택했을까요? 월간 HRD 2014년 12월호.

장원섭(2015). 장인의 탄생. 서울: 학지사.

장원섭(2018a). 다시, 장인이다. 서울: 영인미디어.

장원섭(2018b). '오래된 미래'를 향한 인재: 현대적 장인(匠人)으로부터 배우다. http://dreamtree.or.kr/dtree3/ program/newsletter/view.do?cid=19&sec1=res4 &sec2=res19&nsIdx=659

장원섭(2021). 장인의 탄생 2.

장원섭, 김민영, 권영선, 기유리, 정윤경, 추현주(2010). 중소기업 · 기간제 등 단기직무 능력향상 지원 사업 성과분석 연구. 서울: 한국산업인력공단.

장원섭, 김선희, 민선향, 김성길(2002). 대학에서의 직업교육 활성화를 위한 멘토링 시스템 모형 개발. 서울: 한국직업능력개발원.

장원섭, 김형만(2014). 한국형 현대 장인 육성 체제 제안. 미래한국사회 전망 참고자료집 II: 경제 · 인문사회연구회 미래사회 협동연구총서 14-52-01, 198-231.

장원섭, 김형만, 김소영, 장서영, 장지현, 이수용, 김민영, 김근호(2007). 대졸청년층 직장생활 적응능력 향상 연구. 서울: 한국고용정보원.

장원섭, 백지연, 오석영, 김민영(2010). 대학원생 글로벌 인턴십 성과분석. 서울, 대전: 한국연구재단.

장원섭, 심우정(2005). 기업교육의 패러다임 전환: 훈련에서 학습으로, 그리고 성과에서 가치로. 직업교육연구, 24(1), 89-109.

장원섭, 장지현, 유지은(2008). 멘토링이 조직의 비재무적 성과에 미치는 영향. 직업교육연구, 27(3), 109-138.

장주희(2015). '실행공동체의 개념과 이론'. 장원섭 외. 일터학습. 서울: 교문사, pp. 89-113.

장지연(2005). 일 · 가족 양립체계의 선진국 동향과 정책과제. 서울: 한국노동연구원 노동보험연구센터.

전재식 외(2019). 일과 학습의 미래. 경제 · 인문사회연구회 협동연구총서 19-16-01.

정범모(1966). 교육과 교육학. 서울: 배영사.

정재삼(2000). 수행공학의 이해. 서울: 교육과학사.

정재삼, 장정훈(1999). 수행 컨설턴트의 역량모형 개발을 위한 델파이 연구. 교육공학
　　연구, 15(3), 99-127.

정택수(2008). 직업능력개발제도 변천사. 서울: 한국직업능력개발원.

조성준(2020). 조직개발의 연구동향: Journal of Applied Behavioral Science 게재논
　　문을 중심으로(2015-2019). 조성준, 이재은 편. 전환기의 HRD, 연구의 흐름을 읽다.
　　서울: 박영스토리, pp. 305-332.

조영탁(2005). 조영탁의 행복한 경영이야기 2. 서울: 휴넷.

주인중, 조정윤, 임경범(2010). 국가직무능력표준(NCS) 사업의 현안 및 정책방안.
　　The HRD Review, Autumn, 21-39.

중소기업벤처부(2019). 2017년 중소기업 기본통계.

중소기업중앙회(2009). 중소기업 지속 성장 실태조사.

중소기업청(2010). 2010년 중소기업 연차보고서.

중소기업청, 중소기업중앙회(2012). 중소기업실태조사.

천혜정, 한나(2009). 근로자의 일 지향성, 일 스트레스 및 조직문화가 일과 삶의 조화
　　에 미치는 영향. 한국가족자원경영학회지, 13(4), 53-72.

최규남(2003). 한국 직업교육정책 연구. 서울: 문음사.

최영섭(2015). '지역 · 산업 맞춤형 인력양성사업'의 현황과 과제. THE HRD REVIEW.
　　한국직업능력개발원.

최영호, 강일규, 이의규(2000). 조세특례제한법상 인력개발 조세지원규정 정비 방안. 서
　　울: 한국직업능력개발원.

최재윤(2003). 기업경영의 새로운 패러다임. 서울: 예영커뮤니케이션.

최정임(2002). 인적자원개발을 위한 요구분석 실천 가이드. 서울: 학지사.

한국과학기술기획평가원(2010). KISTEP 통계 브리프. 서울: 한국과학기술기획평가원.

한국과학기술기획평가원(2014). 2014년 통계브리프, 25. 서울: 한국과학기술평가원.

한국직업능력개발원(1999). 근로자직업훈련촉진법 해설. 서울: 한국직업능력개발원.

한국직업능력개발원(2001). 인적자원개발: 다문학적 접근. 서울: 한국직업능력개발원.

한국진로교육학회(1999). 진로교육의 이론과 실제. 서울: 교육과학사.

한숭희(2009). 평생교육론(3판). 서울: 학지사.

한준상(1985). 교육사회학이론과 연구방법론. 서울: 문음사.

한준상(1988). 사회교육과 사회문제: 청소년 · 여성 · 노인문제. 서울: 청아출판사.

한준상(2001). 학습학. 서울: 학지사.

한준상, 김소영, 김민영(2008). 수행 중심 패러다임으로의 변화에 따른 기업 인적자원 개발 담당자의 역할과 역량에 대한 인식 조사 연구. 직업교육연구, 27(2), 137-159.

한준상, 장원섭 외(2004). Yonsei-CyberMBA ROHI Model. 미간행 보고서.

허성(2013). 직접 기획하고 진행하는 참여형 신입사원 교육. 월간 인사관리 2013년 5월호.

Adler, P. S., & Kwon, S. (2002). Social capital: Prospects for a new concept. *Academy of Management Review, 27*(1), 17-40.

Amabile, T. M. (1996). *Creativity in context.* Boulder, CO: Westview Press.

Arets, J., Jennings, C., & Heijnen, V. (2016). HRD 혁신을 위한 뉴 패러다임: 702010 Framework(이찬, 조광남, 전동원 역). 서울: 두하우컨설팅(주).

Argote, L. (2006). Organizational memory. In L. Prusak & E. Matson (Eds.), *Knowledge management and organizational learning: A reader* (pp. 148-172). Oxford: Oxford University Press.

Argyris, C., & Schön, D. (1978). *Organizational learning: A theory of action perspective.* Reading, MA: Addiso-Wesley.

Arneson, J., Rothwell, W. J., & Naughton, J. (2013). ASTD competency study: The training & development profession redefined. *American Society for Training and Development.* Alexandria, VA: ATD Press.

Ashton, D., & Sung, J. (2002). 고성과작업과 작업장 학습(이호창, 안정화 역, 2003). 서울: 한국노동교육원.

Bae, E. (2002). A neglected dimension in training evaluation: Training transfer. *Andragogy Today, 5*(2), 89-107.

Baldwin, T. T., & Ford, J. K. (1988). Transfer of Training: A Review and Directions for Future Research. *Personnel Psychology 41*(1), 63-105.

Barker, J. R. (1993). Tightening the iron cage: Concertive control in self-managing teams. *Administrative Science Quarterly, 38*, 408-437.

Barlow, M. L. (1990). Historical background of vocational education. In A. J. Pautler, Jr. (Eds.), *Vocational education in the 1990s: Major issues* (pp. 5-24). Ann Arbor, MI: Prakken.

Bates, R., Cannonnier, N., & Hatala, J. (2014). Linking Motivation to Workplace Learning Transfer: The Role of Implementation Intentions and Personal Initiative. In *Handbook of Human Resource Development*. edited by Chalofsky, N. E., T. S. Rocco, & M. L. Morris. Hoboken: Wiley, pp. 386-401.

Batstone, D. (2003). 영혼이 있는 기업(신호철 역, 2003). 서울: 거름.

Baumgartner, L. M. (2001). An update on transformational learning. In S. B. Merriam (Ed.), *The new update on adult learning theory* (pp. 15-24). New York: Jossey-Bass.

Beck, U. (1999). 아름답고 새로운 노동세계(홍윤기 역, 1999). 서울: 생각의 나무.

Becker, B., Huselid, M., & Ulrich, D. (2001). *The HR scorecard: Linking people, strategy, and performance*. Boston, MA: Harvard Business School Press.

Beckhard, R. (1969). *Organization development: Strategies and models*. Reading, MA: Addison-Wesley.

Beer, M. (1983). What Is Organizational Development? In L. S. Baird, C. E. Schneiner & D. L. Amherst (Eds.), *Training and development sourcebook*. Amherst, MA: HRD Press.

Bell, C. A. (1977). Informal learning in organizations. *Personnel Journal, 56*(6), 280-283.

Bernthal, P. R., Colteryahn, K., Davis, P., Naughton, J., Rothwell, W. J., & Wellins, R. (2004). *ASTD 2004 competency study, mapping the future*. Alexandria, VA: ASTD Press.

Bierema, L. L., & Cseh, M. (2014). A Critical, Feminist Turn in HRD: a Humanistic Ethos. in *Handbook of Human Resource Development*. edited by N. E. Chalofsky, T. S. Rocco, & M. L. Morris. Hoboken: Wiley, pp. 125-144.

Bierema, L. L. (2000). Moving beyond performance paradigms in Human Resourse Development. In A. L. Wilson & E. R. Hayes (Eds.), *Handbook of adult and continuing education* (pp. 278-293). San Francisco, CA: Jossey-Bass.

Bierema, L. L. (2009). Critiquing human resource development's dominant masculine rationality and evaluating its impact. *Human Resource Development Review, 8*(1), 68-96.

Bills, D. B. (1998). *Adult education and the socioeconomic life cycle: how educational reentry transforms the status attainment process.* Unpublished Manuscript. University of Iowa.

Binder, C. (1998). The six boxes: a descendent of Gilbert's behavior engineering model. *Performance Improvement, 37*(6), 48-52.

Bingham, T. (2009). *Learning gets social. Presented in ASTD Internatial conference and Exposition, 2009.* Washington, DC.

Bingham, T., & Conner, M. (2010). *The new social learning.* San Francisco, CA: BK.

Blanchard, K. et al. (2002). 칭찬은 고래도 춤추게 한다(조천제 역, 2003). 서울: 21세기 북스.

Blau, P. M., & Duncan, O. D. (1967). *The American occupational structure.* New York: Wiley.

Boud, D., & Miller, N. (Eds.). (1996). *Working with experience: Animating learning.* London & New York: Kogan Page.

Bowman, J. S. (2007). Invited reaction: Protecting the birds' feathers: keeping ideology out of MBA and HRD Programs. *Human Resource Development Review, 6*(2), 132-135.

Bratton, J., Mills, J. H., Pyrch, T., & Sawchuk, P. (2008). *Workplace learning: A critical introduction.* Ontario: University of Toronto Press.

Brinkerhoff, R. O. (2003). *The success case method: How to quickly find out what's working and what's not.* San Francisco, CA: Berrett Kohler.

Brinkerhoff, R. O. (2005). The success case method: A strategic evaluation approach to increasing the value and effect of training. *Advances in Developing Human Resources, 7*(1), 86-101.

Brinkerhoff, R. O., & Dressler, D. E. (2003). *Using the success case impact evaluation method to enhance training value & impact.* The Learning Alliance.

Paper presented at the American Society for Training and Development International Conference and Exhibition May 20, 2003. San Diego, CA.

Brousseau, K. R., Driver, M. J., Eneroth, K., & Larsson, R. (1996). Career pandemonium: Realigning organizations and individuals. *Academy of Management Executive, 10*(4), 52-66.

Brown, J. S., & Duguid, P. (2000). Organizational learning and communities-of-practice: Toward a unified view of working, learning, and innovation. In R. Cross & S. Israelit (Eds.), *Strategic learning in knowledge economy: individual, collective, and organizational learning* (pp. 143-165). Boston, MA: Butterworth Heinemann.

Buber, M. (1947). 인간의 문제(윤석빈 역, 2007). 서울: 길.

Burke, W. W. (1982). *Organization development: Principles and practices.* Boston, MA: Little, Brown.

Burrell, G., & Morgan, G. (1979). *Sociological paradigms and organisational analysis: Elements of the sociology of corporate life.* London: Heinemann.

Byrd, M. Y. (2014). A Social Justice Paradigm for HRD: Philosophical and Theoretical Foundations. in *Handbook of Human Resource Development.* edited by N. E. Chalofsky, T. S. Rocco, & M. L. Morris. Hoboken: Wiley, pp. 281-298.

Calvino, I. (1972). 보이지 않는 도시들(이현경 역, 2007). 서울: 민음사.

Capra, F. (2002). 히든 커넥션(강주헌 역, 2003). 서울: 휘슬러.

Carnevale, A. P., Gainer, L. J., & Meltzer, A. S. (1990). *Workplace basics: The essential skills employers want.* San Francisco, CA: Jossey-Bass.

Cervero, R. M., & Wilson, A. L. (Eds.). (1996). What really matters in adult education program planning: Lessons in negotiating power and interests. *New Directions for Adult and Continuing Education, Vol. 69.* San Francisco, CA: Jossey-Bass.

Chalofsky, N. E. (1996). Professionalization comes from theory and research: The why instead of the how to. In R. Rowden (Ed.), *Workplace learning: Debating five critical questions of theory and practice* (pp. 51-56). San Francisco, CA:

Jossey-Bass.

Chalofsky, N. (2014). Introduction: The Profession and the Discipline. in *Handbook of Human Resource Development*. edited by N. E. Chalofsky, T. S. Rocco, & M. L. Morris. Hoboken: Wiley, pp. xxxvii-lv.

Chalofsky, N., & Lincoln, C. (1983). Professional morality and integrity. *Advances in Developing Human Resources, 2*(3), 28-33.

Chang, W. (2003). Hiring and training in Korean establishments: Do employers substitute making for buying? *Research in the Sociology of Work, 12*, 31-48.

Cicero, M. T. (44BC). 노년에 관하여 우정에 관하여(천병희 역, 2005). 경기: 숲.

Ciulla, J. B. (2000). *The working life: The promise and betrayal of modern work*. New York: Three River Press.

Clardy, A. (2018). 70-20-10 and the dominance of informal learning: A fact in search of evidence. *Human Resource Development Review, 17*(2), 153-178.

Clark, M. C. (2001). Off the beaten path: Some creative approaches to adult learning. In S. B. Merriam (Ed.), *The new update on adult learning theory* (pp. 83-92). New York: Jossey-Bass.

Coleman, J. S. (1988). Social capital in the creation of human capital. *American Journal of Sociology, 94*, S95-S120.

Collin, A. (2000). Dancing to the music of time. In A. Collin, & R. A. Young (Eds.), *The future of career* (pp. 83-97). Cambridge, MA: Cambridge University Press.

Collin, A., & Young, R. A. (Eds.). (2000). *The future of career*. Cambridge, MA: Cambridge University Press.

Collins, J. C. (2001). 좋은 기업을 넘어 위대한 기업으로(이무열 역, 2002). 서울: 김영사.

Collins, J. C., & Porras, J. I. (1994). 성공하는 기업들의 8가지 습관(워튼 포럼 역, 2002). 서울: 김영사.

Conner, D. R. (1992). *Managing at the speed of change*. New York: Villard Books.

Coopey, J. (1995). The learning organization, power, politics and ideology. *Management Learning, 26*(2), 93-213.

Coopey, J., & Burgoyne, J. (2000). Politics and organizational learning. *Journal of Management Studies, 37*(6), 869-885.

Cross, R., & Israelit, S. (Eds.). (2000). *Strategic learning in a knowledge economy: Individual, collective, and organizational learning process.* Boston, MA: Butterworth/Heinemann.

Crossan, M., Lane, H., White, R., & Djurfeldt, L. (1995). Organizational learning: Dimensions for a theory. *International Journal of Organizational Analysis, 3*(4), 337-360.

Csikszentmihalyi, M. (1990). The domain of creativity. In M. A. Runco & R. S. Albert (Ed.), *Theories of Creativity* (pp. 190-212). Thousand Oaks, CA: Sage.

Csikszentmihalyi, M. (1997). 몰입의 즐거움(이희재 역, 2001). 서울: 해냄.

Cummings, T. G., & Worley, C. G. (2005). *Organization development and change* (8th ed.). Mason, OH: Thomson/South-Western.

Daft, R. L., & Huber, G. P. (1987). How organizations learn: A communication framework. *Research in the Sociology of Organization, 5*, 1-36.

Day, N. (1998). Informal learning gets results. *Workforce, 77*(6), 30-36.

Dewey, J. (1916). 민주주의와 교육(오천석 역, 1984). 서울: 교육과학사.

Dewey, J. (1938). *Experience and education.* New York: Macmillan Co.

Dirkx, J. (1996). Human resource development as adult education: Fostering the educative workplace. In R. Rowden (Ed.), *Workplace learning: Debating five critical questions of theory and practice* (pp. 41-47). San Francisco, CA: Jossey-Bass.

Dirkx, J. (2001). The power of feelings: emotion, imagination, and the construction of meaning in adult learning. In S. B. Merriam (Ed.), *The new update on adult learning theory* (pp. 63-72). New York: Jossey-Bass.

Dixon, N. M. (1992). Organizational learning: a review of the literature with implications for HRD professionals. *Human Resource Development Quarterly, 3*, 29-49.

Doeringer, P. B., & Piore, M. J. (1971). *Internal labor markets and manpower analysis.* Lexington, MA: Health.

Donaldson, L., & Scannell, E. E. (1999). *Human resource development: The new trainers guide.* Cambridge, MA: Perseus Publishing.

Dovey, K. (1997). The learning organization and the organization of learning: Power, transformation and the search for form in learning organizations. *Management Learning, 28*(3), 331-349.

Driver, M. (2002). The learning organization: foucauldian gloom or Utopian sunshine? *Human Relations, 55*(1), 33-53.

Easterby-Smith, M., Crossan, M., & Nicolini, D. (2000). Organizational learning: Debates past, present and future. *Journal of Management Studies, 37*(6), 783-796.

Eco, U. (1980). 장미의 이름 상. 하(이윤기 역, 2010). 경기: 열린책들.

Edvinsson, L., & Malone, M. S. (1997). 지적 자본(황우진 역, 1998). 서울: 세종서적.

Edward, R. C., Reich, M., & Gordon, D. M. (1975). *Labor market segregation.* Lexington, MA: D.C. Health and Co.

Edwards, R., & Usher, R. (2008). *Globalisation and pedagogy: Space, place and identity* (2nd ed.). London, New York: Routledge.

Elkjaer, B. (1999). In search of social learning theory. In M. Easterby-Smith, L. Araujo, & J. Burgoyne (Eds.), *Organizational learning and learning organization: developments in theory and practice* (pp. 75-91). London: Sage.

Elkjaer, B. (2001). The Learning organization and undelivered promise. *Management Learning, 32*(4), 437-452.

Ellinger, A. D. (1996). Human resource development practitioners should strive for certification. In R. Rowden (Ed.), *Workplace learning: Debating five critical questions of theory and practice* (pp. 75-85). San Francisco, CA: Jossey-Bass.

Ende, M. (1973). 모모(한미희 역, 1999). 서울: 비룡소.

Engeström, Y. (1994). *Training for Change.* Geneva: International Labor Office.

Engeström, Y. (2001). Expansive Learning at Work. *Journal of Education and Work, 14*(1), 133-156.

Engeström, Y. (2008). 팀의 해체와 놋워킹(장원섭, 구유정 역, 2014). 서울: 학이시습.

Evarts, T. M. (1998). Human resource development as a maturing field of study. *Human Resource Development Quarterly, 9*(4), 385-389.

Federal Ministry of Education, Science, Research and Technology (1998). 지식기반사회의 교육(한국직업능력개발원 역, 1999). 서울: 한국직업능력개발원.

Feldman, D. C. (1981). The multiple socialization of organization members. *Academy of management Review, 6*, 309-318.

Feldman, D. C. (1988). *Managing careers in organizations*. Glenview, IL: Scott, Foresman.

Fenwick, T. (1998). Questioning the concept of the learning organization. In S. Scott, B. Spenser, & A. Thomas (Eds.), *Learning for life: Canadian readings in adult education* (pp. 140-152). Toronto: Thompson Educational Publishers.

Fenwick, T. J. (2004). Towards a critical HRD in theory and practice. *Adult Education Quarterly, 54*, 193-210.

Fenwick, T. J. (2014). Corporate Social Responsibility and HRD: Uneasy Tensions and Future Directions. in *Handbook of Human Resource Development*. edited by N. E. Chalofsky, T. S. Rocco, & M. L. Morris. Hoboken: Wiley, pp. 164-179.

Fimbel, N. (2002). Invited Reaction: Institutional and Curricular Characteristics of Leading Graduate HRD Programs in the United States. *Human Resource Development Quarterly, 13*(2), 145-150.

Fiol, C. M., & Lyles, M. A. (1985). Organizational learning. *Academy of Management Review, 10*, 803-813.

Fitz-Enz, J. (2000). *ROI of human capital: Measuring economic value of employee performance*. New York: AMACOM.

Francis, H. (2007). Discursive struggle and the ambiguous world of HRD. *Advances in Developing Human Resources, 9*(1), 83-96.

Frazis, H., Herz, D., & Horrigan, M. (1998). Employer-provided training: Results from a new survey. *Monthly Labor Review, 118*(May), 3-17.

Freire, P. (1973). *Pedagogy of the oppressed*. New York: The Seabury Press.

French, W. (1969). Organization development: Objectives, assumptions, and strategies. *California Management Review, 12*(2), 23-34.

Garavan, T. N. (2007). A strategic perspective on human resource development. *Advances in Developing Human Resources, 9*(1), 11-30.

Gedro, J., & Tylor, J. (2014). Sexual Orientation and HRD. in *Handbook of Human Resource Development*. edited by N. E. Chalofsky, T. S. Rocco, & M. L. Morris.

Hoboken: Wiley, pp. 314-325.

Gilbert, T. F. (1996). *Human competence: Engineering worthy performance*. New York: McGraw-Hill.

Gilley, J. W. (1996). Human resource development practitioners should resist professional licensing. In R. Rowden (Ed.), *Workplace learning: Debating five critical questions of theory and practice* (pp. 76-74). San Francisco, CA: Jossey-Bass.

Gilley, J. W., & Eggland, S. A. (1989). *Principles of human resource development*. Reading, MA: Addison-Wesley in association with University Associates.

Gilley, J. W., & Maycunich, A. (2000). *Organizational learning, performance, and change*. Cambridge, MA: Perseus.

Gilley, J. W., Eggland, S. A., & Gilley, A. M. (2002). 인적자원개발론(장원섭 역, 2003). 서울: 학지사.

Gladwell, M. (2008). 아웃라이어(노정태 역, 2009). 서울: 김영사.

Gray, A. (2016). http://www.weforum.org/agenda/2016/01/the-10-skills-you-need-to-thrive-in-the-fourth-industrial-revolution?utm_content= buffer813d5&utm_medium=social&utm_source=facebook.com&utm_ campaign=buffer [2017. 7. 3. 확인]

Gregson, J. A. (1997). A critical response to grubb. *Journal of Vocational Education Research, 22*(2), 123-132.

Gruber, H. E., & Wallace, D. B. (1999). The case study method and evolving system approach understanding unique creative people at work. In R. J. Sternberg (Ed.), *Handbook of Creativity* (pp. 93-105). New York: Cambridge University Press.

Guba, E. C., & Lincoln, Y. S. (1989). *Fourth generation evaluation*. Thousand Oaks, CA: Sage.

Habermas, J. (1978). *Knowledge and human interests* (2nd ed.). London: Heinemann.

Hall, B. P. (1998). *Culture and values management: Content for the development and measurement of intellectual capital*. In Profiting from Intellectual Capital.

edited by P. H. Sullivan. New York: John Wiley & Sons, Inc.

Hall, D. T. (1996). Protean careers of the 21st century. *Academy of Management Executive, 10*(4), 8-16.

Haller, A. O., & Portes, A. (1973). Status attainment processes. *Sociology of Education, 46*, 51-91.

Hamlin, R. G. (2007). An evidence-based perspective on HRD. *Advances in Developing Human Resources, 9*(1), 42-57.

Han, H., Kuchinke, K. P., & Boulay, D. A. (2009). Postmodernism and HRD theory: Current status and prospect. *Human Resource Development Review, 8*(1), 54-67.

Hansman, C. A. (2001). Context-based adult learning. In S. B. Merriam (Ed.), *The new update on adult learning theory* (pp. 43-52). New York: Jossey-Bass.

Hartley, D. E. (1999). 정보화시대의 직무분석(윤관식 역, 2003). 서울: 학지사.

Hartt, D. C. (2009). Pushing management's buttons to improve performance. Paper presented in ASTD International conference and Exposition 2009. Washington, DC.

Hayes, E. R. (2001). A new look at women's learning. In S. B. Merriam (Ed.), *The new update on adult learning theory* (pp. 35-42). New York: Jossey-Bass.

Hayes, J. R. (1989). *The complete problem solver* (2nd ed.). Hillsdale, NJ: Erlbaum.

Hedberg, B. L. T. (1981). How organizations learn and unlearn. In P. C. Nystrom & W. H. Starbuck (Eds.), *Handbook of organizational design: Vol. 1. Adapting organizations to their environments* (pp. 3-27). New York: Oxford University Press.

Heide, H. (2000). 노동사회에서 벗어나기(강수돌 외 역, 2000). 서울: 박종철출판사.

Hesse, H. (1925). 데미안(전영애 역, 1997). 서울: 민음사.

Hesse, H. (1943). 유리알 유희 2(이영임 역, 2011). 서울: 민음사.

Higgins, M. C., & Kram, K. E. (2001). Re-conceptualizing mentoring at work: A developmental network perspective. *Academy of Management Review, 26*(2), 264-288.

Hill, L. H. (2001). The brain and consciousness: Sources of information for understanding adult learning. In S. B. Merriam (Ed.), *The new update on adult learning theory* (pp. 73-82). New York: Jossey-Bass.

Hodkinson, P., & Bloomer, M. (2002). Learning careers: Conceptualizing lifelong work-based learning. In K. Evans, P. Hodkinson, & L. Unwin (Eds.), *Working to Learn*. London: Kogan Pagel.

Huber, G. P. (1991). Organizational learning: The contributing processes and the literatures. *Organization Science, 2*, 88-115.

Huselid, M. A., Becker, B. E., & Beatty, R. W. (2005). *Workforce scorecard.* Boston, MA: Harvard Business School Press.

Huysman, M. (1999). Balancing biases: A critical review of the leterature on organizational learning. In M. Easterby-Smith, J. Burgoyne, & L. Araujo (Eds.), *Organizational learning and the learning organization* (pp. 59-74). London: Sage.

Hyman, J. (1992). *Training at work: a critical analysis of policy and practice.* London: Routledge.

Jacobs, R. L. (1990). *Structured on-the-job training.* Columbus: Ohio State University. (ERIC Document Reproduction Service No. ED 326 641).

Jacobs, R. L. (2003). S-OJT(이찬 역, 2010). 서울: Credu.

Kafka, F. (1915). 변신 · 시골의사(전영애 역, 1998). 서울: 민음사.

Kaplan, R. S., & Norton, D. P. (1996). *The balanced scorecard.* Boston, MA: Harvard Business School Press.

Kaplan, R. S., & Norton, D. P. (2001). *The strategy-focused organization.* Boston, MA: Harvard Business School Press.

Kerber, K., & Buono, A. (2005). Rethinking organizational change: Reframing the challenge of change management. *Organization Development Journal, 23*(3), 23-38.

Kilgore, D. W. (2001). Critical and postmodern perspectives on adult learning. In S. B. Merriam (Ed.), *The new update on adult learning theory* (pp. 53-62). New York: Jossey-Bass.

Kim, D. H. (1993). The link between individual and organizational learning. *Sloan*

Management Review, Fall, 37-50.

Kirkpatrick, D. L. (1959). Techniques for evaluating training programs. *Journal of the American Society for Training and Development, 13*(11), 3-9, *13*(12), 21-26.

Kirkpatrick, D. L. (1998). *Evaluating Training programs: The Four Levels* (2nd ed.). San Francisco, CA: Berrett-Koehler.

Knoke, D., & Janowiec-Kurle, L. (1999). Make or buy? The externalization of company job training. *Research in the Sociology of Organizations, 16*, 85-106.

Knoke, D., & Kalleberg, A. L. (1994). Job training in U. S. organizations. *American Sociological Review, 59*, 537-546.

Knowles, M. S., Holton III, E. F., & Swanson, R. A. (2005). *The adult leaner: The definitive classic in adult education and human resource development* (6th ed.). Boston, MA: Elsevier.

Kofman, F., & Senge, P. M. (1993). Communities of commitment: The hearth of learning organizations. *Organizational Dynamics, 22*(2), 5-23.

Kolb, D. (2000). The process of experiential learning process. In R. Cross & S. Israelit (Eds.), *Strategic learning in knowledge economy: Individual, collective, and organizational learning.* Boston, MA: Butterworth Heinemann.

Kolb, D. A. (1984). *Experiential learning: Experience as the source of learning and development.* Englewood Cliffs, NJ: Prentice-Hall.

Konkola, R., Tuomi-Gröhn, T., Lambert, P., & Ludvigsen, S. (2007). Promoting learning and transfer between school and workplace. *Journal of education and work, 20*(3), 211-228.

Kram, K. E. (1985). *Mentoring at work.* Glenview, IL: Scott, Foresman.

Kuchinke, K. P. (1998). Moving beyond the dualism of performance versus learning: A response to barrie and pace. *Human Resource Development Quarterly, 9*(4), 377-384.

Kuchinke, K. P. (1999). Adult development toward what end? A philosophical analysis of the concept as reflected in the research, theory and practice of human resource development. *Adult Education Quarterly, 49*(4), 148-162.

Kuchinke, K. P. (2002). Institutional and curricular characteristics of leading graduate HRD programs in the united states. *Human Resource Development Quarterly, 13*(2), 127-143.

Kuchinke, K. P. (2007). Response to May and Bowman: Human resource development: multiparadigmatic, multidisciplinary, open-ended, and complex. *Human Resource Development Review, 6*(2), 136-141.

Kuchinke, K. P. (2014). Perspectives in the Concept of Development for HRD. in *Handbook of Human Resource Development.* edited by N. E. Chalofsky, T. S. Rocco, & M. L. Morris. Hoboken: Wiley, pp. 112-124.

Lave, J., & Wenger, E. (1991). 상황학습(전평국, 박성선 역, 2000). 서울: 교우사.

Lee, J. W. (2019). *Employee-Civic Multiple Identities in the Workplace and Positive Change-Oriented Behavior.* Doctoral Dissertation at the Graduate School of Yonsei University.

Lee, M. (2007). Human resource development from the holistic perspective. *Advances in Developing Human Resources, 9*(1), 97-110.

Lee, M. M. (2014). Dilemmas in Defining HRD. in *Handbook of Human Resource Development.* edited by N. E. Chalofsky, T. S. Rocco, & M. L. Morris. Hoboken: Wiley, pp. 97-111.

Levitt, B., & March, J. G. (1988). Organizational learning. *Annual Review of Sociology, 14,* 319-340.

Li, C. (2010). *Open leadership.* New York: Jossey-Bass.

Littleton, S. M., Arthur, M. B., & Rousseau, D. M. (2000). The future of boundaryless career. In A. Collin & R. A. Young (Eds.), *The future of career* (pp. 101-114). Cambridge, MA: Cambridge University Press.

London, M. (1992). Human resources development leadership and the creation of a learning organization. *New Directions for Adult and Continuing Education, 56,* 51-62.

Lucia, A. D., & Lepsinger, R. (1999). 알기 쉬운 역량모델링(정재창 외 역, 2001). 서울: PSI컨설팅.

Lundberg, C. C. (1993). Learning in and by organizations: Three conceptual issues. *International Journal of Organizational Analysis, 3*(1), 10-23.

Lynham, S. A. (2000). Theory building in the human resource development profession. *Human Resource Development Quarterly, 11*(2), 159-178.

Mainiero, L. A., & Sullivan, S. E. (2005). Kaleidoscope careers: An alternate explanation for the "opt-out" revolution. *Academy of Management Executive, 19*(1), 106-123.

March, J. G. (1991). Exploration and exploitation in organizational learning. *Organization Science, 2*(1), 71-87.

March, J. G., & Olsen, J. P. (1976). *Ambiguity and choice in organizations.* Bergen: Universitetsforlaget.

Marquardt, M. J. (1999). *Action learning in action: Transforming problems and people for world-class organizational learning.* Palo Alto, CA: Davies-Black Publishing.

Marsick, V. J. (1988). Learning in the workplace: The case for reflectivity and critical reflectivity. *Adult Education Quarterly, 38,* 187-198.

Marsick, V. J., & Volpe, M. (1999). *Informal and incidental learning in the workplace.* New York: Routledge.

Marsick, V. J., & Watkins, K. E. (2001). Informal and incidental learning. In S. B. Merriam (Ed.), *The new update on adult learning theory* (pp. 25-34). New Directions for Adult and Continuing Education, No. 89. San Francisco, CA: Jossey-Bass.

Marsick, V. J., & Watkins, K. E. (2003). Demonstrating the value of an organization's learning culture: The dimensions of the learning organization questionnaire. *Advances in Developing Human Resources, 5,* 132-151.

Maslow, A. H. (1999). 존재의 심리학(정태연, 노현정 역, 2012). 서울: 문예출판사.

May, G. L. (2007). Invited reaction: birds of a feather? HRD and business schools should flock together. *Human Resource Development Review, 6*(2), 127-131.

Mayo, A. (2000). The role of employee development in the growth of intellectual capital. *Personnel Review, 29*(4), 521-533.

McGregor, D. (1960). *The human side of enterprise.* New York: McGraw-Hill.

Mckinsey & Company (2019). *The skilling challenge.* Mckinsey & Company.

McLagan, P. A. (1989). *The models*. A volume in Models for HRD Practice. Alexandria, VA: American Society for Training and Development.

McLean, G. N. (2006). National HRD: A focused study in transitioning societies in the developing world. *Advances in Developing Human Resources, 8*(1), 8-11.

McLean, G. N., & McLean, L. D. (2001). If we can't define HRD in one country, how can we define it in an international context? *Human Resource Development International, 4*(3), 313-326.

McLean, G. N., Lynham, S. A., Azevedo, R. E., Lawrence, J. E. S., & Nafukho, F. M. (2008). A response to Wang and Swanson's article on national HRD and theory development. *Human Resource Development Review, 7*(2), 241-258.

Merriam, S. B. (2001). Something old, something new: Adult learning theory for the twenty-first century. In S. B. Merriam (Ed.), *The new update on adult learning theory* (pp. 93-96). New York: Jossey-Bass.

Merriam, S. B., & Caffarella, R. S. (1999). *Learning in adulthood: A comprehensive guide* (2nd ed.). San Francisco: Jossey-Bass.

Mezirow, J. (1978). Perspective transformation. *Adult Education, 28*, 100-110.

Mezirow, J. (2000). *Learning as Transformation: Critical Perspectives on a Theory in Progress*. San Francisco: Jossey-Bass.

Michaels, E., Handfield-Jones, H., & Axelrod, B. (2001). 인재전쟁(최동석, 김성수 역, 2002). 서울: 세종서적.

Micklethwait, J., & Wooldridge, E. (2004). 기업의 역사(유경찬 역, 2004). 서울: 을유 문화사.

Miller, N., & Boud, D. (1996). Animating learning for experience. In D. Boud & N. Miller (Eds.), *Working with Experience: Animating Learning*. New York: Routledge.

Mojab, S., & Gorman, R. (2003). Women and consciousness in the "Learning Organization": emancipation or exploitation? *Adult Education Quarterly, 53*(4), 228-241.

Moll, L. C. (1990). *Vygotsky and Education*. Cambridge: Cambridge University Press.

Noe, A. R., & Schmitt, N. (1986). The influence of trainee attitudes on training effectiveness. *Personnel Psychology, 39,* 497-523.

Moses, B. (1998). *Career intelligence.* San Francisco, CA: Berrett-Koehler Publishers.

Mott, V. W. (1996). Knowledge comes from practice: Reflective theory building in pratice. In R. Rowden (Ed.), *Workplace Learning: Debating Five Critical Questions of Theory and Practice* (pp. 57-63). San Francisco, CA: Jossey-Bass.

National Training Laboratory (2009). *Appreciative Inquiry.* Washington, DC: NTL.

Noe, R. A. (1988). An investigation of the determinants of successful assigned mentoring relationships. *Personnel Psychology, 41,* 457-479.

Nonaka, I., & Hirotaka, T. (1995). 지식창조기업(장은영 역, 1998). 서울: 세종서적.

O'Reilly, C., & Pfeffer, J. (2000). 숨겨진 힘: 사람(김병두 역, 2002). 서울: 김영사.

Oh, H. (2002). Workplace education paradigm shifts from training to learning to performance. 기업교육연구, 4(2), 33-56.

Orr, J. (1996). *Talking about machines: An Ethnography of a modern Job.* Ithaca, NY: IRL.

Orwell, G. (1946). 나는 왜 쓰는가(이한중 역, 2010). 서울: 한겨레출판.

Osterman, P. (1995). Skill, training, and work organization in American establishments. *Industrial Relations, 34,* 125-140.

Pfeffer, J. (1998). 휴먼이퀘이션: 신자유주의적 경영관리 방식에 대한 반론과 대안(윤세준, 박상언 역, 2001). 서울: 지샘.

Phillips, J. D. (1999). Divergence, convergence, and self-organization in landscapes. *Annals of the Association of American Geographers, 89,* 466-488.

Phillips, J. J. (1997). *Return on investment in training and performance Improvement.* Houston, TX: Gulf.

Phillips, J. J. (1999). 글로벌 인적자원개발(이만표 역, 2000). 서울: 한언.

Pink, D. (2009). *Drive: The surprising truth about what motivates us.* New York: Riverhead Books.

Policastro, E., & Gardner, H. (1999). From case studies to robust generalizations: An approach to the study of creativity. In R. J. Sternberg (Eds.), *Handbook of* creativity (pp. 213-225). New York: Cambridge University Press.

Porras, J., & Silvers, R. C. (1991). Organization development and transformation. *Annual Review of Psychology, 42,* 51-78.

Porter, M. E. (1998). *Competitive strategy: Techniques for analyzing industries and competitors: With a new introduction.* New York: Free Press.

Portes, A., & Sensenbrenner, J. (1993). Embeddedness and immigration: Notes on the social determinants of economic action. *American Journal of Sociology, 98,* 1320-1350.

Quinones, M. A. (2018). Developing Latino Talent. In *The Cambridge Handbook of Workplace Training and Employee Development.* edited by K. G. Brown. New York: Cambridge University Press, pp. 345-360.

Raver, J. L., & Van Dyne, L. (2018). Developing Cultural Intelligence. In *The Cambridge Handbook of Workplace Training and Employee Development.* edited by K. G. Brown. New York: Cambridge University Press, pp. 407-440.

Reichers, A. E. (1987). An interactionist perspective on newcomer socialization rates. *Academy of Management Review, 12,* 278-287.

Richardson, M. S. (2000). A new perspective for counsellors: From ideologies to empowerment through work and relationship practices. In A. Collin & R. A. Young (Eds.), *The future of career* (pp. 197-211). Cambridge, MA: Cambridge University Press.

Riverin-Simard, D. (2000). Career development in a changing context of the second part of working life. In A. Collin & R. Young (Eds.), *The future of the career* (pp. 115-129). London: Cambridge.

Rocco, T. S., Bowman, L., & Bryant, L. O. (2014). Disability, Health and Wellness Programs, and the Role of HRD. in *Handbook of Human Resource Development.* edited by N. E. Chalofsky, T. S. Rocco, & M. L. Morris. Hoboken: Wile, pp. 299-313.

Roh, K., Ryu, H., & McLean, G. N. (2020). Analysis of national human resource development (NHRD) policies of 2016 in South Korea with implications, *European Journal of Training and Development, 44*(4/5), 355-368.

Root-Bernstein, R., & Root-Bernstein, M. (1999). 생각의 탄생(박종성 역, 2007). 서울: 에코의 서재.

Rosenbaum, J. E. (1979). Tournament mobility: Career patterns in a corporation. *Administrative Science Quarterly, 24*, 220-241.

Rosenbaum, J. E. (1984). *Career mobility in a corporate hierarchy.* Orlando, FL: Academic Press.

Rosenbaum, J. E. (1990). Structural models of organizational careers: A critical review and new direction. In R. L. Breiger (Ed.), *Social Mobility and Social Structure* (pp. 272-307). New York: Cambrigde University Press.

Rosenberg, M. J. (1996). Human performance technology. In R. Craig (Ed.), *The ASTD training and development handbook* (4th ed.). New York: McGraw-Hill.

Rosenberg, M. J. (2001). e-Learning(유영만 역, 2001). 서울: 물푸레.

Rossett, A. (2009). *New metrics for the new world of learning & development.* ASTD ICE 2009.

Rothwell, W. J. (1996). Selecting and developing the professional HRD staff. In *The ASTD Training and Development Handbook* (4th ed.). New York: McGraw-Hill.

Rothwell, W. J., Sanders, E. S., & Soper, J. G. (1999). *ASTD models for workplace learning and performance.* Alexandria, VA: American Society for Training and Development.

Rowden, R. W. (1996). Current realities and future challenges. In R. Rowden (Ed.), *Workplace learning: debating five critical questions of theory and practice* (pp. 3-10). San Francisco, CA: Jossey-Bass.

Rowden, R. W. (2007). *Workplace Learning: Principles and Practice.* Malabar: Krieger.

Runco, M. A. (Eds.). (1996). *Creativity from Childhood Through Adulthood: The Developmental Issues.* San Francisco, CA: Jossey-Bass.

Ruona, W. E. (2014). Talent Management as a Strategically Aligned Practice. in *Handbook of Human Resource Development.* edited by N. E. Chalofsky, T. S. Rocco, & M. L. Morris. Hoboken: Wiley, pp. 438-455.

Russ-Eft, D., & Preskill, H. (2001). *Evaluation in organization: A systematic approach to enhancing learning, performance, and change.* Cambridge, MA: Basic Books.

Sambrook, S. A. (2014). Critical HRD. in *Handbook of Human Resource Development.* edited by N. E. Chalofsky, T. S. Rocco, & M. L. Morris. Hoboken: Wiley, pp. 145-163.

Sandberg, J. (2000). Understanding human competence at Work: an interpretive approach. *Academy of Management Journal, 43*(1), 9-25.

Santi, L. (1988). The demographic context of recent change in the structure of American households. *Demography, 25,* 509-519.

Secretary's Commission on Achieving Necessary Skills (1992). *Skills and tasks for jobs: a scans report for america 2000.* U. S. Department of Labor.

Senge, P. (1990). 피터 센게의 제5경영(안중호 역, 1996). 서울: 세종서적.

Senge, P. (1993). Building the learning organization. In R. Frantzreb (Ed.), *Training & Development Yearbook, 1993/1994 Edition* (3.67-3.74). Englewood Cliffs, NJ: Prentice Hall.

Sennett, B. (2009). 장인-현대문명이 잃어버린 생각하는 손-(김홍식 역, 2010). 경기: 21세 기북스.

Sewell, W. H., & Hauser, R. M. (1975). *Education, occupation, and earnings.* New York: Academic Press.

Sewell, W. H., Haller, A. O., & Portes, A. (1969). The educational and early occupational attainment process. *American Sociological Review, 34*(Feb), 82-92.

Shirky, C. (2008). 끌리고 쏠리고 들끓다(송연석 역, 2008). 서울: 갤리온.

Solomon, N. (2001). Workplace learning as a cultural technology. In T. Fenwick (Ed.), *Sociocultural perspectives on learning through work* (pp. 44-52). San Francisco, CA: Jossey-Bass.

Spencer, B. (2001). Changing questions of workplace learning researchers. In T. Fenwick (Ed.), *Sociocultural perspectives on learning through work* (pp. 31-40). San Francisco, CA: Jossey-Bass.

Spencer, L. M., & Spencer, S. M. (1993). 핵심역량모델의 개발과 활용(민병모 외 역,

1998). 서울: PSI 컨설팅.

Spikes, W. F. (1995). Preparing Workplace Learning Professionals. *New Directions for Adult and Continuing Education, 68*, 55-61.

Sternberg, R. J., Kaufman, J. C., & Pretz, J. E. (2002). *The creativity conundrum*. New York: Psychology Press.

Sullivan, S. E., Forret, M. L., Carraher, S. M., & Mainiero, L. A. (2009). Using the kaleidoscope career model to examine generational differences in work attitudes. *Career Development International, 14*(3), 284-302.

Swanson, R. A. (2007). 회사를 살리는 성과경영(양종철, 공민희 역, 2009). 서울: 길벗.

Swanson, R. A., & Holton, E. F., III. (1999). *Results: How to assess performance, learning, and perceptions in organizations*. San Francisco, CA: Berrett-Koehler.

Swanson, R. A., & Holton, E. F., III. (2001). *Foundations of human resource development*. San Francisco, CA: Berrett-Koehler.

Swanson, R. A., & Holton, E. F., III. (2009). *Foundations of human resource development* (2nd ed.). San Francisco, CA: Berrett-Koehler.

Tews, M. J., & Burke-Smalley, L. A. (2018). Enhancing Training Transfer by Promoting Accountability in Different Work Contexts: An Integrative Framework. In *The Cambridge Handbook of Workplace Training and Employee Development*. edited by K. G. Brown. New York: Cambridge University Press, pp. 201-227.

Tight, M. (1996). *Key concepts in adult education and training*. London: Routledge.

Trehan, K. (2007). Psychodynamic and critical perpsectives on leadership development. *Advances in Developing Human Resources, 9*(1), 72-82.

Tuomi-Gröhn, T. (2007). Developmental transfer as a good of collaboration between school and work. *International Journal of Human Activity Therapy, 1*, 41-62.

Tuomi-Gröhn, T., & Engeström, Y. (2003). Conceptualizing transfer: from standard notions to developmental perspective. in *Between School and Work: New Perspective on Transfer and Boundary-Crossing*. edited by Tuomi-Gröhn, T. & Y. Engeström. Oxford: Elsevier, pp. 19-38.

Walsh, J. P., & Ungson, G. R. (1991). Organizational memory. *Academy of Management Review, 16,* 57–91.

Walton, J. (1999). *Strategic human resource development.* Harlow: Financial Times.

Wang, G. G., & Swanson, R. A. (2008). The idea of national HRD: an analysis based on economics and theory development methodology. *Human Resource Development Review, 7*(1), 79–106.

Wasserman, M. E., & Fisher, S. L. (2018). One (Lesson) for the Road? What We Know (and don't Know) about Mobile Learning. in *The Cambridge Handbook of Workplace Training and Employee Development.* edited by K. G. Brown. New York: Cambridge University Press, pp. 293–317.

Watkins, K. E. (1991). Many voices: defining human resource development from different disciplines. *Adult Education Quarterly, 41*(4), 241–255.

Watkins, K. E., & Marsick, V. J. (1992). Toward a theory of informal and incidental learning in organizations. *International Journal of Lifelong Education, 11*(4), 287–300.

Watts, A. G. (2000). The new career and public policy. In A. Collin & R. Young (Eds.), *The future of career* (pp. 259–275). Cambridge, MA: Cambridge University Press.

Wenger, E., McDermott, R., & Snyder, W. (2002). *Cultivating communities of practice: A guide to managing knowledge.* Boston, MA: Harvard Business School Press.

Wenger, E., McDermott, R., & Snyder, W. M. (2002). *Cultivating communities of practice: A guide to managing knowledge.* Boston: Harvard Business School Press.

Werner, J. M. (2018). Training from the Perspective of Human Resource Development and Industrial-Organizational Psychology: Common Pasts, Parallel Paths-Going Where? in *The Cambridge Handbook of Workplace Training and Employee Development.* edited by K. G. Brown. New York: Cambridge University Press, pp. 521–544.

Werner, J. M., & DeSimone, R. L. (2006). *Human resource development* (4th ed.).

Mason, OH: Thomson/South-Western.

Wrzesniewski, A., & Dutton, J. E. (2001). Crafting a job: Revisioning employees as active crafters of their work. *Academy of Management Review, 26*(2), 179-201.

Yahachirou, M. (2001). 경영학 100년의 사상(김영철 역, 2001). 서울: 일빛.

Yang, B., Watkins, E., & Marsick, V. J. (2004). The construct of the learning organization: Dimensions, measurement, and validation. *Human Resource Development Quarterly, 15*(1), 31-55.

Young, M. F. D. (1998). *The curriculum of the future: From the 'new sociology of education' to a critical theory of learning.* London: Falmer.

Young, R. A., & Valach, L. (2000). Reconceptualising career theory and research: an action-theoretical perspective. In A. Collin & R. A. Young (Eds.), *The future of career* (pp. 181-196). New York: Cambridge University Press.

동아일보(1997. 4. 25.). 21세기 앞에서 이건희 에세이 「두뇌」가 경쟁력, 8면.

국가법령정보센터 홈페이지(http://www.law.go.kr/)

국가인적자원개발컨소시엄 홈페이지(http://www.c-hrd.net/)

국가통계포털 홈페이지(http://kosis.kr/)

국가평생교육진흥원 홈페이지(https://lledu.nile.or.kr/ info/about/)

국제성과향상협회 홈페이지(www.ispi.org)

미국인재개발협회 홈페이지(www.td.org)

미국훈련개발협회 홈페이지(www.astd.org)

장인성연구네트워크(www.jrn.kr) 장인성 형성 3급 프로그램 ⓒ 장인성연구네트워크.

중소기업 학습조직화 사업 홈페이지(https://www.hrdbank.net/)

한국산업인력공단 홈페이지(http://www.hrdkorea.or.kr/)

찾아보기

내용

저자 소개

장원섭(Chang, Wonsup)

연세대학교 교육학과에서 학사 과정을 마치고 동 대학원에서 교육학 석사학위를, University of Iowa에서 교육학 박사학위를 수여하였다. 이후 1997년부터 2001년까지 한국직업능력개발원에서 책임연구원으로 일하였고, 2001년부터 현재까지 연세대학교에서 교육학부 교수로 재직하고 있다. 대통령자문 새교육공동체위원회 전문위원, University of Wisconsin(Madison) 방문 연구원, University of Illinois(Urbana-Champaign) 방문 교수를 지냈고, 연세대학교 교육연구소 소장, 한국산업교육학회 회장을 역임하였다. 현재 연세대학교 신문방송편집인, 한국성인교육학회 회장, CJ나눔재단 이사를 맡고 있다.

주요 저서 및 역서로는 『한국성인인력개조론』(공저, 학지사, 1997), 『교육과 일의 사회학』(학지사, 1997), 『앤드라고지: 현실과 가능성』(공저, 학지사, 1998), 『고학력 실업자 인력개발 정책』(공저, 교육과학사, 2000), 『인적자원개발론』(역, 학지사, 2003), 『일의 교육학』(학지사, 2006), 『Theories, Policy, and Practice of Lifelong Learning in East Asia』(공저, Routledge, 2010), 『팀의 해체와 놋워킹』(공역, 학이시습, 2014), 『일터학습: 함께 배우기』(편저, 교문사, 2015), 『장인의 탄생』(학지사, 2015), 『교육과 일』(공역, 박영스토리, 2017), 『평생교육 프로그램 개발』(공저, 방통대출판문화원, 2017), 『다시, 장인이다』(영인미디어, 2018), 『미래를 여는 교육학』(공저, 박영스토리, 2019) 등이 있다.

3판
인적자원개발
이론과 실천

Human Resources Development (3th ed.)

2011년 8월 23일 1판 1쇄 발행
2014년 8월 20일 1판 4쇄 발행
2015년 9월 5일 2판 1쇄 발행
2020년 3월 10일 2판 5쇄 발행
2021년 2월 15일 3판 1쇄 발행
2024년 1월 25일 3판 3쇄 발행

지은이 • 장 원 섭
펴낸이 • 김 진 환
펴낸곳 • (주) **학 지 사**

04031 서울특별시 마포구 양화로 15길 20 마인드월드빌딩 5층

대표전화 • 02) 330-5114   팩스 • 02) 324-2345

등록번호 • 제313-2006-000265호

홈페이지 • http://www.hakjisa.co.kr
인스타그램 • https://www.instagram.com/hakjisabook

ISBN 978-89-997-2293-6 93370

정가 **23,000원**

출판미디어기업 **학 지 사**

간호보건의학출판 **학지사메디컬** www.hakjisamd.co.kr
심리검사연구소 **인싸이트** www.inpsyt.co.kr
학술논문서비스 **뉴논문** www.newnonmun.com
원격교육연수원 **카운피아** www.counpia.com